U0085347

大雅叢刊

婚姻研究

朱岑樓 著 ／ 東大圖書公司印行

國立中央圖書館出版品預行編目資料

婚姻研究／朱岑樓著.--初版.--臺北
市：東大出版：三民總經銷，民80
面；　　　公分--（大雅叢刊）
參考書目：面
ISBN 957-19-1315-4（平裝）

1.婚姻　2.家庭
544.3

著　者　朱岑樓
發行人　劉仲文
出版者　東大圖書股份有限公司
總經銷　三民書局股份有限公司
印刷所　東大圖書股份有限公司
　　　　地址／臺北市重慶南路一段六十一號二樓
　　　　郵撥／〇一〇七一七五一〇號
初　版　中華民國八十年二月
編　號　E 54085
基本定價　陸　元
行政院新聞局登記證局版臺業字第〇一九七號

ISBN 957-19-1315-4（平裝）

龍冠海教授序

　　國人常言，婚姻乃個人終身大事，至於這種大事的眞相究竟如何？包含有那些因素？則歷來素乏人深究，甚至視爲忌諱，避而不談，縱使談論，亦每每言不及義，而多屬猥褻之辭，作爲茶餘飯後之笑料。如當事者一旦發生問題，便諉於命運。事實上，婚姻乃人類社會中一種常態現象，一種制度化的異性關係。這種現象或關係常牽涉到許多因素，如遺傳、生理、性情、人格、教育、思想、信仰、生育、親戚、朋友、經濟情況、家庭背景、社會地位等等。但同時它又可能變成一種病態現象，而構成一個嚴重社會問題，不僅足以影響當事者的幸福，並且可能危及國家民族的前途。於是可見其關係的重大，及其有研究的特殊價值。無論如何，它雖然含有主觀的因素，仍可以用客觀的標準和科學的方法來予以考察與分析，以資明瞭其眞相，並預測其成敗。這便是晚近發展的婚姻學這門學問所注意研究的課題。

　　婚姻的科學研究，大概在一九二〇年代創始於美國。而自那時候起，社會學家及心理學家致力研討者乃日衆，婚姻諮詢或指導機構的設立亦日多，且有若干中學及大學開設有婚姻學的課程。這種研究及教導不僅增進人們對婚姻大事有更多和更確實的認識，而且有助於婚姻問題的合理解決，使婚姻及家庭生活獲得更健全和美滿的發展。

　　本書作者因鑑於此問題的重要性，乃採用美國學者尤其社會學家的研究觀點及方法，並參照我國固有的倫理觀念和美德，從理論及實際方面，對婚姻作較爲深入的探討，而編成是書。不但是一本有趣之作，而且在我國也還算是一種創舉，值得推崇，也值得大家加以注意研討。

　　因作者向本人索序，故將管見略述如上，以供參考。

龍　　冠　　海

民國五十九年七月

郝繼隆教授序

　　自由中國內與外的社會科學家們，皆熟知中國社會正經歷著極大之變遷，而其中之最重要者，也許正在影響婚姻與家庭。往昔中國的婚姻習俗與實務，每使外來之人大為驚訝，因東方與西方迥然有別耳。在東方西方習俗之相對優點上，曾發生過無數爭論。約在三、四十年以前，中國人的婚姻習俗，由於西方習俗，諸如：青年的社會關係、男女同校、約會、自行擇偶、婚後另建新居等之影響，便不知不覺地開始式微。大學男女同校、都市生活、外國租界中之西方人生活、國外留學生、電影以及插圖雜誌，不斷地將一種不同於中國傳統的社會生活方式，呈現在中國青年的眼前，縈迴於其想像和思想之中，而且在某些方面，成為誘人亟欲嘗試的「禁果」。

　　近幾十年來的戰爭，已為中國社會組織帶來壓力與緊張，最近又加上其他的力量，使中國人民流離失所，東移西遷，從大陸退守自由之島。這些事實促進和加深了已在進行的婚姻與家庭之變遷。愈來愈多的社會學家熱中於研究此種極為重要的社會現象，並對於中國婚姻以及婚前的實務作了一些研究。朱岑樓教授在本書中蒐集了許多西方社會學家用以對其本國婚前及婚姻習俗與實務研究的各種最新觀點、研究方法及其結果。他將此著成中文，對於研究婚姻與家庭的中國社會學家與學者們，作了一次極大的服務，如此他們也許可以全部加以利用。尤有進者，作者所提供極有價值而富於實用的貢獻，乃是本書最後一章。該章含有作者本人在自由中國為青年對婚姻的態度與行為模式而作的一個調查和研究，其所根據之經驗，乃是那些被調查與研究者所親身經歷的種種變遷，以及有助於或不利於快樂婚姻生活的種種因素。

我認為<u>朱</u>教授這本書，無論作為一本教科書，一本參考書，或在此一引人入勝而且成果豐盛的社會研究領域內的未來研究的指引上，都是極有價值的。

郝　　繼　　隆

民國五十九年六月

郝繼隆教授序原文

Professor O' Hara' s Preface

Social scientists both within and without Free China are
well aware that Chinese society is undergoing serious chan-
ges;perhaps those of greatest importance are affecting marr-
iage and the family.In the past,Chinese marriage customs and
practices immediately struck the new arrival as being so
different from Western ways. Innumerable debates arose over
the relative merits of the customs of the East and the West.
Some thirty to forty years ago the marriage customs and mores
of the Chinese began to be imperceptibly weakened by the in-
filtration of Western practices in the social relations of
young people,coeducation,engagement periods, desires to
choose one's own mate,and the newly married couple to seek
a neolocal residence. University coeducation,urban life,life
of the Westerners in the foreign concession,students studying
abroad,moving pictures and illustrated magazines constantly
presented to the eyes,imagination and mind of the Chinese
young people a social way of life that was different from
the traditional one, and,in some respects, a forbidden fruit
that tempted one to taste it.

Wars of recent years with the stress and their strain on

the fabric of Chinese society have recently joined forces
with the uprooting of peoples migrating from place to place
and from mainland to a free island. These events have hast-
ened and deepened the changes in marriage and the family
that had been gradually taking place. More and more sociolo-
gists have become interested in studying these most impor-
tant social phenomena, and have done a limited amount of re-
search in marital and pre-marital practices in China. Pro-
fessor Chu, in this book, has gathered together all the latest
views, methods of research, and results that Western sociolo-
gists have used in studying pre-marital and marriage customs
and practices in their countries. He has done Chinese
sociologists and students of marriage and the family a great
service in putting them into Chinese so that they may be
available to all. Furthermore, he has made a very valuable
and useful contribution in gathering together in his book,
in the last chapter, the surveys and research that has been
done here in Free China on the attitudes and behavior patt-
erns of young people toward marriage practices, on the expe-
riences of those who have made changes and factors that
contribute or hinder happiness in married life. I think that
this book of Professor Chu Ch'en-lou will be of great
interest and use as a textbook, a reference book and as a
guideline for future research in this very interesting and
fruitful field of social research.

Professor of Sociology
National Taiwan University
June, 1970

劉脩如教授序

易經程傳云:「天地萬物之本,夫婦人倫之始,所以上經首乾坤,下經首咸繼以恆也。天地二物, 故兩卦分為天地之義, 男女交合而成夫婦, 故咸與恆皆二體, 合為夫婦之義。」此為我國儒家對於婚姻之概念,意即是男女情投意合,結為夫婦,於是構成我國家族制度之基礎。

中庸云:「君子之道,造端乎夫婦,及其至也,察乎天地。」易序卦傳云:「有天地然後有萬物,有萬物然後有男女,有男女然後有夫婦,有夫婦然後有父子,有父子然後有君臣,有君臣然後有上下, 有上下然後禮義有所錯。夫婦之道,不可以不久也。」可知婚姻之締結,為我國人倫社會之始基, 全部社會生活乃發軔於以婚姻關係為基礎而建立之家庭。

婚姻對於人生的影響約有四端:

一是生理的,包括「食色性也」之一的性生活以及傳種的功能。

二是經濟的,男女兩性共同生活,分工合作,互助互濟,使衣食住行等基本生活需要彼此獲得最美滿的享受。

三是心理的,婚姻非僅為男女兩性生理的結合, 且是精神的契合, 彼此在情感上互相慰勉,取得一種永久的安全感。

四是社會的, 婚姻成立,使得男女各取得夫妻的地位(Status),產生彼此相對的權利與義務,生育子女以後,家庭生活便成為具體而微的社會生活。

因此, 良好社會秩序之建立及其維持, 與婚姻制度有極密切的關係。反之, 婚姻失調, 家庭必起衝突,乃至於崩潰。社會學家蒲薩特 (J.H.S.Bossard)曾謂婚姻失敗之惡劣後果,不僅代表個人一生中一項重大事業之失敗,並使其子女蒙害, 常為同伴所訕笑,心懷自卑,可能造

成行爲之失常或病態，故少年犯罪者中有許多是受了父母婚姻破裂的影響。本身及其子女之損失，直接或間接轉嫁於社會，擾亂其安寧，增加其負擔。社會學創始者孔德(A.Comte)謂家庭與社會之關係，猶如細胞之與軀體，禍福與共，休戚相關。大學有云：「一家仁，一國興仁；一家讓，一國興讓；一人貪戾，一國作亂：其機如此。」中外古今哲人，同此看法。

　　造成婚姻失敗之因素甚多，但當事人對於彼此人格了解不夠，與婚姻有關之義務與責任認識不清，往往是重要因素之一。我國現代教育從未教導青年男女如何選擇終身伴侶？如何組織家庭？如何作丈夫？如何作妻子？如何作父母？國立臺灣大學社會學系教授朱岑樓兄有見於此，新著婚姻研究，以我國固有之倫理觀念爲基礎，採用西方社會學家的新觀點，對婚姻問題作深入之探究，尤著重於婚姻之調適與發展。調適是消極的，被動的，在動態的工業都市社會還不夠，必須時時作積極的和主動的發展，方能適應瞬息萬變的現代社會環境。此一觀點正與大學之三綱八目一整套的發展程序相吻合。我相信朱氏此書，必有裨益於今日我國的家庭與社會，爰樂爲之序。

劉　脩　如

民國五十九年九月

自　序

　　本書之得以問世,有賴於許多師友的指教、鼓勵與協助,故在此所謂之「自序」,實是由衷的道謝。

　　首先要感謝龍冠海教授之督導,方能於授課之餘,兢兢業業,不敢懈怠,而寫成本書,付梓之時,承慨允作序。

　　郝繼隆教授留華四十餘年,傳道授業解惑,門徒遍中國,作者昔在大陸忝列門牆,今猶常聆其教誨,承賜序言,由臺大社會學系張承漢講師譯為中文,並承其校閱全部原稿。

　　劉脩如教授乃吾鄉之碩彥,主持社政,兼任教職,非常辛勞,承於百忙中抽暇為本書作序。

　　施建生教授非常關心本書之出版,最近在美講學的兩年中,時常來信惠予鼓勵。

　　吳自甦教授潛心研究我國家庭制度,時與之討論,獲益良多。所主持之霧峰出版社印行本書,給予很多的幫助。

　　本書最後一章臺灣地區婚姻調適研究,其原始資料乃新生報副刊編輯童尚經先生,大華晚報編輯周素珊女士,中央日報「今日專訪」之編者先生所惠假。至於統計分析工作,則由臺大社會學系畢業校友林義男、黃順三兩位同學協助完成。

　　附錄三有關婚姻家庭參考論著目錄,乃楊桂芳、陳藹倫、葉永珍三位同學於溽暑中細心作成,費了很多的時間和精力。

　　最後要感謝蕭新煌、謝儷、劉明美、覃怡輝四位同學幫忙製圖和校對。

　　作者學殖膚淺,謬誤必多,懇祈賢達郢斤是幸!

朱　岑　樓

民國五十九年九月

婚 姻 研 究

目 錄

表

圖

第一章　緒論

第一節　調適之意義

1. 生命乃內在關係對外在關係之調適

　　一切生命科學,不論是生物的或社會的,都是研究機體(Organism)對其環境的關係。而誰對誰的關係即稱之曰功能(Function), 結果機體、環境與功能,三者鼎足而立,不分軒輊。畢斯(Bews)謂「環境—功能—機體」為普遍的生命三合一體 (The universal life triad)。(註一)史賓塞(Spencer)謂:「生命是內在關係對外在關係之調適。」(註二)「調適」一詞,乃譯自英文Adjustment, 在中文詞彙中尚不常見,意指一個過程,機體在此過程中與環境建立和諧(Harmony) 與均衡(Equalibrium)的關係,但在美國的生物學、教育學、心理學、社會心理學和社會學的典籍之中,經常可以看到。(註三)由於使用之普遍,調適含有多種社會學的意義,茲擇其重要者縷舉如後:(註四)

註一:J.W.Bews,Human Ecology,Oxford, 1937,p.18.

註二:參閱 W. W. Pettit, "Social Adjustment," in H.P.Fairchild(ed.),Dictionary of Sociology,1944,pp. 275-276.

註三:See T.H.Pear, "Adjustment," in J.Gould & W. L. Kold (eds.),A Dictionary of the Social Sciences, 1964,pp.9-10.

註四:同註二。

(1) 互動的 (Interactive)—— 個人在經濟、家庭、宗教、政治或其他方面,領悟他人及依其反應而調整本身的反應,於是產生競爭、合作等過程。

(2) 努力的 (Striving) —— 盡心竭力以求適應能力的改進或增加。

(3) 順應的 (Accommodative)—— 在活動之共同參與者間維持彼此相安的穩定局面。

(4) 聯結的 (Associative)—— 乃是一般聯結過程(Associative process)的一個步驟或階段。共同參與者之間的社會距離縮短, 在若干方面達成暫時協定(Modus vivendi),餘則於不一致中求其一致。

(5) 規範的 (Normative)—— 在個人或團體或制度之間, 產生好的或有效的或充分的「調和」(Fit)或「整合」(Integration)。與此相反者則是不調 (Unadjustment)、 失調 (Maladjustment)、解組 (Disorganization)或解體(Disintegration)。

2. 順應、適應與調適之區別

順應(Accommodation)此一名詞,依照社會學家季靈二氏(Gillins)所作之解釋:「社會學上的順應,相當於生物學上的適應(Adaptation)。後者是描述生物與其環境相調適的過程, 而前者係指參預競爭與衝突的個人和團體,為欲免除因競爭與衝突而產生的種種困難,於是彼此在關係上互相調適。可以造成順應的社會變遷, 如習慣、態度、行為模式、技術、制度等等,都是經由樹立楷模和耳提面命,一代復一代傳下去的。」(註五)

由季靈二氏之言,我們知道順應與適應,意義相近, 而性質不同。

註五:J. L. Gillin, & J. P. Gillin, Cultural Sociology, New York: The Macmillan. Co., 1948,p.505.

適應爲生物學上的名詞,係指生物改變其身體特質,遺傳後代,以適合
環境的需要。順應爲社會學上的名詞,係指人養成新行爲或改變舊習
慣,以順合環境的需要。例如北極之熊,爲禦嚴寒,體生厚毛且多脂肪
代代相繼,以綿延其種族,此之謂適應;而生活在北極的愛斯基摩人,發
明冰屋(Igloo)以抗風雪,殺熊取皮以保暖,子孫相傳,得以長久生存冰
天雪地之中,此之謂順應。依此意義,凡人類社會一切文物制度,均爲
順應的產物。(註六)

　　人類與其環境的關係,雖以順應爲主,亦含有適應在內,因爲人類
亦是生物。社會學家派克(Park)和蒲其斯(Burgess)分人類之順應爲
兩類:(1)服水土(Acclimatization) —— 個人爲適應新的氣候、土壤
等,多少要改變其軀體特質,此一過程與一般生物之適應過程相同。
(2)歸化(Naturalization)乃個人的「自然化」,而非法律上的「歸
化」,是爲適應新的社會環境,即是適應新的民俗民德和制度,個人必
須改善其態度和行爲。(註七)

　　至於順應與調適之區別,扼要言之,順應著重於心理方面,而調
適著重於規範方面,即調適含有新加入之價值判斷。特殊的價值常是
某時某地一組特殊的情況所產生出來的,個人經由調適,不知不覺地
接受之和服膺之,以造成社會適從(Social conformity)。克勞二氏
(Crows)謂:「調適乃是一個對象符合預定目的的程度。所謂某人的調
適是充分的或健全的,即指他將本身與目的有關之情境與人物建立一
種和諧的關係。」(註八)在此所謂之「目的」、「健全」、「充分」

註六:參閱孫本文著,社會學原理,下冊,商務,民國四十四年臺二版,第三九頁。
註七:朱岑樓譯,社會學(原著 S.Koenig),協志出版公司,民國五十八年第七版,第二六二
　　頁。
註八:L.D. Crow & A. Crow, Understanding Our Behavior, New York:A. A. Knopf,1956,
　　pp.3-4.

與「和諧」,常是曖昧不明,事實上其正確涵義,不必要在發生調適問題的所有方面(如職業的、家庭的、教育的等)是一致的。一般所謂之正常(Normality),是對某一標準而言,而標準本身並非標準,乃是不同社會及同一社會的不同團體的約定俗成。我們通常將調適分為個人的和社會的兩類:

(1)個人調適(Personal adjustment)—— 係指個人與某社會情境處於和諧狀況之中,或為達成此種狀況之過程。(註九)

(2)社會調適(Social adjustment)—— 係指有關人格、團體、文化要素和文化叢體之間各種協調而互相滿意的關係,或為產生這些關係的過程。(註十)

事實上此兩類調適無法畫分清楚,因為社會調適與個人調適互相重疊。蓋兩類調適所指者,均為個人對其社會環境的關係,此一個人的社會環境,是與他有關之人格、團體、文化要素和文化叢體所構成的。(註十一)

第二節 婚姻調適之意義

1. 婚姻乃社會認可之配偶安排

婚姻指社會認可之配偶安排,特別是關於夫與妻的關係。但婚姻在不同的社會和不同的時代表現不同的功能與意義,方式千差萬別,光怪陸離,欲為婚姻下一包羅無遺的定義,乃是不可能的。因此新近研究

註九:See W. E. Gettys, "Personal Adjustment," in H. P.Fairchild (ed.),Dictionary of Sociology, 1944, P.4.

註十:同註二。

註十一:同註三。

婚姻的學者,不再爲婚姻作界說,只用爲指示術語(Pointerterm),僅指出婚姻所含的特質, 在不同的社會和不同的時代作不同的配合。

僅就夫妻兩方的人數這一點來說,就有不少的名詞,易滋混淆。茲爲淸眉目,扼要分爲兩類:第一類是單婚制(Monogamy), 乃一男一女相配之一夫一妻制;第二類是複婚制(Polygamy),再分爲二, 一男配多女的一夫多妻制(Polygyny)和一女配多夫的一妻多夫制 (Polyandry)。至於另一類一群男女共同生活、互相配合的群婚制或團體婚姻(Group marriage),實際並無其存在,只是十九世紀人類學家的假想狀態而已。(註十二)

在現代的文明社會,婚姻的通常用法,含有兩個明顯的觀念:(1)一男一女同居,共同創立家庭,(2)婚姻關係不同於其他方式的性的結合,如婚前性關係、婚外性關係、通姦等。故無同居及養育子女之意圖,僅係臨時性之交媾者,則不能視之爲婚姻。(註十三)

2. 家庭是以婚姻關係爲基礎而產生之團體

以婚姻關係爲基礎而產生家庭團體。最普遍引用的家庭定義,乃社會學家麥基佛(MacIver)所提出,謂「家庭是一個團體,畫分其範圍之性關係,其淸楚的和持久的程度,足以維持子女之出生與養育。」

註十二:G. G.Murdock, Social Structure,New York:The Macmillan Company,1949,pp.24-25,and P. Linton, The Natural History of the Family, in R.N. Anshen (ed.), The Family: Its Function and Destiny, New York: Harper & Brothers, 1959, pp.30-52.

註十三:See "Marriage," in R. Burrows (ed.),Words and Phrases Judicially Defined, London: Butterworth, 1944, Vol.3, p.331.

(註十四)

　　婚姻調適(Marital adjustment)是現代文明社會所特有的家庭現象。此點將在本書以後有關之章節內詳加說明。家庭乃為社會之基本單位,非存在於文化真空(Cultural vacuum)。人類學家所說的社會結構(Social structure), 即用以指家庭和親屬的結構。(註十五)在此為說明婚姻調適的意義,必以普遍存在於現代社會的核心家庭(Nuclear family)為參考架構(Frame of reference)。

3. 核心家庭之特質

　　核心家庭是含已婚男女及其未婚子女之社會團體。(註十六)其限制詞,除「核心」外,尚有「自然」(Natural)、「直接」(Immediate)、「生物」(Biological)、「原級」(Primary)、「限制」(Restricted)、「基本」(Elementary)等。(註十七)有關核心家庭之特質,茲舉其重要者有十:

　　(1)核心家庭以一男一女結合之夫婦為主要,故又稱之為夫婦家庭(Congugal family),以與血族家庭(Consanguine family)相對稱。後者由有血緣關係之親屬所組成,而前者以橫的夫婦關係為基礎。

註十四:R. M. MacIver, Society: A Textbook of Sociology, New York:Farrar & Rinehart,1937, p.196.

註十五:W. J. Goode, The Family, New York: Prentice-Hall, Inc., 1964,p.4.

註十六:See G. P. Murdock, "Nuclear family," in Dictionary of Sociology, op. cit., p.114.

註十七:最後的「基本家庭」一詞,是雷克利夫布朗(A.R.Redcliffe-Brown) 及其他英國人類學家所提出,其餘則見於牟多克(Murdock)所著之社會結構(Social Structure)第一章,其次序亦依牟氏所排。

(2)核心家庭之主要功能，依牟多克(Murdock)之意，主要有四方面：(a)性的，(b)經濟的，(c)生育的，(d)教育的。(註十八)

(3)核心家庭對親屬關係網絡之依賴性比他種家庭爲小，故受其控制亦較弱，婚後不必受强大的壓力而勉强與父族或母族同居(Patri-local or matrilocal residence)，可以自由地另外建立新居(Neo-local residence)。

(4)核心家庭之嗣系，比較不偏重配偶之任何一方，不一定是父系(Patrilineal)或母系(Matrilineal)，可以是複系(Multilineal)或平系(Bilineal)。由於新居之遠離父族或母族，常不參預親屬之共同活動與儀式。

(5)由於父母不從子女之婚姻上有所收益，如經濟的和社會的交換，於是擇偶比較自由。婚姻生活之重點置於夫婦關係之上，與親屬是否和睦相處，退居次要，結果誰與誰結婚，以當事者的意見爲主，不願意接受親屬的干涉，而親屬因與此種婚姻之利害關係較爲淡薄，亦放棄其嚴屬控制，給予擇偶以相當自由。

(6)婚姻非由家長作主，在自由擇偶的過程中，羅曼愛(Romantic love)占很重要的地位，成爲進入結婚禮堂的大門。由於羅曼愛概念的普遍流行，無愛之婚姻常不視之爲婚姻。

(7)由於核心家庭立基於夫妻之相互吸引與親愛，與家外發生密切接觸之人甚少。在擴大家庭(Extended family)中，家人衆多，彼此的情緒聯繫，分散而不强烈。而核心家庭的夫妻通常不能在家以外去尋求心理上的安慰，於是在情緒上好的一面是非常親密，壞的一面則是非常脆弱。一旦夫或妻在家內得不到愛和快樂，便失去繼續維持家庭存在的動機，而陷於家庭解組或解體，因此核心家庭制度下的離婚率趨於

註十八：同註十七。

增高。

(8)龐大的親屬團體供給各種社會服務，照應矜寡孤獨廢疾之人，此爲核心家庭所缺少者，因此社會必須發展社會福利事業，設立孤兒院、安老所、傷殘重建所、婚姻指導所等，以補親屬團體之缺，而負起老安少懷，宜室宜家的責任。

(9)核心家庭內的子女，其地位較高，有相當的自由，有較好的機會去接受教育。

(10)核心家庭比他種家庭適合現代的工業都市社會。(註十九)

核心家庭內的夫妻，誠如孟爾勒(Mowrer)所云者，是兩個不同的男女人格，結成獨特的統一(Unique unity)，發生動態的關係(Dynamic relationship)。至於人格如何交相互動(Interplay)，應以願望(Wishes)、態度(Attitudes)和情操(Sentiments)三者來描述之，因爲一個人格的特徵乃此三者所賦予，構成夫妻關係的要素。故夫妻之調適，是男女二人在願望、態度和情操之上求其協和與順應。(註二〇)

任何制度之發生與存在，是爲滿足人類生活上的基本需要，此爲社會科學家所一致同意。著名家庭婚姻學者凱文(Cavan)女士扼要解釋調適爲個人求其各方面(生理、心理、社會等)之需要之滿足的過程。(註二一)男女因性別不同而發生的特殊需要，能從婚姻關係中交相滿足之。個人的需要爲了反應時代和社會的需求，經常在改變，但求其滿

註十九：核心家庭之特質，可參閱龍冠海著，社會學，三民書局，民國五十五年，第二七二至二七三頁，及孫本文著，中國社會問題，第一冊，商務，民國三十四年重慶三版，第一一二至一一三頁。

註二〇：H. R. Mowrer, "Getting Along in Marriage," in H. Becker & R.Hill(eds.), Family, Marriage and Parenthood, Boston: D. C. Health and Company, 1955, pp.341-364.

足之時,必符合所屬社會的文化規範,否則被視之爲反常行爲(Deviant
behavior)。

綜合以上所述,我們可以爲婚姻調適下一定義:

婚姻調適乃現代核心家庭內之重要現象,夫妻二人在願望、態度
和情操方面,互相進行個人調適,求其滿足雙方生理的、心理的、文化
的和社會的需要。

下章接著討論婚姻調適的性質及婚姻發展的意義。

註二一:R.S,Cavan, The American Family,New York: Thomas Y.Crowell Company,1959,
　　　p.418.

第二章　婚姻調適與發展

第一節　家庭之人格互動

1.　統一體與集合體之區別

　　農業社會的傳統家庭，發揮多種功能，幾乎包辦個人一生的全部生活活動。(註一)由於現代工藝技術學(Technology)之進展，家庭的功能，諸如經濟、教育、保護、宗教、娛樂等，均爲家庭以外之社會機構所接辦，結果家庭所餘下的功能，僅限於人格方面了。社會學家蒲其斯(Burgess)，乃衆所推崇的婚姻家庭研究權威，積一生之努力，晚年在家庭方面結晶爲一個非常重要的概念：家庭乃互動人格之統一體(A unity of interacting personalities)。蓋統一體(Unity)有別於「集合體」(Collection)，前者係不同部分之統一安排，後者僅是不同部分聚在一起而已。(註二)

　　人各有其獨特的人格。人格之不同，各如其面。通常將家庭只看

註一:參閱楊懋春著，勉齋文集，家的起源與演變，民國五十二年，作者出版，第十八至二十頁。

註二:E. W.Burgess, "The Family as a Unity of Interacting Personalities,"in R.S. Cavan (ed.),Marriage and Family in the Modern World, New York:Thomas Y.Crowell Company, 1865,pp.14-18.

作互動的生物個體之集合體，而不看作互動的社會個人的統一體。生物個體(Individual)與社會個人(Person)是不同的。社會學大師派克(Park)爲此二者所作之區別，最爲簡明。派氏云：

「社會個人是具有地位(Status)的生物個體。我們以生物個體降生於世，嗣後獲得地位，成爲社會個人。所謂地位，是社會中之位置(Position in society)。作爲任何團體一員之生物個體，一定有其地位。一團體內各成員之地位，取決於該成員在該團體內與其他成員之關係。一個人的『自我意識』(Self-consciousness)立基於所屬社會團體的地位。所謂『自我意識』，是一個人在社會內的『角色概念』(Conception of role)，即是他的『我』(Self)。」(註三)

2. 家庭可以比作「超人格」

家庭之成員，是生物個體，同時也是社會個人，交相以此二者互爲反應。我們在社會或社會內不同的團體，自己扮演何種角色，內心多少有自知之明。以核心家庭而言，包含父母夫妻，子女兄妹等角色，而這些角色常是重疊的，即是一人兼飾數角，如夫兼父，妻兼母，子兼兄弟，女兼姊妹。某一成員不僅知道自己所飾何角，同時也知道他成員所飾之角色爲何，各以其角色相互動，決定彼此在家庭的地位。於是家庭角色(Family role)是反應家庭期望(Family expectation) 的行爲模式(Behavior pattern)。(註四) 我國儒家重視「齊家」，其基礎在於「夫夫妻妻，父父子子，兄兄弟弟」。重疊之二字，前者是角色，後者是行爲模式。各成員適當地扮演其角色，表現其行爲，彼此之期望與要求，

註三:R.E.Park and E.W. Burgess, Introduction to the Science of Sociology,p.55.

註四:See E. W. Burgess & H.J.Locke, The Family, 2nd ed., New York:American Book Company, 1960, p.49.

得以交相配合，於是家庭成爲互動人格的一個統一體。蒲其斯之給予家庭此一名稱，是將家庭看作變動的、生長的機體(Organism)。當然家庭不是一個眞的機體，而只是各成員的人格交相刺激反應的互動過程中所產生的，此一產物，可與機體相比而已。史賓塞將社會比作機體，而稱之爲「超機體」(Superorganism)，同理蒲其斯將家庭擬於人格，而稱之爲「超人格」(Superpersonality)。蒲其斯認爲家庭之存在與否，不寄託在成員間關係之和諧或衝突，而主要取決於互動。成員發生互動，家庭便存在，反之，互動一終止，家庭便告死亡。(註五)

第二節　婚姻關係之親密性

1. 夫妻乃人類關係中之最親密者

在所有的人類關係中，最親密的就是夫妻關係。家庭成員與家以外之人相交往，其關係極大多數是次級的(Secondary)，非私人的(Impersonal)，而婚姻關係是基本的(Primary)。現代的都市社會，誠如馬微博(Max Weber)所云者，愈來愈像機器，愈來愈不講人情。(註六)可是任何人都不願意自己是碩大無朋的社會機器中的一個小齒輪或螺絲，任由引擎去發動，而願意自己是具備整個人格的人：他的缺點和優點，都得以盡情表現，保持廬山眞面目；他以愛給人，也爲人所愛；他覺得自己有意義；他覺得自由自在；他覺得很安全。由於現代都市社會之不講私情 (Impersonality) 和重視功利主義，個人很容易視他人爲手段

註五：同註二，並參閱朱岑樓著，家庭制度的探究，社會安全季刊，第二卷，第一期，中國社會安全協會編印，民國五十八年十二月，第十二至十六頁。

註六：See L. Broom & P. Selznick, Sociology, 4th ed., New York:Harper & Row, Publishers, 1968,P.47.

(Means)而非目的(Ends)，於是對婚姻寄以極大的期望，再加上擴大家庭之日趨式微，親屬聯繫之日趨薄弱，夫妻雙方均期求從婚姻關係中獲得安全需要之滿足。

2.　夫妻親密關係之特質

依上所述，現代的婚姻關係，在親密(Intimacy)方面有其獨特的性質，可分為三方面說明之：(註七)

(1)全人格發生反應

夫妻的人格互動是獨特的和全部的。所謂獨特的，係指反應給予一特定之人，而不能轉移他人。所謂全部的，係指對某一人之特質和背景，作全盤的反應，以統一的和自然組成的「我」，自發自由地發生反應，容許眞正的感情進入關係之中。

至於非夫妻的人格互動，大多數是普通的和部份的。普通則能轉移，部份即是所涉及之範圍不廣。例如店員與顧客所發生的互動，第一是普通的，可以轉移，因為雙方的行為已經標準化，按價付款，收款交貨，能施之於任何店員與顧客身上。第二是部份的，雙方的關係以與交易有關的行為為限，餘則不必觸及之。如果雙方的互動進而發展為友誼，則互動時所涉及之範圍擴大，而反應之轉移性隨之縮小。例如某君與某百貨公司之女店員因多次交易而相識，彼此暗生情愫，有一次某君購買精美粉盒一個。她問他是為誰買的，太太抑是女友？當她知道他是買來送朋友作結婚賀禮之時，心頭頓感輕鬆，是則二人之互動已不局限於買賣。購粉盒者多矣，只因她對他芳心暗許，才急於要知道他買粉盒的動機，對其他顧客一律是銀貨兩訖，關係終止。某與某互將對方看做一個人，而非某一個特定角色，便要感覺到內心所生之反應，是為適應對方人格的許多方面而發生的。

註七:Broom & Selznick, op. cit., pp.120-124.

夫妻的人格互動，包含人類經驗各方面的期望、態度、情操和習慣，要言之，即夫妻互將對方的全人接收下來。婚姻關係不是一種契約 (Contract)，因為契約所包括之事項，以允諾者為限，凡契約條件以外者，概不計及，而夫妻關係是無限制的承諾，各將對方的全部幸福一肩擔當起來。

(2)溝通縱深而橫廣

在夫妻關係中，溝通 (Communication) 之範圍與方式，均少有限制。利用語言、姿勢，以及其他無聲的和隱秘的行為，作為溝通彼此心理過程的工具，結果產生一種「心心相印，不言而喻」的境界。凡不能出現於公共場合的感覺和需要，均能在婚姻關係中盡情表示之。次級的和非私人的關係，因局限在正式的和公開的互動之中，便不能透露人格的深層。我國俗語謂「交淺不言深」，淺者僅人格之某部份在發生互動，其他部份自然要「諱莫如深」了。

溝通順暢，不一定保證彼此意見一致，但能夠促成和加強意見一致。當溝通又深又廣之時，彼此在態度上的相同點便易於發展。

在夫妻關係中並非全無敵意，但婚姻絕不能依賴敵意而存在。彼此意見相左，最後必歸於一致，否則愈演愈烈，終於南轅北轍，分道揚鑣。夫妻關係愈是親密者，彼此之心理占有(Psychological possension)愈強，產生一種難分難解的「我們感覺」(We-feeling)，即是二人同為一體，禍福與共，休戚相關。

心理占有的另一面是嫉妒。通常把嫉妒和性連在一起。人類學權威林頓(Linton)對此有一精闢的解釋，謂嫉妒與性雖有很密切之關係，但非一切嫉妒都由性而產生的。嫉妒主要是個人對某一情境之反應，他感覺此一情境在他與別人的關係中，對他的優勢或安全構成一種威

脅,便不覺妒火中燒,爲了解除威脅, 企圖把實際的或假想的對手加以壓制或消滅。(註八)例如商場中之同行相嫉妒, 可以說與性完全沒有關聯。夫妻的關係加上性,故愈親密愈要將對方心理全部占爲己有,你就是我, 我就是你, 誰也不能在誰的心坎裡失去其優勢與安全, 不讓競爭對手有極微小的介入機會, 如同眼睛容不下一顆極微小的砂子一樣。詹姆士(James)謂配偶在彼此的擴大人格中成爲最被珍視的部份,於是產生強烈的「自我認同」(Ego-identification)。(註九)

(3)私人滿足高於一切

人心之不同, 各如其面,其獨特之點, 只有在基本關係中受到重視。他心裡明白本身被人接受,被人需要。他用不著戰戰兢兢,朝夕戒懼。他也不必經常要使出渾身解數, 把自己的本事證明給人家看。他就是他。他從此種關係中直接獲得有利於個人的安全和福利。他之被對方容納於基本關係之中,是爲了他本人,不是藉著他另有所圖。對方所給予他的考慮,是他的全人,缺點與優點,一概知情,各方面顧及他的特殊個性,曲予體諒和保護,使他不遭受外來重大壓力的打擊, 其滿足自得之情況,如飲夏冰,如曝冬日。

知己好友,肝膽相照,因有基本關係存在於其間。人生得一知己可以無憾。昔者伯牙善鼓琴,鍾子期是其知音,志在高山, 鍾曰:「善哉,峨峨兮若泰山!」志在流水,則曰:「善哉,洋洋乎若江河!」鍾死,伯牙傷知音之不再得,碎其琴終身不鼓。妻是夫的「紅粉知己」,而夫則隨時隨地給予妻以安全和快樂。寇伯屈(Kirkpatrick) 謂婚姻關係是一種特殊友誼:第一點,二人性別不同;第二點,二人在社會認可下正當地

註八:R.Linton, "The Natural History of the Family" in R.N. Anshen(ed.),The
　　　Family:Its Function and Desting,New York: Harper & Bros.,1959,pp.30-52.
註九:William James, Psychology, New York: Henry Halt & Co., 1892, pp.176-216.

發生性行為。在婚姻之外，有多種友誼，也有多種性關係，只有婚姻將此二者合而為一，並符合社會的期望，同居一室，共枕共衾，在心理和生理兩方面，如水乳之交融，兩個不同的人格構成一個共同的命運：有福共享，有禍同當。(註十)

　　寇氏又謂夫妻經由模倣 (Imitation)，暗示(Suggestion)，同情 (Sympathy)，認同(Identification)，投射(Projection)，投入(Introjection)，自我理想修改(Modification of ego ideal)等過程，產生人格傳染(Contagion of personality)。你影響我，我影響你，二者相合的統一(Oneness) 於焉以生。在某種情況下會產生成功的補償或角色的互補。例如男剛女柔，乃大多數文化所畫分的兩性氣質之差異。如果丈夫秉性懦弱，可能妻一反文化的規定，由柔順變為剛勁，從此種補償與互補中，雙方都能獲得私人的滿足。

　　婚姻關係中的親密充分發展之時，上述三特質：全人反應，溝通深廣和私人滿足，可預期其一一發生，反之，此三特質亦可用作測驗夫妻親密程度的石蕊試劑。(註十一)

第三節　人格之發展

1.　造成人格改變之因素

　　婚姻調適研究，即是核心家庭內夫妻互動之研究。婚姻調適，主要包括兩部分，一是由認識(Acquaintance)，約會(Dating)，求愛(Courtship)，訂婚(Engagement)至結婚之婚前調適，另一是夫妻及親子關係

註十:C.Kirkpatrick, The Family, As Process and Institution, New York: The Ronald
　　　Press Company, 1955, p.428.

註十一:同上註。

之婚後調適。婚前僅是男女兩個人格於互動中進行調適，婚後生兒育女，變成多人格的互動，調適之進行更爲複雜繁難。

普通我們說人格模式(Personality pattern) 在四、五歲的兒童期已經定型，這是一種較舊的概念，在變遷迅速的社會，僅含有部分正確性。造成人格改變的因素，主要來自三方面：(註十二)

(1)環境之改變：此種改變有發生於家庭生活之內，有來自家庭以外之社會。前者如子女誕生，夫妻雙方親屬之增減，夫職業之升降或喪失，妻就業或停業，遷居(特別是從鄉村遷至都市)，重大疾病或死亡，家庭破產等，後者如戰爭，天災，經濟不景氣等。

(2)時間之改變：個人生命與家庭生命均有其生、住、異、滅的過程，新的生活經驗破壞早期的人格組成，喚起新的需要，刺激思想嚮往新的興趣和目標。在某階段很調適的婚姻，到了另階段可能很不調適。例如甲夫妻燕爾新婚，萬般恩愛，但好景不長，融融曳曳一變而爲吵吵鬧鬧。反之，乙夫妻的感情由壞變好，如倒啖甘蔗，漸入佳境。

(3)概念之改變：現代的婚姻與家庭，喪失許多傳統的功能，但也增加一些新功能，其中重要的一項是發展人格。不僅是夫妻的人格，連子女的人格亦在內，在家庭此一互動人格的統一體內，均進行動態的發展。理想的婚姻，是夫妻雙方在興趣和目標方面，步調一致，並肩齊進，於是雙方的需要，有取有予，均感滿足。有些婚姻失調的夫婦，即由於一方的人格，至某階段發生固定作用(Fixation)，停滯不前，而他方仍在變遷和發展。

註十二：R.S.Cavan, The American Family, New York: Thomas Y.Crowell Company, 1959, pp.421-422.

2.　婚後夫妻之人格發展

結婚之時,夫妻之人格特質要能交相配合,更重要是,婚後雙方的人格發展不能脫節,否則會導致婚姻失調或破裂。

傅特(Foote)從實際研究中,發現人格發展在婚姻調適上之重要性。他指出心理學將心理成熟看成人格發展的終點,所給予家庭研究的影響,弊多於利。因爲此一心理學概念,引起家庭內兒童人格的過份重視,而忽略夫妻本身人格在互動中的繼續發展。

他說離婚者在訴說婚姻失敗的經驗之時,常提到發展脫節這一點。第三者也常看出此點是導致某夫妻婚姻失調的一個重要原因。所謂脫節,通常是夫之發展較妻爲快。妻超過夫,在理論上是可能的,實例也有,但爲數甚少而已。男主外,女主內,夫有較多的機會接受感受新的刺激和經驗(接觸妻以外的異性當然包括在內),妻爲家務所羈,瑣事勞神,發展停滯。在辦公室處理業務的丈夫,難免要感覺身旁的女祕書,對其個人發展之了解與同情,遠勝於妻,可能生出喜新厭舊的念頭。

在現代社會要維持婚姻關係之穩固,雙方都要盡很大的努力。傅特謂婚姻指導所提出的報告中,有許多人對婚姻之失調,舉不出明確的理由,只是對婚姻失去興趣與熱忱,索然寡味,難以忍受。

最後傅特謂爲成功婚姻作一界說之時,不論是婚姻當事人或婚姻研究者,須注意夫妻未來繼續發展的潛力,不應著重於當時的調適評價。(註十三)

註十三:N.N.Foote, "Matching of Husband and Wife in Phases of Development," Paper Presented to the Third World Congress of Sociology, Amsterdam,1956,quoted in W.M.Kephart, The Family, Society, and the Individual, Boston: Haughton Mifflin Co.,1961, pp.502-503,and See N.N. Foote and L.S.Cottrell, Jr., Identity and Interpersonal Competence, Chicago: The University of Chicago Press, 1955.

3. 結婚乃動之始而非靜之止

結婚爲「生命禮俗」(Rites of passage)之一。所謂「生命禮俗」，直譯其義，即是「過關儀注」，在人之生命歷程中，自母胎至墳墓，置有一重一重的險要關卡，如出生、青春期、成年、結婚、死亡等，必須一一通過。(註十四)一對人格不同的男女，經由婚禮而開始一種新生活，故社會學家格羅甫(E.R.Groves)將婚姻定義爲「一種公開宣布和合法登記的同心協力的冒險」。(註十五)婚禮如同畢業典禮，眞正意義是另一新的學習過程的開端，英文Commencement，含有畢業與始業兩意義，理亦在此。婚姻隨時隨地是一個起點，而不是一個終點。多數愛情小說中的男女兩主角，經過一番可歌可泣的悲歡離合之後，其結果不外兩途：一是悲劇性的，生離死別，纏綿悱惻，讀者爲之掩卷太息；一是喜劇性的，有情人終成眷屬，讀者額手稱慶。「死別常惻惻」，互動從此終止，而「結髮爲夫婦」，乃互動之伊始，一終一始，靜動迥異，而將二者一樣看待，便成爲一種可笑的錯誤。家庭社會學權威寇伯屈謂婚姻非如我們所常聽到的「有情人終成眷屬」那句話收場。因爲結婚不是靜態的結束，而是動態的開端。婚後夫妻人格在各方面連續互動，交相反應無窮無盡的刺激。(註十六)寇氏言之有理，婚後夫妻如果不進行動態的調適，不進則退，便會釀成婚姻失調，可能再惡化而爲婚姻解體。

寇氏爲說明未作動態調適而終告破裂之婚姻，舉一事例，於是依例製圖解釋之。(參閱圖2-1)

註十四：See G.P.Murdock, "Rites of Passage," in H.P.Fairchild (ed.),Dictionary of Sociology,1944,p.262.

註十五：Quoted in S. Koenig, Sociology, New York:Barnes & Noble, Inc.,1957,p.130.

註十六：Kirkpatrick,op. cit., pp.443-444.

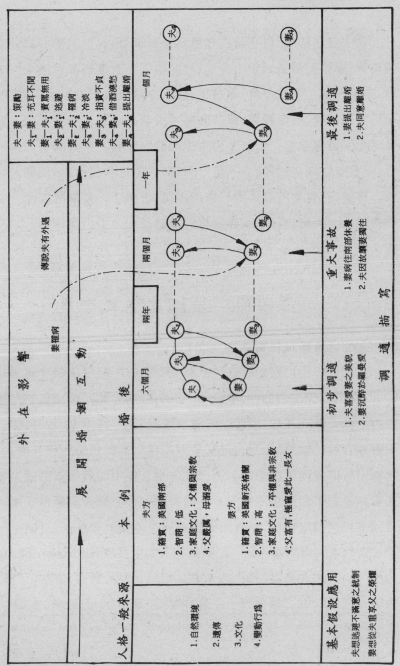

圖2-1：終歸破裂之婚姻調適

　　某夫妻之結婚,似乎建立在男爲性所吸引,女則沉醉於羅曼愛。新婚甫過,妻策勉其夫力爭上游,以增加收入, 改進經濟生活。夫未爲所動,不求上進, 妻感不快,雖續加鼓勵,亦歸無效。妻對夫大感失望,表現於辭色之間,給予難堪,冀其悔悟。夫老羞成怒, 冷面相向, 關係趨於惡化。妻罹重疾, 須往美國西部治療與休養。夫表關切, 願陪同前往,但爲工作故,不得脫身。越一載,妻病癒自西部返家,風聞夫行爲不檢之傳說,面責其不貞。夫心情惡劣,以酒澆愁, 常爛醉如泥。妻拒絕繼續同居。夫搬往旅館。妻以精神虐待爲由, 提出離婚訴訟, 卒告分離。

第四節　婚姻關係之發展

1. 過程之意義及其要素

　　我們已經明白婚姻調適是一種動的過程。社會學家麥基佛(MacIver)將過程(Processes)解釋爲「以明確的方式, 經由最初出現於情境內各種力量之運作,所發生的繼續變遷。」(註十七)依麥氏之意,過程概念含有三個要素: (1)過程是對某種明確情境的一種反應, (2)過程經由原情境內所出現的各種力量之相互作用而獲得其明確方式,(3)過程乃是若干階段相繼發生的一種連續, 後一階段必是前一階段的結果。麥氏之過程釋義,極有助婚姻調適之性質的了解。

　　寇伯屈謂婚姻關係像一個機體,有其生長模式(Growth pattern)。(註十八)互相調適之過程,始於男女相識, 在約會中加深其了解,進而求愛, 互相取悅, 相愛到「非卿莫屬,非君莫嫁」的地步,便擇吉締婚,

註十七:See R. M.MacIver, Society: A Textbook of Sociology, New York: Farrer & Rinehart, 1937,p.406.

註十八:Kirkpatrick, op.cit., p.444.

盟諧白首。在理論上說，凡經由自行擇偶過程而成立的婚姻，一定是男女雙方互認爲最適合的人選，否則不會由相愛而結婚。但是事實上有不少新婚夫婦發現婚姻非如事前所想像的美妙甜蜜，甚至於有感覺很痛苦的。例如<u>布萊甫</u>(Brav) 訪問五十位婦女的蜜月經驗，其中48%於蜜月期內未能達到性調適。遭遇困難者共有56%，主要發生於性方面。認爲蜜月很成功的雖有74%，但認爲此是婚前相愛期中進行調適所得之之結果者，則僅爲64%。其中極大多數懷疑婚前性經驗之價值，但認爲性教育很有助於性之調適。(註十九)

2.　婚姻之成長性

　　<u>蘭逐斯</u>(J. T. Landis)作一有名的研究：達成婚姻調適所需要時間之長短(Length of Time Required to Achieve Adjustment in Marriage)，說明婚姻之成長性，在不同方面的調適作不同速度的改進。(註二〇)

　　<u>蘭</u>氏研究409對夫妻，其婚姻生活平均爲二十年，無分居或離婚者，大多數爲中等階級，收入與所受教育均在一般水準之上，有子女在大專就學。<u>蘭</u>氏所研究之婚姻調適分爲六方面：(1)性關係(Sex relation)，(2)家庭收入支配(Spending the family income)，(3)社會活動(Social activities)，(4)夫妻雙方親屬關係(In-law relationships)，(5)

註十九：S. R. Brav, "Note On Honeymoons," Marriage and Family Living, IX(Summer, 1947)60,65,quoted in Kirkpatrick, op. cit., p.444.

註二〇：<u>蘭逐斯</u>之研究，刊於1946年第11期美社會學評論 (American Sociological Review)，極受社會學家之重視，常爲家庭與婚姻之論著所引用。夫妻進行調適之六方面，是依<u>美國</u>的婚姻生活而選定的，未必爲其他社會所重視，例如「宗教活動」一項，對我國的婚姻生活，無甚影響。

宗教活動(Religions activities),(6)共同朋友(Mutual friends)。

　　六方面達成調適所需要之時間，分為五種情形:(1)雙方同意從新婚即開始達成調適，(2)雙方不同意調適始自新婚，(3)一至十二個月內,(4)一至二十年內，(5)從未達成滿意的調適。夫妻分開回答問題，對於調適之進行,在時間之需要上,大多數的夫妻意見一致，僅少數有差別。

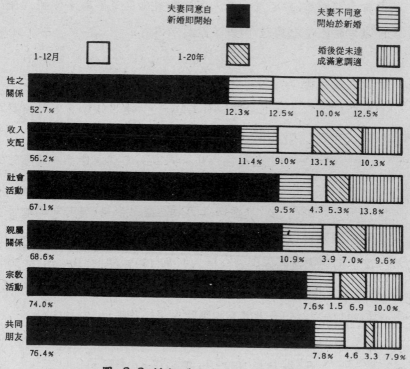

圖 2-2:婚姻進行調適所需之時間

Judson T.Landis, "Length of Time Required to Achieve

Adjustment in Marriage," American Sociological Review,

11(1946),675.

　　圖2-2指出409對夫妻於婚後在六方面達成調適所需長短不同時間之百分數。性調適常認爲是婚姻快樂的主要關鍵,然一方認爲滿意者,他方未必如此,故不同意始自新婚之夫婦占12.3%,爲六方面之冠。在二十年內從未達成性調適之夫妻,占12.5%,僅次於「社會活動」而居第二位。

　　在上述六方面達成調適之時間遲早與程度大小,對409對夫妻之意義何在?闌氏要求各夫妻爲本身之婚姻幸福作一估計。雖然意見相左之夫妻所占比例不小,但是其中自認爲很幸福者占48.0%,幸福者34.6%,普通者16.4%,而不幸或很不幸福者僅0.8%。凡調適愈早之夫妻愈是幸福,尙有不調適者,則平平而已。以調適之方面而言,如圖2-3所示,僅

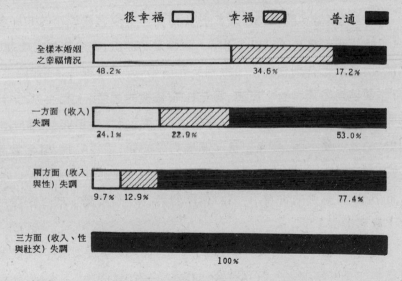

圖2-3:婚姻失調與幸福程度之相關

Judson T.Landis, "Length of Time Required to Achieve Adjustment in Marriage," American Sociological Review, 11(1946),675.

一方面(收入)不調適之夫妻,很幸福者有24.1%,幸福者22.9%, 普通者53.0%。當不調適的方面增加為三時(收入、性與社會活動),其婚姻幸福全在普通以下,其中並有若干對夫妻作離婚打算。(參閱圖2-3)

3. 夫妻愛之進行步調

理想的婚姻關係是男女兩個半周所合成的一個圓。「花好月圓」這句吉利話,是常用以為新婚夫妻祝福。事實上兩個不同人格的男女,很難合成一個天衣無縫的圓。因為兩方人格在變,環境在變,如果不作動態的調適,以求發展的步調一致,不僅裂縫擴大,而且可能南轅北轍,背道而馳,勢必金甌難保無缺,而趨於破碎。

人的情緒是多變化的。婚前男女相愛, 其愛之波線不一定並駕齊驅,可能是相反前進,如圖2-3所示。兩條愛的波線,實者屬A,虛者屬B。婚前A由高降低,B則相反, 二線相交而成婚,向婚後續延。當B線上升,A可能懷疑而不作相對之反應,甚至採取報復的態度:「我愛你的時候,你要理不理,現在輪到我了!」A愈冷而B愈熱, B之峰頂與A之谷底遙遙相對,如此一峰一谷,交叉起伏。圖解力求簡化,明白易曉,當然實際的婚姻生活要比此一圖解錯綜複雜得多。有些夫妻雖然相愛甚深,誰也少不了誰,可是愛的步調不一致,你進我退,吵吵鬧鬧,成了俗語所說的「歡喜冤家」。

同時性(Synchronization)之缺少,非僅夫妻愛是如此, 在成熟方面亦是如是。婚姻之一方 A,在婚前較另一方B為成熟,婚後A對婚姻責任心萌厭倦,見B在婚姻經驗中成熟加強, 遂藉機脫卸。其時B之成熟,能對婚姻作份內之貢獻,但不足以承當A之部分,懍於責任之重大,不敢前進。A見B徬徨失措,又開始振作,重新負起成熟角色的任務。

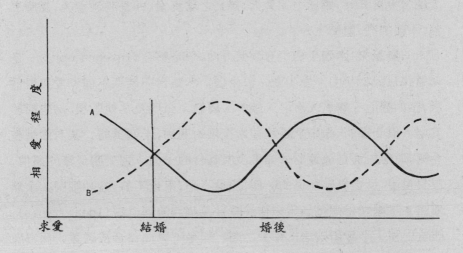

相愛程度

A

B

求愛　　　　結婚　　　　婚後

圖2-4:不同步調之愛

C. Kirkpatrick, The Family, As Process and Institution,

New York: The Ronald Press Company, 1955, p.445.

　　雙方成熟之一進一退，與上述愛之交替起伏，如出一轍。即在夫妻之同點與異點方面，也可能有此相同的生長趨勢。(註二一)

4. 夫妻互動之累積與循環

　　夫妻的人格互動是累積循環互動 (Cumulative circular interaction)。所謂循環者，夫刺激妻所生之反應，轉而刺激夫再生反應，又轉而刺激妻再生反應，如此往返不已。所謂累積者，夫妻刺激反應之往返，不是像鐘擺那樣機械式一去一來，而含有累積性和定向性，如同二

註二一:Kirkpatrick, op.cit.,pp.444-445.

人練習投接棒球,擲球之力愈大,接到之球更猛,即是刺激愈大,反應更強,水漲船高,節節上升。

　　一般說來,婚姻生活中有兩個方向,一是整合(Integration),一是疏遠(Alienation)。愛生愛,恨生恨,然整合與疏遠不僅以愛與恨為限,諸如關心、尊重、忠心、嫉妒、驕傲、認同及其他動機,均包括於其中。很明顯的,像婚姻這種非常複雜的關係,千頭萬緒,某方面是整合的,而他方面是疏遠的。如果發展整合的一面,則如膠似漆的感情,與日俱增,反之發展疏遠的一面,西也不是,東也不對,吵吵鬧鬧,永無寧日。這兩類婚姻可以用來作為整合與疏遠的理念型(Ideal types),事實上極大多數婚姻居於兩者之間,即是不專向整合或疏遠一個方向發展。究其原因有二:一是婚姻關係雖然含有高度排他性的親密特質,但個人在其中仍能反應配偶所供給者以外的刺激,另一是婚姻互動是全人格的,某方之反應不局限當時來自配偶的某一種刺激,而涉及人格的其他方面。例如某夫妻因發生爭執,各不相讓,愈演愈烈,到了難以收拾的地步,準備去找律師辦理離婚。妻一陣傷心,自憐自歎,珠淚滾滾而下,觸發男人人格中的大丈夫氣概(約等於西方社會男人人格中的騎士精神),盛氣頓挫,臉露愛憐之意。妻對此轉向刺激,欣然接受,並進一步報以嬌嗔,頃刻間滿天陰霾,煙消雲散,又言歸於好。我國一些俗語,如「床頭打架床尾和」,「太太三件寶,哭哭鬧鬧和上弔」等,都是婚姻關係中整合與疏遠交錯併發所造成的現象。

5.　婚姻調適是積極發展和永不休止之過程

　　婚姻生活像一條曲折的河流,有時候風平浪靜,有時候波濤洶湧;而婚姻調適不是靜態的逆來順受,必是動態的積極發展,方能迎頭趕上現代社會的種種變遷情況。不錯,婚姻生活以安寧和諧為貴,但不能消

極地守株待兔，而要努力去爭取，渡過危瀾險灘，才能進入平穩的江面，順風揚帆。和諧的反面是衝突，常認爲有百害而無一利，應極力避免。有位心理學家梅玉(Mayo)曾謂「單調」(Monotony)就是夫妻愛的安全保證。(註二二)是則忽略了衝突的功能。處在現代的動態社會，夫妻關係多多少少會發生衝突，怎麼樣也不能避免，只有夫妻二人經由衝突及解決，才能建立目的，並共同努力使之達成。一對不發生衝突的夫妻，靜則靜矣，但如一口古井，寂然無波；而朝氣蓬勃的夫妻，常是面對衝突，討論衝突，合作解決衝突，此方爲婚姻生活之眞意義。(註二三)

　　哈摩斯(Halmos)謂調適是引導個體走向目標的過程。所謂目標是某種條件所構成，該條件充其量只是一種中間狀態，因此調適永不休止。由於生命過程不能進入一種靜境，個體及其環境常處於變遷不居的過程之中。(註二四)哈氏對調適之解釋甚爲精闢，爰引之以作本章之結。

註二二：Elton Mayo, "Should Marriage be Monotomous ? "Harper's Magazine,CLI(1925), pp.420-427.

註二三：See E.W.Burgess and H.J, Locke, The Family,2nd ed.,New York:American Book Company, 1960,p.514.

註二四：P.Halmos, Towards a Measure of Man, London:Routledge & Kegan Paul, 1957, p.40.

第三章　家庭生命環循

第一節　個人生命循環

1.　婚姻之準備工作始於誕生

　　婚姻普通是指男女依照社會風俗或法律的規定所建立的夫妻關係。(註一)舉行婚禮之際，即婚姻成立之時，但是婚姻的準備工作早已開始。甚至於有人說，人一出世即爲婚姻作準備。此非誇張之詞，並含有重大意義，注意到易爲人所忽略的兩點：一是人格發展的最初來源，另一是現代核心家庭中個人互動的重要性。凡與性有關之態度與習慣，以及父母夫妻子女各種角色的概念，在兒童時期即開始形成。

　　弗洛伊德(Freud)謂個人的性生活非開始於青春期，早已開始於嬰兒期。嬰兒並不需要朝向一個愛的對象，僅藉撫摸身體某些器官以得到一種快感。但是嬰兒或兒童在口腔、肛門、性器官等動情區(Erogenous zone)所作的各種活動，會遭受到父母的管教而引起衝突，以致形成各種人格徵疾(Syndroms)。弗氏將性本能之發展分爲六期，前四期，口腔期(Oral stage)、肛門期(Anal stage)、尿道期(Urethral stage)和陽具期(Phallic stage)，合稱爲前生殖期 (Pregenital period)，相當生命的最初五年，在此期內愛之對象起先是自己的身體，幼

註一：參閱龍冠海著，社會學，三民書局，民國五十五年，第二六二至二六三頁。

兒常以吸吮姆指、排糞或忍糞、手淫等為快樂的來源，因此本期又稱自戀期(Narcissism period),同時本期也包含對同性和異性的成年人(主要是父母)的愛慕。

第五期為潛伏期(Latency stage),從六歲到青春期,為前生殖期到生殖期的過渡階段。斯時嬰兒期的性慾已為社會勢力所壓制，性的衝突已昇華到其他方面,其愛之對象為年齡相若的同性別者,並有排斥異性的傾向。因此本期又稱為同性戀期(Homosexual stage)。

第六期為生殖期(Genital stage)，本期是性本能發展的最後階段,其時異性青年互相吸引,男慕女愛，企圖成家立業。由於本期愛之對象為不同性別者,故又稱為異性戀期(Heterosexual stage)。

上述各期之轉變，並非前期自動消減，或後期突然產生，而是每個時期互相重疊之處甚多，並且各期時的愛好方式均對最後的生殖期發生影響,如在夫妻的婚姻行為中,仍有前生殖期的一部份衝動,藉親吻、愛撫等滿足之。而在某一時期所受到的挫折(Frustration),產生固定作用和退化作用,或藉轉移作用或昇華作用,逐漸變成正常人格或變態人格中永久性性格結構的一部分。(註二)

母婚姻關係為基礎的「生長家庭」，而進入以本身婚姻關係為基礎的「生殖家庭」。

2. 生長家庭與生殖家庭

所有人類社會之正常成年人,至少分屬於兩個核心家庭,一是生長家庭(Family of orientation),他在此出生和成長，包括父母兄弟姊妹等,在家人互動中他逐漸習得社會團體的生活指向;另一是生殖家庭(Family of procreation),是他經由婚姻為本身所建立的家庭，從事

註二:參閱韓幼賢編著,當代心理學理論淺釋,新潮出版社,民國五十八年,第四六至四八頁。

子女之生育。(註三)由此我們知道「結婚」像一條橋，使個人從以父

　　個人由生、而幼、而壯、而老、而亡死,有其生命之循環,家庭亦
有如此盛衰消長之歷程,因而產生「家庭生命循環」(Family life
cycle)一詞。正常之個人,生而具備生長系統。出世之後,循著人類所
特有的生長程序, 學坐、學走、學說話、學思維、學應對進退的為人
之道。迨至性機能發展成熟,男能為父,女能為母,子女成行,乃生命鼎
盛之階段。日中則昃,盛極必衰,由中老入晚年,老態龍鍾,最後生命歸
於終結。上述之生命歷程,只要個人生而正常者,後天又不遭遇嚴重傷
害或意外死亡,各階段必一一經過之。

　　由於個人生命循環各階段之調適與發展,均與家庭生活密切相關,
於是「家庭生命循環」成為研究婚姻調適與發展的重要的參考架構
(Frame of reference)。

第二節　發展工作

1.　生理心理之按時發展

　　發生於現代家庭的婚姻調適,不是消極的和被動的適應,而是積極
的和主動的發展。漢惠福斯(R.J.Havighurst)謂一項發展工作(Deve-
lopmental task),乃是出現於個人生活中某階段的一項工作, 對於以
後的工作有很密切的關係:如果完滿達成,為繼此而來的工作帶來愉快
與成功;若是失敗,不僅將造成他本人的痛苦與社會的失望, 而且後來

註三:此二詞乃W.L Warner所首創,非常有用,常在研究婚姻家庭的文獻中出現。

的工作無法展開，陷入停滯。（註四）

　　根據胚胎學，任何有生命之機體，均開始於一個單細胞。經過分裂過程，單細胞變成千千萬萬的複細胞。於是分別構成不同的系統，各採取不同的形成，各發揮不同的功能。人類胚胎之正常發展與生長，有其一定的程序。在時間上的先後安排，即是合拍(Timing)，對器官之形成非常重要。例如心臟若不能按時發展，時機一失，永不再來，其他器官便乘虛加速發展，不僅造成心臟本身之畸形，而且整個心臟血管系統，因心臟之未按時發展而蒙受嚴重的損害。其他器官的發展過程亦復如此。故母腹內的胚胎生命即是一系列依時完成的發展工作，扼要言之，為細胞之有規則分化，以構成特殊的形式和發展特殊的功能，進而配合其他部份之定時發展。

　　人類胎兒誕生之後，除生理與心理作定時發展以外，還必須配合家庭生命循環，作定時的社會發展與人格發展，一椿連一椿，一件連一件，永無止境，正如俗諺所云者：「做到老，學到老，還有三件學不到。」由本章第一節曾引述弗洛伊德對性本能發展的分析，我們知道個人的性生活在嬰兒期已經開始，到了五、六歲，要能與同性別的遊玩團體(Play group)和諧相處。青春期來臨，男女互相悅慕，又要發展與異性相處的能力，對往後婚姻生活之調適與否，有很密切的關聯。成人夫婦必須學習與非人身的(Impersonal)規則(如家規門風、典章國法等)與計劃(如家庭預算、生育控制等)合作。老年夫妻就得服老，如果童心未泯，便是反常。個人每進入生命循環和家庭循環的一個新階段，藉以往所獲得的經驗和能力，發展新經驗和新能力，以與新情境相調適。累

註四：R.J.Havighurst,Developmental Task and Education,Chicago:University of Chi-
　　　cago Press,1948,p,6.

積愈豐富,人格愈成熟,調適也愈成功。

2. 發展工作之分類

各種發展工作, 或潛藏於內, 或顯現於外,依照社會學家康克爾 (Kenkel)之意,可分為三類: 體能的、智能的和態度的, 茲分述如下: (註五)

(1)體能

有些動作或行為模式需要運用軀體之全部或部分。此種運用, 通常稱之曰「體能」(Physical ability)。必須經由努力學習而產生之體能, 才能算是發展工作。例如學走、學跑、學作遊戲、學爬樓梯、學開汽車等,都是發展工作。正常的眼睛能看,正常的耳朵能聽, 正常的嘴巴能說,正常的四肢能動,但必須經過學習與發展, 方能做到「非禮勿視, 非禮勿聽,非禮勿言,非禮勿動」。因此並非所有的習得體能都是發展工作。繪一幅水彩畫,插一瓶花,焊接兩節鉛管, 顯然都是習得的體能。這些技能也許是職業上的需要,也許是個人的嗜好所在,然均能稱之為發展工作。至於日常生活中飲食起居所必須學習之一般體能,則不能視之為發展工作。

(Mental skill)之發揮。如果他為人處世,在智能的運用上,不能達到

(2)智能

人生活於社會所必需之推理、計算、評價等等能力, 均為智能 (Mental skill)之發揮。如果他為人處世,在智能的運用上,不能達到必備的最低標準,則難獲得社會之贊許,尤其是以後需要更大智能的發展工作無法進行。能被社會承認任事相當適合之人, 所應具備之智能

註五:W,F.Kenkel,The Family in Perspective,New York: Appleton Century-Crosts,Ind.,
1990,pp. 330-332.

甚多,因事而異,難以逐項列舉。茲言其一概情況：孩童在學會說話之前,父母為他所命之名,於呼叫時要能生反應,並開始發展自我概念,也即是他開始能將己身與其周圍之人和物加以區別, 進而明白自創想象和實際情況之間的差異。繼之他要學習簡單的計數和發展起步的抽象思維。同時他開始學習和記憶有關社會與世界一些事實的整體, 也即是他要能把日常知識作意義的綜合,年齡愈上增,接觸人與物之範圍愈擴大,需要運用智能之機會也愈加多,並由淺而深,由易而難。總之,社會上一個正常人所需要之任何智能,都在發展工作之內。不錯,人為萬物之靈, 天賦有某種高水準的智力, 但只是潛能(Potentialities)而已,必加以發展,否則湮而不彰。

(3)態度

(Attitude)是個人心理上具有的行為趨勢, 而行為本身則是態度的表現。行為有預備與完成兩個階段。湯麥史(W.I.Thomas)於1918年開始用態度一詞來說明行為的心理預備狀態。自後社會學與社會心理學討論人格之時,經常使用態度這個名詞。態度可以說是人格的原素。鮑格達(Bogardus)謂:「合個人所有一切的態度而成為人格。」 原來人格不可見, 見之於行為,而行為的發端,見之於態度。故態度為人格的發動。一種態度即代表個人人格的一部分表現, 合個人所有一切態度,即可代表此人人格的全部表現。

態度表現的方向普通有兩種:一是正的或贊成的態度,一是負的或反對的態度。前者於情緒上懷有同情或愛慕, 於行動上表現積極或親近;後者於情緒上懷有反感或憎恨,於行動上表現消極或迴避。

通常謂另有第三種態度, 即所謂中立的或旁觀的態度。但以態度之意義嚴格言之, 不可能有此第三種。所謂中立的或旁觀的態度等於置身事外而沒有態度,因未引起行為的表現之故。對於某一事物或問

題而無態度之人，多由於此人對此事物或問題沒有認識，不置可否。但是一有認識之後，其態度即會發生，或正或負，或是或否。新的影響可能改變此一已經形成的態度，由正變負，或由贊成變反對。(註六)

　　個人所有一切態度都是學習得來的。在個人生命的各階段，對人、對物、對情境、甚至於對自己，各有其不同的適宜態度。某兒童之被稱為「乖孩子」，因為他對成年人表示適宜的態度。同理，父母以適宜的態度對待子女而贏得子女的信任與尊敬。這些態度都是發展工作的結果。

　　顯而易知者，婚後之男女雙方必須學習許多新的技巧。例如意見之溝通，物質設備之共用，共同計畫之擬訂等。當互動發生之時，必須伴之以態度，而互動之順利與成功，又必依賴雙方態度之協調。

　　已婚者必有已婚者的態度，迥然不同於未婚之時。彼此學習接受對方的特質，同時互對彼此之父母和其他親屬，在心理上準備一套適宜的態度。由燕爾新婚而中年夫妻，而老年伴侶，由於內在生理心理及外在環境之改變，種種態度亦隨之而變。總之各不同發展階段賴以產生良好調適和繼續發展的種種感覺和思維，我們都可以視之為態度上的發展工作。

註六：有關態度之意義與性質，參閱龍冠海著前書，第一一八至一一九頁，及孫本文著，社會學原理，上冊，商務，民國四十四年臺二版，第二○八至二一一頁。鮑格達之語，乃孫著所引述，原見E. S. Bogardus, Contemporary Sociology, Ch.5, p.163。

第三節　家庭生命循環之階段

1. 靜態結構與動態過程

　　任何一個社會組織包括兩面，一是靜態的結構，一是動態的過程。視之為結構，是其組成各單位間互相關聯的穩定的模式；視之為過程，是其組成各單位間之協調與發展。既為一物之兩面，彼此犬牙交錯，難以區別清楚，只是為了研究與分析之方便，如此畫分而已。(註七)家庭是重要的社會組織之一，如從價值朝向、人口構成、居住地區、社會階級等觀點去研究分析之，是置其重點於家庭的結構方面，而家庭生命循環此一概念，是著重於家庭的過程方面。當家庭經歷形成(Formation)、發展(Development)、擴大(Augmentation)、衰落(Decline)等階段之時，家庭成員在不同的過程中發生不同方式的互動。從開始到結尾，家庭經歷種種變遷。每一個新階段，帶來新的發展工作。夫妻關係形成於循環之早期階段，往後隨著家庭成熟而擴大，包括父母子女關係於其中，子婚女嫁，另建新家，又恢復以夫妻關係為主要的家庭生活。

　　在家庭生命循環之內，社會、生物、經濟等方面的因素，不斷在發生改變，因此家庭各成員的態度與價值，需要隨之改變，發展新的態度與價值，建立再調適(Readjustment)。(註八)生命之意義就是變遷。今日之我，非昨日之我。但個人生命史上的緊要日期，倒不是他每年稱

註七：參閱龍冠海著前書，第八五頁，及朱岑樓譯社會學 (原著S.Koenig)，協志出版公司，民國
　　　五十八年第七版，第二四五頁。

註八：P. C. Glick, "The Life Cycle of the Family", in R. F. Winch, R. McGinnis & H.
　　　R. Barringer, Selected Studies in Marriage and the Family, New York:Holt, Rin-
　　　hart and Winston, 1962, p.59.

觴慶祝的誕辰，而是改變家庭地位的險要關卡，如成年、結婚、作父母、子女離家、晚年喪偶等。我國五禮中的吉禮、嘉禮和凶禮，即是爲這些重大事件而舉行的。

2.　家庭生命循環各階段之畫分

　　家庭生命循環有多少階段，有許多種畫分法。首先是起點的不同，有從個人之出生開始者，有從男女二人結婚開始者。前者包括婚前的「生長家庭」及婚後的「生殖家庭」，以結婚銜接之。(註九)婚姻家庭研究權威凱文(Cavan)女士分此爲七個階段，結婚恰居其中，前三階段是其準備期，後三階段是其表現期。第一階段從出生至十二歲，親子關係非常密切，逐漸習得有關性的態度和習慣，並領會父母、子女、夫妻等角色的意義。第二階段約爲十三歲至二十歲，其時少男少女，生理已經成熟，各接受男女之屬性，並建立社會的異性關係；這是三種強大的力量，匯成一股個人經驗之流。第三階段是青年期，其時男女由傾慕而約會、而求愛、而訂婚，形成一個短暫而強烈的情緒階段。訂婚年齡，通常是男二十四歲，女二十一歲。第四階段是新婚，雖然「蜜月」實際僅數日或數週，但婚後頭一年的夫妻常冠上一個「新」字。一年後第一個孩子出世，蜜月調適即告結束。第五階段是家庭的擴大，通常生子女三個，最好各相隔二或三年。通常男之年齡是二十五至三十歲，女則二十二至二十七歲。夫妻父母的角色，須二者兼顧，緊張、繁忙與艱苦，乃其時婚姻生活的特色。第六階段最幼之子女亦已成年，各建新家。雖然向平願了，但賸下一個空巢，又回復到以夫妻爲主的婚姻關係。兩老之仔肩已卸，大約可過二十幾年的平靜生活。夫妻之喪偶年

註九：See C.Kirkpatrick,The Family,As Process and Institution,New York: The Ronald
　　　Press Company,1955,p.83.並參閱本書本章第一節。

表3-1:家庭生命循環之階段

階　段	索羅金蓋爾平齊麥門	羅密士	寇伯屈等	鄧　　幹	顧立克	涂　媛
I	剛開始獨立生活之夫妻	生育年齡而無子女之夫妻	子女年齡在六歲以下	夫妻——無子女	無子女之夫妻	開始家庭：無子女之夫妻
II	有一個或更多子女之夫妻	最長子女之年齡未超過十六歲	小學家庭，子女年齡六至十三歲	在家之子女數繼續增多	養育子女家庭	養育子女家庭（II）；學前子女家庭（III）；在學子女家庭（IV）
III	有一個或更多之自立成年子女	最長子女年齡在十四歲以上三十五歲以下	高中家庭，子女年齡十四至十八歲	子女幼者出生，長者離家，而後者快於前者	子女離家	青少年子女家庭(V)；發射中心家庭(VI)中年家庭(VII)
VI	夫妻年老；子女自建新家	年齡在三十五歲以上之家庭；若家庭破裂，夫過五十歲，妻過四十歲	全部成年家庭；子女年齡在十九歲以上	在家子女人數約與第二階段相等，持續至家庭完全解體	家庭解體	老年家庭（VII）

本表根據下列資料而製成:(1)Lowry Nelson, Rural Sociology,New York: American Book Company ,1948,Table 21,p.309, (2)Paul C. Glick. "The Family Cycle," American Sociological Review(April,1947),12: 164-174, (3) Evelyn Millis Duvall,Family Development,Chicago: J. B. Lippincott Co.,1957,p.12.

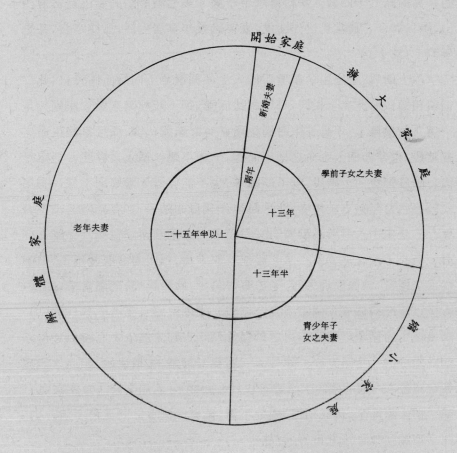

圖3-1:家庭生命循環各階段之年數

Sister Frances Jerome Woods, C. D. P., The American Family

System,New York:Harper & Brothers Publishers,1959,p.239.

齡，男約爲六十四歲，女約爲六十一歲。第七階段的夫妻已是日薄西山，餘日無多，通常是夫先謝世，妻要過幾年寡居生活，孤枕寒衾，甚是淒涼。(註十)

　　依上所述，家庭生命循環與個人生命循環雖不同始而同終，然此二循環相類似而非完全相同，可以相比而論，卻不能枝葉互對。家庭只是一個「超機體」，不具備生命過程所必有之新陳代謝，而且家庭生命之各階段，也非若個人生命之循序而進，一成不變。個人之發展，一定是後一階段緊接前一階段，既不能躐等，也不能停滯。家庭則不然，有男女超過生育年齡方結婚者，即是跳越作父母的階段，亦有結婚而不生育者，即是未由夫妻階段發展爲父母階段。此兩類家庭在統計上雖占少數，但決不能視之爲不正常。醫藥科學進步，個人壽命顯著延長，但不能返老還童，轉鶴髮爲朱顏，至於寡婦再嫁，鰥夫再娶，則屬常事，即個人可以經歷兩個或多個家庭生命循環。婚姻家庭女學者伍慈(Woods)謂家庭生命循環之理論必用之於孤立的「夫婦家庭」，而將以父母婚姻爲基礎的「生長家庭」除外。一對男女締婚，循環伊始，如此才能爲各家庭畫出一個明確的生命段落(Life span)。若用之於「血族家庭」或「擴大家庭」，代代相連，綿延不斷，循環與循環之間混淆不清，則此一理論便無作用之可言。(註十一)

　　以結婚爲起點之循環，又應如何分段，見仁見智，有簡有繁。嚴格言之，最值得注意的只有兩個階段：一是擴張家庭，從家庭初建到子女成長，另一是縮小家庭，子女接連離家，最後賸下父母。家庭生命循環

註十:R. S. Cavan, The American Family,New York: Thomas Y.Crowell Company,1959,
　　　pp.261-262

註十一:F.J,Woods,The Amcrican Family System,New York: Harper & Brothers Publi-
　　　shers,1959,p.238.

由鄉村社會學家最先提出,分之爲四個階段:(1)尚無子女之新婚夫妻,
(2)有子女之夫妻,(3)子女準備離家之夫妻,(4)老年夫妻　。有增爲五
個階段者,即將第二階段分裂爲生育與教養子女兩個階段。涂嬡(E.M.
Duvall)之分法最細,多至八個階段。所用名稱,大同小異。茲將索羅
金(P.A.Sorokin)、蓋爾平(C.G.Galpin)、齊麥門(C.C.Zimmerman)、
羅密士(C.P.Loomis)、寇伯屈(C.Kirkpatrick)、鄧幹 (O.D.Duncan)、
顧立克(P.C.Glick)和涂嬡八位名學者的不同分法,綜合列表,分爲四
個階段,將涂嬡之八分法,置於適當之階段,標明其數序於括弧之內。
(參閱表3-1及圖3-1)

　　婚姻關係是家庭團體賴以建立之基礎。康克爾謂 :「家庭之各成
員爲配合發展工作而習得之能力愈強, 則與完成發展工作之目標愈接
近,整個家庭生活也愈美滿。」(註十二)現依家庭生循環,分別在下之
四章討論婚姻關係之(1)開始,(2)擴大 ,(3)縮小,與(4)解體。

註十二:Kenkel,op. cit.,p.333.

第四章　婚姻關係之開始

第一節　婚姻角色之意義

1.　新婚乃艱苦之新經驗

　　結髮爲夫婦，家庭從此開始。男女均年輕健康，精力充沛，求愛和訂婚時間的殷切期望，現在如願以償，燕爾新婚，而養育子女之繁重工作尚未來臨，眞是最快樂、最自由的一段好時光。可是事實上有許多夫妻感覺新婚的滋味很不好受，「蜜月」常是名不符實的「苦月」(B1tter moon)。據傑谷孫(Jacobson)的研究，美國夫妻之離婚者有半數發生於新婚後五年以內；又所有離婚夫妻中無子女者約占半數，其中有許多僅婚後數年。(註一)當然這不是說初婚頭幾年是最危險的階段，例如蒲薩特(Bossard)和鮑爾(Boll)的研究指出，未離婚之夫妻中，常有一方或雙方表示婚姻最不快樂之顚峰是出現於婚姻晚期。(註二)

　　在自由擇偶過程中，有情人能成爲眷屬，都要經過一番努力和奮鬥，爲何有些新婚夫妻琴瑟難調，乍合即分呢？個中眞象，錯綜複雜，無

註一:P.H.Jacobson, "Differentials in Divorce by Duration of Marriage and Size of Family",American Sociological Review,Vol.15(April,1950),pp.235-244.

註二:See J.H.Bossard and E.S.Boll, "Marital Unhappiness in the Life Cycle,"Marriage and Family Living,Vol.17(February,1955),pp.10-14.

法提出一個簡單的答案，但可從初婚階段夫妻二人所面臨的調適與發展工作，窺其端倪。

　　兩個人格不同之男女相結合，朝夕相處，少不更事，是一種非常艱苦的新經驗，其中最先也是最重要的一項發展工作，即是雙方決定在婚姻關係中如何扮演自己的角色。夫妻性別不同，其角色也一定不同，方能相輔相成，以發展美好的婚姻調適。至於詳細的發展工作，千頭萬緒，且其重要性隨個別的情境而有很大的差異，不可能一一列舉，亦不可能為之分別孰輕孰重，孰先孰後。

2.　婚姻之權利義務來自角色關係

　　角色(Role)，依其字義，乃戲劇中之表演者，演出之時，言語舉動，必與其他角色相配合，生旦淨丑，喜怒哀樂，戲劇於焉乃成。成年人的行為是有組織的，並有其目標朝向。凡正常的行為，無論行為者本人或旁觀之他人，多少能夠事先預測。目標可能是長遠的，如職業之成功或住宅之購置，也可能是目前的，如享受一頓美味可口的晚餐。由於人類行為之中，大多數涉及他人的相對行為，故人類行為含有戲劇性，參預活動之人，即是扮演適當角色的人。因此社會角色(Social role)可以解釋為反應團體期望之行為組織，即是個人以其所建立的行為模式，配合他人的期望或要求。(註三)

　　婚姻的權利和義務，乃是角色與角色所發生的關係。個人於童年的悠長社會化過程中，領悟其角色關係，了解家庭內其他成員期望他如何行為，也了解怎樣的行為才是適當的行為。夫妻父母子女等角色的

註三:E.W.Burgess and H.J.Locke,The Family,2nd ed.,New York:American Book Company,1960,p.249.See also A.R.Mangus, "Role Theory and Marriage Counseling," Social Forces (March,1957),35:200-201.

行為模式，大體均已預先規定,代代相傳遞,由父母承其先以啓其後。
社會以强大壓力支持這些角色的行為與關係,遵守者予以贊許,違背者
予以譴責。各角色互相協調,才能產生婚姻與家庭之可靠性(Dependa-
bility)與穩定性(Stability)。

　　新婚夫妻的角色，可能各被其「生長家庭」的種種經驗所制約。
由於夫之經驗不同於妻之經驗，兩人在新上演之「婚姻戲劇」中所飾
之角色,根據以往觀察之所得而演出,唱走了腔,表錯了情,勢所難免,
必須進行新的調適與發展，方能配合得宜。兒童常於遊戲時模倣其父
母之行為,同理,新婚夫妻可能分別模倣其父母所曾扮演之婚姻角色。
如對父母在婚姻戲劇中的表現發生反感者,則可能反其道而行,選擇不
同的角色。初婚調適,不可能一蹴而就,必須經過多次的嘗試與錯誤,
你遷我就,才能產生合適的行為模式,婚姻角色得以逐漸形成。在婚姻
戲劇中,演員之成敗,其價值之是否一致,為重要決定因素之一。據傑
谷孫(A,H.Jacobson)之研究，離婚夫妻對婚姻角色的態度所存在的差
異,較未離婚者為大。(註四)

3. 我國之傳統婚姻角色

　　在穩定的、傳統的社會,婚姻角色的行為模式相當統一,夫妻應享
之權利與應盡之義務,為社會所一致認可,無餘地可容改變。我國過去
的家庭是父系的、父權的和父治的，婦女在家庭的地位非常低微。婚
姻的任務與目的乃是綿延家系。易云:「天地絪縕,萬物化醇，男女構
精,萬物化生。人承天地，施陰陽，故施嫁娶之禮者,重人倫，廣繼嗣

註四:A.H.Jacobson, "Conflict in Attitudes Toward the Marital Roles of Husband
　　　and Wife," Research Studies of the State College of Washington,1951,19:103-
　　　106.

也。」昏義云:「昏禮者,將合二姓之好,上以事宗廟,而下以繼後世也。」男婚女嫁,由父母之命,媒妁之言。女子只是男子之附屬物。禮記云:「婦人從人者也,幼從父兄,嫁從夫,夫死從子。」大戴禮記云:「女者如也,子者孳也。女子者,言如男子之敎而長其義理者也,故謂之婦人。」

詩經云:「乃生男子,載寢之床,載衣之裳,載弄之璋。其泣喤喤,朱芾斯皇,室家君王。乃生女子,載寢之地,載衣之裼,載弄之瓦。無非無儀,惟酒食是議,無父母貽罹。」漢班昭釋云:「臥之床下,明其卑弱下人也;弄之瓦磚,明其習勞主執勤也;齋告先君,明當主繼祭祀也:此三者蓋女人之常道,禮法之典敎。」女子一出世,即爲之嚴格畫出「情境釋義」(Definition of the situation),她所發覺自己之情境,已爲之範定,其行爲所必須依據的規則,亦已爲之訂妥,結果她幾乎沒有任何機會依其本身之願望而行事。(註五)禮記的內則篇,即是記錄我國往昔男女居室,事奉父母舅姑的方法。閨門之內,儀軌可則,故曰「內則」。朱子云:「蓋古經也,爲古學校敎民之書。」內則可約分

註五:「情境釋義」一詞,最先由美社會學家湯麥史 (W.I.Thomas) 提出。湯氏與齊南尼基 (F.Znaniecki)在歐美波蘭農民(The Polish Peasant in Europe and America) 書中第六八頁爲「情境」所下之定義,已奉之爲典型:「社會情境」是一組價值或態度,乃個人或團體於行動中所必與之周旋者,行動及結果之評價,均與此有關。社會情境包括三要素:(1)個人或社會在其行動時的客觀條件,即是價值全體於某特殊時候直接地影響個人或團體的意識情況,(2)個人或團體的先在態度於某特殊時候對其行爲所發生的實際影響,(3)情境釋義,即是對態度與條件多少具有清楚的概念和自覺。 有關「情境釋義」之淺明解釋,則可參看朱岑樓譯,社會學(S.Koenig原著),協志公司出版,民國五十八年第七版,第五三至五四頁。

為四部分，一是子與媳服事父母舅姑的禮節，二是舅姑對待媳的禮，三是家庭通禮，四是夫妻之禮。（註六）

　　妻亦含有「齊」之義。白虎通云：「妻者齊也，與夫齊體，自天子至庶人，其義一也。」夫妻二人則合稱為「伉儷」。左傳成十一年：「己不能庇其伉儷而亡之。」疏：「伉儷者，言是相敵之匹耦。」在理論上年夫妻齊體，但實際上，妻之地位遠比其夫為低，則如彙苑所云者：「夫扶也，以道扶接者也。婦伏也，以禮屈伏也」。說文婦字下云：「服也，從女，持帚掃。」又女字下云：「象婦女（屈伏）之形。」（註七）

　　孟子曰：「女子之嫁也，母命之，往送之門，戒之曰：『往之女家，必敬必戒，勿違夫子！』以順為正者，妾婦之道也。」（滕文公章下）我國婦女在父系、父權和父治的壓制下，接受低劣的地位，幾歷三千餘年，久而久之，習以為常，逆來順受，心安理得。妻以本身之溫柔屈伏為光榮，而以夫之優越控制自傲。當順應（Accommodation）發展到此一情況，不論有無外在的社會壓力，僅憑婦女本身的感覺與態度，亦足以維持其「以順為正」的婚姻角色。女子從一而終，嫁雞隨雞，嫁狗隨狗，只怨自己命薄，遇人不淑而已。如同美國於內戰爆發之前，黑人對其奴隸地位安之若素，於內戰期中，大多數黑人仍效忠於主人。獲得解放之後，對於自由人的地位反而不能適應，願盡忠於舊主人，以迄終老。我國傳統的婚姻角色，妻之對夫，如同黑奴之對主人，一主一從，清清楚楚，故有關角色之調適與發展成為多餘之事，當然不會成為問題了。

　　現今社會情況與往昔大不相同，家庭亦隨之而丕變，用蒲其斯和洛克（Burgess and Locke）的術語，是由制度家庭（Institutional

---

註六：王夢鷗註譯，禮記今註今譯，商務，民國五十八年，第三五七至三八八頁。

註七：參閱謝康氏著，許說文所見中國上古社會生活，中山學術文化集刊第四集，民國五十八年，第一三一至一三二頁。

family)變向友愛家庭(Companionship family),(註八)用希爾(Hill)
的術語,則由家族主義父權家庭(Familistic-patriarchal family)變
向個人中心平權家庭(Person-centered democratic family),(註九)
於是婚姻角色便失去可循的成規,夫妻的行爲模式,紛然雜陳, 有很大
的範圍可供挑選。將夫妻角色對照言之。在我國社會, 夫角色之改變
較小, 其主要家庭功能仍是維持一家生計。如果他不務正業, 遊手好
閑,未盡仰事俯蓄之責任,必爲社會所譏笑與譴責,此與「夫扶也,以道
扶接者也」的古老概念依然符合。至於夫之活動則超過「男」之涵義
範圍。說文謂:「男,丈夫也,從田力,言男子力於田也。」由於工業社
會之分工細密與專業化,男子可以從事各種不同的職業以賺錢養家。
夫妻生活打成一片,禮記內則所謂「男不言內,女不言外」之界線已不
存在。由於這些變遷不太劇烈, 夫之角色一直尚未成爲討論和研究的
對象。在另一方面,婦女卻是一個大問題,特別是我國的婦女, 從幾千
年來男人的壓制下解放出來,經過不斷的努力,在教育、法律、職業、
政治等方面,已爭得與男子同等獨立與自由的地位,於是妻的角色不再
是「婦服也,以禮屈伏也」,其婚姻生活,當然不限於「持帚灑掃」,更
有人高喊「走出廚房」。(註十)年前 (民國五十八年) 有一部外國電
影,以描寫家庭生活爲主題,片名曰「誰是一家之主」,在臺灣演出,結
果引起報章雜誌一番熱烈的討論。究應誰是一家之主, 夫乎？妻乎？
見仁見智,莫衷一是。

註八:Burgess and Locke,op. cit.,p.Vii and Ch.11.

註九:Reuben Hill, "Plans for Strengthening Family Life," in H.Becker & R.Hill
(eds.),Family, Marriage,and Parenthood, Boston:D.C.Health and Company,1955,
p.788.

註十:參閱孫本文著現代中國社會問題,第一冊家族問題,商務,民國三十五年上海版, 第一四
八至一七二頁。

第二節　婚姻角色之分類

1. 三類婚姻角色

如何做太太(How to play the wife role)此一問題,不僅發生在目前我國社會,同時普遍存在於今日世界其他社會,因爲工業化與都市化是一種世界性趨向。寇伯屈(Kirkpatrick) 爲美國的新舊婚姻角色作有系統的分析,歸納爲三類:(註十一)

(1)傳統角色(Traditional role)

婦女的傳統角色即是妻母角色(Wife-and-mother role), 相夫持家,養育子女,克盡妻母之職責。她克勤克儉,終日操勞,一切以夫之利益爲前提。與她義務相對之權利,則是獲得夫之忠貞,子女之尊敬。她在家務處理上擁有相當程度之權威, 在生活上依賴其夫所給予之經濟安全。若她不幸而與夫離婚, 夫須付給她贍養費。她的興趣和期望全寄託於家庭之上,僅參預家外極少數的活動。

夫之傳統角色,則是父權的(Patriarchal)或半父權的(Semipatri-archal), 負起全家生計的重擔,對家務有其最後決定權。他的威望建立在他的事業上,凡是婦女該做的事情,他不屑爲之, 暇時可能做的工作是擦車、整理庭院、油漆房屋等。他一心主外, 不願意妻子干預他的事業。

註十一:寇伯屈所提出妻之三類角色,見 "The Measurement of Ethical Inconsistency in Marriage," International Journal of Ethics, 46 (July,1936),p. 444-460. Cavan 在The American Family, 1959,pp.446-447,Woods 在 The American Family System,1959, pp.244-249,均加以引用,贊其分析正確, 很有價值。寇氏之提出是在三十五年前,上述引用二書亦在九年前,但我國婚姻角色的變遷,較美國爲緩慢,故寇氏之概念,對今日我國婚姻生活而言,並無陳舊之感,爰輾轉綜合引用之。

(2)友伴角色(Companion role)

　　扮演此種角色之妻,陪伴其夫享受人生之美好, 服飾華麗而合時, 共同出入社交集會和娛樂場所。她是丈夫眼中的天使, 常獲得他的讚美和羅曼情緒的反應。她有足夠閑暇去參預教育的和社會的活動。至於她為妻的義務,經常注意修飾,保持警覺,處處表現儀態華貴大方,言談高雅中節,以維繫夫之愛情與興趣於不衰,為其夫之利益從事種種社交活動, 使夫在人前感覺以能有她為妻乃極大的榮耀。像此種角色對其夫而言, 多少帶有裝飾品的意味。筆下不留情的作者可能會把她稱為寄生角色。作為友伴角色之夫,其理想特質是親切、溫和和體貼,常向她申愛情之保證: 她是他世界上最愛的人, 永遠少不了她。像此種婚姻生活必須依賴丈夫高的社會地位和好的經濟收入, 雖然美好得像「神仙眷屬」,但可望難即,故實際扮演此種角色之妻,為數甚少。

(3)合作角色(Partner role)

　　妻從事家外有薪酬之職業,經濟獨立,但其收入常比其夫為少, 故輔助的意義大於競爭。她享受與夫平等的法律地位和政治地位, 相同的社會自由和道德自由。她的高水準教育程度,工作經驗,以及公民責任,加強她在家務決策方面所表示的意見之力量,夫的權威則相對地減少。此種角色使得她與其夫共同負起維持家庭和子女生活的責任。她立於合作立場與其夫建立家庭, 而不以「女人是弱者」的身分要求其夫給予任何特權或古騎士的禮遇。不幸而婚姻破裂,除子女教養費外,她拒絕接受離婚贍養費。

　　此種合作角色,乃是<u>賽珍珠</u>(Pearl S. Buck)、<u>席華德</u>(H.Seward)等學者所極力鼓吹的。他們認為婦女應該充分參加政治生活和經濟生活,其主要理由有二: (1)將婦女活動局限於丈夫、家庭、子女和偶爾的社區工作之中, 阻礙了她們人格的發展;(2)在男人統制下的公共生

活,缺點弊端,層見疊起,應讓婦女有一顯身手的機會,最低讓婦女幫助男人加以改進。(註十二)並謂婦女之「陰柔」(Feminity),不是與生俱來之心理特質,而是男人所强迫加給的,藉此以維護男人的優越角色。賽珍珠說眞正的女人不需要此種虛假的柔順,而要運用其才智,以解決問題,立足於社會和世界。席華德有云:「依余之見,解決之道非將婦女局限於家庭,而是使婦女加入計畫的經濟組織。所有公民─不論男人或女人,已婚者或未婚者,均須立於平等之地位,不僅爲生產而盡其所能,而且共同享受努力的成果。」(註十三)

2. 三類角色之比較

上述三類婚姻角色,第二類不常出現,第一類與第三類處於相對之兩端。寇氏所謂之「傳統角色」,在我國已行之數千年,目前似乎仍以此爲理想。每年政府與民間所表揚的「幸福家庭」和「模範母親」,均以傳統角色作爲評審標準,但是實際上年輕一代的婚姻,則願意採用「合作角色」,且其趨勢日益壯盛。社會實際(Social reality)與社會理想(Social ideal)之間,多多少少有其距離,不致於造成嚴重問題,而且夫妻關係重在協調(Coordination)。我國古語說得好:「陰陽和而後雨澤降,夫婦和而後家道成。」不論其所採用之婚姻角色爲何,只要夫妻互相同意,彼此的行爲模式有其一致性,都能發展良好的婚姻調適。伍慈(Woods)謂夫妻選擇角色之時,必須提防的危險是「利用」或「搾取」對方。例如採用合作角色之妻,視家外活動乃其不容干預之權利,但堅持其夫有賺錢養活她的責任。同樣,接受乃妻工作收入的

註十二:Pearl S. Buck, Of Men and Woman, John Day,1941.

註十三:H. Seward, "Cultural Conflict and the Feminine Role",Journal of Social Psychology,22(1945),192.

經濟利益之夫,卻不肯動手作家事,以維持男人的傳統尊嚴。如此只圖享受角色之權利,而不履行隨權利以俱來之義務與責任,勢必引起衝突進而釀成婚姻失調或解體。(註十四)

3. 民主之家庭決策

　　康克爾(Kenkel)曾爲婚姻關係開始時期之調適,列舉九項重要的發展工作:(1)發展決定家庭政策之能力,(2)編製互相滿意而切實際之家庭收支預算,(3)達成雙方稱心如意之性關係,(4)取得和享受在社區和親友間之婚姻地位,(5)表現和容忍彼此之差異,(6)建立血親姻親間之良好關係(特別是雙方之父母),(7)學習夫妻親密生活必需之合作,(8)訂立料理日常家務之程序,使操作與娛樂二者配合無間,(9)完成作父母之準備。(註十五)因限於篇幅,在此舉其綱目,而不能一一細述其內容。唯列作首項之決定家庭政策,主要是在決策過程中夫妻各應採用何種角色。康氏認爲最好的家庭決策過程乃是「民主的家庭決策」(Democratic family decision making)。(註十六) 此一過程的要義是夫妻於進行決策時各能盡其所能,而非夫妻之任何一方一成不變地發揮較強的影響或應用較大的權力。康氏特別強調民主決策不是單純

註十四:F.J.Woods, The American Family System, New York: Harper & Brothers
　　　　Publishers, 1959,pp.249-268.

註十五:W.F.Kenkel, The Family in Perspective, New York: Appleton-Century-Crofts,
　　　　Inc,1960,pp.335-336.

註十六:See Kenkel,op, cit, pp.335-336,康克爾所舉之九項發展工作,最後一項「完成作
　　　　父母之準備」,將在下面第五章討論之。所以移後者,第一,因爲本書區分家庭生命
　　　　循環階段與康氏稍有出入;其次,由準備作父母到實際作父母,是一連貫的發展工作,
　　　　應一氣呵成。

表4-1: 婚姻快樂等級與平均角色衝突次數

快　樂　等　級	樣 本 夫 妻 平 均 衝 突 次 數
高　　10	1.02
9	2.15
8	4.4
7	8.5
6	8.8
5	11.5
低　　4	19.0

Robert S. Ort, "A Study of Role-Conflict as Related to Happiness in Marriage." Journal of Abnormal and Social Psychology, 45 (1950), 691-699.

表示平等的角色表演。在某種情況下,夫比妻能發揮更大的能力,妻則不必逞強,另作主張,但在另一情況中,雙方之角色表演剛剛相反,則夫應聽從妻之領導。尺有所短,寸有所長,如此不斷發展有利於家庭的決策能力, 既非硬性規定「夫唱婦隨」, 也不會造成「牝雞司晨」的局面。

　　許多新婚夫妻並未準備行使民主的家庭決策, 原因是他們出身於兩個不同的「生長家庭」,人格的生理與心理特質又各相異。結果夫所預先構想在家庭戲劇中扮演何種角色,但從妻所獲得之反應,與構想不相符合;同樣,妻於婚前所懷之種種期望也可能一一落空。由於一方

或雙方之先入主見未能獲得滿意反應，因失望而緊張、而敵對、而嚴重衝突。最好的解決辦法，就是經由民主的決策過程，審時度勢，互爲主客，發展支援的和輔助的角色，截長補短，同心協力，共同滿足彼此的期望。因此康克爾鄭重指出：「民主決策的能力，乃年輕夫妻所面臨的一項非常重要的發展工作。」(註十七)

　　夫妻角色調和與其婚姻之快樂密切相關。奧特(R.S.Ort) 曾研究五十對夫妻，從個別晤談中，探知其夫妻角色衝突的次數及對本身快樂程度的估計，結果發現此二者成反比例，即角色衝突次數增多，快樂等級則降低。(參閱表4-1)

註十七：Kenkel,op. cit, pp.338-339

第五章　婚姻關係之擴大

第一節　作父母之準備

1.　父母子女發展工作之畫分

　　子女相繼出世,造成婚姻關係之擴張,本階段之家庭常稱曰「生殖家庭」。養育子女所費之時間,占去整個家庭生命循環一大半,有些學者為之細分,所用標準:(1)長子的發展工作,(2)子女的年齡(如嬰兒家庭、兒童家庭、少年、青年家庭等),(3)新學習的需要(如初兒誕生,繼之是入學和卒業,最後是幼子成年離家等)。(註一)將養育子女階段如此細分,其最大缺點便是各家庭成員發展工作的連續性支離破碎,混淆不清。子女之來臨,像梯級一般一個接一個,長幼並存。因此我們最好將孩子出生至其成年這長段時間看作一個整體,而發展工作的重心是在父母,可分為下列三方面討論之:(1)準備作父母, (2)父母之發展工作,(3)子女之發展工作。

註一:參閱本書第三章第四十頁,表3-1;See also E.M.Duvall, "Implications for Education through the Family Life Cycle",Marriage and Family Living,20(1958),
334-342.

2. 生育子女之動機

婚姻是引至父母地位所必經之正途,而婚姻期望之充分實現,通常是經由子女之誕生。特別在我國社會,傳宗接代,乃婚姻之傳統目的。易云:「天地絪縕,萬物化醇,男女構精,萬物化生。人承天地,施陰陽。故施嫁娶之禮者,重人倫,廣繼嗣也。」於是昏禮乃萬世之始,無後為不孝之大。昏義明白言之:「昏禮者,將合二姓之好,上以事宗廟,而下以繼後世也,故君子重之。」此乃說明婚姻之使命在於蕃衍種族。故柳宗元與楊京兆憑書云:「孟子稱不孝有三,無後為大。今之汲汲於世者,懼此而已。天若不棄先君之後,使有世嗣,或者猶望延壽,以及大宥,得歸鄉閭之家室,則子道畢矣。」

弗洛伊德(Freud)的精神分析學理論,分為三個領域,其中心之經濟(The economy of mind),包括生與死的本能驅力。生的本能乃個人求得生存與種族綿延,食與色均屬於此,其用以作工之能,曰生命力(Libido)。死的本能,即是毀滅本能。弗氏認為一切有機之物皆自無機狀態而來,均有死的本能以返虛無。依弗氏之意,個人時常在兩種相反的力量牽扯之下,其一是求生欲望,即是我國禮記所說的:「飲食男女,人之大欲存焉。」相反者便是求寂滅的力量,即是個人潛意識中有一種想死的願望。當然在人生終結之時,死的本能總是獲得最後勝利。

弗氏對於「人心」的解說及其影響,無論自然科學家或社會科學家均承認有劃時代的重要性。我國古人當然未聞此說,但對個人的生死問題非常注意。楊懋春教授謂我國將家庭視為延續生命的機構,有其獨特的看法:凡人必有死,而死後「氣作春風肉作泥」,一切化為烏有,不但悲愴,而且可怕。人能否不死?自古以來一直在努力追求不老之術,長生之丹,但徒勞而無功。不論貧賤富貴,智愚賢不肖,最後終歸

一死。死既不能免，於是求其精神長存：太上立德，其次立功，其次立言，三者均能保其不朽。同時看到「花開花落年年在」的普遍生命現象：種瓜可以得瓜，種豆可以得豆，便聯想到本身是繼承父母的生命，再藉子孫可以長遠延續下去。今日我崇拜祖先，他日我為子孫所崇拜，恪遵祖訓，永矢勿替，軀體云亡，精神不泯。無後嗣等於斷了自己的生命線，也絕了祖先的血食。而後嗣之生育，必須於家庭內行之，於是家庭成為延續生命的唯一制度，故此為我國特別重視家庭的原因之一。(註二)

　　參照弗氏對生與死之解說，楊氏之見解甚是精到。在其他社會，生育子女亦是婚姻的主要目的，但非若我國社會之如此強調。德國社會學家繆祿樓 (F.Muller-Lyer) 在現代婚姻之演變(The Evolution of Modern Marriage)一書中，歸納人類結婚之動機有三：(1)經濟，(2)子女，(3)愛情，但其重要性因時代而互異。上古時代，經濟第一，子女第二，愛情第三；中古時代，經濟與子女互換，愛情仍在其末；現代則愛情至上，子女次之，經濟殿後。不錯，現代的婚姻非常重視愛情，即在西方社會，凡結婚者莫不希望生育子女。闌遜斯夫婦(Landis)曾以美國康乃爾大學(Cornell University)和密州學院(Michigan State College)的學生進行婚姻研究，全樣本中婚後不打算生育子女的，尚不到百分之一。(註三)又丹尼遜(Dennison)研究普林斯頓大學 (Princeton)四百個研究生婚後生育子女的動機，其結果是：(1)子女帶來友情者

註二：楊懋春著，勉齋文集中近五十年來中國家庭的變化，民國五十二年，自行出版，第三十至三九頁。

註三：J.T.and M.G.Landis,Building a Successful Marriage,New York: Prentice-Hall, Inc.,1948,p.433.

82%,(2)延續家族生命者66%,(3)創造與發展新生命乃生活之主要興趣者63%,(4)老年從子女獲得友情者48%。其他則謂生育子女是一項重要的社會發明,或說是爲了履行社會義務。(註四)

　　生育子女的動機,因時代、社會與個人而有其差異,但子女本身則是人類的一個共同願望。而盼望生孩子常是婚姻幸福的一種好預兆。凡盼望子女之來臨愈見殷切,則對其婚姻之價值愈爲珍視。子女誕生不僅帶來喜悅,且爲其婚姻增加穩固性。反之,不願意生孩子或無孩子的婚姻, 是相當危險的一種婚姻。一旦做了父母, 開始注意社區、鄰里、學校、環境衛生、公共保健、及其他未作父母時認爲無關痛癢的事情。子女不啻是父母生命的再版,童年與青春在眼前作替身的重現,父願子成龍,母願女成鳳,凡父母所未實現之理想, 都希望能由其子女完成之。故我國詩人用「春暉寸草」來描寫父母對子女之無限關注、愛護和期望。

3.　在經濟、心理和生理方面準備子女之誕生

　　從生物上說,正常的新婚夫妻輕輕易易地由懷孕而生產,但依社會意義言之, 則必須作一系列的艱苦學習。茲就經濟、心理和生理三方面討論之:

　　(1)經濟方面──養育子女是很花錢的事, 這一點必須先要明白,不要糊糊塗塗地接二連三地生個不停。經濟獨立的核心家庭, 通常妻於婚後繼續就業,但因懷孕及生育, 勢必中輟(有些機構硬性規定只僱用未婚女性), 收入減少, 而以分期付款辦法所購置的現代家具,如冰箱、電視機等,仍須按期付給,只有改變家庭日常活動, 以及撙節其他開支,才能應付。「添丁必減房」,還有醫藥、營養、服裝等費用, 都

──────────
註四:C.P.Dennison, "Parenthood Attitudes of College Men", Eugenical News (December,1940),25:65-69.

不能少。總之要發展現實的態度，爲孩子之來臨而作一切必要的準備。燕爾新婚時所擬妥的美好計畫，如繼續求學、深造、觀光旅行等，都得延緩或打消。

(2)心理方面——妻可能因懷孕而變得脾氣暴躁，嗜好古怪，吹毛求疵，無理取鬧。欠成熟之妻可能對生產或未來母職發生無端的恐懼，造成情緒不穩定，在在需要夫之體貼與安慰。

一般說來，男人初爲人父，總是懷著喜悅與期待的心情，但也有人討厭孩子出世，恐其分去妻之愛情，或危害妻之生命，或惡其破壞本身的事業計畫。這些心理方面的調適，都得進行適當的發展。

(3)生理方面——懷孕期中最難的發展工作之一是性行爲。通常認爲妻一有身孕，就得嚴禁房事，否則有害於胎兒及母體，實則此是無科學根據的構想，而醫師的忠告則是：在懷孕期中，當然不能縱慾，但也不必過份抑制性衝動，適度的房事，不僅無害，而且對孕婦是需要的。根據研究之發現：當妊娠逐日接近成熟，夫妻雙方的性衝動均會隨之而降低，迨至妻腹便便隆起之時，交媾自然會停止。(註五)

康克爾(Kenkel)指出：懷孕期間夫妻之性衝突，常是起因於孕前之性失調。孕前未曾享受性快樂之妻，懷孕便成爲避免交媾之好藉口，其夫亦因以往之性不滿足，現被妻以懷孕爲「正當」理由所拒絕，引不起體貼憐惜之念，反而加重其抱怨。(註六)由此更能證明一項發展工作之成功，須立基於以前發展工作之按時完成。

註五：Judson T. Landis and Thomas and Shirley Pofferberger, "The Effects of First Pregnancy upon the Sexual Adjustment of 212 Couples,"American Sociological Review,Vol. 15(December,1950),pp.766-772.

註六：W.F.Kenkel,The Family in Perspective,New York: Appleton-Century-Crofts,Inc., 1960,p.354.

第二節　父母之發展工作

1.　學習為父母非一蹴而就

學習父母角色，非一蹴可就，可能需要很長的時間。父母採用之模式，或是傳統的，或是發展的。傳統之父，負起養家的重擔，教導子女分辨是非善惡，並以本身為子女之好榜樣。他是一家之主。傳統之母，教導子女適當的生活態度，如<u>朱子童蒙須知</u>所云者，「始於衣服冠履，次及言語步趨，次及灑掃清潔，次及讀書寫文字及雜細事宜。」她是處於「相夫」的輔助地位，負起持家的重擔。

發展之父，培養親子間的友情，留心子女的興趣與問題，親切關懷。他不僅以其穩定之收入維持家庭生計，且與妻兒子女共同操作家務。發展之母，其職責在「管家婦」之外還要作一個現代女人，趕上潮流，接受新觀念，教導子女獨立思想，領導家庭進入「合作計畫」(Cooperative planning)。(註七)

文化有其惰性(Inertia)和自滿(Complacency)，父母傾向於以本身所受父母之教導方式施之於子女，但處於現代變遷迅速的工業都市社會，不能發思古之幽情，對傳統模式戀戀不捨，而要採用發展模式，配合代與代間所發生的種種變遷，以幫助子女適應新的和不同的世界。(註八)

註七：傳統角色與發展角色的詳細討論，見M.Duvall,Family Development,Chicago:J.B.Lip-
　　　pincott Co.,1957, Chs. 8,13 and R.A.Elder; "Traditional and Developmental
　　　Conceptions of Fatherfhood",Marriage and Family Living (Summer,1949),11:98-
　　　101.

註八：參閱G.Dwybad,'Parents' Ideals in a world of Changing Values," Child Study
　　　(Fall,1958),33:28.

2.　爲父難，爲現代之父更難

　　在我國父子爲五倫之一，極受重視。父慈子孝，乃此倫所應守之準則，且爲家庭幸福之基礎。關於盡孝，即如何扮演兒子角色，古聖先賢指示得很多，謂孝乃天經地義之普遍道德。孝經奉爲「民行」之最高準繩。關於慈道，載諸古藉者甚少，比諸孝道之指示，相去甚遠。論語載，齊景公問政於孔子，孔子答以「君君臣臣，父父子子。」所謂「父父」，即是如何扮演父親角色。孔子雖以之與「子子」並列，提示其原則，卻未述其細目，而對「子子」的道理，論語則詳爲之討論。爲何孝道之指示如此多，而慈道之指示比較少？陳大齊教授認爲狃於「天下無不是的父母」的一種不正確觀念。父無不慈而子有不孝，前者所以不必多所指示，後者所以需要諄諄告誡。實則如陳氏所云者，爲父難，爲現代之父更難。陳氏所提六項如何爲父的基本原則，確是針對現實而又能符合我國傳統倫理的重要的發展工作：(註九)

　　⑴不貽害子女不拖累社會——不能拘泥「不孝有三，無後爲大」之古訓而胡亂生育。凡患有能遺傳子女之疾病，則應自重而不生育，以免貽害下代與拖累社會。又不要迷信「多子多福」的傳統信仰，而要節制生育，量力而爲之，直接使子女也獲得良好之教養，間接造福於社會。此點是爲人父母的準備，在本節首項發展工作「作父母之準備」中論之綦詳。

　　⑵維持家庭安寧增進家庭幸福——在我國仍然是以男人爲一家之主，維持家庭安寧以父所負之責任最大。破壞家庭和睦最甚而最常見者有二，不貞於其妻和偏愛子女。「貞」爲我國之優良傳統，但應由片面的「謹守婦道」發展而爲相互的忠貞不貳。對子女有所偏愛，必會引起爭寵、嫉妒和爭執，應是「十個指頭般般痛」，一視同仁。「家和萬事興」，故溫暖和睦的家庭，不論其貧富，是非常幸福的家庭，也是教養兒童最好的環境。

註九：陳大齊著，如何做父親，刊中央月刊，第一卷，第一期，民國五十七年十月三十一日。第二七至四十頁。

　　(3)作好人好公民爲子女之好榜樣——兒童喜模倣，樂於模倣所尊敬者，易於模倣所接近者，而父親是兒童最尊敬而最易接近之人，便成爲模倣的最主要對象。父願子成龍，可是自己必先做一個好人以爲榜樣。孔子云：「其身正，不令而行，其身不正，雖令不從。」身敎比言敎更能發生效力。

　　(4)勿以父權爲至高無上——我國父字，依說文解釋：「家長率敎者，從又舉杖。」又即右手，所舉之杖，固以率敎，亦以示威。父與尹形義相近。尹下加口以表發令，則爲君，父之與君，可說是一字孳乳而來。從文字之結構，看出我國父權之至高無上。本書第四章第二節討論「婚姻角色」時，引述康克爾認爲最好的家庭決策過程是民主的家庭法策，顯然不能有至高無上的父權之存在，讓其濫用。在相當程度以內，當然父權應該維護其尊嚴，以作爲子女的男性象徵 (The symbol of masculinity)，而加強社會化(Socialization)過程之進行。然過猶不及，如何使父權運用適當，得中得正，非爲易事，故爲父難，爲現代之父更難，正在於此。

　　(5)勿對子女過存奢望——望子成龍，望女成鳳，乃人之常情，而且社會亦賴此方得以人才輩出，繼續進步。孔子云：「中人以上，可以語上也，中人以下，不可以語上也。」如果子女之資質平庸，強迫其出人頭地，徒然苦了子女，且使自己入失望的深淵。而且世俗眼光之成龍成鳳與否，決定於地位之高下與收入之多寡，即以富貴貧賤爲衡量的標準。然富貴者非眞富貴，貧賤者非眞貧賤。孔子說得好：「富與貴，是人之所欲也，不以其道得之，不處也。貧與賤，是人之所惡也，不以其道得之，不去也。」故敎養子女的最終目的，是就其才智以發展其健全人格，而不對之苛求以滿足一己的奢望。(此點將在下節「子女之發展工作」中續加討論。)

(6)勿存養兒防老之觀念——「積穀防饑，養兒防老。」是我國通行的諺語。就子道而言，父母年老不能謀生之時，甘旨奉養，乃出自高貴的孝思，但就父道而言，不應存此養兒防老的自私觀念。敎養子女，乃爲父之養務，使民族得以延續，社會得以永存，絕不可視同放債，準備老年收回本利。我國有一個優良的傳統觀念：重義務，輕權利。父母對子女應爲之事，每稱之曰「願」。子婚女嫁，則曰「向平願了」。另一個同樣優良的傳統觀念就是「施恩不望報」。爲父者對兒女應發揚此兩種觀念，以代替「養兒防老」的權利思想。

3.　妻、母、主婦與現代女性

我國社會一向非常重視母道。母敎幾等於全部家庭敎育。(註十)自古以來之賢母良母，如孟母、岳母、歐母等，史不絕書。總統於報國與思親一文中述其母敎之宏偉：「中正九歲喪父，一門孤寡，煢子無依，其間印象最深而不能一日忘者，則不肖孤露之身，自鞠育敎誨以至成年，胥唯母敎劬勞之賜爲獨多。」(註十一)

李政道博士是我國獲得諾貝爾獎金之第一人，其父早逝，由母張明璋女士持家敎子。政道獲獎時，新聞記者訪問其母，她謙稱：「我相信中國將有許多像政道一樣的科學家獲獎，即就我其他的子女而言，並不比政道爲差。」(註十二)

註十：參閱吳自甦著，中國家庭制度，商務，民國五十七年，第四章，第四二至五五頁。

註十一：報國與思親是　總統於民國二十四年十月三十一日五十生日所發表之感言，其中言及母敎者尚有：「當此之時，獨賴吾母本其仁慈，堅其苦節，毅然自任以保家育子之重，外而周旋豪強，保護稚弱，內而輯和族里，整飾戶庭，罔不躬親負荷，謹重將事。其於中正撫愛之深，而督敎之嚴，甚於師保。」其他則不能備錄，可讀其全文。

註十二：引自吳自甦前書，第四八頁之註十四。

　　上所舉之賢母良母，均爲敎養子女經歷無數的困阨，含辛茹苦，付出重大的犧牲，最後子女成大事，立大業，造福於人類，其母因此贏得世人最崇高之贊譽。至於如何做母親，又如葉楚生敎授所云者，在我國許多典籍中，多是論修齊治平之道，頌贊母愛與親恩者有之，告誡爲子之道者更多，而對母道之指示卻是少見。(註十三) 做一個現代的母親眞不容易，除了克盡妻、母和主婦的傳統職責之外，還要做一個現代的女性，因此面臨許多複雜的發展工作。

　　生逢今世的婦女，仍然要接受「敎養子女乃其主要責任」之事實。我國有一種不正確的傳統觀念 ：「未有學養子而後嫁者也。」認爲女人結婚便生孩子，便做母親，自自然然，輕輕易易，無需乎學習與努力。即是受過高深敎育的婦女，亦未從課本獲得在「生殖家庭」如何扮演角色的知識。更不幸的是，長年累月與男孩子一同上課，寄宿學校，連觀摩母親主理家政和操作家務的機會也失去了。經過一陣詩情畫意的羅曼愛(Romantic love)以後，與有情人成了眷屬，不久第一個孩子出世了，毫無經驗的年輕母親便會感到手足失措，婚前敎室裡所學到的書本知識和婚後繼續就業所習得工作經驗，均與育兒理家無所關聯，派不上用場。至於年輕的丈夫更是茫然無知。在小小的核心家庭內告助乏人的情況下，只有由她殫精竭慮去獨力克服一切困難，而且爲了家庭生命循環的以後各階段作最好的準備，本階段的發展必須一一作適時適

註十三：葉楚生著，如何做母親，刊中央月刊，第一卷，第三期，民國五十八年元月一日出版，第四四至四八頁。該文爲作「良母」概括提出三點： 善生：(a)給子女一個良好的開始，(b)歡迎子女之來臨，(c)胎敎爲先。，善養： (a)母親的哺乳和懷抱，(b)適當的營養可促進最佳的健康。、善敎：(a)幼童敎育應以作人爲本，知識傳授在其次，(b)亦母亦師亦友，(c)身心健康的訓練。

度的完成。

　　理家的性質，常因經濟情況，家人多少與年齡，住宅大小與設備等等因素，而有很大的差異。在現代社會「男外女內」的明顯界限已不存在，但理家的責任仍然主要由女人來負，男人只是輔助而已。現代化的家庭設備，雖然使主婦的體力勞動大爲減輕，但理家的標準隨之增高。例如有關營養的知識日在增多，爲供應一家人適量的維他命，卡路里及其他必需滋養品，每天準備三餐，更要煞費苦心。又如家庭整齊清潔與美化的標準，隨著冰箱、洗衣機、電鍋、吸塵器、剪草機等的問世而大加改進。這些例子說明一個現代主婦必須依照新知識，對其持家的程序和方法，經常重作評價。各種不同的技術，爭奇鬥豔的款式，競相宣傳的貨品，都等待她去選擇。而選擇又不能隨心所欲，須在有限的家庭財源之內，經過精打細算，以發揮最大的效用。

　　現代主婦不只是機械化家具的按鈕者，而要事先經過詳細的計畫與安排，最後才輕舒皓腕，在鈕上靈巧地一按，恍若高明畫師之畫龍點睛，於是藉機械之動力，完我一幅窗明几淨，滿室生春的精美圖畫。機械化家具使現代主婦減少勞力的工作，但增加勞心的機會，而且前者又因女傭轉業工業生產而被抵銷。於是現代主婦未因機械化家具而享受閒暇，反而更是忙得團團轉。但是忙的結果：提高了家庭生活的水準。有些主婦樂於從事這些發展工作，以洋溢的熱情，接受新知識的挑戰，別抒心裁，日新月異。有些主婦則因循懶散，不僅缺少創新的精神，而且對所擔任之現代女性角色，心生厭煩，敷衍了事。我們稍加留心，便能觀察出此兩類不同的主婦，而其差異之形成，乃是前一類主婦認清目前的發展工作，努力使之究成，後一類主婦則否，逃避責任，得過且過。

　　談到教養子女之道，千頭萬緒，複雜繁瑣，但最主要的發展工作是時時保持自己是一個現代的女性，以盡其母職。我們知道社會化(Socialization)延續一生，但其速度則隨年齡之漸長而漸緩。爲父母者已屆成年，非若子女之從根本學起，感染力不强，很難學得嶄新的方式或作基本的人格改變。尤其在社會變遷非常迅速的今日，父母的習慣和看法，得容易變成不合時宜的老古董。因此絕不能狃於「天下無不是之父母」之主見，認爲自己之所言所行，無一不是，子女均不得有所違背與抗拒。意志未定之兒童與青少年，宜於循循善誘，不宜於强迫壓制。青少年問題隨著工商業和都市的發展，勢必更趨嚴重。如何防之於未然，乃是父母目前所面對的重要發展工作之一。一般說來，子女與母親接近之機會較易也較多。母親對子女的關係，亦母亦師亦友，有問題共同商量，有缺點交相改正，有福共享，有禍同當，彼此互訴衷腸，沒有半點隔閡。一家人在如此和諧的氣氛中，產生堅强的「家庭統一」(Family unity)，各人的人格繼續進行正常的發展。社會工作專家塞德闓(H.T.Cederquist)曾說，一個發展的母親，應讓其子女自由表達他們的感覺，而青春期是暴風雨期，他們一會兒歡欣雀躍，一會兒垂頭喪氣。爲母者只以同情之心來忍受和原諒他們的錯誤，不要疾言厲色加以指責，尤其不要固執己見，强迫子女就範。當意見相左之時，就要提醒自己，可能他們是對的，而自己錯了。要勇於承認自己的錯誤。了解自己，了解子女，才能教導子女。今日世界是年輕人的世界。他們有不同於父母的看法和想法，父母應考慮之，尊重之，不要在上下代之間橫著一道不能彌補的鴻溝。(註十四)

　　妻、母、主婦和現代女性四重角色，常會互相衝突。妻職與母職同在家庭內進行，衝突比較容易解決，但廚房與辦公室相隔遙遙，顧此即失彼，幾若冰炭，乃人所盡知之事。當然所謂現代女性，不一定要從事家外有薪酬之工作，其眞正意義是不要作一個時代的落伍者。然而

註十四:Helen T. Cederquist, "The Good Mother and Her Children," Smith College Studies in Social Work(October,1948),19:10,14.

想要做到面面週到,確非易事。例如力求家庭整潔美化,纖塵不染,則兒童之自由活動與表現必受到限制。又如堅實的家具,不怕兒童破壞,則式樣必流於古板笨拙。像這類大大小小的例子,不勝枚舉。總之,集妻、母、主婦和現代女性四重角色於一身,這真是又繁重又艱苦的一付擔子。如何使衝突的發展工作協調起來,此又構成更進一步的重要的發展工作。

第三節　子女之發展工作

1. 子女之發展主要責任在於父母

在上節「父之發展工作」中曾提到:由於我國重視孝道,古來聖賢有關於子孝於親的指示非常之多。如何做子女,即是子女的發展工作,然其責任主要在於父母,因為子女初生,渾渾噩噩,寒衣饑食,全賴父母。往後漸長,父母教之如何行動,如何反應,依照社會所規定的種種方式去與他人發生互動。在子女所學習的許多事物,其重要者為其人格之構成元素。陳大齊教授在如何做子女一文中,提出六項基本道理:(1)自食其力不累父母,(2)服務與奉養,(3)關注父母身體之健康,(4)保持父母心情之安寧,(5)做好人好公民以顯揚父母,(6)明辨可從與不可從的分際。(註十五)陳氏亦在文前說明,這些基本道理係偏重於成年而學業已成之子女而立論,但未成年之時,由父母養之育之,教之誨之。劬勞的父母所苦心焦慮者是子女的發展工作。

註十五:陳大齊著,如何做父親,刊中央月刊,第一卷,第二期,民國五十七年十二月一日出版,第四五至六〇頁。

2. 成器乃子女發展工作之最終目的

　　子女發展工作最終目的是「成熟」(Maturity)，即是我國傳統觀念之「成器」，通俗說來是做個好人，消極地弗貽羞於父母，積極地則要顯揚父母。如此，立於父母立場言，養而敎之成人，可以無過，立於子女立場言，則克盡孝道。禮記云：「孝有三：大孝尊親，其次弗辱，其下能養。」孝經則云：「夫孝者始於事親，中於事君，終於立身。」孝在我國是諸德的綜合體，廣義言之，孝與孔子所言之仁同義。孝原是家庭道德，以父母爲行孝對象，擴而充之，以社會國家爲對象了。故禮記云：「居處不莊，非孝也。事君不忠，非孝也。莅官不敬，非孝也。朋友不信，非孝也。戰陳無勇，非孝也。」

　　敎養子女「成熟」或「成器」，即是使子女發展「健全人格」(Healthy personality)或「良好調適」(Good adjustment)，亦是使子女發展我國優良傳統中的仁德。而仁通人。中庸有云：「仁者人也，親親爲大。」釋名釋形體云：「人，仁也；仁，生物也。」前者謂仁爲人與人之關係，肇始於家庭；後者謂天地以生物爲心，乃天地之仁，人同具此仁人，故爲天地之性之最貴者。五倫之倫，爲人倫之略語。倫義爲類、爲比。英文譯倫爲「社會對體」(Social dyad)，即是兩人以大體定型之方式發生互動(Interaction)(註十六)。五倫就是人與人之互動之中五種非常重要的相對關係。禮記禮運所謂之十人義，乃是發生相對關係之十方：父慈，子孝；兄良，弟悌；夫義，婦聽；長惠，幼順；君仁，臣忠。美國人類語言學權威沙皮爾(E.Sapir)謂五倫是中國文化中涉及各別個人與個人間所生互動的眞正軌跡(True locus)。從主觀方面言之，各個人從這互動的參與中，不自覺地爲本身抽繹出人與人相處的意義，從而體會到，在一切互動中，個人會影響他人的行爲，而他本身的

註十六：F.M.Keesing,Cultural Anthropology, 1958,pp.244,428.

行爲也會受到他人的影響。此種影響力有其限制各個人的行爲和安定社會秩序的功能。(註十七)

　　父子關係爲五倫之一,陳大齊教授對此有精闢的解釋,爰引之以互相印證:

　　「父與子各爲相對關係的一方,是兩個相對名詞。故必對子而言,始得稱爲父,亦必對父而言,始得稱爲子,撇開了此層關係,這兩個名詞便無所適用了。在人事方面構成相對關係的雙方,各有其應盡的責任,亦各有其應守的分際。雙方各能盡其所應盡,守其所應守,則關係和諧而安樂;一方怠忽其所應盡,逾越其所應守,則關係失調而使他方陷入煩惱。雙方各不盡其所應盡,各不守其所應守,互相侵擾,各不能安,則關係隨之破裂而不能維持。父子是人事關係相對的一種,亦各有其應盡的責任與應守的分際。雙方各能盡其所應盡,守其所應守,則家庭和睦,得享天倫之樂。設或一方或雙方不盡其所應盡,不守其所應守,則責難時起,天倫之樂且變成天倫之苦。家庭間的大小變故,此亦爲其重要原因。盡其所應盡,守其所應守,在父稱爲慈,在子稱爲孝。故必父慈子孝,而後始有家庭樂趣可言,孔子有鑒於此,故主張『父父子子』,把『父父』與『子子』並列,要求爲父的與爲子的各盡其所應盡,各守其所應守。」(註十八)

註十七:參閱芮逸夫著 "The Five Social Dyads as a Means of Social Control with a Review of the Li in Confucianism" 刊國立臺灣大學社會學刊,第三期,民國五十六年四月出版,第四七頁至五八頁。沙皮爾之言,乃該文所引,原見 "Cultural Anthropology and Psychiatry, Journal of Abnormal and Social Psychology, Vol.27, 1932, pp.229-242,後芮氏根據該文寫成中文,題名:五倫的社會控制觀,兼考其起源,並論其復興,刊中央月刊,第一卷,第十期,民國五十八年八月一日出版,第四四至四八頁。

註十八:同註十七。

3.　人際能力及其組成要素

物有本末,事有終始,故本章之討論順序,首爲準備作父母,繼之以父母的發展工作,最後是子女的發展工作。蓋有「是」的父母,才能有「是」的子女,否則就如孔子所云者,「父不父」,則「子不子」。五倫乃我國傳統文化中之菁華,其主旨是指導我們如何在人與人的互動中自發自覺地成爲一個好人,進而做到「己立立人,己達達人」,此與非常受人重視的新的人類行爲探究中所提出之「人際能力」(Interpersonal competence)完全相吻合。(註十九)康克爾(Kenkel)謂此一概念認清一事實:「人之發展不只是消除不健康的徵候,也不只是被動的和消極的調適,甚至於比『快樂』(Happiness)更有過之者。」(註二〇)孔子所說的「仁者安仁,智者利仁」(論語里仁篇),也正是這個意思。發展仁心的人,會自然而然地行仁,有了好的知識,便會把仁行得很妥當而收善果。(註二一)傅特和柯屈爾 (Foote and Cottrell)將人際能力釋義爲應付一個變遷中的世界之能力。(註二二) 二氏謂:「人際能力人格與調適能力人格之區別,在於前者所具有之特質、技能和朝向 (Orientation),使他能夠理想地應付人力能應付的任何情況。」(註二三)

子女之發展工作,我國最先教之以孝弟。蓋孝弟爲人之本(論語學而篇),再由家庭擴大至社會,大學有云:「孝者所以事君也,弟者所以

註十九:此一概念之發展,詳見 Nelson N.Foote and Leonrad S.Cottrell, Jr.,Identity

　　　and Interpersonal Competence, Chicago: University of Chicago Press, 1955.

註二〇:Kenkel, op. cit.,p.359.

註二一:參閱陳大齊著,論語臆解,商務,民國五十七年,第六九至七一頁。

註二二:Foote and Cottrell,Jr.,op. cit.,p.49.

註二三:Ibid.,pp.61-62.

事長也,慈者所使衆也。」故教導子女之最終目的,是發展其「人際能力」,能與他人發生有效的互動。研究人類行爲的學者指出:「人際能力」是由六項要素組織而成:(1)健康(Health),(2)智力(Intelligence),(3)諒解(Empthy),(4)自治(Autonomy),(5)判斷(Judgement),(6)創造(Creativity)。於是此六者構成子女發展工作之經緯,茲分項討論如下:(註二四)

(1)健康

健康之意義,不僅是免於疾病或傷害之遭受,而要代表機體潛能的極度發展,運用所有的生理官能,盡可能的做到感覺銳敏,體力強壯,精力充沛,行動協調,靈活巧妙,熟練耐久,免疫復原等。在此一意義下的健康,是從個人狀況擴大到人際關係。個人生命循環與家庭生命循環,二者之間環環相扣,俗諺云:「成功的事業,寓於健康的體魄」,故各階段各發展工作,均以健康爲其基礎。傅特和柯屈爾指出:「家庭與疾病防治間的問題,乃家庭研究必須注意者,我們應該積極地增進有關家庭生活有助於家庭成員極度發揮生理潛能之知識。」(註二五)身者心之器也。兒童在健康方面之發展工作其重要者如下:

註二四:The discussion is based on Kenkel,op. cit,pp.359-366; Leonard S.Cottrell, Jr., "New Direction for Research on the American Family",in Marvin B. Sussman (ed.),Source-book in Marriage and the Family, Boston: Houghton Mifflin Company,1963,pp.548-553;and N.N.Foote and L.S.Cottrell,Jr.,Identity and Interpersonal Competence, Chicago: University of Chicago Press, 1955,pp.49-58.

註二五:Foote and Cottrell, Jr,op.cit.,p.551.

A．嬰兒與幼童

(a)完成生理上的穩定,建立休息與活動的定時交替。

(b)學習吃東西, 包括吸、嚥,及以後咀嚼固體食物和品嚐新口味。

(c)學習有效控制軀體活動,如手眼及手口的協調, 伸手取物及持物、爬、走、跑等。

(d)學習排洩,包括明瞭排洩的需要,控制排洩的過程,接受排洩的責任。

B．中童

(a)學習為本身之健康與安全負起繼續增加的責任,如了解疲倦和饑渴的意義,完成上廁所的訓練,獲得充足的睡眠和食物,保持軀體的清潔。

(b)發展有關人體的初步知識,包括軀體結構的基本事實,各器官的功能、人體的消化、生殖和復原等。

(c)氣力和軀體控制的繼續增加,以奔跑和攀登來發展大肌系統,使用合適的遊戲器具,增進雙手靈巧, 發展扣鈕、剪切、操縱小器物等的技能。

(2)智力

通常解釋智力為一種天生的學習能力(An inborn capacity to learn),但有效的人際關係所需要者尚不止於此,而要將心理潛能作極度的發揮, 得以充分發展反省、察覺事物間關係、抽象推理、建立有意義通則、儘量利用環境資源等能力。凡正常人均具有上述之心理潛能,但能使之發展達於登峰造極者,則稀若鳳毛麟角,因此智力的發展概念, 著重能夠喚醒和運用心智潛能的種種經驗、學習和實行。從發展意義言之,雖然各人的天生學習能力高低不一,並以此限定其成就之

大小,但是任何正常人均具有智力,並能使之發展。下列工作便能發展和加强兒童的智力:

Ａ．嬰兒與幼童

　(a)學習說話,包括以名稱來識別人與物,並發展非語言的溝通;
　　建立音庫,起先使用單字,往後連綴成句。

　(b)開始了解四周世界的性質,逐漸累積與此有關的知識,辨別
　　何者爲何,及其動作的方式和原因。

　(c)經由學習簡單概念,如好、圓、大、冷等,發展抽象思想的
　　能力。

Ｂ．中童

　(a)發展閱讀、書寫和計算的基本能力。

　(b)擴大推理和了解因果關係的能力。

　(c)抽繹、用象徵來表現具體的和旁觀的經驗、將象徵納入通
　　則等能力,均在增加之中。

　(d)儲藏周圍世界的知識,學習運用概化原則。

(3)諒解

　諒解有時稱之爲「社會知覺」(Social perceptiveness) 或「社
會感受」(Social sensitivity),含有「推己及人」或「將心比心」
的想像投射。此即孔子所重視的恕道,「我不欲人之加諸己,亦勿欲加
諸人。」傅、柯二氏稱曰「人己平衡」(Self-other balance)。具有
諒解能力的人,能夠正確地解釋他人的態度與意圖,並從他人的觀點對
情境作正確的領悟,於是預料和期待他人的行爲。(註二六)有效的互
動,顯然必須具有某種程度的諒解。缺此便會產生紊亂,隔閡和彼此對
行爲之交互誤解。各人之諒解能力不同, 亦是事屬顯然。曾子謂孔子

註二六:同註二五。

之道,忠恕而已。可是在家庭和其他情境中,那些經驗可以加強「他人
有心,予揣度之」的能力,目前知道的尚不多,但有一點可以肯定指出:
對他人角色之了解程度愈大者,其諒解能力亦愈大。下舉之發展工作
有助於兒童諒解能力之發展:

A．嬰兒與幼童

　(a)經由感情、言行一致和早期反應需要之滿足,以學習信賴的
　　　基本態度。

　(b)學習愛和被愛,二者之情感反應,開始發生於家人之間,往後
　　　推及他人。

　(c)學習與兄弟姊妹分享父母之慈愛,久之,逐漸明瞭如此分享
　　　之必要。

　(d)開始控制衝動,輪流共用玩具與器具,久之,逐漸了解如此共
　　　用之理由。

　(e)發展給出的習慣,先行之於家庭以內,往後逐漸擴大其範
　　　圍。

B．中童

　(a)發展對需要規則之重視,明瞭家庭內、友伴間以及其他團體
　　　情境中取與予之需要。

　(b)明瞭在家庭內負擔一些責任之需要。

　(c)認清自己家庭與他人家庭在習慣和標準方面之差異,並尊重
　　　此二者各保持獨特之權利。

　(d)學習了解個人為何需要隱私、安慰和友情。

　(e)學習以不同態度對存在於社會內之不同個人和團體,此種差
　　　別有助於互動與合作,卻無損於本身的忠誠或價值。

　(4)自治

　　個人必須發展一些特質和態度,以達成自尊(Self respecting)、自導(Self directing)、自持(Self reliant)、自信(Self-confident)及維持自我整合 (Integrity)。這些特質和態度的總和便是自治。同時個人還要發展尊重他人, 相信他人和信賴他人的特質和態度。將人己兩方平衡之, 才能成為社會中負責而合作之一員。此二者須從小學習之、發展之,以至成年,成為一個獨立行動者, 明瞭自己具備何種才幹,由自己計畫,由自己執行,內心謹守一套規範與價值,在尊重他人、相信他人、信賴他人的平衡狀態下, 充分參與現代民主社會的種種活動。眞正重視自治的父母,必會協助其子女從小完成下述之發展工作:

A．嬰兒與幼童

　　(a)學習根本地相信自己是一個好孩子,具有為他人所愛、所重視的價值。

　　(b)接受為自己穿戴及照顧自身與所有物的責任。

　　(c)學習做事,逐漸愈做愈多,從工作中欣賞自己的能力。

　　(d)學習不要時時刻刻離不開父母。

B．中童

　　(a)學習支配自己的時間,選擇朋友等, 逐漸養成不仰仗父母和其他人的習慣。

　　(b)從牢記家庭與社會期望的內化過程中發展其意識。

　　(c)學習在可能發生危險的情狀下照顧自己。

　　(d)學習待人接物的種種社會技能,以避免進退失據的窘局, 及因此而形成忸怩或逃避的感覺。

(5)判斷

　　人類的判斷能力,是逐漸發展而成,係指個人對自己所選擇某種行動路線的意義與後果而加以估計與評價。(註二七)判斷包括不同價值

註二七:Foote and Cottrell,Jr.,op. cit.,p.56.

之選擇和相反之決定。如此說來，正確的判斷是不同於智力的。判斷除具有知識和實際消息之外，還要衡量目前的事實，審時度勢，於是決定採取何種行動，以能產生滿意的後果。在個人與社會生活方面，在在需要判斷與決定。優柔寡斷之人，遇事畏首畏尾，結果進退兩難，如羝羊之觸樊。童年期有許多發展工作，如能完滿達成，則能助其判斷能力之發展：

A．嬰兒與幼童

(a)從選擇玩具、衣著、食物等簡單實例之中，學習判斷或決定。

(b)選擇之時，開始了解不但只顧目前，而要爲較遠的未來打算。

(c)擴大活動範圍，從中練習選擇和決定。

B．中童

(a)學習有關決策行爲的更爲複雜的概念，例如在詳細考慮可能的種種選擇，並預料選擇的後果。

(b)學習決定如何支配零用金，將所需要之物與現有之物和錢發生關聯，並發現爲更大目的而儲蓄之樂趣。

(c)參加家庭內家務的討論、計畫和決策。

(d)就能力所及，利用一切可能機會，練習單獨決定。

(6)創造

作爲「人際能力」之要素，傅、柯二氏解釋創造爲：「行爲上一切創新表現或社會環境任何方面的實際改造」。(註二八)並謂創造所含之能力，是從所有傳統的和成規的日常事務中發展新的見解，將固有之觀念與事物在新目的之下，作新的組合，賦予新的意義，創造新工具以

註二八：Ibid.，p.57.

使之實現。人際關係中所有發明、發現、設計、改進、革新的能力，均包括在傅、柯二氏的「創造」一詞之內。(註二九)此與大學三綱之「新民」若合符節。「新民」又作「親民」，程、朱均釋「親」為「新」，總統贊成其解釋，有云：「大學所講的人生最大任務，莫過於治國平天下。我們明明德之後，便要推而廣之，將一般民衆一切腐舊的不良的不適於時代環境的思想、風習、生活，都能劃除，使其造成一種新的思想、風習與生活，俾能與時代要求相適應，以確保其生存與發展，這是古人所謂「化民成俗」，亦即近代我們所推行的新生活運動之眞正意義。必須如此，然後治平之功才有基礎，因此朱子釋『親』為『新』，並沒有甚麼錯誤。」(註三〇)

　　正常之人均天賦有創造潛能，可以培養，可以發展。父母重視下述之發展工作，能幫助兒童擴大其創造力。

　　A．嬰兒與幼童

　　　　(a)在日常活動和起居場所中，培養接受變遷的能力。

　　　　(b)學習欣賞簡單而能益智的遊戲和玩具。所謂「益智」，是需要動用腦筋去嘗試和實驗，能夠花樣翻新。

　　　　(c)從圖畫著色、編講故事，為玩具或動物命名等活動中，練習發揮創見。

　　B．中童

　　　　(a)增加經驗的種類和範圍，作為擴大創造力的基礎。

　　　　(b)從烹調食物、修理玩具或器具、選購禮物等這些情況中，測驗自己表現創造的能力。

註二九：Ibid.,pp.57-58.

註三〇：總統著，科學的學庸，民國五十二年，國防研究院出版，第二八至二九頁。

　　(c)接受無成規可循的新情境,作爲對自己創造力之挑戰。

　　以上所討論的人際能力六要素及其相關發展工作，可能分類未盡妥善,細目難免遺漏。由於養育子女之道,萬分繁難，而不同的文化即是不同的生活方式與設計，隨著時代而改變，而同一個文化又包含民族、地區、職業等許多附文化(Subcultures),在生活活動的任何一方面,絕不可能定出一個放諸四海而皆準,傳諸萬世而不惑的一套行爲規範。(註三一)養育子女之道自然不例外，故只能提一個原則性的參考架構,由爲父母者斟酌損益,善爲應用之。

註三一:參閱朱岑樓譯,社會學,上冊,(原著者 L.Broom & P.Selznick),民國五十六年， 譯者
　　　出版,第四八至五一頁。

第六章　婚姻關係之縮小

第一節　青年子女之發展工作

1.　婚姻關係因子女之長成離家而縮小

前階段婚姻關係之擴大，是由於子女之誕生，本階段子女先後成熟，相繼離家而獨立，最後剩下一對夫妻，恢復第一階段婚姻關係開始的舊況，所不同者，這對夫妻均年近半百，兩鬢添霜。在養育子女那段期間，親子雙方增加許多新角色，在多得難以數計的複雜的情境中，作相對的演出。一個日在發展中的孩子，時時需要改變家庭的互動模式，參預互動的對方便是父母及兄弟姊妹等。

青年是由幼而壯的過渡期，其時中年父母的生活也正是生命上一個大轉捩點，於是親子雙方需要家庭結構改變而進行新的學習，而雙方本身生命的改變也需要新的學習，因此本節先討論青年子女的發展工作，下節接著討論中年父母的發展工作。

2.　青年期是兒童到成人之過渡期

青年期(Adolescence)是一個過渡階段，其年齡通常是指男十四歲至二十五歲，女十二歲至二十一歲，基本特徵則是重疊兒童與成年。此種雙關性(Ambiguity) 特質正說明青年期在人類發展過程中之連續性

(Continuity)。青年所面對生命上的發展工作，同兒童和成年所面對者大體相同，只是有些工作比以往要緊急迫切。在青年期中，社會的、心理的和生理的各種力量匯合起來，以準備應付新的學習，也必須完成這些學習才能說是長大為眞正的成人。

進入青年期，是一個跳跳蹦蹦的兒童，離開之時，應該是一個穩穩當當的成人。在過渡期中，最明顯的發展工作是成為一個自治的人，生活上的一切不再依賴父母或其他成人。社會的要求，家庭的期望，個人的需要，青年男女必須將此三者善為配合，然後按照文化的設計，勝任愉快地扮演男性或女性的角色。自食其力，乃人生最基本之義務。青年男女必須明瞭社會的經濟實況，為自己在經濟體制中所擔任之角色作愼重的選擇和周詳的準備。「男有分，女有歸」，社會希望做到「內無怨女，外無曠夫」，故正常的男女在青年期開始選擇終身伴侶，準備建立自己的家庭。「男尊女卑」的概念，在我國雖然不能說完全消失，但不再為人所普遍重視，則無疑問，故青年應滿意於自己的性別，發展其屬性所應有之社會技能，能為同輩團體(Peer group)所接受、所尊重。

3. 五項重要青年發展工作

以上概述青年期的基本發展工作，茲分項提綱，詳加說明，以加深我們對家庭生命循環第三階段之了解。(註一)

(1)獨立與進取之培養

我國傳統的家庭制度包含許多優點，故行之數千年而不墜，但沒有一種社會制度是十全十美的，有長處必有短處。孫本文氏在中國社會

註一：W.F.Kenkel,The Family in Perspective,New York:Appleton-Century-Crofts,Inc., 1960,pp.382-393.

問題第一冊家庭問題中，首先提出我國家族制度八大特點，再從這些特點指陳長處與短處，列爲短處的首項就是「容易養成人子依賴心」。(註二)由於我國家族關係之複雜而嚴密，家人間富於互助精神與道德控制，結果家族構成一把大安全傘，子弟受其庇蔭，不怕風吹雨打，雪壓霜欺，悠遊歲月，度其一生。「在家千日好，出門一步難。」視冒險犯難爲畏途，一切恪遵祖訓，進取心摧殘殆盡。

高達觀氏在中國家族社會之演變一書中，亦指出我國家族制度造成經濟的依賴。高氏謂：「假使家庭中有一人能做事掙錢，他必負擔養活家庭的責任。此種責任或爲間接，或爲直接。前者如一人貴居要津，即引致戚黨兄弟供職部曹，後者如將收入寄家奉養。這種經濟上依賴的結果，固可以養成互助的美德，但亦可摧毀個人的創造性與獨立性。」(註三)

獨立非完全得自成年。進入青年期之男女，已經知道遇事要能作決斷，爲自己的行爲負責任。前第五章已指出有效的人際能力由六項要素所組織而成，此六者構成兒童發展工作之經緯，其中之自治與判斷，均與青年期之獨立直接有關。正常成人所具有的自尊、自信和自制，乃以自治與判斷爲基礎，經過青年期的充分發展而完滿達成的。

父母的所作所爲，均能促進或阻礙青年子女的獨立之發展。例如溺愛的父母，事事過問，生活的任何一方面都按自己的意思爲子女安排妥當，不讓其操心。如此過份保護，實際是剝奪子女發揮獨立自主的機會。特別在用錢方面，緊緊抓住荷包，不給予子女插手的機會。反之發展的父母，隨時隨地啓發其子女自行選擇，自行決定。以用錢來說，與子女共同商量，按需要製成預算，並從實際使用中，使子女獲得選擇和購買的經驗。

註二：孫本文著，中國社會問題，第一冊，家庭問題，商務，民國三十五年，第七八至八四頁。

註三：高達觀著，中國家族社會之演變，正中，民國三十五年，第九十頁。

　　不落伍的明智的父母，對於乳臭方消的子女，才幾年工夫他們腦子裡就裝滿了新奇怪異的概念和感覺，認爲理所應當，而不覺得懊喪或苦惱，如果不是這樣，反爲他們的前途而擔憂。

　　未能完成與獨立性有關之學習，雖年屆成人，因童心未泯，實非成人。美國婚姻指導機構發現婚姻失調的夫妻中，有許多由於情感上猶對父母戀戀不捨，於是視配偶爲父母之替身，以重溫「嬌生慣養」的舊夢。有丈夫因妻細心護理嬰兒而心懷嫉妒者，有丈夫溜回母親身旁，吃所烹製的菜肴，睡所安排的床舖者。不能脫離親子關係而獨立，自難建立和諧而親密的夫妻關係。(註四)

　　有些人的個性很執拗，反對父母、權威或社會規範，似乎具有特立獨行的特質，但可能是一個僞裝的獨立者，其對父母的高度依賴同繞著媽媽裙邊轉的孩子一模一樣，只是表現的方式不同而已。在他的反抗行動中，對反對的對象作極端需要的反面表現。

　　不論是以盲目服從或盲目反對來表現依賴，都是成人的不正常現象，而情緒獨立之迅速發展，必在青年期進行，否則機會一失，補救彌艱。青年期之可貴者在此，可畏者亦在此。

　　(2)職業之選擇與準備

　　選擇一項終身職業，並爲此職業作準備，是現代青年所面臨的複雜而重要的發展工作。我國傳統社會的經濟結構完全立基於農業之上，職業分類非常簡單，舉其大者僅「士農工商」而已，擴大說來，亦不過是三十六行、七十二行或百零八行。極大多數人民以務農爲生，貴士而輕工商。「萬般皆下品，唯有讀書高。」蓋學優則仕，名利同至。讀書雖可貴，但讀書不易，因爲中國文字非常艱深，必須子弟稟質聰慧，又受名師指點，寒窗苦讀，十年八載，或有希望進學中舉，再以科舉爲晉身

<hr>

註四:R.S.Cavan, The American Family, New York: Thomas Y.Crowell Company, 1959,
　　　p.426.

之階，獲得一官半職。這筆資本是農民所難負擔者。而且科舉名額，嚴格限定，即在縉紳子弟中，能考試及第者亦百不得一。(註五)而土地是農民的生命，絕不輕易離鄉背井。在空間上是「死徙無出鄉」，在職業上是謹守「克紹箕裘」的古訓。加上交通不便，少數幾種不同的職業，常各自畫區而居，子孫世代相傳而無改變。管子有云：「士農工商四民者，國之石民也，不可使雜處。雜處則其言嘡，其事亂。是故聖人之處士必於閒燕，處農必就田野，處工必就官府，處商必就市井。」(註六)如此之職業隔離(Occupational segregation)，青年子弟便不會「見異物而遷」，「則其父兄之敎，不肅而成，其子弟之學，不勞而能。」結果造成「士之子常爲士，農之子常爲農，工之子常爲工，商之子常爲商。」(註七)淮南子亦云：「士農工商，鄉別州異，是故農與農言力，士與士言行，工與工言巧，商與商言數。」(註八)

　　現今我國社會的經濟結構已由農業進入工業，而走向社會差分

註五：參閱朱岑樓譯，社會學，上冊(原著者L.Broom & P.Selznick)，民國五十六年，譯者出版，第一三六至一三八頁。此處所討論者是「帝制中國之階層化」，主要根據：費孝通，“Peasantry and Gentry:An Interpretation of Chinese Social Structure and Its Changes”，American Journal of Sociology,52(1946),1-17,李樹青，“Administration and Bureaucracy: the Power Structure in Chinese Society”,Transactions of the Second World Congress of Sociology (Vol.II), London: International Sociological Association, 1954,pp. 3-15; and Robert M. Marsh(中文名馬若伯)，The Manderines: Circulation of Elites in China, 1600-1900,Glenco, The Free Press, 1960.

註六：管子，小匡篇。

註七：括弧中之引語，均出自管子小匡篇。

註八：淮南子，齊俗訓。

(Social differentiation)。所謂社會差分，簡言之，是個人與團體發生差異的一種過程。(註九)相伴而生之重要現象有二：(1)專業化(Specialization)；在高度差分的社會，分工日趨細密，用涂爾幹(E. Durkheim)的術語來說，由基礎在同(Likeness)的「機械連帶」(Mechanic solidarity) 演變而爲基礎在異 (Difference) 的「有機連帶」(Organic Solidarity)，於是各式各樣的職業層出疊起。(註十)以往務農爲業的人口，特別是青年子弟，紛紛湧向非農業的職業。(2)都市化(Urbanization)，即是人口集中過程，其進行之主要途徑有二：(1)集中點之增加，(2)個別集中點體積之擴大。(註十一)換言之，鄉村人口流向有利位置或條件優良的地區，造成新都市之出現或舊都市之膨脹。

上述兩種現象實是一事實之兩面，互爲表裡，所引起人口在空間上的社會流動及在職業上的本身職業流動(Career mobility)和世代職業流動(Generational mobility)，常常是同時發生的。我們慣以「安土重遷」一詞來形容我國鄉村人口的安定性，其實乃環境使然。蓋在工商業未發達之前，行業之轉移非常困難，且亦無此必要。讀書人赴京

註九:See "Social Differentation," in H.P.Fairchild(ed.),Dictionary of Sociology, p.280.

註十:根據美國於1957年所編印之青年工作者職業指導(Job Guide for Young Workers:1967, Washington, D.C.,U.S.Government Printing Office.), 估計專門職業之種類已超過了五萬,比1870年增加百倍。我國現有多少種職業,尙無確實統計數字可資引用,一直在繼續增多,則爲不爭之事實,「三十六行,行行出狀元」這句俗諺, 後半句因「專業化」之加強,其可靠性愈見增加,前半句則完全改觀了。

註十一:H.Tisdale, "The Process of Urbanization," Social Forces,Vol.20,1941-1942, pp.311-316.

趕考，成功者依錦還鄉，光宗耀祖，爲鄉人所稱羨。但前已說過，仕途非常崎嶇狹小，能通過科舉這道窄門的寥若晨星。儘管如此，鄉村青年想丟下莊稼外出求發展的價值朝向，自古以來是很普遍而強烈，無奈機會太少，願難得償，只好困守農村。侯至近世技術學突飛猛進，交通迅速方便，教育普及，工商業發達，城市興起，各種職業應運而生，使整個情勢起了很大的變化。(註十二)於是現代青年成爲「天之驕子」，有各式各樣的職業擺在面前，任其自由選擇。但話又說回來，當職業機會紛然雜陳之時，青年人面對著許多選擇，何取何捨，又常會感到惶惶不安。(註十三)

　　青年爲自己選擇和準備終身工作之時，首先要對本身的才幹和興趣作客觀的評價，以獲得真正的了解，然後依其才幹和興趣學得一技之長。儘管現代社會職業眾多，如果庸庸碌碌，一無所長，仍然無法謀得理想的職業。至於所學技術之高低，應依本身智力大小和家庭經濟情況而定，大者大成，小者小成。如果好高騖遠，畫虎不成反類犬，結果只會造成失敗與絕望。

　　當子女選擇和準備職業之時，父母的幫助是非常重要的。首先父母要尊重子女的獨立人格。他們是依照自己獨特的能力與興趣，爲自己構想出生活的計畫，父母只從旁指導，協助其實現，絕不能橫加干預，以符己意。有些父母爲了迎合時尚，多方慫惠子女學醫或學工。又有些父母因本身某種職業願望之未能實現，耿耿於懷，於是想從子女身上取得補償，強其選擇所不喜歡的某種職業。這樣不獨不能幫助他們，反而害了他們。我國有句俗語：「知子莫若父，知女莫若母。」但是父母絕不應該爲子女護短或誇長，而要真實地指出他們的優點與缺點，以供

註十二：參閱黃大洲著，鄉村人民就業離鄉之研究，民國五十六年，作者自印，第一至二頁。

註十三：參閱朱岑樓譯前書，第九八頁。

他們為自己選擇職業時的重要參考。最後父母要讓子女明瞭為自己準備職業時能從家庭獲得多少幫助，特別是經濟的幫助。於是子女或求學或創業，量力而為之，腳踏實地，而免於理想懸空，最後掉落失望的深淵。總之，選擇與準備職業，是青年子女自己的事情，但其成敗，則與父母有很大的關係。

(3)本性別角色之接受與滿意

男人(Male)和女人(Female)是生物的概念，而男性(Masculinity)和女性(Femininity)是文化的概念。所有社會為此二者之權利與責任予以區分。「男女有別」，雖是人類社會的基本事實，但其別何在，卻又千差萬別，極不一致。大多數(但非全部)社會給予男人需要體力和剛強的家外工作，女人則負起需要耐心細心的家內工作，至於我國傳統概念「男不言內，女不言外」(禮記內則)，則代表內外畫分特別嚴格的一個社會。由於角色的差異，引出氣質的差異。男性應是剛的、主動的和攻擊的，女性應是柔的、被動的和非攻擊的。氣質之如此對比，又引出一方支配，一方順從：男人愈是威風凜凜，認為愈有男人氣，女人愈是溫柔體貼，認為愈有女人氣。(註十四)

女人類學家米德 (M.Mead) 為驗證男女氣質不同乃普遍現象之假說，研究新幾內亞三支原始民族，結果她發現：(1)亞剌帕許族(Arapesh)之男女，均以溫和中庸為理想。夫妻都重視「母道」，生孩子是兩方的事，嬰兒降世，夫臥妻旁，亦稱為「坐蓐」。有關產婦一切禁忌與禮儀，夫同樣遵行之。子女養育之責，夫妻共同負擔。男女均尚柔和，彼此無性攻擊的傾向，不知「強姦」之意義為何。他們的男性意像，使得均秉性攻擊，鹵猛粗暴。終其一生，男女總是冤家對頭。(3)柴姆布里強姦在心理上成為不可能的事。(2)墨頓戈莫族(Mundugumor) 之男女

註十四：參閱朱岑樓譯前書，第一一一頁。

均秉性攻擊，鹵猛粗暴。終其一生，男女總是冤家對頭。(3)柴姆布里族(Tchambuli)則爲男女規定截然不同的角色，引出明顯的氣質差異。陽剛陰柔、男外女內的概念，在此適得其反。女人掌管社會的經濟的生活，娘兒們一起工作之時，縱聲談笑，豪邁不羈。男人則從事藝術、宗教儀式等活動，喜裝飾，戴美麗鳥毛，忸怩作態，性猜忌，多憂慮，溫順如貓，狡猾如狐。他們唱歌跳舞，以供女人取樂。(註十五)

從交文化研究 (Cross-cultural study) 中我們可以得出三點結論：(1)男女差別存在於任何社會，而且態度非常認眞，用種種方式使之合理化，並防止其混淆。(2)男女之行爲模式，何者被認爲最適當，在各社會間有很大的差異。(3)在不同社會的不同文化，男女人格各有其不同特質，但僅作大的分野，而非整齊畫一。例如以男主剛女主柔而言，剛柔均有其程度的高低。(註十六)

我國傳統概念，男性陽剛，所重在才，女性陰柔，所重在貌。讚美女性的形容詞，多從女或與女有關之工作，如綽約婀娜即是，而讚美男性的形容詞，常與所使用之武器有關，如剛毅矯健即是，兩者是不能互換使用的。洎乎近代，主要由於經濟結構之變遷，男女角色概念隨之乖變，以女人角色尤甚，「如何做女人？」成爲現代青年女性極感困惑的一個問題。(註十七)但變是一回事，而男女有別又是一回事。在某些地方，現在男女非若往昔之壁壘分明，授受不親，但兩者之間仍然存有清楚明顯的分際。由於變遷迅速，上一代的父母，雖是青年子女最接近的人，但在他們心目中並非本性別的理想模範，不值得亦步亦趨，依樣

註十五：參閱朱岑樓譯前書，第一一一至一一二頁。其原始資料，則取自Margaret Mead, Sex and Temperament in Three Primitive Societies, New York: Morrow, 1953.

註十六：Kenkel, op.cit., p.388 及朱岑樓譯前書，第一一三頁。

註十七：參閱本書第四章，第二節，第三九至四三頁。

傚效。這就構成現代青年在性別方面的重要發展工作，藉其敏捷的社會化速度，選擇和接受新的價值，明瞭社會所期望於他們者爲何，採取適當的行爲模式以滿足之。

　　男女爲性別各異之生物機體，是不能改變的，只有欣然接受，並引以爲榮。特別是我國現代女性，從幾千年的傳統壓制下解放出來，正是揚眉吐氣的大好時光。男女平等的眞意義，不是彼此競勝逞能，分個我高你低，而是各安其分，站在平等的立場，各爲其本性別的角色作最佳的演出。如在青年時期，自怨自艾，恨非生爲男兒身或女兒身，是難以發展爲正常的成人。

　　(4)同輩團體之參加

　　有效的人際能力之發揮，是能夠和不同年齡之人融洽相處，尤其要在同輩團體(Peer group)之中充任愉快的角色。所謂同輩團體是年齡相若，社會階級地位相似之份子所組成的團體。(註十八)青梅竹馬，童年時期的遊伴(Play-mates)，是標準的同輩團體。此項發展工作雖早已開始，但其重要性至青年時期更形增加。李斯曼(Riesman)認爲同輩團體有成爲現代社會最重要的社會化機構 (Socializing agency) 之趨勢。生於現代社會之青年，主要以同年齡者爲響導、爲傚效之對象，非常關心和重視他們的評價和讚許。李氏稱現代人爲「他人導向者」(The other—directed)，以之與「傳統導向者」(The tradition—directed)、「內心導向者」(Inner—directed)相區別。傳統導向者是生長在原始社會或鄉土社會(Folk society)的人，從鄉村生活所直接觀察得到的規範細則，用作行爲的圭臬。內心導向者是生長在封建社會或農業社會的人，所遵守的生活原則，乃童年得自父母師長所教

註十八：See "Group," in J.Gould and W.L.Kolb (eds.),A Dictionary of the Social
　　　　Sciences, 1964,p.297.

誨的抽象概念，如知識、財富、成功、道德等，深植之於內心，如同裝上羅盤 (Gyroscope)，作為一生在生活之海中的航行指南。他人導向者是現代人，同輩團體是其主要的社會化發動者；他們內心裝有雷達 (Radar)，隨時隨地接收四方八面的知識，作為生活的嚮導。(註十九)

同輩團體本身及同輩團體價值之如此重要，蒲魯姆(Broom)和塞茨尼克(Selzrick)認為是現代社會結構及家庭之新興特質所造成的：

(1)都市家庭人數少，以家庭為單位所能活動之範圍又極有限，於是同輩團體乘機而入，以填補兒童、少年和青年在生活上之大部分空隙。

(2)高度社會變遷，為現代社會之特色，使得親子兩代間的距離擴大。父母的學識轉瞬落在時代之後，而同輩團體是通往現代價值和專門技能(Know-how)的路逕，故其重要性日見增加。

(3)現代社會的流動性(Mobility)非常大，兒童、少年和青年，在社會階梯(Social ladder)之上有拾級上升的趨向，特別是假道於大學教育此一途徑者。他們所新獲得的階級和地位，在其價值上父母想要加以指導，心有餘而力不足，徒喚奈何，只好任由同輩團體去處理。

(4)經濟結構發生顯著改變，從前以大量生產為重點，現今以大量消費為前提。由於工藝技術學(Technology)之飛躍進展，現在的主要工作，是用標準化方法管理大量生產經濟，所需要者是專門知識，而不重視不同凡俗的人格特質。個人特殊貢獻之重要性日減，在競爭中「推銷」(Selling)人格之重要性日增。(註二十)

註十九:David Riesman, The Lonely Crowd, New York: Yale University Press,1950及楊
懋春著,勉齊文集中之論社會品格,民國五十二年,著者出版,第十二至十七頁。

註二十:參閱朱岑樓譯前書,第九六至九七頁。

　　同輩團體之存在，立基於「群性」(Sociability)。同其他的社會機構一樣，同輩團體具有獎懲是非的體制，凡能發揮群性的技能者予以嘉勉，凡阻礙感情交流和製造私人摩擦者予以擯棄。群性是易爲各種差異所破壞，故在同輩團體必保一股强大的壓力，以產生一致性(Uniformity)，使地位和實際的差別減至最小，凡信仰和習慣的顯著不同，均盡量予以壓制。

　　同輩團體傳遞群性的技能和價值，諸如同心協力，互相容忍，共有共享，一同參預等概念，極爲同輩團體所重視。在團體的紀律下，各人學習不得標新立異或炫耀本領。同輩團體雖然供給很好的機會，以發展自發自動的眞摯友誼，但只能發揮人格中的某部分，其他部分則在一致性的要求下受到抑壓，於是「全人」(Whole person)的發展未受到重視。此點構成青年一項艱難的發展工作，即是一方面要在同輩團體中爲自己建立一個適當的地位，一方面又不要爲群性而犧牲自己的個性(Individuality)。他們應該懂得團體的理想和目標，不必要駕凌於本身的理想和目標之上，致使個性湮而不彰。

　　青年的同輩團體對成人的價值，也許予以支持，也許予以蔑視，如果是前者，則爲成人價值的傳遞發生積極而有效的力量。孔子曰：「益者三友，損者三友。友直、友諒、友多聞，益矣。友便僻、友善柔、友便佞，損失。」所以孔子把「樂多賢友」包括在「益者三樂」之內，其見解之正確，千古常新。(註二一)做父母必須認清同輩團體此兩種相反相成的力量，善爲運用之。社會學家蒲薩特(Bossard)在兒童發展社會學一書中舉一例子：

註二一：毛子水著，朋友之交，刊中央月刊，第一卷，第四期，民國五十八年二月出版，第三二至
　　　　三七頁。

「年屆愛慕少艾之<u>比爾</u>，追求出身低微、舉止粗俗之<u>瑪麗</u>。而<u>比爾</u>之家庭屬於上層階級，他本人又風度翩翩，超群出衆。其母深知同輩團體之力量之大，在與<u>比爾</u>一次交談中，溫言點破已知道他結識一女友，希望領之回家，作一次非正式的會面。<u>比爾</u>勉强答應下來，乃母暗中準備盛大的宴會，邀請<u>比爾</u>所有的朋友參加。宴會結束之時，<u>比爾</u>與<u>瑪麗</u>的關係亦隨之曲終人散。」（註二二）

父母必須要了解同輩團體的積極價值，側面指導與協助子女結識益友，而收「以友輔仁」之效，如果橫加把持或多方阻撓，會造成禮記學記所說的「獨學而無友，則孤陋而寡聞」的惡果。在同輩團體中，青年有機會測驗自己初步習得的各種社會技能，進而借石琢磨，發展新的社會技能。<u>孟子</u>之成爲亞聖，得益於孟母之三遷擇鄰，此乃我們<u>中國</u>人耳熟能詳的典故。朋友列爲我國的五倫之一。父母也有他們自己的同輩團體，除了獲得「以善道相切磨」的益處外，同時也是人情愈趨淡薄的都市生活中一種最大的享樂，連早在二千多年前的<u>孔子</u>亦爲「有朋自遠方來」而油然生樂。

(5)婚姻與家庭生活之準備

前面所討論的四項發展工作，獨立進取，選擇職業，接受性別角色及與同年相交，顯然均與準備結婚成家間接有關。必先脫離對父母的依賴，才能自食其力，並爲本身未來家庭奠下經濟基礎。在同輩團體中現出英雄或淑女的本色，方爲異性所垂青，進而相愛成婚。至於直接與結婚有關的工作，則是約會(Dating)和求愛(Courtship)，特別在我國社會，值得提出來細加討論。我國的傳統家庭是行嚴格的父系父權制，

註二二:J.H.S Bossard, The Sociology of Child Development,New York: Harper,Bros., 1948,p.507.

子女之婚姻大權操之於男家長。爲子女議婚，常由媒妁爲中間人。如果議婚失敗，媒妁負其責任，無損於雙方家長之顏面。(註二三)同時古代有男女遠嫌之概念，授受不親，於是「男女非有行媒，不相知名。」(曲禮)在男方，「取妻如之何？匪媒不得。」(詩齊風南山)在女方，「處女無媒，老且不嫁。」(戰國策燕策)若無媒而自婚，爲社會所不齒。「不待父母之命，媒妁之言，鑽穴隙相窺，踰牆相從，則父母國人皆賤之。」(孟子滕文公下)因此「婦人之求夫家也，必用媒而後家事成。求夫家而不用媒，則醜恥而人不信也。」(管子)

「匪我愆期，子無良媒。」(詩氓)因無媒而愆期，對於媒之重視，可想而知。媒人在我國社會，以往有很高的地位，婚筵上尊以上席，「饔修」、「柯人」、「冰人」、「掌判」等，都是給予媒人的美名。現今男女自由擇偶，經約會、求愛而訂婚、結婚，於是媒人無用武之地。而結婚之時，依法定手續，只需要公開之儀式及二人以上之證人。

約會、求愛和訂婚，均爲婚前的準備工作，而前二者，意義極相近似，難以區別，求愛一詞較爲舊式，僅載諸典籍，平時不常使用，而約會非常時髦，經常出諸青年男女之口。在含義上嚴格說來，約會所表示的男女關係，不含有任何婚姻的承諾，只是雙方興之所至，互允聚晤，是否繼續，各聽其便，毫無拘束，且於事前事後，都不需要父母的同意，隨己意而爲之。故約會可以解釋爲青年男女在擇偶的可能範圍內作初步的探索，對象可以更換，爲約會而約會，故約會本身就是目的。一旦進入求愛階段，則是一對固定的男女在進行私人的和社會的調適，含有結婚的最終目的。求愛成功之後，接著可能便是父母的許婚，而在求愛期中

註二三：See S.A.Queen, et al.,The Family in Various Cultures, New York: J.B. Lippincott Company,1961,pp.88-115.

所產生之調適，則經由婚姻而延伸至家庭生活。(註二四)

　　美國研究婚姻和家庭的權威學者凱文女士(Cavan) 又將約會分爲三個階段：(1)約會前(Predating)—我國通常稱爲「認識」，如鄰居、同學、同事等，或是無意邂逅，或是有意央人介紹。(2)交往(Playing the field)——共同參加不分性別之團體活動，通常屬於娛樂方面，如舞會、郊遊等。(3)固定(Going steady)—— 由多個對象的散漫交往變爲一個對象的固定約會，雙方之了解增多，情愛縮濃，進入求愛的階段，可能訂婚或直接結婚。(註二五)

　　我國現代社會青年男女的約會行爲日趨普遍，父母的態度亦由保守轉變爲開明，逐漸明瞭約會有助於現代青年正常人格的發展。研究婚姻與家庭的社會學家指出約會行爲有其重要功能，茲綜合爲六項，分述於後：

　　(1)社會化：團體的種種價值，個人經由社會化過程而習得。男女之有別，在於各有不同的地位(Status)與角色(Role)，而約會提供最佳的實習機會，使青年男女不在成年人的干預下，自發自動地扮演其角色。

　　(2)接近異性：春情期(Puberty)以前之男女，其友伴多爲同性別者，在異性別間畫出一道鴻溝，不願與之相交往。約會是接近異性之開始，將來大半生的夫婦生活造端於此。在嘗試與錯誤中，減輕羞怯與成見的不正常心理，糾正進退失據的笨拙行動。此種跨越性別的調適，在約會以外，是無他處可以習得的。

註二四:See "Courtship," in Gould and Kolb, op. cit.,p.72 and W.M.Kephart, The Family, Society and the Individual, Boston:Houghton Mifflin Company,1961, p.293.

註二五:Cavan, op. cit.,pp.330-331

(3)人格發展:領悟他人及依他人之反應而調整本身的反應,曰社會互動(Social interaction)。個人在此種互動中發展其人格。約會是跨越性別的互動。男孩獲得同性別夥伴良好反應的行為,不一定為女友所欣賞,女孩亦是如此。約會便能給予雙方人格一個有效的測驗,提高其警覺,為自己作正確的評價。故約會對一般性的人格發展亦有很大的幫助。

(4)滿足自我需要:個人皆有自我需要(Ego-needs),而青年尤甚,迫切地尋求滿足,常覺得別人不了解他,「少年不識愁滋味,為賦新詩強說愁。」理即在此。很顯然青年男女較之成年人更需要讚揚。青春期心理常是起伏不定,悲樂無常。由於缺少自信,獲得自信的需要愈見殷切;由於情緒欠成熟,期望他人認為自己很成熟。約會能提供一種有效的情境,使具有相同的自我需要的青年男女聚晤於一處,傾訴衷曲,共享經驗,產生交互的滿足。

(5)樂趣:約會已成為現代青年男女所特有之娛樂方式。社會學家屈格塞爾(A.G.Tiuxal)謂約會以最小的義務換得最大的享樂。事前想像,事後回味,新奇與刺激帶來無比的愉快。無怪乎約會經驗成為許多人一生中最快樂的回憶。

(6)為擇偶作準備:現代婚姻是為了獲得快樂,於是愛情、友誼、性之交相滿足等,都成為重要的婚姻期望。往昔的婚姻是為了發揮傳統的功能,如經濟的、生殖的、教育的等,二者之目的不同,達成之手段自然有別。約會是現代婚姻之初步準備。此項功能雖列於最後,實則是最重要。(註二六)

註二六:Kephart,op. cit.,pp.269-297 and R.F.Winch,"The Functions of Dating in Middle-class America",in Winch, R.McGinnis and H. R. Barringer (eds.), Selected Studies in Marriage and the Family, New York: Holt Rinehart and Winston, 1962,pp.506-509.

訂婚(Engagement)此一準備工作，對婚姻雖無法律的約束力量，卻具有不少的社會功能，舉其要者有四：(1)在訂婚期間內能加深彼此的了解，勿庸故意取悅對方，而以較眞之面目相處。(2)訂婚後有更多的機會和更大的便利交相接近彼此的親屬與朋友。(3)給予當事者及其父母以充足的時間，討論和安排婚禮之舉行。(4)測驗雙方的人格調適，包括本身及其父母等，如果一方或雙方感覺不滿意之時，宣布解除婚約，其蒙受之損失遠比離婚爲輕微。(註二七)

晚近有人謂訂婚是性親密之開始，性交亦包括在內。此則與「試婚」(Trial marriage)之性質相近似，蓋試婚的主要功能之一，是試驗雙方性之調適。然大多數人不同意此種說法。

許多婚姻研究指出：訂婚之調適與婚後之調適有其相關性。蒲其斯(Burgess)和華林(Wallin) 曾以一千對訂婚者爲對象作長期的追蹤研究，於結婚之前後三年分別予以測驗，發現「訂婚成功分數可以列爲婚前預測婚姻成功的最佳單項指標」。(註二八)寇伯屈(Kirkpatrick)以影響之大小爲先後，列舉婚前十項有利於婚姻調適之因素，第二項即是「認識、求愛與訂婚之時間相當充分」。

第二節　中年父母之發展工作

1. 父母老家成爲「發射中心」

在此所謂中年父母，係指最幼之子女，亦已婚嫁，另建新家。子女子女一個接一個地成家立業，開始他們新的家庭生命循環。涂媛(Duvail)將此時之老家命名爲「發射中心」(Launching center)，新

註二七：Kephart,op.cit.,pp.311-312.

註二八：E.W.Burgess and P.Wallin, Engagement and Marriage, Philadelphia: J.B. Lippincott Co.,1953,p.548.

穎而恰當。(註二九)其時父母之年齡,通常在四十五至五十五歲之間,以後的二三十年中,只有夫妻兩人生活在一起,又回到子女未出世的狀況,當然在生理、心理、社會、經濟等方面已經發生過很多的變化,故本節所討論的發展工作,首先是學習接受生理之改變,重在夫妻個別發展;其次要從婚姻關係中發現新滿足,此則需要夫妻合作發展;最後爲出生造成婚姻關係的擴張,子女離家則造成婚姻關係的縮減,兩者所發生的變遷,剛好一反一正,都需要新的學習和調適。

退休作準備,通常是夫退休,但準備工作,則由夫妻共同策畫之。(註三〇)

2.　學習接受生理之改變

人之一生,軀體及其過程時在改變,童穉與青年期特別迅速劇烈,易於察覺,壯年較緩慢難辨,中年開始又形顯著, 而女性尤甚。但男女兩方均須承認、接受和調適隨年齡以俱來的種種生理變遷。

行屆中年,頭髮開始脫落轉灰,皮膚鬆弛而失去光澤, 視力和聽力都逐漸衰退,腹部臀部因脂肪堆積而形臃腫:種種老態之出現, 乃生命歷程必有之現象,僅以個人體質之差異而在時間上或早或遲而已。

婦女到了四十五至五十五歲之間,爲生育期之終點,通常稱此爲絕經期或更年期(Climacteric)英文源自希臘文 Klimakter,意爲生命上之大轉變。象徵青春之永逝, 常使婦女與老大之傷悲。男性生育能力之消失較遲,性荷爾分泌之改變也較緩慢。有些生理學家說男性也有

註二九:C.Kirkpatrick, The Family,New York:The Ronald Press Company, 1955,pp.443-444.

註三〇:Evelyn Millis Duvall,Family Development,Chicago: J.B.Lippincott Co.,1957, p.12.

更年期。即使眞有，在生理方面所出現的徵候，亦非若婦女之顯著與突然。

　　中年男女之體質變化，乃生命力量一種正常的表現。他們的發展工作是接受這些不能避免的過程，與之相調適。大多數人是能夠做到的。凡特別重視外表漂亮和異性反應之人，則因老態之漸露而深感苦惱。除隱藏眞實年齡外，並乞靈於市場出售的各種化裝品，尤其是婦女，經常出入於時裝店和美容院，其衣著與脂粉之消費數遠遠超過青年女性。無可否認的，穿戴打扮入時，能引起他人的注意，對於自尊之加強有很大的補益，但絕不能只注重外表，而忽略內在潛能的及時發展。中年就是中年，時光不能倒流，千萬不要沉緬於青春的美麗回憶，而貽人以「老天眞」的笑柄。

　　夫妻到了中年，性需要都在減退，但速度並不一致，通常是夫的速度較慢，房事得不到妻的熱情反應，會引起失望，而釀成性失調。這是中年夫妻所面臨的一項最重要發展工作。有些婦女因絕經不能再對種族綿延有所貢獻，潛意識中失去生命的意義，滿腔苦悶，恍忽又回到「迷茫的十七歲」，我們無妨稱此爲「更年期的寂寞」。（註三一）又有些中年夫妻之某一方不甘心承認本身年華老去與性機能衰退，故逞強弩之末，風流自賞，發生婚外不軌行爲。如此均非正常，所釀成的後果，輕則婚姻失調，重則婚姻破裂。正常者應將生理之改變，視爲生命之挑戰，發展新潛力，發現新滿足。最主要的是夫妻雙方都要了解絕經不是停止性生活的訊號，只是性需要不像以往那樣強烈。在體質的配合下，從逐漸減少的交媾中，依然能享受閨房之樂，不減當年。千萬用不著爲逝去的年華而傷感、而苦惱。（註三二）

註三一：Kenkel, op. cit.,pp.294-298.

註三二：經濟日報，民國五十九年一月三十日，婦女版編者訪問我國女心理學家蕭焱垚，撰成
　　　　更年期要懂得排解寂寞一文，主要指出中年婦女要擴大生活領域。

3. 從婚姻關係中發現新滿足

　　子女遠離膝下以後,夫妻以自己爲其家庭生活的中心,彼此需要細心思考,重新發展他們的關係。養育子女的繁忙工作已成過去,集相夫、持家、敎子三重職務於一身之妻,頓覺肩頭輕鬆,但也帶來失去重要性的空虛之感。斯時之夫,事業已臻極限。「月到十五光明少,人到中年萬事休。」以後恐怕只有走下坡路,未酬之壯志,藏之於回憶之中。子女都已成家立業了,用不著忙於找額外工作以補足家用,住宅家具無小孩破壞,也用不著添置和修理了。閑來無事,會跟妻一樣時常感到寂寞無聊。夫妻應該利用這一陣空檔,一方面彌補上階段因忙於敎養子女所給予親密關係上的損害,另一方面彌補上階段因忙於敎養子女所給予親密關係上的損害,種新的親密關係。

　　元朝名畫家趙孟頫之妻管夫人也是一位名畫家,情投意合,恩愛異常,到了中年,孟頫之愛弛,欲納妾。管夫人製一小令以進,孟頫讀後大爲感動,納妾之念頓消:

　　　你儂我儂,

　　　忒煞情多——

　　　情多處熱如火。

　　　把一塊泥,

　　　捻一個你,

　　　塑一個我。

　　　將咱兩個一齊打破,

　　　再捻一個你,

　　　再塑一個我。

　　　我泥中有你,

　　　你泥中有我;

　　　與你生同一個衾,

　　　死同一個槨。

中年夫妻能明瞭對方所需要者爲何,所期求者爲何,常非易事。夫之現有事業可能已到了成就的高峰。他心裡也明白今日世界是年輕人的世界，難以與之競爭。他所具備曾引以爲傲的一技之長，在突飛猛晉的技術學之前黯然失色。他爲了保持自尊自重，需要妻的支持和鼓勵。他要在妻的心目中成爲一個被需要、被重視、被尊敬的男人和丈夫。站在丈夫這一面，必須了解妻因卸下敎子重任而發生的空虛落寞，而給予體貼與慰藉。半老婦女需要在她生命中占最重地位的男人重申保證。她想知道他最需要、最珍視、最愛的女人,除她之外,別無其他女人。

　　子女遠離後的夫妻,非常需要交相感覺誰也少不了誰,較之新婚時期的濃情與密意,應有過之無不及。此種夫妻心理上的同在一起(Psychological togetherness),雖然是第二次結合,但應再接而再厲。管夫人深深領會此種情境,將新婚夫妻比作用愛情烈火所燒製的兩個泥人,中年日久愛衰,把兩個泥人打破重製,我泥中有你,你泥中有我,分之爲二,合之爲一。趙孟頫讀其小令,自然要深深感動, 喚回迷失的愛情,同衾同穴,永不分離。

　　詩云:「如保赤子。」慈母所給予子女的愛是毫無保留的,一旦要從子女身上收回,對其夫再燃起愛情之火,重溫舊夢,說來很簡單,做來卻不容易。在夫這一方,多年來在家外爲事業而奔忙,海闊天空, 忙中有樂,現在要轉移陣地,撤退回家,以妻及家庭生活爲關注之焦點,如此收其放心,捨絢爛而歸於平淡,開初所感覺到的困難,恐怕更甚於妻。但有困難必須克服, 此乃發展工作之眞義所在。中年夫妻所尋求的心理上的同在一起, 毫無疑問地可以經由共享活動而產生、而加強。旣不要爲養育子女而操勞,所有閑暇時光可以自由控制和運用,如計畫假期旅行,追求共同嗜好,經營輕鬆副業等,隨心所欲,爲所欲爲。彼此在

新發現的興趣中，一起工作，一起娛樂。互相獲得滿足，這是中年夫妻生活中的最大收穫。但最後要鄭重指出一點：養育子女的發展工作，由出生、而幼、而青年、而成年，一步接一步緊催著父母去完成，而中年夫妻能夠從婚姻關係中得到的滿足和快樂，乃是天助自助，完全要靠夫妻自己主動地去發現、去擁有。

4. 準備退休之來臨

丈夫退休這個問題，在繁忙的養育子女期中，從未在腦中出現過，現在已過中年，應該對此有一番打算。主要有兩項發展工作：

(1)經濟計畫：我們在本書第五章第二節討論如何做父母之時，指出現代父母不能再有「積穀防飢，養兒防老」的概念。養育子女是任何人應盡的義務，而不能看作投資的經濟行為。子女能於父母晚年承菽水之歡，這是他們的一片孝心表現，但父母則不能抱此期望。父母不要依賴子女，在另方面父母也不要完全為了子女置自己晚年生活於不顧。我國有句俗諺說得好：「兒孫自有兒孫福，勿為兒孫作馬牛。」

丈夫退休之後，社會地位降低，收入減少或全無，必須就現有的可靠資源，如不動產、儲蓄存款、退休金、人壽保險等，及早為晚年生活定出經濟計畫。

(2)樂觀心理：人貴立志，理想與抱負常超過了實際能力，而時不候人，年齡老大，一步一步接近退休，事業遠景灰暗一片。加上人到中年以後，代謝機能衰落，精力遠不如從前之充沛與旺盛，視茫茫而髮蒼蒼，腦子裡若隱若現地有著死亡的陰影。因此中年以後的人很容易感傷生命之短促。針對中年憂鬱最有效的發展工作，便是建立快樂的人生觀。

孔子曰:「吾十有五而志於學,三十而立,四十而不惑,五十而知天命,六十而耳順,七十而從心所欲不踰距。」(論語爲政篇)其言是孔子自述在個人生命循環中某一階段獲致某一心得。我們無妨把四十看作人生眞正的開始,即是個人一生中最成熟、最有爲的一個階段。孔子又云:「加我數年,五十以學易,可以無大過矣。」(論語述而篇)孔子說此話時,大概是四十多歲,(邢疏謂在四十七時)研究易經,能明白吉凶消長之理,進退存亡之道,於是不會發生大過失。蘧伯玉行年五十,方知四十九年之非。(淮南子原道訓)

人過了四十歲,在學識、經驗、經濟等方面,大致有了基礎。子女都已長大成人,有他們自己的想法、看法和前途,父母應以「向平願了」而自驕、自慶,可以專心注意自己的生活和工作了。進步的現代營養和醫藥,使人類平均壽命顯著延長,事業成功的巔峰逐漸移至四十以後。故中年夫妻的生活應該是歡樂多於憂鬱,鮮明掩蓋陰黯。夫妻可以利用較多的空閑,共同培養有益身心的嗜好。尤其是妻因不必再爲子女而忙碌,可以坐下來多閱讀書報,提高與夫討論各種問題的興趣,並參加家外的婦女活動和社區工作。這不僅爲己身排解寂寞,產生快樂,且對他人是一種貢獻,尤有要者,爲應付夫退休後更多的閑暇奠下基礎。康克爾(Kenkel)說得好:「退休不是工作終結,乃是工作的更換,退此而進彼。深思熟慮的中年夫妻,未雨綢繆,事事安排妥當,退休眞正到來之時,成竹在胸,處之泰然。」(註三三)

註三三:Kenkel, op. cit.,pp.398-399.

第七章　婚姻關係之解體

第一節　家庭生命之延續性

1. 婚姻關係因締婚者之死亡而解體

我國婚禮上賀客對新夫婦常用的一句吉利話是「同諧白首」，取自詩經「君子偕老」及「與爾偕老」。由燕爾新婚到桑榆暮景的四、五十年中，爲敎育子女而操勞，爲實現人生理想而奮鬥，禍福與共，休戚相關，眞是酸甜苦辣，味味俱全。最後這對令人尊敬與羨慕的老夫妻或先或後地撒手西歸，其婚姻關係乃告解體。在此所謂之婚姻解體，乃是締結婚姻關係者本身之死亡所造成的，於是他們的夫婦家庭 (Congugal family) 隨之終止。至於他們因結婚而創立的「生殖家庭」(Family of procreation)則依然存在。

2. 家庭生命如瓜瓞之綿綿

家庭生命如蒲其斯(Burgess)所云者，是「超人格」的。(註一)無其始，亦無其終，特別在行嚴格父系制的我國社會，家庭生命如瓜瓞之綿綿，永無終期，崔東壁遺書云：「孟子曰：『天之生物也，使之一本。』人姓父之姓而不姓母之姓，由父之父遞推之，百世皆吾祖也。」

註一:參閱本書第一章,第二節

父子黨曰宗族,宗族中嫡庶長幼傳遞之系統,古有一定之法則，即是宗法。妻若無子則蓄妾、立嗣或兼祧，均所以承祭祀、綿血食。(註二)即使不結婚,擴大言之,亦非家庭生命之終結,因兄弟姊妹必有結婚者,也必有生育子女者,便能延續其家庭之傳統與文化。論語謂:「四海之內皆兄弟也。」俗諺云:「一表三千里,同宗五百年。」此皆說明家庭之延續性。錢穆教授謂我國「家庭之終極目的，是父母子女之永恆聯屬,使人生綿延不絕。短生命融入於長生命。家族傳襲,幾乎是中國人的宗教安慰。」(註三)我國古代王朝，便是由家族相傳襲。夏爲父子相傳,四百餘年,商爲兄終弟及,五百餘年。且在中國社會內,一個家族綿延四五百年的,並不限於王室。最著者如孔子世家,現已傳了七十多代。向上溯,其祖先爲宋國貴族,自五世祖起避難遷魯。遷魯之前，其家世可以直溯至宋國一位君主愍公,再由此而溯宋之始封微子,乃商朝末世紂王之庶兄,再溯至商湯,更往上推，直到夏代開國之時。此見於史記的商本紀,並有近代出土之甲骨文作旁證。如此說來,孔子的家世上溯一千五百餘年,下延至今二千五百餘年,共計四千餘年，與我國信史同其長短。(註四)

3. 空間隔離不影響家庭生命之延續

在西方社會,特別是美國,以核心家庭爲理想,子女婚後另建新居,加以遷徙頻繁,可能天涯海角,相隔數千里，家庭生命不像在我國社會這樣藕斷絲連,綿延不絕,但站在生物的立場來說,空間的隔離,並不影響家庭生命的代代相接。事實上在高度社會流動 (Social mobility)

註二:徐朝陽著,中國親屬法溯源,商務,民國五十七年,第一四七頁。

註三:錢穆著,中國文化史導論,正中,民國五十七年,第四三頁。

註四:錢穆著前書,第四三至四四頁。

的美國社會，仍有許多家庭保持密切的聯繫。例如<u>密西根州</u>的<u>底特律城</u> (Detroit, Michigan) 是流動性最大的工業城。社會學家<u>布洛德</u> (Blood, Jr.)研究城內731個家庭，其中89%有血親和姻親住在<u>底特律</u>都會區。他們中每日往來者占39%，每週往來者占37%，每月往來者占20%，每年往來者占13%。(註五)

　　家庭是傳遞文化的重要機構。社會學家<u>范黎庶</u>(Faris) 搜集一系列家庭的歷史與文獻，發現有許多文化特質 (Culture traits),如傳統、禮俗、價值、技能等，以非正式的、逐漸的、不知不覺的學徒方式，隨著家庭生命之延續而代代相傳。而有利於傳遞進行之情況，以下述四種為最：(1)早婚，(2)累代重疊，(3)基本關係集中於家庭，(4)社會單純。(註六)

　　我國有副常用的門聯：「忠厚傳家久，詩書世澤長。」即是代表某種特殊珍貴的家庭傳統，正式或非正式地提醒後代，期能永久相傳而不消失。此種現象，普遍存在於世界各社會，不論是原始的或現代的。皇朝帝室，固然希望傳之二世、三世，以至萬世而為君，連管家園丁，引漿賣車者流，亦以祖傳而自傲。我國有一句耳熟能詳之成語「克紹箕裘」，乃來自<u>禮記學記</u>：「良冶之子，必學為裘；良弓之子，必學為箕。」在重視傳統的家庭，一切重大決定，以延續家庭利益為考慮之前提，而有關個人之幸福則在其次。家庭任何一分子，均肩負承先啓後的重任。子嗣之可貴，主要在於能夠延續家庭的傳統。以往我國男子結婚，非單

註五:See R. S. Cavan, "The Family Life Cycle," in R. S. Cavan (ed.),Marriage and
　　Family in the Modern World,New York:Thomas Y.Crowell Company,1965,pp.30-40.
註六:Robert E.L.Faris, "Interaction of Generations and Family Stability," in M.
　　B.Sussman(ed.),Sourcebook in Marriage and the Family,Boston: Houghton Mi-
　　fflin Company, 1963,pp.376-380.

爲本人娶「妻」,而爲家庭娶「婦」;女子結婚,非單爲本人嫁「夫」,
而嫁與夫家爲「婦」,婚後生育子嗣以傳宗接代。(註七)

4.　家庭傳統能擴大爲文化遺業

　　家庭傳統, 可以在內容上擴大而成爲種族的或民族的文化遺業
(Cultural heritage),在空間上流動至他鄉異國。例如美國是種族和
民族大鎔爐,希臘籍者擅長經營餐館, 義大利籍者善於園藝疏果,愛爾
蘭籍者多從事警察與行政工作。(註八)而黑人來自非洲原始社會, 缺
少與買賣有關的傳統和技能,雖累代居住都市者,在商業方面之表現都
很拙劣。(註九)

　　家庭於日常互動中進行社會化, 多是非語言的身敎。活模樣所產
生的潛移默化,速度雖慢,但影響大而且深。年幼一代從年長一代所習
得的一切帶到成年生活,其中最能幫助家庭生命延續性之維持者,范黎
庶(Faris)指出四項:(註十)(1)判斷性格之能力,賴此爲擇偶作成明智
的決定,同時認淸本身感情用事之不可靠,並保持對至親好友的高度客
觀性。(註十一)(2)著重未來之眼光,能犧牲目前短暫的享受, 以換取

註七:孫本文著,中國社會問題,第一冊,家族問題,商務,民國三十五年,第一一九頁。

註八:同註六。

註九:同註六,Faris並註明是 E.Franklin Frazier於1954年冬在Syracuse University公開
　　　講演時所說。

註十:同註六。

註十一:范黎庶註明,此點係根據 D.N.Mitra,"A Hindu Marriage in Bengal," American
　　　Journal of Sociology, LII:255-258,N 1946.印度有一種傳統信仰: 人在模塑和情
　　　緒階段,缺少健全的判斷,故擇偶應由父母及長輩辦理。Mitra謂如此安排之婚姻, 結
　　　果很好。此與我國傳統的婚姻概念完全一樣。

日後久遠的滿足。(3)審察利害之才幹,能對下一代作有效的控制和指導。(4)待人接物之方法,能在社會團體內維持和諧的關係。

家庭生命可以比作「源泉滾滾,不捨晝夜」的川流,後浪推前浪,新人換舊人。家庭發展階段的概念,置其重點於起伏的巨波壯瀾,而略去那些細微漣漪。某家庭不論其移東遷西,上有高曾祖考之家庭,下有子孫曾玄之家庭,本身則承前而啓後,繼往以開來。兩代間年數相差若干,很難一概而論,主要與結婚之遲早有關。大體言之,兩代相差二十五年。(註十二)新成立之家庭算作第二代,第一代之父母已屆中年,當第三代出世之時,第一代將近晚年,第二代又至中年。年壽高登期頤者,便能老眼親睹「五代同堂」之盛況。

第二節　晚年之居住

1.　我國往昔累代同堂並不多見

晚年父母應與成家立業之子女同住抑分住,特別在我國社會,是值得提出來加以討論。我國行父居制(Patrilocal residence)。呂佛士 (Rivers) 解釋父居乃「妻去與夫同住」,亦即是夫居 (Virilocal residence)。(註十三)我國偶有之「招贅」或「招夫」者,則為母居 (Matrilocal residence)或妻居 (Uxorlocal residence)。因為後者為少見之特殊事例,故父母與子女之同住與否,應以夫方為主。我國一向以擴大家庭(Extended family)為理想,五世同居,九代同堂者,自己引以為光榮,鄉里交口稱讚,連皇上也要加以表揚。例如綱鑑載云:「壽

註十二:同註五。

註十三:W.H.R.Rivers, Social Organization, London:Kegan Paul,Trench Trubner,1926,
　　　　p.90.

張人張公藝九世同居，齊、隋、唐皆旌表其門。上（唐高宗）過壽張，幸其宅，問所以共居之故，公書忍字百餘以進。上善之，賜之縑帛。」又云：「初，江州陳崇，數世未嘗分異，唐僖宗詔旌其門；南唐又爲之立義門，免其徭役。崇子袞、袞子昉，十三世同居，長幼凡七百口。不畜婢妾，人無間言。每食必群坐廣堂，未成人者別爲一席。有犬百餘，共一牢食，一犬不至，群犬亦皆不食。建書樓以延四方之士。鄉里率化。唐亡，州上其事，詔仍舊免其徭役。至競之世，子姓益衆，嘗苦乏食，知州康戩言於帝（宋太宗），詔本州每歲貸粟二千石。」

　　但趙翼綜計前史，謂歷史義門，見於各史孝義孝友傳者：南史十三人，北史十二人，唐書三十八人，五代二人，宋史五十人，元史五人，明史二十六人。按累世同居，始於漢代，而宋代歷三百二十年之久，而正史僅載五十人，雖有雜見正史外之他書者，究竟爲數不多，由此可見我國歷來累世同居之義門並不普遍。

　　顧亭林日知錄云：「宋（孝武帝）孝建中（454-456 A.D.），中軍府錄事參軍周殷啓曰：今士大夫父母在而兄弟異居，計十家而七。庶人父子殊產，八家而五。其甚者乃危亡不相知，饑寒不相恤。宜明其察，以易其風。當日江左之風，便已如此。魏書裴植傳云：植雖自州送祿奉母，及贍諸弟，而各別資財，同居異㸑，一門數竈。蓋亦染江南之風也。隋盧師道聘陳，嘲南人詩曰：共甌分炊飯，同鐺各煮魚。而地理誌言：蜀人敏惠輕急，小人薄於情禮，父子率多異居。」（註十四）觀此可知我國父子兄弟分居之風，由來已久。造成分居之因素甚多，舉其主要者如下：

2. 父子兄弟分居之原因

　　(1)我國以往的經濟結構立基於農業之上，而可耕地面積小，耕作

註十四：見顧亭林著，日知錄，卷十三，分居條。

技術又原始，故人口多而不富庶。僅擁有廣大田畝和其他財富之少數家庭，方能夠多子多孫而成為豪門巨室，多數普通家庭則常在饑餓線上掙扎。如上述宋之陳兢，其衆多子姓，嘗苦乏食，幸賴知州言於宋太宗，每歲獲貸粟二千石，方免作餓莩。蒲其斯和洛克謂貧窮是我國大家庭分裂的主要之一。擴大家庭立基於父子關係之上，核心家庭立基於夫妻關係之上。在貧窮之家，夫妻關係比父子關係重要。如果媳因失歡於翁姑而離家或自殺，對家庭之損失甚大。窮人之妻，得來不易，一旦失去，再娶更難。當家庭發生爭執之時，夫必袒護其妻，不惜犧牲父子關係，以維持夫妻關係，大家庭便告破裂。(註十五)

　　(2)擴大家庭通常存在於非都市化與非工業化的社會情況之下，因其能供給種種社會服務，此是缺少許多專業化機構與組織的社會所最需要者。換言之，擴大家庭之一成員，能從其他成員獲得生存上的幫助。矜寡孤獨廢疾者在核心家庭內是難以負荷的重擔，而擴大家庭卻能應付裕如，因其所費(包含物質的與非物質的)由多數成員分擔。此就擴大家庭之優點而言，但在反方面，矜寡孤獨廢疾者經由集體照顧，責任雖然分散，但所費並未減少，還可能形成浪費，轉嫁於總收入之上。家庭各成員之勞力所得或其他收入相等之時，共享即是平等的交換，如果高低有差別，則共享便成為高收入者的經常付出，心懷不滿，大家庭組織勢難維持長久。小家庭精打細算，維持生計比較容易。富貴之家，為了社會地位與聲勢，可以不計較浪費而保全大家庭的理想和光榮。至於一般農民，社會經濟地位本來很低，生存最重要，無暇顧及分家有損於顏面，於是父子兄弟率多異居。

註十五：E.W.Burgess and H.J.Locke, The Family, 2nd ed.,New York:American Book

　　　　Company, 1960,Ch.2, The Chinese Family, pp.29-52.

　　(3)我國大家庭是縱的父子關係的擴張，包括若干個核心家庭，對夫妻聯繫不予以重視。婚姻由家長來安排。婚前婚後，男女有別。夫婦關係重敬而不重愛，在家人之前不能表現過分親暱，即單獨相處時，亦復如此。蓋欲防止夫婦情感聯繫之強烈，而對擴大家庭之團結與生存發生危害。依照傳統規範，凡成年男人，有仰事父母及其他長輩，俯蓄子女及其他幼輩的責任，休戚一體，以防止各對夫婦之脫離而單獨建立核心家庭。但是妻對擴大家庭之忠誠，遠比對其夫為淡薄，常感乃夫對家之貢獻大於其所應得，子女未獲得優待或公平待遇，翁姑難以侍候，妯娌難以相處，夫之情愛不能獨享，處處受壓迫。凡此種種，只要有機會，慫恿其夫分家，甚至於有意製造摩擦，引起爭端而達成分家的目的。前述張公藝為回答唐高宗何以能維持九世同居，而書忍字百餘之故。我國俗諺謂：「忍字心上一把刀。」忍而又忍，可見其維持之艱苦，世上如張公藝者又有幾人？日本學者內田智雄於民國三十二年調查我國華北一帶的農民分家，歸納其原因有八：(1)妯娌相爭，(2)兄弟不睦，(3)父子不和，(4)家庭人多，(5)生活困難，(6)父或祖父年老衰邁，(7)父母去世，(8)母親主張分異。(註十六)

　　(4)我國的傳統願望「三多」，即是多福、多壽、多男子，但由於以往之死亡率大，平均壽命短，此三多均難實現。據韓詩外傳載：「孔子適齊，中路聞哭聲甚哀，至則皋魚也。被褐撝胸，哭於道左。孔子下車問故。對曰：樹欲靜而風不止，子欲養而親不在。往而不可追者年也，去而不可得見者親也。吾於此辭矣。哭泣而死。」曾子讀喪禮，泣下沾襟曰：「往而不可返者親也。子欲養而親不在。是故椎牛而祭，不如雞豚之逮親存也。」熱愛中國而關心中國問題的美國女學者歐嘉蘭 (Olga Lang)，於民國二十六年至二十七年中親來我國調查，足跡遍及

註十六：內田智雄著，中國農村的分家制度，昭和三十一年，東京，岩波書店，第四八至七四頁。

華北、華中和華南,然後根據實際資料,撰成中國之家庭與社會, 指出
貧窮農民中幾乎沒有大家庭之存在。有一主要原因, 即是他們的平均
壽命短,能活過五十歲者甚少。疾病、災荒、營養不良、過度辛勞等,
使他們難享高壽, 喜見兒子娶媳婦, 而又抱孫者, 少之又少。而且貧
家的兄弟, 不待父親去世, 即要求分家, 儘管父親不願意, 亦無可奈
何,因為微薄的家產難以維持一家在一起,只好任其分散,各自謀生。
(註十七)

　　過去的富貴人家, 在經濟情況許可下, 心嚮往之理想的大家庭,
勉強可以辦到。時至今日, 年輕一代在新式學校學習和接受有關婚姻
家庭生活、家庭與個人之關係、家庭與社會之關係等方面的新概念和
新理論, 發現核心家庭確實比擴大家庭能適合現代社會的工業與都市
生活,不再以累代同堂為理想了。(註十八) 由於空間和職業上流動性
(Mobility)之增大, 兒子成家立業之後, 其生活本據非與父母同在一
地,自然不可能為了與父母同住而忍受長途跋涉之苦。雖在同地,如果
父母的住宅狹窄,亦不能同住。當客觀事實容許同住, 或需要同住,再
出諸親子雙方的意願,樂於同住則同住。(註十九)

註十七:Olga Lang, Chinese Family and Society (中國之家庭與社會),New Haven, Yale
　　　　University Press, 1946,Ch.XII,pp.134-154。

註十八:Martin M. C. Yany(楊懋春), "Forces Disintegrating the Chinese Family,"
　　　　Printed for XVII International Conference on the Family,New Delhi, India,
　　　　Dec.,1966,pp.14-25.

註十九:陳大齊著,如何做子女,刊中央月刊,第一卷,第二期,民國五十七年十二月,第四五至
　　　　六十頁。該文對同住抑分住問題,即如此主張。陳氏現年七十餘歲,曾任北京大學教
　　　　授及代理校長,臺灣大學教授、政治大學教授及校長,著述等身,是一位年高德劭而思
　　　　想新穎的教育學家,其見解自然正確可取。

　　同住之時,亦不能多於兩個核心家庭。獨子不成問題,兄弟多且已結婚者,應避免混合相處,以免糾紛叢生,而形成我國所謂之折衷家庭,或稱之為直系親屬同居制。去其旁系,留其直系,有大家庭之根幹,而無其枝葉。其優點主要有三:(1)父母有子承歡侍奉,老懷彌慰,(2)父母指導與協助子女管理家務及教養小孩,(3)子女有機會表現孝思,保存和發揚我國固有之家庭倫理。但是如此組成之折衷家庭要保持彈性,能合亦能分,一旦發現難以融洽相處,或家庭權柄發生歧見之時,即行分居,亦可以與合適之他子同住,則發揮折衷家庭之長處,而無其短處。(註二〇)

第三節　晚年之奉養

1.　我國子女以奉養老晚父母為天職

　　荀子云:「人生不能無群。」人類生活永遠是互依互賴的。個人生命循環開始之時,混混噩噩,仰賴父母衣之食之,撫之育之,方得以成人,到接近循環的終點,機能衰老,耳聾目瞀,回復到幼稚的無能狀態,轉過來需要子女的奉養,以終其天年。

　　我國重孝道,奉養年老父母,乃子女之天職。奉養大致可分為兩類,一是物質的供應,即孟子所謂之「養口體」;一是情緒的支持,即是孟子所謂之「養志」。我國孝之真義,不只是供給父母衣食,而且要晨昏定省,承歡親心。曾子曰:「孝子之養老也,樂其心不違其志,樂其耳目,安其寢處,以其飲食忠養之孝子之身終。終身也者,非終父母之

註二〇:參閱龍冠海著,社會學,三民書局,民國五十七年四版,第二七三至二七四頁,及孫本文著前書,第一一五至一一七頁。孫書對折衷家庭之性質與優劣,有詳細之論述,並引證我國一些名學者的論點。

身，終其身也。是故父母之所愛亦愛之，父母之所敬亦敬之。至於犬馬盡然，而況人乎！」(禮記內則)依論語為政篇所載，子游問孝於孔子，答曰：「今之孝者，是謂能養。至於犬馬，皆能有養，不敬何以別乎？」子夏亦問孝，孔子則曰：「色難。有事，弟子服其勞，有酒食，先生饌，曾是以為孝乎！」

　　如果父母有積蓄，溫飽無虞；有房子，又喜歡清靜，則以分居為宜。既然不需要子女照應父母的衣食起居，勉強住在一起，反而違背親意。上引孔子所謂之「色難」，後儒有兩種不同的解釋。一指父母之色。集解引苞咸云：「色難，謂承父母顏色，乃為難也。」又引馬融云：「承順父母顏色，乃為孝也。」一指子女之色。鄭注云：「言和顏悅色為難也。」皇疏引顏延之云：「夫氣色和則情志通。善養親之志者，必先和其色，故曰難也。」(註二一)現在不管是父母或子女的顏色，在古代尚知其難，而孝道觀念漸趨淡薄的今日，當然更難。在此種情況下，分住不僅無害於「養志」，且能維持並增進感情。親子異居，不是時刻聚首，但每逢假日暇時，子偕其兒女同來問候，正如俗語所說的：「親戚遠來香」，樂敘天倫，半日一餐，融融曳曳。

　　現在我國的社會已由農業進入工業，年輕人一代由鄉村轉入都市，接受都市的價值和行為模式，而父母生長於鄉村，觀念比較保守落後。兩代之間各方面都有很大的差異。如無實際的需要，而只為實現大家庭的理想而同居一屋，表面互相忍讓，博得他人口頭之讚美，暗中互相抱怨，吃盡苦頭，實在無此必要，不如分住之各能自由自在。(註二二)

　　如果父母晚年喪偶，孤孤單單，無力謀生，又無積蓄，凍餓堪虞，則子女自當負起奉養責任，不得稍存推卸之心。縱使子女收入微薄，生活

註二一：陳大齊著，論語臆解，商務，民國五十七年，第二一至二二頁。

註二二：同註十九。

拮据，亦不得以之作爲逃避奉養的藉口。即是粗茶淡飯，與父母共食，則無虧於子職。孟子曰：「世俗所謂不孝者五：惰其四支，不顧父母之養，一不孝也。博奕，好飲酒，不顧父母之養，二不孝也。好貨財，私妻子，不顧父母之養，三不孝也。縱耳目之欲，以爲父母戮，四不孝也。好勇鬥狠，以危父母，五不孝也。」在五不孝中，不奉養父母占其三焉。盛行小家庭制的今日，有兄有弟者，年邁而需要奉養的父母，應該如何奉養之？這是一個很重要的問題。陳安治根據實地調查資料而撰成之臺灣都市近郊農家分家之研究，將鄉村奉養父母之方式分爲四種：(註二三)

2. 奉養晚年父母之四種方式

(1)輪流奉養——已婚子女(此處之女指招贅者，出嫁者不在內)依次奉養父母。農家俗稱爲「輪伙頭」。輪養時又依父母零用金的來源而分爲四類：(1)輪值者供給，(2)子女平均按月或按季供給，按月者常用現金，按季者常用稻穀，於收穫時付出。(3)父母保留財產作零用金，在此之財產，包括土地、牲口、現金等。土地有由父母自耕者，多數因年邁力衰由子女代耕或出租，以其收入充作零用金。(4)父母自己賺零用金，如採賣草藥、介紹耕牛買賣、編織衣物、看相算命、擇日作媒等。

註二三：陳安治著，臺灣都市近郊農家分家之研究，國立臺灣大學農村社會經濟研究所碩士論文，民國五十八年油印，第六章，第一節，第九七至一〇六頁，陳君實址調查分家的原因，及析產與奉養的方式。爲顧及臺灣省南北部之差異，選定臺北縣樹林鎮和高雄縣鳳山鎮爲調查地區。最後統計其資料，列表分析之。作者充任本論文指導，明瞭其前後經過。

一般輪伙方式，由長子開始，輪至幼子，周而復始。時間長短不一，或五天十天，或半月一月，以均等爲原則。

也有不定期的輪伙，陳安治引農友之話云：「我們兄弟分住各處，如果硬性規定輪住多久，換來換去，增加父母的麻煩，而且孝敬不週。因此讓父母自己決定，高興在誰家住多久就住多久，我們兄弟之間都不計較，唯父母之命是從。」(註二四)此方式很近情理，諸子之經濟情況不一樣，有較富裕者，如果婆媳之間又處得很好，兒子與媳婦誠懇挽留，父母也願意留下，於是多住幾天、幾月，甚至於幾年的。

(2)固定奉養——諸子分家後，父母全在某子家吃住。一方面由於父母之喜歡(常因爲能與兒媳融洽相處)，另一方面由於工業化與都市化發生之後，兄弟中全以農爲業者日趨減少，其中某些兄弟遷往城市定居，父母輪伙不方便，特別是年老力衰，行動維艱者，會選定某子家住下來。此種例子在鄉村日漸增多。

固定奉養又因奉養費之來源可分爲四類：(a)固定在某子家吃住，他子按月以現金或按季以稻穀補貼之。(b)父母保留財產，以其收益付給擔任固定奉養之子。(c)某子自動單獨負擔全部固定奉養費用，他子自動供給父母零用金。(d)各子負責奉養父母中之一位。只有兄弟二人，居處又相近者，多採用此種方式，缺點是父母要分開，但同父異母之兄弟多願意採用之。

父母固定在某子家吃住，可免於往來奔波之苦，而且所選定之子，必是較爲孝順，奉養較爲週到。第三種獨力奉養之子，常是他子因在城裡就職而放棄家中之土地與房產。他們外出謀生，白手成家，城裡所住的房子總是很窄小，無法容納多人，而且父母留在鄉村老家也比較合適，同時可以指導農業，展露所長，精神舒暢。獲得土地者常是長子，理

註二四：同註二三，第一〇二頁。

應負責奉養，又能符合我國重視長子的傳統觀念。第四種父母分由二子固定奉養，常是父隨長子，母隨次子，因男人對長子較疼愛，因而父子關係也較密切。依臺灣風俗，次子屬女方，如為招贅者，長子從父姓，次子從母姓，故母親由次子奉養。

　　(3)父母與未婚子女共伙——樹大分枝，已婚子女另闢門戶，尚有未婚者，父母與之同住。通常說的核心家庭，就是此種包括父母與未婚子女的社會團體。只是分家較早，父母尚未進入晚年，母親照料子女之衣食，父親則領之赴田間工作，教以農事。分家時，未婚子女分得其應份，另配加結婚費，由父母管理之。一些貧困家庭，持有之土地面積太小，父母可能全部保留下來，以其收益教育未成年子女，而讓已婚子女各自離家獨立謀生。如此分家的結果，與西方社會所行之小家庭制，完全相同。

　　(4)父母自行起伙——分家後，父母保留養老地或養老糧，自己起伙。既不由諸子輪流奉養，亦不固定在某子家吃住。此種方式，在鄉村常受到批評與指責，謂由子女之不孝所致。為子者不敢冒此大不韙，父母也要顧及顏面，雙方均儘量避免採用。故此類例子在臺灣農家極為少見。陳安治訪問南部鳳山鎮七十八家選樣農家中只有一家，北部樹林鎮四十八家中也只有兩家。(註二五)

第四節　晚年之喪偶

1.　通常是夫先於妻而逝世

　　當老夫老妻終其天年之時，總有個先後。「不是同年同月同日生，但願同年同月同日死。」那是不可能實現的巧合。無妻曰鰥，無夫曰

註二五：同註二、三，第一○五至一○六頁。

寡。在此之「無」，意指「喪偶」。(註二六)我們可以說世界上任何社會都是寡婦多於鰥夫，特別是到了老年階段，因爲女人之平均壽命高於男人。至其原因，可從生物、社會、文化等方面解釋之：(註二七)

(1)出生之際，男嬰多於女嬰，其性比例(Sex ratio)是103，所謂性反例，乃其人口每百個女人中之男人數。但男嬰之死亡率高，如無特殊的人爲因素，如殺女嬰、戰爭等，到了男女成年之時，其性比例又變成相等。可是結婚以後，丈夫先死亡的機會大於其妻，即是中晚年喪夫者多於喪妻。(註二八)通常我們覺得女人總是體弱多病。事實上確是如此，因爲女人要生產，其生理結構比男人複雜，故醫學上特闢婦科(Gynecology)。儘管她們常鬧小毛病，卻帶病延年。男人看來很硬朗，但死起來非常「爽快」。原因何在，尚不得而知之。也許如我國老子所說的，剛強易折，柔弱難摧，故柔能剋剛，弱能勝強。(註二九)

(2)男人之工作以家外爲主，較之婦女家內工作，其危險性較大，死亡機會也較多，例如森林狩獵、海洋捕魚、械鬥戰爭等，均由男人擔任，喪命之後，留下其妻居寡。

(3)初婚夫妻，總是夫大於妻。不幸而喪偶，再婚之機會男多於女，特別是我國社會流傳「好犬不事二主，好女不嫁二夫」的概念，凡夫死守寡者，社會譽之爲志勵冰霜，節比松柏，美其名曰「貞女」，曰「媚

註二六：禮記王制、孝經疏、孟子梁惠王篇皆謂老而無妻曰鰥，老而無夫曰寡，但少而無妻無夫者，亦可稱曰鰥寡。「無」可以釋作「喪偶」或「未婚」。

註二七：E. W. Burges, "Family Living in the Later Decades," in M.B.Sussman (ed.), Sourcebook in Marriage and the Family, Boston: Houghton Mifflin Company, 1963,pp.425-431。

註二八：W.J.Goode, The Family, New Jersey: Prentice-Hall,Inc.,1964,p.47.

註二九：老子。三十五章和七十八章。

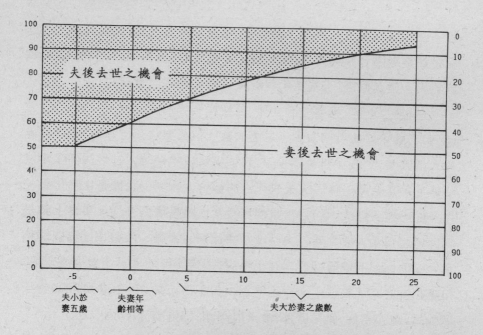

圖7-1:夫妻去世先後機會之百分比

L.Broom and P.Selznick, Sociology, 3rd ed.,New York:Harper

& Row,1963,p.392,原圖根據 Statistical Bulletin,Metropolitan

Life Insurance Co.,34,No.9(Sep.,1935),2.

　　婦」。男人續絃以主中饋,乃理所當然。再娶之時,夫妻年齡之差, 更
大於初婚,故我國每年重陽節依俗所舉行之敬老會, 扶杖而至者,壽婆
常多於壽公。

　　據美國大都會人壽保險公司(Metropolitan Life Insurance Co.)
之死亡統計,夫妻年齡相等之時, 夫先去世之機會為60%,夫大五歲,其
機會增為70%,大十歲, 再增為78%,大十五歲是85%,大二十歲是90%,大

二十五歲是94%。再大的話，必先死無疑。只有小於妻五歲時其機會才相等。(參閱圖7-1)事實上，男貪戀女之年輕貌美，女重視男之事業地位，結果夫常大於妻，尤其是夫續婚妻初婚者，年齡相差更大。

2.　老年喪偶者多不願再婚

「白日期偕老，幽泉忽悼亡。」(孫逖挽樊氏夫人歌)喪偶可悲，老年尤甚，風燭凋景，孤枕寒衾，情何以堪！老夫老妻，無論那一方先死，通常他方均不願意再婚。夫妻關係，是所有人類關係中最親密的一種，親子關係亦不能與之相比。結褵數十載的夫妻，朝同食，晚同寢，一起生活，一起工作，軀殼雖然死別，但其心理聯繫仍未分離。一般說來，青年富理想，壯年尚創作，中年實際守成，老年則沉緬於回憶。茲假定A、B為個人生命歷程之起終點。兒童剛上路，跑跑跳跳，連撞帶跌。青年距離起點A尚近，前途遠大，可值得後顧者無幾，只朝著長遠的未來理想前進。壯年以過去的生活經驗來審度實際的情況，又值年富力壯之時，自強不息，如日麗中天。中年的生活方式、職業、位置和角色均已決定，只求鞏固既得利益，不再試探新機會。到了晚年，過一歲接近終點一步，來日無多，懍於死亡可畏，不敢向前看，而留戀既往；對眼前的情，忘東忘西，真有點「老糊塗」，多少陳年舊事，卻記得清清楚楚；牛羊反芻食料一樣，老年人將儲藏於腦內的生活經驗翻出來細細品嚐產生無窮的回味。

社會學家哈蘭(Harlan)曾研究464位支加哥城老人，其年齡由歲至九十五歲。有位八十歲老者道其喪偶經驗：

「我的妻死了，死得那麼突然。我悲傷欲絕，恍惚世界末日已至。以後我總覺得她還活著；到了甚麼時候便想像她在做甚麼事情，遇到甚麼情況似乎聽見她在說甚麼話。現在更老了，記憶也模糊了，可能再過

幾年，甚麼都想不起來了。」(註三〇)

　　另一位結婚二十五年的老者，於妻死後，家中之擺設保持妻在世時的情況：

　　「我儘可能保持家中一切和她在世之時一模一樣。我想她喜歡如此，所以我如此。我常從修剪草地和培養花卉的工作中獲得大量的愉快。有些男人喜歡打高爾夫球，我卻喜歡把所有娛樂活動擺在自己的家裡。」(註三一)

　　哈蘭在書中所記夫死妻不再嫁之原因，與上述二例相同。在我國婦人旣寡，自稱爲「未亡人」。蓋婦人從一而終，夫死以後之歲月，所以苟全於人世者，只爲了完成夫之遺志。當然這是一種古舊的傳統概念，但時至今日，有子女而差堪溫飽的家庭，中年以後喪夫而再嫁者，仍然爲數甚少。

　　老年喪偶不再結婚之原因，哈蘭歸納其主要者有三：(1)生活的目的已在初婚中達成，感覺再婚是多餘的。(2)人生只結一次婚，再來一次，感覺對前配偶不忠。(3)將初婚理想化(Idealization)，滄海巫山，難以爲繼。至於專心於事業，照顧殘廢親屬，本身患有痼疾或其貌不揚等，則歸入次要原因。(註三二)

第五節　老年人問題

1.　小兒科是醫學問題，老人科是社會學問題

註三〇:William H. Harlan, Isolation and Conduct in Late Life:A Study of Four Hundred Sixty-four Chicagoans of Ages Sixty to Ninety-five, quoted in Burgess, op. cit.,p.431 and its original note 2,p.426.

註三一:同註三〇。

註三二:同註三〇。

　　有位名醫師說，小兒科 (Pediatrics) 是一個醫學問題，老人科
(Geriatrics)則是一個社會學問題。(註三三)其言洵爲的論，因爲在
人類發展歷程中，生命上初占優勢的生理勢力，深受後來添加的社會因
素之影響，在年齡方面尤其是如此。

　　初民之平均壽命甚短。我們可以說社會愈原始，老人愈少有。英
屬基阿那(Guiana)的阿拉瓦(Arawak)土著很少活過五十歲。澳洲的阿
奴太族(Arunta)，婦女中能滿五十歲者認爲是非常幸運的人。南非洲
的布施曼族(Bushmen)的眞正老人寥若晨星。北美洲的克理克族 (Gr-
eeks)，最幸運的父母才能活到目睹子女頭髮轉成灰白之時。(註三四)

　　我國人民的平均壽命。在過去農業社會也不長，但無正確的統計
數字，約在五十歲以下。(註三五)俗語有謂：「人生七十古來稀。」活
至百歲者則成爲罕見之「人瑞」。即以臺灣省而言，在五十多年前，每
一百個出生活嬰中能活至七十歲者，男子中只有三個多，女子則不過七
個而已。換言之，每二十八個男子或十四個女子，才有一個能活到古稀
之年。到了民國四十九年至五十一年時，平均每二個人就有一個能活
到七十歲。(註三六)自後我國政府及民間的人口研究機構逐年在報紙
上公布的統計數，人民之平均壽命續在增加之中，男爲六十五歲，女爲

註三三：L.W.Simmons, "Social Participation of the Aged in Different Culture," in
　　　　M.B.Sussman (ed.),Source-book in Marriage and the Family, Boston:Houghton
　　　　Miffin Company, 1963,pp.419-425.

註三四：L.W.Simmons, The Role of the Aged in Primitive Societies, New Haven: Yale
　　　　University Press, 1945,p.17.

註三五：參閱龍冠海著，中國人口，中華文化出版事業委員會，民國四十四年，第一五九至一六
　　　　二頁。

註三六：李增祿著，臺灣省居民簡略生命表：民國前六年至民國五十一年，刊臺灣文獻，第十六
　　　　卷，第四期，民國五十四年二月出版。

七十歲,較之二十年前男女均延長二十歲。(註三七)

在原始社會或農業社會,通常對年老者非常尊重。(其中有極少數惡老、甚至於殺老者,例如北極的愛斯基摩人,因食糧非常缺乏,將不能生產的老者置於雪地凍餓以死,而老者亦願早死,苟且偷生,徒然增加生者的負擔,而且有一傳統的迷信:死後的靈魂永遠保持死時的形狀,與其晚死成為龍鍾的老鬼,不如早死為佳。)老者之可敬可佩,由於他們腦內累積了許多生活經驗,在變遷緩慢的社會情況下,這些經驗便是非常寶貴的知識,下一代奉之為做人處世的圭臬。於是老者便成為智慧的象徵。希伯來有諺云:「日子愈長愈了解,年紀愈大愈聰明。」此與我國俗諺:「薑桂之性,愈老愈辛」,或「不信老人言;吃虧在眼前。」意義相同。

2. 我國社會一向尊老敬老

我國是一個尊老敬老的社會。孟子謂:「老吾老,以及人之老。」今語稱人之時,截取字號之上一字,以老字繫於其下,如某老,以表尊敬。與人初次相遇,首先請教其「尊姓大名」,次則詢其「貴庚幾何」,以便以「老伯」或「老兄」相稱。即年之幼者,亦稱之曰「老弟」。孟子謂:「朝廷莫如爵,鄉黨莫如齒,輔世長民莫如德。」齒即年齡。禮記文王世子:「古者謂年齡,齒亦齡也。」又祭禮:「有虞氏貴德尚齒。」我國常用「齒德俱尊」一詞,以表示對高年之羨慕。此與西方社會之諱老完全相反。美國社會學家蒲其斯(Burgess)有一老人研究:男499人,女759人,在60-64歲的年齡組中,半數男人和三分之二的女人自稱為「中年」,70-80歲者,自稱為「年長」(Eldly)。

註三七:參閱社會建設季刊,第四號,中國社會福利事業協進會編,民國五十九年一月出版,第一七九頁。

80-84歲才自願承認爲「老者」(Old or aged)。(註三八)我國重孝道，親在不言老，恐傷親心。如楚之老萊子，年七十三，其親尚存，言不稱老，嘗著五色斑爛衣，作嬰兒戲，以取親悅。通常五十以上之人，別人尊他爲老，他亦自願稱老。晉以六十六以上爲老，隋以六十爲老，唐以五十五爲老，宋以六十爲老。(見文獻通考戶口考)

　　我國尊老，對各級年齡均規定適當的禮遇。王制云：「五十杖於家，六十杖於鄉，七十杖於國，八十杖於朝，九十者，天子欲問焉，則就其家以珍從。」至於官吏以外之平民，則如孟子所云者，五十者可以衣帛，七十者可以食肉，頒白者不負戴於道路。(見梁惠王篇)總之，個人年齡漸老，其社會地位亦隨之自動提高，老安少懷，不用爲其前途擔憂。可是現在的情況發生很大的改變：因由農業社會進入工業社會，創造與速度是最受重視之特質，不斷推陳出新，日新又新，瞬息萬變。此乃青年所長，老年所短。於是青年成爲時代的寵兒，循著社會階梯(Social ladder)扶搖直上。而老年人所憑藉得之於悠長歲月中的生活經驗，不僅是不合時宜的古董，而且常被青年視爲妨礙進步的絆腳石。以往爲老年人所規定的優越地位，有一落千丈之勢。我國古人亦有謂「多子多累，多壽多辱」者，那是自謙之詞，言非由衷，現在倒是相當眞實。(註三九)美國社會學家史密斯(Smith, Jr.)曾訪問447位老人，其中大多數不希望長壽，感覺「活得沒有意思」(Nothing to live for)。史氏的訪問表中有一問題：「老年人最擔心的是甚麼？」統計其結果：

註三八：Ernest W. Burgess, "Personal and Social Adjustment in Old Age," in Milton Derber (ed.), The Aged and Society, Champaign, Ill., Industrial Relations Research Association, 1950, p.141.

註三九：民國五十八年十二月十日，中央日報所刊之華府新聞信，謂一位醫生連續訪問二六七位百歲以上之老人，其中無人感到人生長壽之樂趣。

(1)缺少經濟安全,43%;(2)衰邁無能;11%,(3)誰來照管,8%,(4)被人討厭或依賴他人,6％;(6)爲來的居民住而苦惱,4％;(7)怕無人要而陷於孤單,3％;(8)擔心靑年人的所作所爲,2％:共計83％,其餘17％是還沒有考慮到這個問題。(註四〇)另一個研究,一大群被訪問者中,只有一個想活一百歲,其理由是:「個人藉此機會對生命作深入的透視和發現長久隱藏於人性中的新意義;對全社會而言,貢獻迫切需要的成熟和保存虛擲浪費的資產。」(註四一)

　　我國以往科學不昌明,一般人希望長壽而難如願,眞正年登耄耊者,多屬於富裕的大家庭,子孫滿堂,老境彌佳。少數無依無靠的年老鰥寡,亦能得到家族和慈善機構的照顧,所以老人不成爲問題。而現今平均壽命顯著延長,老人一年比一年加多。加上在工業化和都市化的過程中,無論從主觀意識或客觀環境來說,傳統的大家庭不再是理想的家庭,由小家庭取而代之,於是形成嚴重的老人問題,諸如生活物資、住所、保健、娛樂、退休工作等,樣樣都得爲老年人作妥善的安排。

3. 老年人與基本團體

　　老年人另外有一項最重要而又最難滿足的需要,便是基本團體(Primary group)。

　　基本團體一詞,乃社會學家顧理(C.H.Cooley)所首創,凡對社會學稍有涉獵者,必耳熟能詳。此種團體以親密的面對面的關係(Face-to-face relations)爲其特色。顧氏謂基本團體所含有之同情與相互契

註四〇:William M. Smith,Jr., "Family Plans for Later Years," Marriage and Family Living (February,1954),p.16-26.

註四一:Frances Jerome Woods.,The American Family System, New York:Harper & Brothers Publishers,1959,p.368.

合，使組成此一團體的成員自然而然地流露一種「我們之感」(We-feeling)，而家庭爲重要的基本團體之一。(註四二)在個人生命循環的任何階段，都需要與他人親密接觸，然其重要性已爲人所了解而加以重視，單獨老年階段除外。例如婚姻是成年男女的最親密結合，理想者如水乳之交融，琴瑟之相調。父母慈愛子女，已經自然得像出諸「本能」，用不著加強，只有到了晚年，一直習以爲常的基本團體生活，卻爲人所忽視，好像人老了就不需要基本團體一樣。然而事實剛相反，老年人更是需要。因爲個人與其他個人的親密關係，年齡愈高而愈減少，考其原因主要有二：(註四三)

(1)我國俗諺云：「夫妻本是同林鳥，大限來時各自飛！」中年喪偶，再婚機會多，而晚年則否，形單影雙，淒涼萬分。同輩朋友也一個一個相繼辭世。有位社會學家謂閱讀報紙所重視的消息，因年齡而不同：青年對羅曼斯(Romance)的報導極感興趣，中年最關心者是事業成敗與地位升降，晚年則注意死亡噩耗，又弱一個，故舊凋零，觸目驚心。

(2)婚姻家庭女學者凱文 (Cavan) 謂家庭是爲供應愛而設計的團體。(註四四)我國以往的大家庭雖然有不少缺點，但重視孝道，孝爲維

註四二：龍冠海主編，社會研究法，下冊，朱岑樓著，家庭研究法，廣文書局，民國五十八年，第五三四至五三五頁。

註四三：R.S.Cavan, "Family Tension Between the Old and the Middleaged," in R.E. Winch, R.McGinnis and H.R.Barringer (eds.),Selected Studies in Marriage and the Family, New York: Holt, Rinehart and Winston, 1962,pp.407-412及朱岑樓譯，社會學(原著者 L.Broom & P.Selznick)，民國五十五年，譯者發行，第一二四至一二五頁。

註四四：同註四三，Cavan,op. cit.,p.408.

持家庭與團體的基本精神。子女對老年父母，生事之以禮，死葬之以禮，祭之以禮。父母愛子女易，子女愛父母難，此種愛之還報，非西方家庭所有。可是我國現在由於工業化與都市化，城市家庭人數少，空間小，日常生活活動都向家外發展，很少以家庭為中心。即使晚年父母與兒媳同住，雖能互相容忍，以維持和諧的關係，但上下代間思想懸殊，見解不同，興趣各異，彼此格格不入。此道鴻溝是時代所造成的，非傳統的孝道所能彌補。以往是兒媳無條件的順從父母翁姑，而今日不然，父母翁姑的絕對權威已不復存在。在三代同堂的家庭，縱然過渡的第二代委屈求全，勉力為之，但對第三代便失去控制的力量。也許農村家庭對老年父母比較適宜，因為家庭人口眾多，活動頻繁，為基本團體準備多種互動機會。父母的陳年經驗猶有用武之地，不致於被兒媳孫子看成老不中用。社會學家蒲魯姆(L.Broom)和塞茨尼克(P.Selznick)說：「僅是基本團體的一份子是不夠的，而要參預對團體有意義的活動，反復重演，與團體打成一片，才算有效。即使這些活動是例行的，不帶情感的，亦能發揮此種功能，只要這些活動能把個人吸入團體之內。」(註四五)

　　父母為兒子完婚以後，莫不希望早日抱孫，一則喜其後嗣蕃衍，再則可慰晚年之寂寞。後漢馬皇后有云：「吾但當含飴弄孫，不能復關政矣。」晉王羲之牽諸子，抱幼孫，一味之甘，割而分之，以娛目前。此種「含飴分甘」的幸福晚景，是我國老年人所殷切期求者，但作為現代的祖父母，需要新的學習與調適。由於社會變遷迅速，新的一代以新的方式教養其子女，不願意重演本身所接受父母之教養。事實上亦無重演的必要，恪遵幾十年或幾百年以前的祖訓，會使子女遠落在時代的後面。因此做祖父母的不要認為自己的教養方式是最好的，施之於子，再

註四五：同註四三，朱岑樓譯前書，第一二五頁。

强其子施之於孫。

　　父母對子女必保有權威，教誨方能奏效。易云：「家人有嚴君焉，父母之謂也。」漢書司馬遷傳有云：「家法嚴而少恩。」而祖孫關係，則如人類學家雷克利夫布朗(Radcliffe-Brown)所說的，含有「平等的友誼」，乃父子間的緊張所引起的放鬆反應。(註四六)祖孫之間的非正式性(Informity)，很容易造成前者之「姑息」，後者之「驕縱」，而影響父子關係之正常發展，和教養工作的順利進行。涂嫚(Duvall)謂祖父對其孫男女應該是：「幫助而不干涉，慈愛而不溺愛，給予便利而不形成妨害」(Helping without interfering, love without Smothering, being available without being intrusive)。(註四七)其見解甚是正確，現代我國的祖父母可以懸之為座右銘。

註四六：A. R. Radcliffe-Brown, Structure and Function in Primitive Society, London: Cohen and West, 1952, pp.96-97.

註四七：Evelyn Duvall, Family Development, Chicago: J.B.Lippincott Co.,1957, p.424.

第八章　婚姻成敗預測

第一節　預測之性質與目的

1. 人能預測，亦喜愛預測

　　人乃萬物之靈，瞻前顧後，具有最大的預測能力。自人類生活開始以來，爲使自身適應其環境，努力不懈，未雨綢繆，盡其可能，以避免不利於生存的危險，並繼續改善生活的方式。(註一)對未來之預測，在個人的猜想和臆斷之外，發明種種工具和方法，藉以加強預測的效果，如占星祈神、龜卜菁筮、五行讖緯、算命解夢、看手相、抽紙牌、觀水晶球等等，古今中外，幾乎無時無地無之。連今日爲人人所重視、所崇拜的科學，其主要任務就是對未來作準確之預測。例如醫學的預測接種後果，天文學的推算新行星位置，氣象學的氣候預報，經濟學的商情循環，社會學的社會導進，人口學的人口推算等。那門科學的預測最準，其成就最大，地位也最高。(註二)

　　英國湯普遜(Thompson)謂：「科學的目標，在敘述事物如何發生，我們從此種事物發生的經驗中，歸納而得出種種自然原則，再從自然原

註一：龍冠海著，社會學與社會問題論叢，人的科學研究，正中，民國五十三年，第一至二頁。

註二：George Simpson, Man in Society, New York: Random House, 1967, Ch 1, pp.1-14.

註三：See J.A. Thompson, Introduction to Science, Ch.2, p.339.

則中,推測未來事物的發生。」(註三)科學的價值,不僅供給人類預測未來的知識,而且憑此知識以控制未來。派克(Park)謂:「人類富有支配自然界及人類本身的志願,所以去分析現象,追尋原因, 以取得控制之權。科學無非是搜尋事物的原因, 即是搜尋事物發生的機械。將此種機械應用於計畫與組織之上, 人類便可以控制自然, 控制自己。」(註四)

行為派領袖華震(Watson)討論心理學時,謂心理學的目的,一方面在推測人類活動,使有幾分把握, 一方面在使人類社會可以依據原則,控制人類行為。(註五)

由此我們可以知道,科學的任務不外乎了解(Understanding)、預測 (Predicting) 和控制(Control)。了解是為了加強預測的能力;而預測未來現象的發生, 是用以作為控制現象的根據; 而控制的目的是增強人類應付環境的力量, 由消極的屈服與順應, 進為積極的駕馭與改造, 於是人類生活上的種種需要得以滿足。(註六)社會學鼻祖孔德(Comte)所謂:「知識即先見,先見即力量」,理在此也。

2. 巫術、常識與科學三種預測之區別

孔德謂人類知識之進展,經過三個階段: (1)神學的或擬想的階段(The theological or fictive stage),(2)玄學的或抽象的階段(The metaphysical or abstract stage), (3)科學的或實證的階段 (The

---

註四:R.E.Park and E.W. Burgess, Introduction to the Science of Sociology, Ch.6, p.339.

註五:See J.B.Watson, Psychology from the Standpoint of A Behavior's Ch.1,pp.1-2.

註六:參閱孫本文著,社會學原理,上冊,第六章, 商務, 民國四十四年第二版, 第六四至六八頁。

scientific or positive stage)。(註七)預測之進展亦是如此,寇伯屈(Kirkpatrick)分之為三類:(1)巫術預測(Magic prediction), (2)常識預測 (Common-sense prediction), (3)科學預測 (Scientific prediction)。寇氏謂此三者之區別, 主要在於預測運作(Predictive operation)之複雜與精確。(註八)

　　凡生活上之重要活動,必與活動者之生存及福利密切相關,於是對此活動的未來成敗極表關心。人類婚姻,對個人和社會來說,均為非常重要的事件,故與婚姻直接間接有關之人, 總是抱著幸福美滿的希望,在結婚典禮上洋溢著善頌善禱之聲。但希望不是事實,於是對未來成敗的種種預測相繼而起。往昔由於民智未開,為婚姻未來所作之預測是巫術的和常識的。如果預測失靈,成敗顛倒, 則委諸不能捉摸的命運。直到近半世紀來,社會科學家,特別是以研究婚姻與家庭為己任的社會學家,開始作科學的預測,所利用之資料, 雖不外乎個人特質與家庭背景,與常識預測所利用者並無不同, 只是在方法上迥然有別而已;首先以科學的技術去獲得正確可靠的資料, 其次以客觀的態度將這些資料加以組織、配合和分析, 最後審慎地提出各種學理和假說。皮爾遜(Pearson)在其科學典範(Grammar of Science)中有云:「原因與結果,乃人類經驗的常規。經驗告訴我們,同因生同果, 所以我們可以根

註七:孔德是一個實證主義者,強調理論必須立基於觀察之上, 但後有人批評他本身的著作和學說卻充滿著推理,然其廣大的知識與精微的思考是獨步古今的, 他所構想的社會學概念,大體是正確的,至今尚未為後之學者所摒棄。有關孔德之理論體系,中文的可參閱學術季刊,第六卷第一期孔德逝世百年紀念專號,民國四十六年九月,中華文化出版事業委員會出版。

註八:C. Kirkpatrick, The Family,New York: The Ronald Press Company, 1955,pp.354-355.

據過去的經驗，來預測未來事物的可能發生，用以指導我們的行爲。」
(註九)蒲其斯和洛克(Burgess and Locke)謂科學的婚姻成敗預測，建
立在一個基本假設之上：個人的人格特質和過去經驗控制其未來行爲，
因此科學的預測技術，是將某些個人在某些方面的以往經驗加以科學
的組織與分析，用以預測另些個人在相同方面的未來行爲。(註十)

第二節　婚姻成敗之預測

1.　兩種預測婚姻成敗之科學方法

　　從上節我們知道科學之目標有三：了解、預測與控制。了解程度
愈深，預測的效驗愈大，控制的力量便愈強。我們想要對某一婚姻的成
敗進行準確的預測，必先對該婚姻有一清楚的了解，社會學家和心理學
家通常使用兩種不同的科學方法，一是個案研究法(Case study me-
thod)，一是統計法(Statistic method)。

　　所用的方法不同，預測的性質自然有其區別。個案研究法的預測，
是以夫妻雙方婚前婚後之人格互動及人格發展爲基礎，而統計法的預
測所根據者，不是夫妻雙方的關係全體，而是夫妻各方的種種經驗和特
質，得之於他們分別回答表格上所列的問題。茲將此二法分述於後。

2.　個案研究預測法

　　任何一種現象，如果用來作爲研究的基本單位或中心對象，則稱之

註九：孫本文前書第六四頁所引，見註六。

註十：See E. W. Burgess and H. J. Locke, The Family, 2nd ed. New York: American Book Company, 1960, p.396.

爲個案。以婚姻成敗預測而言，選定某夫婦爲個案，詳細蒐集其資料，將其發展過程以及內在外在各種因素間的相互關係，加以分析，從其結果以預測該夫婦婚姻之未來。此即爲個案研究預測法。茲舉一實例作爲此法之具體說明。

(1)婚前訪問紀錄

A．　夫方

全家生活愉快。我與二哥間生猜忌。母親待我很慈愛，但我與父親的關係更爲親密。我很信任他，一有事情就去和他商量，他似乎對我格外關心。我和他常一起外出打獵和釣魚。對母親比較疏遠，不甚依賴她的愛和訓導。

父母很愛我們這些子女，以擁有我們爲樂。父母的婚姻是美滿的，可是凡父親所作的事，母親並不十分滿意，有時候還要嘀咕幾句。

我初次與未婚妻相遇，是三年前在某宴會中。頭一次見到她就對她發生興趣，以後斷續見面。某日我駕車送她回家，有機會長談，自此以後，由朋友成爲戀人。我倆相愛的感情是逐漸發展的，而非「一見鍾情」。彼此志趣相投，性情相合，我從她那兒獲得非他人他事所能供給的快樂。我相當自負，不會盲目愛上一個女人。她對我很體貼，策勵我更加上進，但是我覺得她比我更需要同情和鼓舞。

我們有共同的朋友。我所喜愛的東西她也喜愛。她要舉行盛大婚禮，我不要，將來可能在教堂結婚，但不會太舖張。

在性格上她和我母親有差別。母親脾氣暴躁而且固執，但她不是這樣。母親表面上似是贊成，實則內心反對，她則表裡一致，說不同意就不同意。

B．　妻方

父親常與我親密接近，母親則比較疏遠些。父親相當隨和，讓我爲

所欲爲,母親則比較嚴厲。家裡人常說我是「爸的寶貝」,我想母親比較寵愛弟弟,但我們姊弟相處得很好。

　　我首次遇見他(指其未婚夫),是在某次宴會上,以後陸續碰面,有一次他開車送我回家,長談甚歡。初次相遇我就對他發生好感。

　　我想他有幾分自負。在未和他密切交往之時,我已經愛上他了。我不認爲自己脾氣好,冒起火來亂摔東西,但過一會兒便沒事了。我與人相處,凡不如我意的事情,雖不擺在臉上,但別人從我的行動便能看出我的感覺。我想我比他要倔強些。

　　他說他在討好我。一開始交往,他一直對我慇懃體貼而不自私。我們成爲固定朋友以後,他便說很愛我。他相當自負,我樂於接受他的同情。我們興趣相同,喜歡的運動相同,並有許多共同的朋友。

　　我全家人都對他有好感,稱道他是個好孩子。父親和他很合得來,兩人脾氣都很好。母親也很自負,這一點跟他相同。

　　(2)婚後三年訪問紀錄

　　A．　夫方

　　我婚後的最大收穫是夫妻的百般恩愛。共同工作,互相同情了解。現在添了一個小寶寶,又是一大收穫:他使我們工作更起勁, 聯繫更緊密。自他出世之後,我們開始發現彼此相愛是如此之深。婚姻帶給人安全, 也振奮人的上進心。我們的愛有增無已。我很快樂,我沒有抱怨。

　　我們同屬於一個教會,以此爲中心建立共同興趣。我們參加幾個俱樂部。我們玩紙牌,偶爾打高爾夫球,常一起渡假。

　　B．　妻方

　　愉快,大量快樂經驗,一個漂亮小男孩:此三者是我們婚後的最大收穫。我心滿意足。

　　我想他是處於領導地位,眞是「夫唱婦隨」。我們大講細商量,共同作成決定。我們參加若干團體,幾乎同在一起作所有的事情,運動的愛好也相同。我們都喜歡教會,大多數朋友來自教會。

　　以上是婚前婚後訪問夫妻雙方的紀錄,分析其資料,得出六點結論:

　　(1)在宴會中相識,再藉宴會爲媒介發生多次社會接觸, 終於成爲一對戀人。

　　(2)雙方文化背景相似,在宗教、交友、運動和其他娛樂方面有著共同興趣。

　　(3)雙方以交誼與友情爲基礎而產生愛情,逐漸發展,而非「一見傾心」。

　　(4)雙方交往的反應模式,分別與其童年經驗密切相關。男認爲未婚妻之人格特質與其母相反,實則相同,依女之自述,如易怒、固執、不表示反對於辭色等,與男之母如出一轍。也許男之被女吸引,即因爲具有其母之相同人格特質,只是換了一個人,出諸另一種方式而已,使他在感受上由反感而變爲愜意。

　　(5)雙方相處非常融合。

　　(6)雙方均屬於家庭型,置家庭生活於一切價值之上。

　　綜合上述六點, 從其婚姻關係各種交相作用的動態因素(Dynamic factors),可以預測其婚姻是很幸福的。(註十一)

3.　統計預測法

　　統計是研究如何蒐集、分類和利用可以計算之數字的一門學科,因此統計法通常視爲處理大量資料的一種方法。施之於預測婚姻成敗

註十一:根據Burgess and Locke 前書第三九七至三九八頁所舉之例,加以改寫。

之上，是使用問卷(Questionnaire)，經由個別訪問或通訊調查以獲得大量資料，在此法處理之下而得出結果。

統計法用途甚廣，爲<u>美國</u>近三十年來的婚姻家庭研究所常用，茲分爲三點予以扼要說明：

(1)選擇一個婚姻成敗的標準，作爲進行預測之準繩。通常是用兩類對比的婚姻，如：(a)持久之與破裂(離婚或分居)，(b)快樂之與痛苦，(c)滿意之與失望，(d)調適之與失調。此兩類婚姻，由當事人自行提出或由第三者推薦。若用離婚作爲失敗標準，則可以利用法院的離婚紀錄。

(2)所有婚姻成敗預測之進行，立基於一個假定之上：婚前婚後某些因素影響婚姻之成敗。<u>美國</u>初期的研究，常使用個別的預測因素(Individual predictive items)。茲用「結婚年齡」此一個別項目來說明之：如果證實結婚年齡與婚姻成敗有關，問題便在於不同的結婚年齡組，何者爲有利，何者爲不利。其他個別項目，如教育程度、健康、私奔、妻就業等等，亦是如此。

婚姻是男女二人間非常複雜的一種關係，種種因素互相交錯，某一單項因素不可能產生特殊顯著的決定性影響。晚近<u>美國</u>的研究，爲改進預測的準確性，採用多項因素之混合(Combination of predictive items)。自從科學的婚姻成敗預測發展迄今，三十多年來最大的成就之一，乃是能夠分辨許多有利或不利於婚姻調適的因素。此點將在下章詳細討論之。

(3)各預測項目決定以後，編成問卷，施之於未婚者曰「婚姻預測表」(Marriage-prediction schedule)，施之於已婚者曰「婚姻調適表」(Marriage-adjustment schedule)，編製問卷之程序，簡述之如下：(註十二)

註十二：See Burgess and Locke, op.cit., pp.403-404, and Appendix B, pp. 693-716.

表8-1: 婚姻調適之測量

事　　　　　　　　　　　　　　　項	最 高 得 分
Ⅰ．　對下列各事項意見一致之程度	
1 家庭經濟處理(常常一致)	10
2 娛樂(常常一致)	10
3 宗教(常常一致)	5
4 親愛表現(常常一致)	10
5 朋友(常常一致)	10
6 親密關係(常常一致)	10
7 用餐儀態(常常一致)	5
8 俗例(常常一致)	10
9 人生觀(常常一致)	10
10 雙方親屬之相處(常常一致)	10
Ⅱ．11 解決爭執的方式(互相忍讓)	10
Ⅲ．　共同之興趣與活動	
12 家庭外之共同興趣(全部)	10
13 閑暇時之共同嗜好(留在家中)	10
Ⅳ．　親愛、表現與信任	
14 接吻之多寡(每日接吻)	10
15 互相信任之程度(所有或極大多數事情)	10
Ⅴ．　對婚姻之滿意	
16 因婚姻而後悔之次數(無)	15
17 如有來生(再結爲夫婦)	15
18 抱怨婚姻之次數(無)	10
19 抱怨配偶之次數(無)	7
Ⅵ．　不幸福與孤獨之感	
20 與他人在一起感到孤獨(否)	1
21 常常氣惱(否)	1
22 常存不幸之感(否)	1
23 被無益的思潮所困擾(否)	1
24 常是無精打彩(否)	1
25 感覺周期性之孤獨(否)	1
26 缺少自信能力(否)	1
27 可能最高得分	194

E.W.Burgess and L. S.Cottrell, Jr., Predicting Success or

Failure in Marriage, New York: Prentice-Hall, Inc., 1939,

pp. 64-65.

(a) 各項目依其影響婚姻調適之程度大小而訂出得分之多寡。並將分數區分爲若干等級,各級相差多少,雖由編卷者任意決定,但非憑空臆造, 而是參照以往專家學者的研究結果。例如推曼 (Terman) 爲「父母婚姻情況」一項所定分數,分爲六級:最幸福,五分;幸福,四分;普通,三分;略遜於普通,二分;不幸福,一分;極不幸福, 零分。其他項目如教育程度, 結婚年齡, 社團參預等, 類此而決定其分數之等級多寡。

(b) 全部項目的個別分數分配停當之後,其和爲預測總分,夫妻各一。

(c) 整理答案, 得出夫妻之總分數,憑此而預測其婚姻成敗之機會。

爲對統計法有更明晰的了解,扼要介紹美國三個有名的研究:

(1)從婚前預測婚姻成敗。

蒲其斯(Burgess)和柯屈爾(Cottrell)研究美國伊利諾州526對夫婦,其中大多數是白人,中等階級,白領職業,受高中以上教育, 信基督教,住在支加哥,平均年齡夫爲26.1歲, 妻爲23.4歲, 婚後一至六年。1936年發表其初步研究報告,至1939年修正完成出版,即是著名的婚姻成敗之預測(Predicting Success or Failure in Marriage)。

二氏首先訂出婚姻調適評準,次則決定測量表所應含項目,並爲各項目定妥給分等級,最後計算填表者所得之總分。(參閱表8-1)表中項目對夫婦間意見一致非常重視,其分數占總分194分之半。

統計測驗之結果,將526對夫婦依所得分數之多寡分爲四組:(1)最高分組,(2)高分組,(3)低分組,(4)最低分組。

於是以 526 對夫婦的研究爲根據,爲未婚夫婦設計一種婚前預測表,其中項目有44個,男占24個,女占20個。所獲各項目之分數總和,即是婚前的預測分數。表由訂婚者或準備訂婚者填答之。凡涉及對方之

問題，填答時應憑己意，勿與對方商量。於是將未婚者所得總分，與已婚者填答同表所得總分相比較。如果兩者相同，則未婚者之未來婚姻調適與已婚者之現在婚姻調適亦應相同。而已婚者之婚姻調適已由「婚姻調適表」測得，依此便可以預測未婚者之未來婚姻調適。

表8-2指出「預測分數」與「調適分數」之相關性，因以百分數來表達，故僅能視之為機率 (Probability)。例如預測分數最高組700-779，擁有最高調適分數者為80%，因此我們可以假定此組婚姻未來之成功機會高達80%。而預測分數最低組200-299，其調適分數最低者為75%，同理我們可以假定此組婚姻未來之失敗機會高達75%。至於預測分數不高又不低者，殊別是介於380-539之間者，則未來婚姻可好可壞，無法預測其成敗，則等於未作預測。

表8-2：預測分數與婚姻調適分數之關係

婚姻預測分數	婚　姻　調　適　分　數				件　數
	最　低	低	高	最　高	
700-799	0.0%	10.0%	10.0%	80.0%	10
620-699	1.5	12.2	25.8	60.6	66
540-619	5.8	21.9	29.2	43.1	137
460-539	27.6	29.4	25.9	17.1	170
380-459	39.8	31.1	15.1	14.0	93
300-379	57.2	25.7	11.4	5.7	35
200-299	75.0	25.0	0.0	0.0	8
總　數					519

E.W.Burgess and L.S.Cottrell, Jr.,Predicting Success or

Failure in Marriage,New York:Prentice-Hall,Inc.,1939,p.284.

(2)從訂婚調適預測婚姻成敗

蒲其斯對婚姻成敗預測之研究，鍥而不捨，後再與汪林(Wallin)共

同研究從訂婚調適來預測婚後調適。他以與柯屈爾共訂之「婚姻調適測量表」(參閱表8-1)爲藍本，另外訂出「訂婚調適測量表」，從訂婚者中選樣，作長期的追蹤研究，於婚前與婚後三年分別加以測驗。發現訂婚調適分數與婚後調適分數二者間的相關係數(Coefficient of Correlation)，男是43±.04，女是41±.04，雖然不高，但二者間有其相關存在，則屬顯然。二氏指出如果加入根據背景和人格而測得之分數，則其相關性一定會增高。

　　二氏研究一千對訂婚者，前後歷時十七年。在婚前研究期內，千對訂婚者中有123對解除婚約，他們的訂婚調適平均分數，男是146.4分，女是144.2分，較未解除者之平均訂婚調適分數爲低，男是153.1分，女是152.2分。二氏統計測量資料，製表以指出訂婚調適分數對婚約破裂與否之關係。(參閱表8-3)一般說來，調適分數降低，婚約破裂的百分比增高，但不規則，其原因可能由於某些組樣本過少。

表8-3: 訂婚調適分數與婚約之破裂與否

調適分數	男 之 婚 約			女 之 婚 約		
	破 裂	繼 續	件 數	破 裂	繼 續	件 數
180-189	5.6%	94.4%	36	7.2%	92.8%	28
170-179	8.8	91.2	136	6.2	93.8	145
160-169	10.6	89.4	199	7.9	92.1	202
150-159	13.2	86.8	277	13.7	86.3	220
140-149	8.9	91.1	180	11.7	88.3	188
130-139	13.5	86.5	90	17.6	82.4	91
120-129	19.0	81.0	58	13.0	87.0	54
110-119	25.0	75.0	40	30.2	69.8	43
100-109	31.6	68.4	19	14.3	85.7	14
90-99	22.2	77.8	9	40.0	60.0	15
測量件數	123	877	1,000	123	877	1,000

E. W. Burgess and P.Wallin, "Predicting Adjustment in
Marriage from Adjustment in Engagement," American Journal
of Sociology,49 (1944),329.

　　這些低分數的訂婚者,雖未在測量期內正式解除婚姻,時間往後延長,其破裂可能性與比結婚可能性爲大。

　　二氏之研究結果,首先發表於 1944 年第 49 期之美國社會學刊 (American Journal of Sociology),後編入二氏合著於1953年出版之訂婚與結婚(Engagement and Marriage)。

　　(3)以離婚爲標準預測婚姻成敗

　　前面已說過統計法之預測婚姻成敗, 是將婚姻樣本分爲失敗與成功兩組,互相對比。洛克 (Locke) 之研究,在美國印第安那州蒙羅鎮 (Monroe, Indiana)選樣,分爲離婚與幸福兩組以作對照。用離婚爲失敗標準,以預測未離婚者之婚姻前途。前後歷時五年,以其研究結果撰成婚姻調適預測:離婚與幸福兩組之比較(Predicting Adjustment in Marriage: A Comparison of a Divorced and a Happily Married Group),1951年出版。

　　洛氏採用蒲、洛二氏的「婚姻調適測驗表」爲骨幹,酌予損益,製

表8-4:幸福與離婚之婚姻調適分數

婚姻調適分數	婚姻幸福者	離　婚　者
95-99	14.8%	―
90-94	34.2	―
85-89	23.5	―
80-84	14.3	3.3%
75-79	8.2	5.8
70-74	3.0	15.6
65-69	2.0	26.6
60-64	―	22.7
55-59	―	18.8
50-54	―	6.5
45-49	―	0.7
合　　計	100.0	100.0

H.J.Locke, Predicting Adjustment in Marriage:

A Comparison of a Divorced and a Happily Married

Group,Holt, 1951,p.54.

成問卷,將婚前婚後有關事項的背景因素,編成29個問題。從統計結果中發現離婚與幸福兩組在下列幾方面有極顯著之差異:求婚與訂婚,父母影響,人格特質與模式,經濟因素,衝突類型等。

　　從表8-4,我們可以清楚看出幸福與離婚在調適分數上之差異, 前者均在89分以上, 後者均在84分以下。洛氏之研究提出區別離婚與幸福兩組之項目,並爲各項目列出分數等級,以製成預測量表, 但有一缺點,未爲離婚者與幸福者定出分數全距(The range of scores), 因此依此量表而得分之人,其未來婚姻成敗的機率,不得而知。

4.　個案研究與統計兩法之比較

　　個案研究法是定性的分析(Qualitative analysis), 統計法是定量分析(Quantitative analysis),各有其能與不能。個案研究法除具備詳盡與正確的固有優點之外,用以預測婚姻成敗之時,從訪問中獲知案主:(a)童年的家庭關係,(b)青年期的個別經驗,(c)求婚、訂婚與婚後的互動與發展,細細分析這些重要資料,對動態的因素全形(Dynamic configuration of factors)有一個通盤的明晰的了解,但其缺點則易陷於主觀,而且需要大量人力物力,費時又多,不能普遍使用。

　　個案研究法之所短,即統計法之所長,然瑜不掩瑕, 且由於統計法用途之廣,採用之多,特詳言其缺點如下:

　　(1)各項預測項目之分數, 取決於該項對所有全部案主所生之影響, 而忽略一重要事實:即任何項目之影響,因某特殊個案之因素全形(Configuration of factors)而有很大的差別。例如父母婚姻不幸,一般言之,給予子女婚姻以不利的影響,但非一定如此。可能某夫妻有感於父母婚姻失敗,刺激他或她彌補的決心與努力,凡有關此方面的知識與忠告,格外留心聽取,處處小心,因殷鑒不遠,反而賴以免蹈父母之

覆轍。

(2)目前的統計預測，只能將分數相等之案件同置之於某機率組（Risk group），故所指出之某種可能性,是全組而非個人。例如某君所屬之組，調適者佔80%，普通者佔15%，而某君本人究竟如何，不得而知，甚至於那5%的失敗機會,可能引起某君的憂慮,反而妨礙其婚姻調適。

(3)目前所能設計之預測量表(Prediction scales),重在婚姻調適之正負兩極端,高分者預示其婚姻之成功機會甚大，低分者則甚小，至於分數不高不低者,其成敗機會相等,兩可之間,所謂「預測」,便成為毫無意義。

(4)統計法的預測項目，多數是人格與經驗中的靜素而非動素,但是婚姻調適是動態的過程,夫妻雙方的人格在連續發生互動,交相反應無窮無盡的刺激。而且某些無意識影響(Unconscious influences)，關係婚姻之成敗甚大,卻無法測量,統計法對此只有望之興嘆。

以上比較個案與統計兩法之優劣利弊,要言之，前者重質,後者重量,長短互見。為對婚姻成敗作科學的準確預測，盡可能化質為量,以便於統計處理。最好兩法合併使用,個案分析所發現的新因素,納入統計量表中,同樣統計處理後所提供的問題,經由個案研究而徹底明瞭其真象，如此截長補短，相輔相成，婚姻成敗預測的準確性方能逐漸增加。

第三節　婚姻預測研究之評價

1.　對預測婚姻成敗研究之責難

科學的婚姻預測,發展迄今,對其研究成果之評價,有毀有譽,甚而毀多於譽,茲將各方面所提出的責難,歸納為三點,分述於下:

(1)未能針對個別夫妻作特定之預測

此一缺點已在上節統計法之短處時提出，可以並用個案研究法得到補救，故缺點不在婚姻預測本身，而在於方法。工欲善其事必先利其器，反言之，其器利者其事乃善。而且預測量表亦有其重大價值，某人了解其婚姻之成功機會雖大，仍有少數可能失敗的機會，則對之提高警覺，防止其發生。同理，明白婚姻成功機會很小的人，如在婚前，便解除婚約，以防患於未然，若已結婚，則求助於婚姻指導專家，亡羊補牢，猶不爲晚。同時預測量表又能幫助夫妻發現種種心情緊張和意見不合的根源，於是集中力量予以改進，而達成調適。

(2)預測不能用之於全盤人口

責難者謂家是私人的堡壘，外人不能任意闖入，即是正在進行訂婚或急於成家的人，迫切希望知道未來的吉凶禍福，然不得其許可與合作時，預測亦無法進行。顯然凡自願充任研究對象者，在社會經濟地位上，極大多數屬於中、上階層，其教育程度亦較一般爲高，畢業於中學或大專。研究選樣之來源有此嚴重限制，作成之婚姻預測，充其量只適合於某些人口集團而已。

此一缺點，從事於此種研究的社會學家已率先坦白承認，並未諱疾忌醫，而在利用以往各研究的累積經驗，力求改進之中。例如上述洛克的著名研究——以離婚爲失敗標準來預測婚姻，所選之樣本，即打破了中、上層的範圍，較以往任何研究爲普遍，成爲該研究之一大特色，獲得一致的贊許與倣效。孟勒(Mowrer) 有一段話說得好：「婚姻美滿是任何婚姻當事人所衷心期求者，但婚姻生活本身極爲錯綜複雜，非是一瓣心香，向神許願所能獲得，必須依賴專門知識的指導。現代社會處於劇烈變遷之中，婚姻調適日形重要，大多數人，不論其階層之高低，職業之貴賤，均由保守轉向開明。允許(甚至於自願)將其婚姻經驗，提供專

家學者作爲研究。」(註十三)此一轉變,研究者努力於擴大選樣範圍,
被研究者不再拒人於千里之外,重重障礙,逐漸淸除, 婚姻行爲之了解
日益加多,其成敗之預測必日益準確。

(3)預測婚姻未來成敗之效驗度太低

上節所述蒲、洛二氏研究一千對訂婚者, 所測得訂婚調適與婚姻
調適兩類分數之間,雖有其相關之存在,但是不大。寇伯屈曾綜計所有
的婚姻預測研究,所測得之結果與實際結果之間,其相關係數均在.6以
下。(註十四)用一句通俗的話來說,充其量只猜對了一半,並不比常識
預測高明多少。關心訂婚者或結婚者的親友,憑其了解與經驗,亦能作
出相同甚而更準的推斷,又何貴乎勞師動衆而從事於僅具美名的科學
預測呢 ?

2.　婚姻預測研究之未來發展

上述三點責難,最後一點,實難招架,預測不靈,眞是多餘。好在科
學的婚姻預測發展至今不過三十餘年, 其效驗已略勝婚姻當事人的自
我推測及其親友忠吿,已屬難能可貴。(註十五)羅馬城非一日築成,一
門學科亦非一蹴而就。婚姻成敗預測尙在開拓階段, 其具有光明遠景
者,乃在此方面的知識與經驗日在累積之中,日新又新, 寇伯屈曾將身
體保健(Physical health)和婚姻調適兩種研究的發展相提並論:「人
類自古以來, 一直祈求健康長壽。試觀往昔死亡率甚高, 平均壽命甚

註十三:E. R.Mowrer and H. Mowrer, "The Social Psychology of Marriage," American
　　　Sociological Review,16(Feb.1951),pp.27-31.

註十四:Kirkpatrick,op. cit, p.358.

註十五:Burgess and Wallin, Engagement and Marriage, Chs.16,17,pp.507-591, 詳細比
　　　較統計預測與本人及親友預測之效驗,結論謂前者略勝一籌。

短，以及瘟疫猖獗，一發不可遏止，死人無數，便能見出需要有效藥物和衛生知識之殷切。但在醫學發展過程中，各種迷信從中作梗，幸賴醫學先驅，如哈維（W.Harvey, 1578-1675）、勤納（E.Jenner, 1749-1823）、巴士特（L.Pasteur, 1822-1895）、科和（R.Koch, 1845-1910）等，奮鬥不懈，始能衝出層層阻障。時至今日，身心兩方面的病患者，完全信任科。學的醫學治療，斷殘肢體，亦唯醫生之命是從。政府並以警察力量，預防和控制疫病的蔓延。婚姻失敗所帶給人類的災難，不亞於疾病，因之吾人禱祝婚姻美滿如同企望身心健全一樣殷切。可是現今父母親友，甚至於所謂專家學者，所提供的婚前婚後的忠告，極大多數是根據一般常識而來，更有基於迷信者，如同中世紀的醫學以水蛭敷於貧血患者那樣荒誕不經。在醫藥方面，於悠悠歲月中，測量和預測的繼續發展，爲今日人類心身健康的控制，鋪下前進的路基；在婚姻方面，亦將發展一系列的相同進展過程，由測量、而預測、而控制。換言之，婚姻調適研究，將必與現代醫學媲美。」（註十六）

　　婚姻成敗預測所設計的量表，並非用以作爲男女建立婚姻的唯一根據，而排除男女交往和擇偶的正常過程。其主要目的是幫助訂婚或已婚者，於疑難之際，決定取捨，知所趨避，以增多成功機會和減少失敗機會。預測量表除了對婚姻當事人有很大幫助之外，婚姻指導所可以用作甄別個案的工具，儘先指導急需幫助之案主。指導員在分析該個案之時，將該個案的預測資料，與其他多數的個案相比較，減少本身的主觀意見，找出該個案的問題關鍵，於是給予案主以客觀的指導。

　　人類行爲的科學預測，早已應用於學業成績、職業調適、人員甄選、假釋觀察等，成效卓著，而婚姻是男女締結而成，兩個不同人格的互動，自然比一個人的行爲模式要複雜得多，其科學預測，發展伊始，效

註十六：Kirkpatrick, op. cit.,p.359.

驗便超過常識預測,是一種可喜的現象,而譏之爲純屬空談,無補於實際的「紙上測驗」(Paper-and-pencil test),似嫌過份。何況科學是能夠不斷進步的,在此爲科學的「婚姻成敗預測研究」作「預測」:勝算在握,成功可期。

第九章 影響婚姻成敗之因素

第一節 婚姻預測之科學假定

1. 根據辨明之因素進行預測

　　婚姻未來成敗的科學預測,所用之方法,不論是個案研究法或統計法,都有一個共同的假定:婚前婚後某些有關因素影響婚姻之成敗,於是根據這些因素來進行預測。上章曾指出婚姻的科學預測,其效驗度僅稍勝於親友及當事人的常識預測。幸而科學研究在日新月異地不斷進步。截至目前止的科學的婚姻研究,在預測未來成敗方面,如凱文(Cavan)所云者,已能分辨許多影響婚姻成敗的因素。(註一)在不到半個世紀的短短期間內,能有此成就,確是值得人欣慰。再以此為基礎,繼續增多對影響因素的了解,也就是加強對婚姻的控制。

　　婚姻是一種非常複雜的社會現象,其成敗在不同時期、不同社會和不同階層,受不同因素的不同程度的影響。因此影響因素為何?其影響程度又如何?這些問題都是我們想急於要知道的。

註一:R.S. Cavan, The American Family, New York: Thomas Y. Crowell Company, 1959,
　　　p.459.

2. 通常揣度婚姻失敗之實例

　　一件失敗的婚姻,常引起關心者種種不同的揣測,並用種種不同的因素為之解釋。茲舉發生於<u>美國</u>某鎮的一個實例:(註二)

　　<u>約翰</u>於二十七歲時與二十三歲的<u>蓓蒂</u>結為夫婦,建新居於<u>約翰</u>生長的小鎮上。<u>約翰</u>出身於小康之家,獨生,幼聰穎,且勤學,成績冠於同儕。父母愛其為可造之資,節衣縮食,送之至遠城一技術專校深造。畢業後在某大製造廠實習。藝成返鄉,為本鎮某小工廠所聘用,負責製造一種高級產品。他在教堂聯誼會中邂逅<u>蓓蒂</u>,互相愛慕。<u>蓓蒂</u>有兄妹三人,父母俱存,家庭高尚。於<u>約翰</u>負笈他鄉之時,舉家遷來此鎮。她秉性嫻靜,喜愛家務,中學卒業後,未升學,在某商店工作。二人交往兩年後結婚,生育子女各一。婚後十年分居,逾二載離婚。

　　說來<u>約翰</u>和<u>蓓蒂</u>是很理想的一對,在家庭背景、教育程度、年齡等方面,都可以說配合得當。結婚之初,小鎮上人人稱羨,結果竟然由分居而離婚,真是出人意料,箇中真象如何?當事人諱莫如深,更增加幾分神秘。小鎮居民紛紛揣度,提出許多不同的解釋:

　　(1)<u>蓓蒂</u>的牧師:<u>約翰</u>從不與<u>蓓蒂</u>一同上教堂,也不幫助她照顧子女。他根本不是一個好丈夫,以致造成婚姻的不幸。

　　(2)精神病學家:<u>蓓蒂</u>情緒不成熟,應負婚姻破裂之責。

　　(3)醫生:他們由反目而終告仳離者,主要是由於性的不調適。

　　(4)「現代文獻」涉獵者:因為<u>約翰</u>是獨生子,有戀母症 (Mother fixation),他幾乎天天去探望母親,對<u>蓓蒂</u>卻漠不關心。

　　(5)<u>約翰</u>的老闆:<u>約翰</u>年輕聰敏,熱衷於科學研究,前程遠大,而<u>蓓蒂</u>學識落後,在興趣上不能與<u>約翰</u>相配合。

註二:例見 J.H.S.Bossard and E.S.Boll,Why Marriages Go Wrong,New York: The Ronald
　　Press Company, 1958,pp.17-18.

(6)約翰的女友：蓓蒂是母牛型女人，除了烹飪、洗濯和照管孩子之外，對其他事情都不感興趣，而約翰在學問和事業上不斷上進，彼此的距離逐漸增大，終於成爲不能跨越的鴻溝。

(7)鄰居老者：約翰、蓓蒂婚姻的破裂，應歸咎於大專學校的年輕教授，他們把新的一代領上了歪路。

(8)年長鄉紳：各種固有的社會價值，不再受人尊重，造成了現代婚姻的眞困難，約翰和蓓蒂即是一個好例子。

上述八種解釋，見仁見智，均言之成理。這件失敗的婚姻，是發生在美國現代社會中層階級白人之中，如果發生在我國現代社會(在往昔的傳統家庭中是不可能發生的)，當然這些解釋難以全部適用，但在另一方面，會有人提出若干新的解釋。

3. 影響婚姻成敗因素之分類

同一個問題，在普通人 (Laymen) 和科學家的眼中，卻成爲兩種不同的現象。以婚姻之成敗而言，普通人是訴諸主觀的和情緒的願想 (Wishful thinking)，成功者羨其天賜良緣，同諧到老，失敗者則嘆其命途蹇剝，人力難勝。總之好歹是一個「緣」。我國相傳月下老人是司男女結緣之神。續幽怪錄載：唐韋固旅次宋城，遇老人荷囊而坐，向月檢書。問囊中赤繩何用？答云用此繩以繫夫妻之足，雖仇家異域，繩一繫之，亦必好合。我國俗稱媒妁爲「月老」者，即源於此。以「緣」爲經緯而編成之民譚(Folk talks)，在我國是多得難以數計，爲人所津津樂道。研究婚姻的專家學者，則非如此，而是運用個案的、統計的、臨床的和實驗的方法與技術，作客觀的研究，以得出一些通則(Generalizations)，例如辨別影響婚姻成敗的因素，即爲其中之重要者。這些因素，衆多而複雜，犬牙交錯，像一團亂絲，必爲之分類，茲作兩種畫分

法:第一種以婚姻當事人爲基準,分爲個人特質與社會背景兩部分,第二種以婚姻典禮爲界線,分爲婚前因素與婚後因素,分別在下面第二和第三兩節中討論之。

第二節　個人特質與社會背景

1.　心理學家、精神病學家和醫生重視之個人特質

個人特質甚多,僅就心理學家、精神病學家和醫生所著重者分述於後:

(1)心理學家重視之人格要素

心理學家推曼(Terman)等在婚姻幸福之心理要素一書中,列舉233個人格要素,其中有 140 個有利於婚姻調適。這些人格要素表現於態度、興趣、愛憎、情緒反應、特殊意見、習慣模式等。推曼研究 792

對夫妻所得之結論是:某些人成年後結婚,在其人格要素中已存在著快樂與不快樂的傾向。茲從其結論中扼要舉出此二類傾向的人格要素:

A.快樂的人格要素

夫:(1)平均穩定,以合作的態度對人,(2)傾向不自私,在團體關係中發揮創造力與責任心,(3)與上司融洽相處,對屬下仁慈和藹,(4)工作專一仔細,(5)節儉,(6)保守。

妻:(1)心境寧靜,不爲極端情緒反應所苦惱,(2)自信力強,但能接受逆耳忠言,(3)任勞任怨,工作踏實,(4)樂觀,利用全家郊遊、教育性影劇、私人通訊等普通方式來宣洩胸中鬱結,(5)和藹合作,(6)關心他人,特別是需要幫助的弱小老幼。

B.不快樂的人格要素

夫:(1)煩躁不安，對團體意見有敏感性之反應,(2)儘量躲避測驗能力之場合,以免與他人一較高低,而對能力較弱之人卻擅作威福,(3)好幻想，在白日夢中求滿足,(4)工作習慣龐雜而不專一,(5)不喜存錢財,愛好賭博,(6)態度常趨於極端。

妻:(1)情緒容易衝突,常喜怒無常,(2)憂鬱沮喪,(3)缺少自信心,過分容易反應他人的批評或統治,(4)不能從事精確而勞苦的工作，反覆無常，避難就易,(5)作事既無計劃，又無方法,(6)傾向以自我為中心。(註三)

(2)精神病學家重視之情緒擾動

晚近精神病學家之工作範圍，已超越精神病院而跨入少年犯罪、學生品學不良、工業效率低落、婚姻失調等領域。婚姻關係之不能調適,主要是各種情緒擾動(Emotional disturbances)所造成的,而其中以情緒不成熟(Emotional immaturity)之影響最大。(註四)依正常現象,心理與生理二者應同時發展,可是某些人的年齡已屆成人，而情緒尚滯留於幼稚階段,童心未泯,所行所為，類似孩童。他們感覺不滿足,卻不明瞭所不滿足者為何。他們既不能了解自己，又怎能了解他人？婚前夫或妻之情緒發展未臻成熟,婚後應由雙方共同負擔的責任,卻加諸一方肩上,自難負荷,造成婚姻失調,如果雙方情緒均不成熟，情形當更惡劣。凱文(Cavan)從個案研究中,舉出幾種緒情不成熟所形成的情境:(1)夫風流自賞,偷晤女友,妻則炫耀青春,搔首弄姿，招蜂引蝶,

註三:參閱: (1)L. M. Terman, et al., Psychological Factors in Marital Happiness, New York:McGraw-Hill,Chs.6,7,(2)Cavan,op.cit.,pp.427-428,(3)龍冠海著,社會學與社會問題論叢中之家庭研究之發展,正中書局,民國五十三年,第一二九至一四一頁。

註四:Bossard & Boll. op. cit.,p.23.

雙方的情緒尚滯留於男女求愛的階段。(2)妻爲打雷或割破小指,大驚小怪，要求其夫擱下正經工作留家陪伴。(3)婚後留戀父母的寵愛,以配偶爲其替身,重溫「嬌生慣養」的舊夢。(4)妻細心護理嬰兒,引起夫之嚴重嫉妒。(5)婚後夫戀母不捨,常回至母親裙邊,吃她親手烹調的菜,睡她親手安排的床舖。(註五)情緒不成熟的例子太多,凱文僅舉其犖犖大者,但從此可以概見其餘。

(3)醫生重視之性

飲食男女,乃人之大欲,而性的正當滿足, 必須透過婚姻關係。有此性的存在, 使得婚姻迥然有別於其他任何社會關係。有人說婚姻是公開允許男女發生性行爲的執照。(註六)醫生在家庭此一領域內顯露其崢嶸頭角者, 其原因即在於此。美國家庭指導協會(American Association of Family Counselors) 的顧問中,過半數擁有醫學博士頭銜。他們非常重視婚姻關係中各種性因素, 如性行爲之身心障礙、性之失調、雙方或一方無生育能力、避孕、性機能永久或暫時疾病等,均能嚴重破壞婚姻之幸福。

夫妻交媾,端賴乎正常的器官結構與運作能力。然性慾強弱,人各不同, 其差異之造成,由於先天生物基礎, 抑是後天習得態度,尚不可知。依推曼之研究,概言之,夫婦交媾次數愈多者,婚姻愈美滿,但例外不少。推曼對例外之解釋是: 有些夫婦之交媾,非由於情濃意密,而是純憑生理衝動與習慣行爲,即是爲交媾而交媾。(註七)

往昔將性視爲罪惡、污穢或神秘,自十九世紀以後,性態度開明得多了,大多數人認爲夫妻交媾是一種自然和建設的經驗,但仍有少數人

註五:Cavan, op. cit.,pp.426-427.

註六:W.J.Goode, The Family, New Jersey: Prentice-Hall,Inc.,1964,Ch.3,pp.19-30.

註七:Terman, et al.,op.cit.,pp.227-230.

予以蔑視和控制。一般說來，夫較積極，妻較消極，此與男女童年之性訓練有關。在妻的態度中含有抑壓和克制，婚後交媾，畏首畏尾，縛手縛腳，不敢自由自在地享受性的滿足，通常所謂「性冷」(Sexual frigidity)，非爲婦女之性無能，而由於「慾力不足」(Dificient libido)，生理反應局限於一隅，未能出現興奮高潮(Orgasm)。性冷者雖然照常交媾，只是被動地忍受，但缺乏主動的強烈的反應。有些婦女兒女成行，婚姻也相當美滿，卻從未體會過興奮高潮。她們自幼所接受的訓誡，謂婚後與夫交媾，是克盡妻職，而非貪圖歡樂。心理上既無此企圖與準備，一旦出現興奮高潮，不以爲快樂，反以爲羞恥。近數十年來，性的「道學」(Prudery)面幕已被揭去，予以公開討論與研究，男女有機會獲得充份的性知識，在生理反應方面，並駕齊驅，共效于飛之樂，於是「興奮高潮」一詞，成爲夫妻交相滿足的表徵。

2. 夫妻個別特質之配合

　　以上指出心理學家、精神病學家和醫生所重視的個人特質。但婚姻是複雜的現象，夫妻之調適或失調，成功或失敗，牽涉到許多方面，個人特質僅是其中重要的一面而已。例如離婚乃明白代表婚姻之失敗，可是不同的社會有高低不同的離婚率，即在同一社會，不同的社會經濟階層，其離婚率之高低亦相差懸殊，顯然這不是個人特質所能圓滿解釋的。(註八)

註八:參閱 A.B.Hollingshead, "Class Differences in Family Stability," The Annal of the American Academy of Political and Social Science, Nov.,1950,p.46,(2) J.Roth & R.Peck, "Social Class and Social Mobility Factors Related to Marital Adjustment," American Sociological Review, Aug.1951,pp.478-487,(3)W. M. Kephart, The Family,Society,and the Individual,Boston:Houghton Mifflin Co., 1961,pp.494-500.

　　而且個人的某一特質，因他人的不同的態度而獲得不同的評價。例如某人所堅持之立場為他人所贊成者,則許之為意志堅強,為他人所反對者則譏之為秉性頑固。夫妻是兩個不同人格的結合,若雙方的人格特質配合不當,即使均有利於婚姻調適,亦難收美滿之效,反之,若配合得宜,剛柔相調,寬猛相濟,原本不利於婚姻調適之特質一變而為有利。我國古藉文苑載:<u>西門豹</u>和<u>范丹</u>皆性急,均佩韋以自寬;<u>宓子賤</u>和<u>董安于</u>皆性緩,均佩弦以自急。假定此四人所娶之妻,分別具有相反之人格特質,即需韋者得韋,需弦者得弦,則收相調相濟之效,而為天成之佳偶。反之,妻若具有相同之人格特質,即需韋者不得韋而得弦,需弦者不得弦而得韋,則琴瑟不調而成怨偶。

　　晚近<u>美國</u>社會學家<u>溫奇</u>(Winch)所提出的「擇偶之需要互補說」(The Theory of Complementary Needs in Mate Selection),受到廣泛的重視。他的學說是根據<u>莫萊</u>(Murray)的「心理需要概念」(Concept of psychological needs)發展而成。<u>莫萊</u>為「需要」所下之定義是:「需要是一種構意(A construct), 代表一股力量,將知覺、統覺、理智、意動和行動組織起來,循著某一方向,以改變現有的不滿意的情境。」(註九)於是<u>溫奇</u>從「需要」的觀點以解釋「愛」。他說:「愛是發動愛的那個人在人際關係中所經驗的積極情緒。在此人際關係中,被愛上的那個人之被愛上,是由於下列兩種情形之一:(1)滿足前者某些重要的需要,(2)表現某些個人特質,如美麗、技能、地位等,為前者(或連同本人)所高度重視。」(註十)

註九:H.A.Murray,et al.,Exploitations in Personality, New York: Oxford University Press, pp.123-124.

註十:Robert F.Winch, The Modern Family, New York: Holt,1952, p.333.

　　依溫奇之意,男女之擇偶,　即是發現本身需要之滿足。他說:「男女於擇偶過程中,各在候選者範圍內,尋找能予其需要以最大滿足之對象。」(註十一)他列舉個人在情緒方面十二種需要:

　　(1)謙卑(Abasement)之需要——屈服或順從他人,　接受他人之批評、非難或處罰,向他人抱歉、認罪或贖罪。自貶之極,便成了被虐待狂。

　　(2)成就(Achievement)之需要——克苦耐勞,自強不息,努力儘速辦好難事。

　　(3)接近(Approach)之需要——和平近人,易於和樂於與他人發生互動。

　　(4)自主(Autonomy)之需要——抵抗他人之影響或強制,對權威挑戰或向新處尋求自由,自高自大,我行我素。

　　(5)敬服(Deference)之需要——仰慕並願跟隨一位領導者,　與之合作,愉快地爲之服務。

　　(6)統治(Dominance)之需要——養尊處優,喜歡發號施令,處處想影響和控制他人的行爲。

　　(7)敵對(Hostility)之需要——作爲異於他人,獨特不群,持不依慣例之意見,站在反對的一邊,攻擊、傷害或殺戮他人。

　　(8)養育(Nurturance)之需要——對無依無靠之人或弱小之動物表示同情,給予幫助或保護。

　　(9)贊揚(Recognition)之需要——顯示或誇張己身之成就,以引起他人之誇獎和稱贊。力求榮譽、社會聲望或高層地位,以贏得他人的尊敬。

　　(10)性(Sex)之需要——希望與他人發生色情關係和性慾行爲。

註十一:Robert F.Winch,Mate Selection, New York: Harper & Brothers,1958,pp.88-89.

(11)爭取地位(Striving status)之需要——不滿足於現狀，力爭上游，以獲得更高的社會和經濟地位。

(12)求助 (Succorance) 之需要——尋求他人的幫助、同情、愛憐、寵愛或保護，常對養育之雙親依戀不捨。

茲爲具體說明溫奇之學說，假定男女雙方互相求偶之時，其需要之滿足有兩種方式：

A.二人之需要不同，如甲有贊揚之需要，乙有敬服的需要，彼此互相滿足之。

B.二人之需要相同，但强度有別，如甲有高度之統治需要，乙有低度之統治需要，彼此仍能互相獲得滿足。

總之，溫奇學說的基本假設是：男女於擇偶過程中從特殊需要模式(Specific need-pattern)中獲得最大滿足之時，雙方之個人特質是異質的互補。(註十二)

3. 社會學家重視之社會背景

社會學家探究影響婚姻成敗的因素，從範疇人格和創造情境的社會背景著手。如將社會背景比作林，個人特質則是林中之樹。社會學家以明瞭全林之一般性質爲首要，而某樹之特殊情況屬於次要。易言之，社會學家探究自遠者大者以迄乎近者小者，即從社會到個人，從背景到問題。所最重視者有兩方面：

註十二:See T.Ktsane and V.Ktsane. "The Theory of Complementary Needs in Mate-Selection," in R.F.Winch,et al.(eds.),Selected Studies in Marriage and the Family,New York: Holt,Rinehart and Winston, 1962, pp.517-532.

(1)社會變遷與家庭制度變遷

近百年來家庭制度經歷許多重大變遷，並在繼續之中。涂爾幹 (Durkheim)提出「家庭縮小律」(Law of contraction)，謂核心家庭從擴大家庭解放出來，在工業文明之中，高據優勢。(註十三) 林頓 (Linton)認為工藝技術的演進(Technological evolution) 增加空間流動與社會流動，於是造成血緣家庭(Consanguine family)之衰落，夫婦家庭(Congugal family)之興起。他說：

「強大的血緣家庭，予成員以高度的經濟安全，但也附加了許多重大義務。當安全之價值低於應盡義務所付代價之時，個人寧願犧牲安全以逃避義務。明言之，無親屬關係比有親屬關係更有利於個人發展之時，個人便會捨棄親屬關係。近百年來，工業經濟加多個人的生活機會，為血緣家庭帶來致命打擊。空間活動不斷增加，為個人新闢許多安身立業的場所，加以交通工具日新月異，瞬息千里，凡具有雄心壯志者，輕易離開血緣家庭，遠走高飛到他處以求發展。」(註十四)

註十三：涂爾幹的「家庭縮小律」見R.Koenig, "Old Problems and New Querries"，該文是 Koenig 於一九六五年九月在日本東京召開國際社會學會的「家庭社會學討論組」所提出。Koenig,德國人，現任國際社會學會會長。引用「家庭縮小律」，旨在修正。謂擴大家庭與核心家庭兩者古已有之，今亦並存，並非如涂爾幹所說的互相排斥。而核心家庭之所以普遍，亦非如涂爾幹所解釋的是工業技術化所造成的結果，尚有其他許多因素。但是Koenig 承認古代社會以擴大家庭占優勢，現代社會則由核心家庭取而代之，即是家庭趨於縮小。

註十四：R.Linton, "The Natural History of the Family," in R.N.Anshen(ed.),The Family: Its Function and Destiny,New York: Harper & Brothers, Publishers, 1959,pp.30-52.

　　現代家庭的基本功能,幾乎全由家庭以外各種機構取代,如工廠之生產,學校之教育,教堂之宗教活動,醫院之治療,少年法庭之管教,福利機關之照料矜寡廢疾者等,結果所剩餘之功能,誠如林頓所說的,僅滿足個人心理方面的三種主要需要: (1)親愛 (Affection), (2)安全(Security),(3)情緒反應(Emotional response)。(註十五)因此現代婚姻不如往昔之持久,脆如窗上玻璃,輕敲即裂。烏格明(Ogburn)於1947年函請美國十八位家庭專家以不署名方式提出十項晚近美國家庭的重大變遷,併其辭異意同者,共計63項,其中僅有一項是全體一致提出者,即是離婚率上增。(註十六)

　　據林頓的分析,血緣家庭的崩潰,使三種鞏固婚姻關係的控制力消失殆盡:

　　A.家族控制力──婚姻破裂,對血緣家庭而言,損害其利益,破壞其團結,玷辱其聲譽,故家長與全體家人運用種種的壓力以維繫之。而夫婦家庭無懼乎家人之譴責,以及斷絕家屬關係而招致之經濟危險,於是分居或離異,為所欲為。

註十五:同註十四。

註十六:見 W.F.Ogburn and M.F.Nimkoff, Technology and the Family,New York: Hough-
　　　　ton Mifflin Company,1947,pp.4-8。在六十三項中,三人以上共同提出者有二一項,
　　　　列舉如下:①離婚率上增, 十八人,②夫權威下落,十二人,③妻就業增加, 十一人,④
　　　　婚前婚外性交增多,十一人,⑤家人之個人主義和自由增加,十人,⑥家庭人口減少,十
　　　　人,⑦保護功能轉移,十人,⑧教育轉移,八人,⑨節育傳播推廣,七人,⑩娛樂轉移,七
　　　　人,⑪生產功能轉移,七人,⑫子女扶養老年父母之態度變壞, 五人, ⑬流動性
　　　　(花在家外的時間)增加,五人,⑭宗教轉移,五人,⑮宗教婚姻減少,非宗教婚姻增
　　　　多,四人,⑯家宅機械化,四人,⑰羅曼斯(愛和快樂)更受重視,三人,⑱老年人
　　　　家庭加多,三人,⑲向專家請教問題的興趣增加,三人,⑳性方面興趣加, 三人,婚
　　　　姻教育加多,三人。至於二人或一人所提出之項目則從略。

　　B.社會控制力——鄉村社區範圍小,居民彼此經常接觸,出入相友,守望相助,疾病相扶持,關係深入而密切。離婚或分居,均為人所不齒,無人敢冒不韙。反觀都市生活,人口密集,置身其中,姓隱名匿,比鄰而居者,亦鮮通往來。私人生活,不受干擾,小社區那種社會放逐(Social ostracism)不復存在。凡不贊成離婚分居之熟稔親友,設法避免會面,故我行我素,無所忌憚。

　　C.家庭功能控制力——血緣家庭是家人各種重要活動之中心,其與個人之關係,猶水之於魚。魚無水則斃,個人脫離家庭亦難生存。而現代都市能供應一切生活必需之物,且比家庭更為便利。家庭經濟組織,在農業時代,雖是夫妻合作,而妻則處於依附地位,於今都市為婦女創造許多就業機會,經濟可以獨立。性的滿足,一向只能從夫妻關係中獲得,現在性觀念的改變,避孕知識的普及,以及人際關係的膚淺,於是發生婚外性行為而能躲避嚴厲的制裁。(註十七)

　　(2)婚姻當事人的家庭背景和童年生活

　　社會學家湯麥史(W.I.Thomas)指出兒童在業已範定的情況中發覺自己之存在,他所應遵守的行為規範,早由其所屬團體為之訂立。溫氏稱此為「情境釋義」(Definition of the situation),在其失調少女(The Unjusted Girl)一書中有云:「小孩一到能夠自由活動,學步學語之時,父母開始用語言、記號和壓制為之範定各種情境……孩子的願望和活動開始被這些釋義所限制,由家庭而遊伴、而學校、而正式教育、而非正式的可否表記,如此孩子在成長過程中學得社會的行為規範。」(註十八)

註十七:同註十四。

註十八:參閱朱岑樓譯,社會學(S.Koenig原著),協志出版公司,民國五八年八版, 第五二至五三頁。

　　社會心理學家米德(G.H.Mead)謂個人主要經由社會互動而認識本身，扮演他人角色而獲得我像。最初是扮演「特殊他人」(Particular others)，如父親、母親、郵差等，往後擴大範圍到「概化他人」(Generalized others)，孩子置自身於他人的地位，演出其角色，於是對自己採用一種局外人的看法。(註十九)

　　精神分析學創始者佛洛伊德 (Freud) 將人心 (Human mind)分為三部份：(1)本我(Id)──只關心個人的動物性之滿足，(2)自我(Ego)──慾望和行動間的中保，於必要時壓制本我的生物要求，(3)超我(Super ego)──將社會的行為規範和觀念揭示給自我，再由自我干預本我。各人之超我，是其父母所具有的是非標準之反映。父母對子女之耳提面命，諄諄教誨者，即是向子女灌輸這些是非標準，子女經由證同作用(Identification)而成為己有。(註二○)

　　因此社會學家之研究婚姻，非常重視當事人的家庭背景和童年背景，而其個人特質則退居次要。蒲薩特(Bossard)有云：「家庭之快樂與否，乃家庭遺產之一部份。出身於快樂家庭者，自己所建立之家庭亦是快樂的。易言之，家庭之快樂與否，都是一種生活方式，置身其中，耳濡目染，潛移默化。就快樂而言，有幾方面特別重要：子女依慕父母，家人上下和樂相處，並與家外的人建立和諧關係 ── 主要表現於教堂、鄰閭、社團等的活動之上。一個快樂的家庭能使本身延續下去，不快樂者亦然。」(註二一)

註十九：H. G.Mead, Mind,Self and Society,adapted in L. Broom and P.Selznick,Sociology,4th ed.,New York: Harper & Row, Publishers, Inc.,1968,pp.94-98.

註二○：參閱朱岑樓譯前書，第五四至五五頁。

註二一：Bossard & Boll, op.cit.,pp.29-30.

　　出身於愉快家庭的兒童容易和他人相調適，反之則難。有人研究幼稚園兒童的行為與其父母的婚姻有高度的相關。二十二對婚姻不美滿的夫妻中，有二十對的小孩，其行為是失調的，而十一對婚姻美滿的夫妻中，有十對的小孩，其行為是良好的。(註二二)

　　每人可以說是一面社會鏡子(Social looking-glass)，其生活背景從鏡中歷歷可見。人格是社會環境(Social setting)的產物。不同人格有其不同的態度、興趣與價值。往昔擇偶，有一個重要條件——門當戶對，乃來自累積的經驗，確有道理，現已獲得科學研究的證實。所謂門當戶對，即是雙方具有相同的社會背景，其主要部份是教育程度、經濟地位與社會階級，在西方則加上宗教信仰。背景既同，所接納的理想與實際(Ideas and practices)亦同，即在態度、興趣和價值三方面趨於一致，大有利於婚姻調適。

　　綜合言之，婚姻研究者常因立場不同，而有所偏，但婚姻本身非常複雜，受到多方面的影響，故應對個人特質與社會背景此二類因素，兼顧並重，不分軒輕，才能為婚姻成敗作出正確的預測。

第三節　婚前因素與婚後因素

1. 婚前婚後影響因素之綜合分析

　　結婚將來自不同的「生長家庭」的男女二人，組成一個「生殖家庭」，於是此一婚姻的未來成敗受到婚前婚後許多因素的影響。這兩類因素究竟共有多少項？何者有利於婚姻？何者不利於婚姻？又有利或不利到甚麼程度？這些問題很難確切回答，但又是人人所迫切希望

註二二:參閱龍冠海著前書,第一三九至一四〇頁。

獲得答案的。有關此方面的研究，以美國的社會學家和心理學家所表現的成績最爲優異，近半世紀來，出版有關婚姻調適及其成敗預測的研究論著，有如雨後春筍。並有不少學者將其研究結果加以綜和比較，鉤玄撮要，極有價值，這也是目前能夠回答上面這些問題的最佳答案。本節特引述美國兩個權威的綜合分析。

2. 蒲、洛二氏之綜合分析

最先爲婚前與婚後各種影響因素作綜合分析的是蒲其斯和洛克(Burgess and Locke)。二氏蒐集十八個有名的研究，得婚前因素73項，婚後因素43項，一般說來，這些因素均有利於婚姻調適，但在大小程度上，各研究所指陳者則頗不一致：(註二三)

A．婚前因素

(1)認識——婚前應有充分的認識，其時間之久暫，則從六個月到六年，說法不一致。

(2)配合——人格互相調合，特別是別人認爲他們配合得很好。

(3)婚前親愛表示——有說要很強烈，有說作適度的表示即可。

(4)結婚年齡——男女均爲二十至二十九歲之間。

(5)年齡相差——男大於女一至十歲，同年亦可。

(6)依慕父親——男女均應與其父親有密切或很密切的關係；另說此因素不生影響。

(7)依慕母親——男女均應與其母親有密切或很密切的關係；另說此因素不生影響。

(8)依慕父母之一方——女不應與父母之任何一方過於親密難分。

註二三：E.W.Burgess and H.J.Locke, The Family,2nd ed.,New York: American Book

　　　Company, 1960,Table 11 and 12,pp.408-429.

(9)依慕兄弟姊妹——男不應依慕兄或妹,女不應依慕弟;另說女之依慕與否無關。

(10)明白嬰兒來源之年齡——女十二至十六歲。

(11)兄弟姊妹——女最好有兄或弟,另說不論男女有無性別相異之兄弟姊妹均無關。

(12)盼望生育子女——男女均盼望子女之來臨。

(13)宗教活動——參加宗教團體,男四年或以上,女兩年或以上。

(14)上教堂——每月男兩次或以上,女四次或以上。

(15)所屬教會——男女均是教徒,最好屬同一教會。

(16)相互信任—— 一切都信任對方。

(17)與父之衝突——稍有,最好全無。

(18)與母之衝突——稍有,最好全無。

(19)男女之婚前衝突——稍有,最好全無。

(20)遵從習俗——高度保守態度,依習俗行事。

(21)求愛時期——九個月至三年。

(22)與異性約會——女反對男另有約會。

(23)父母管教——公平,嚴格而不嚴厲,間或施以輕微處罰。

(24)煙酒——男不喝酒,不抽煙。

(25)教育程度——高中至大專,最好男女相等。

(26)教育程度相差——男高於女,但是不要相差太大,尤其女不要高於男。

(27)父親教育程度——大專;另說無關係。

(28)情緒穩定——良好,穩定。

(29)就業久暫——男每就一業能維持十五個月或以上。

(30)就業經常性——穩定少變動。

(31)妻就業——經常。

(32)訂婚期間——三個月至兩年;另說長短無關。

(33)門第高低——高門第。

(34)門第差異——等第相同,門當戶對。

(35)婚前男友——男女均有若干或許多男友;另說與此無關。

(36)婚前女友——女有若干或許多女友,男有若干或許多女友,但未發生超友誼關係;另說與此無關。

(37)未來阿翁及岳父——感情融洽。

(38)未來阿姑及岳母——感情融洽。

(39)童年快樂——快樂或很快樂。

(40)父母婚姻——幸福或很幸福。

(41)健康——良好;另說無關。

(42)身高——男不高於女十二吋或以上。

(43)婚前收入——只要有收入,不拘多寡;另說中等。

(44)父親收入——中等或以上。

(45)休閒活動——男女均願意留在家裡,而家外活動則大多數男女共同參加。

(46)父母婚姻狀況——未離婚或分居,即不幸有此情況,要發生於子女八歲以後;另說與此無關。

(47)結婚場所——教堂、牧師家或父母家。

(48)證婚者——牧師、神父或祭師。

(49)初次會面地點——非舞廳、私人或公共娛樂場所, 亦非偶然結識。

(50)社團參預——參加一至三個社團;另說與此無關。

(51)智力——雙方感覺智力相等;男不能自覺遠勝於女,女不能覺

得男比自己爲低;此與童年之智商無關。

(52)宗教混合——雙方最好屬於同一教會或宗教。

(53)以男人觀點看男方母親之外形美——中等或以上。

(54)月經初來——女十二歲前。

(55)職業——男白領工作者、專門職業、工商企業、人事服務等,女則教員或類似之工作;另說與此無關。

(56)出生次序——男女均非獨生;如男爲獨子,勿與獨女結婚;另說與此無關。

(57)父母對婚事態度——獲得父母的同意。

(58)擁抱撫摸——女無;另說無關。

(59)男之體型——與女之父酷肖或有幾分相像。

(60)女之體型——男認爲與其母相類似。

(61)生長於都市或鄉村——鄉村或小鎮;另說無關。

(62)家庭宗教訓練——最先在家裡接受宗教訓導,父母未爲宗教教育或道德問題而發生爭執;女所受之宗教訓練要比男更爲嚴格;另謂與此無關。

(63)儲蓄——女認爲男要有若干儲蓄,男確應有若干儲蓄。

(64)成爲相反性別之期望——雙方應以本身之性別爲滿足,男不要想作女人好,女不要想作男人好。

(65)性指導——相當充分。

(66)性別相異之父母之性吸引力——中等或以上。

(67)婚前性態度——普通或很感興趣。

(68)婚前性行爲——女無,男無或不多,或只與未婚妻相交媾。

(69)父母對子女童年性好奇之反應——坦白,不加以壓制。

(70)性知識來源——父母、教師和書本。

(71)性震驚——女在十至十五歲時未曾發生；另說無關。

(72)群性——男不孤僻。

(73)上主日學——十至十四年。

B．婚後因素

(1)配合——人格互相調和，別人認爲他們配合得很好。

(2)節育方法——信任避孕，與方法無關。

(3)盼望生育子女——無子女時，夫妻均盼其來臨；妻想生四個或更多；另說與此無關。

(4)已生子女——尚無或一個子女；多數研究發現無關。

(5)上教堂——每月夫兩次或以上，妻四次或以上；另說無關。

(6)所屬教會——夫妻相同。

(7)婚後所居社區大小——鄉村或小城。

(8)行動衝突——夫妻雙方行動未生齟齬，彼此對婚姻亦無抱怨。

(9)夫之經濟能力——妻很滿意。

(10)經濟情況——自置或準備購買住宅，家庭必需器具不缺，未負債或負債甚少。

(11)就業久暫——妻口述夫之現職已持續兩年以上。

(12)就業經常性——夫未失業，或失業未超過一月即再就業。

(13)職業種類——夫之職業與妻之理想符合或相近。

(14)妻就業——妻就業，夫贊成；另說妻就業與否無關。

(15)夫妻平等——認爲對方優越或抱平等觀念。

(16)恐懼懷孕——不要影響性行爲快感；另說無關。

(17)遭遇困境之感覺—— 不感覺孤獨、悲慘、煩躁、憤慨、自卑、不安全，或受傷害，並不遷怒於對方。

(18)男性朋友——夫說妻有許多，妻說自己有若干或許多。

(19)女性朋友——雙方均有若干或許多。

(20)共同朋友——若干或許多。

(21)健康——良好;另說無關。

(22)妻管家——滿意。

(23)收入——足夠維持家用;另說無關。

(24)收入處理——量入為出,不負債,即使借款, 在五年之內亦得少於三次。

(25)與雙方家人同居之態度——夫願意,妻不反對。

(26)婚後居住——非妻居夫居,而是新居。

(27)嫉妒——不要表示。

(28)婚後年數——至四年;另說多寡無關。

(29)智力——雙方感覺相等。

(30)職業——夫之職業是社會所許可者,穩定且帶來經濟安全。若夫從事專門性職業,則妻之職業對其婚姻無關係。妻希望夫從事專門性或半專門性職業,而非家事服務。

(31)人格特質——不要過分敏感和有自卑感。

(32)住宅類別——獨門獨戶。

(33)定居年數——兩年或以上。

(34)儲蓄——有少許。

(35)性交次數——能配合實際需要。

(36)性交——很少遭遇對方拒絕,自己未與配偶以外之人發生,也不懷疑對方有婚外性行為。

(37)性交高潮——具備產生興奮高潮之充分能力,其發生應不少於全部性交次數的百分之二十;另說無關。

(38)性之保守——輕度謹嚴,些微羞怯,但夫不要認為妻是古板守

舊的。

　　(39)性慾强弱——雙方相等或相差甚微;妻不高興夫性慾衰弱。

　　(40)性快感與滿足——雙方稱心如願,最低求其互不抱怨。

　　(41)睡眠安排——同房。

　　(42)群性——平易近人。

　　上述婚前婚後兩類因素,據蒲、洛二氏之分析:婚前因素73項中,有51項(69.9%)出現於兩個或更多的研究中, 餘22項(30.1%)僅在一個研究內出現。又73項中有16項(21.5%)由某研究認出其重要性,但在他研究發現與婚姻成敗無關。婚後因素43項中,有33項(76.7%)出現於兩個或更多的研究中,餘10項(23.3%)僅在一個研究內出現。又33項中,有10項由某研究認出其重要性,但在他研究發現與婚姻成敗無關。

　　二氏並謂婚後因素中某些是婚後出現之情況,例如子女之生育與否、住宅之自有與否、夫之就業或失業等。又謂婚後因素中的人格特質、期望生育子女、嫉妒等,已存在於婚前因素之中。(註二十四)

　　在蒲、洛二氏所綜合分析的十八個研究中,以下列三個最負盛名: : 推曼的婚姻幸福之心理因素(Psychological Factors in Marital Happiness), (2)蒲其斯和柯屈爾的婚姻成敗預測 (Predicting Success or Failure in Marriage),(3)洛克的婚姻調適預測 (Predicting Adjustment in Marriage:A Comparison of a Divorced and a Happily Group)。各提出影響婚姻成敗的因素。凱文綜合所有的有利於婚姻的因素,從其中提出至少經過兩個研究認定者,共得6方面30項,列表以作比較 (參閱表9-1) ,僅為一個研究所提出者, 則捨而不用。(註二五)

註二四:Burgess & Locke,op.cit., p.406.

註二五:Cavan,op. cit.,pp.459-462.

表9-1:有助於婚姻成功之因素

因　　　　　素	推　　　曼	蒲　　　柯	洛　　　克
1.家庭背景			
(1) 童年快樂	普通以上	——	普通以上
(2) 父母快樂	快樂	快樂	快樂
(3) 依慕父母	與父母同等親蜜	親密	無關
(4) 訓練	嚴而不厲		溫和,自有方式
(5) 與父母衝突	無	無或少許	無或少許
2.機關接觸			
(6) 教堂		定時與經常	定時與經常
(7) 主日學校	——	上至18歲以後	夫10歲以後，妻14歲以後
(8) 學校	高中以上	大專或以上	高中以上
(9) 夫就業		穩定	穩定
(10)妻就業		穩定	婚後無關
(11)社團參加		三個或更多	
3.社會接觸			
(12)婚前交友	夫有許多女友	夫妻至少都有幾個同性朋友	
(13)群性	合群	合群	
4.婚前夫妻關係			
(14)認識	很熟悉	交往兩三年	女認識男兩年以上
(15)求愛		三年或更多	
(16)訂婚	夫六月或更多,妻三月或更多	九月或更多	一年或更多
(17)婚前親愛		——	很親愛
(18)婚前撫摸	未	無關	
(19)婚前性交	夫未有，或僅限於未婚妻		夫未有；彼此都不發生懷疑
(20)婚前衝突	無	無	無或少許
(21)家庭背景		相同	
5.結婚情形			
(22)父母同意		都同意	都同意
(23)結婚年齡	妻二十歲或更大	夫22-30歲,妻19歲或更大	夫24-29歲，妻21-29歲
(24)主婚者		牧師或神父	牧師或神父
(25)結婚地點		教堂或牧師家	自家
6.婚後情形			
(26)共享活動		——	教堂、聽廣播、讀書、運動、音樂
(27)性	雙方滿意		雙方滿意
(28)子女		都希望生育	都希望生育
(29)經濟情形	寬舒	寬舒	寬舒
(30)人格型態	隨和		隨和、多情、負責

R.S.Cavan, The American Family, New York: Thomas Y.Crowell Co.,1959, pp.460-461.

3. 寇伯屈之綜合分析

接著寇伯屈蒐集美國自1929－1954年近四分之一個世紀的婚姻調適及成敗預測的研究共71個,統計其因素共得152項,依婚前婚後分類排列,計婚前6方面50部分(每部分包含若干項),婚後6方面38部分(每部分包含若干項),茲分述如後:(註二六)

A．婚前因素

(1)家庭的組合與地位(分爲四項):

a.兄弟姊妹——包括人數、性別和出生次序三方面。影響均不大顯著。微弱證據指出:兄弟姊妹中至少有一個,不論其性別爲何,只要不是獨生,比較有利。

b.父母的社會地位——包括家庭文化背景和居住地區兩方面。若干證據指出以父親曾受大專敎育爲有利。居住地區,以鄉村比城市爲有利,但其相關性甚小。

c.個人文化背景——較優越而相同的個人文化背景爲有利。證據雖然不多,但很確定(注意:「高尙人士」愛以「高尙」自誇)。

d.父母的階層——假定分爲上上、上下、中上、中下、下上、下下六層,則下下層(即最低層)爲不利,餘則無關係。

(2)家庭情感氣氛(分爲五項):

a.父母婚姻愉快——多數研究明確認定:父母婚姻愉快有利於子女婚姻的調適。

b.父母單方或雙方死亡——僅有一個研究指出:婚前父母俱存者爲有利。

註二六:C.Kirkpatrick, The Family, As Process and Institution,New York:The Ronald Press Company, 1955, pp.346-354 and Appendix, Factors Related to Success in Marriage, pp.600-620.

c.個人童年愉快——此為明確之有利因素。童年未遭受父母喪亡或離婚的痛苦,對本身婚姻調適相當有利。

d.教養——嚴格而不嚴厲的管教,且有適度的處罰為有利。證明此點之研究為數雖然不多,但很確定。

c.親屬的離婚——僅一個研究指出:親屬中發生一次或多次離婚為不利因素。

(3)家屬間情感關係(分為五項):

a.依慕——依慕父母是一項頗為明顯的有利因素,但妻對父之依慕,其有利程度似較小。

b.衝突——有兩個研究確證:與父母未衝突有利於夫妻雙方的調適,但最近有一個研究卻指出:「全無衝突」反比「稍有衝突」為不利。

c.親密——僅少數研究不充分地證明:與父母同等親密為一項有利因素。

d.不同性別父母之吸引力——僅有少數而微弱的證據從反面指出:不同性別父母之吸引力是一項不重要的因素。

e.兄弟姊妹的情感關係——僅有極微弱的證據指出:不依戀兄弟或姊妹有利於婚姻調適。

(4)情慾經驗(分為九項):

a.性知識——充分有力的證據指出:婚前具有健全性知識(特別得自開明父母的啓導),為一項有利因素。

b.性嬉戲——尚未證實能產生有害的效果。

c.反常性經驗——尚無實據指明性嬉戲、性衝擊、同性性行為、非適當年齡初次手淫等,為有利或不利。

d.手淫——有一個研究指出:不能證實自制手淫有利於妻的婚姻

調適。

e.性態度──有一個研究指出,對交媾抱中庸態度者,有利夫方之調適,妻方尚不明白。

f.擁抱撫摸──輕微證據指出:婚前對此加以克制者,有利於婚姻調適。

g.婚前性行爲──有三個研究指出:限制婚前性行爲爲有利,但另一個研究發現僅有利於男方。

h.主觀經驗──此點對性幻想無甚意義。

i.婚前有孕──有一個研究指出:婚前有孕與離婚有關。

(5)人格與社會參預(分爲七項):

a.人格:婚姻調適與婚前人格特質之間的相關性頗低。

b.交友和社會參預──婚前加入多個交誼團體者,有利於婚姻調適,似乎女方更爲明顯。

c.容易接觸異性──適度的接觸爲有利。男不宜有太多的「固定女友」,而女有幾個男友較爲有利。

d.宗教的訓練和參預──中度證據顯示,上主日學校,參加敎會和作禮拜,有利於婚姻調適。

e.女性氣質和男性氣質──有力證據(但不多)指出:男女適度表現其本性別之氣質爲有利。

f.外形美──有一個研究指出:外形吸引力似乎有利於青年婦女的婚姻調適。

i.健康──不多的證據指出:健康有利於婚姻調適,婦女以瘦比肥爲有利。

(6)求愛和結婚的情況(分爲二十項):

a.初次相識的場合──無顯明實證指出何者有利。邂逅於跳舞場

所者可能不利，又有研究謂在朋友家中遇見者也可能不利。也許關鍵在於遇見的人，場所則在其次。

　　b.求愛和訂婚的時間——在交往時間和訂婚時間兩方面。多而有力的證據指出：婚前有充分認識者為有利。但所謂充分認識，固然需要時間，而最重要的一點還在於深入，否則泛泛相交，時間雖長久又有何益？

　　c.婚姻的贊許——為父母、親友及本人所贊許的婚事，往後有利於調適。證實此點的證據雖不太多，但很堅定。

　　d.結婚年齡——二十多歲比十多歲或二十剛出頭為有利。此點由多數研究證實，其間雖非完全一致，但相當堅定。但應注意者，早婚之不利於婚姻調適，亦可能由於反抗俗例所致（指自由相愛之早婚者而言，我國家長控制的早婚又當別論。）

　　e.年齡差異——有關夫妻年齡差異的驗證多而混亂。年齡相同似乎有利於婚姻調適。

　　f.教育——曾受教育並程度相同，為有利因素。有關此點的證據頗多。丈夫具有高等的教育和能力，關係其妻之幸福大於丈夫本身。

　　g.職業——高等職業較為有利。有關此點的證據不多，而且互相牴觸。

　　h.社會階級——有一個研究指出：社會階級之高下，直接與婚姻調適有關。

　　i.配偶的階級差異——多個研究指出：階級相同為有利。

　　j.就業——輕微證據指出：職業穩定且感覺滿意，可能有利於婚姻調適。

　　k.婚前收入——在收入與婚姻調適之間，未發現有何重要相關的證據。

l.存款──尙無明顯證據指出存款有利於婚姻調適。

m.父母的存歿及其婚姻情況──有極少證據指出結婚時父母俱存爲不利，可是俱存又比分居或離婚爲有利。

n.婚後居住地區──輕微指證小鎮或市郊爲有利。

o.民族和宗敎──相同民族和相同宗敎爲有利，特別以非離婚爲調適評準尤爲正確。關於此點的證據，雖屬有限，但很堅强。

p.共同興趣──婚前具有共同興趣爲有利。證據不多，但有力。

q.配偶與父母的體形相似──尙無實證指出與父母性別相異而體形相似的人結婚爲有利。

r.續婚──有限證據指出初婚比續婚爲有利。如以喪偶與離婚兩相比較，前者之不利又輕於後者。

s.婚前的衝突和親愛──有限，但有力的證據指出：婚前未起衝突和訂婚過程良好，爲有利之因素。

t.結婚動機──因愛和共同興趣而結婚，比爲排除孤獨或脫離家庭控制而結婚爲有利。有關於此點之證據，爲數雖然有限，但堅强有力。

B．婚後因素

(1)婚禮(分爲二項)：

a.結婚地點──有限，但有力的證據指出：在敎堂或家裡舉行婚禮比他處爲有利。

b.主婚者──有力而一致的證據指出：由牧師主持婚禮比其他人爲有利。

(2)性調適(分爲十六項)：

a.初次交媾──有兩個研究作有力的指證：如果發硏新試，陶然生樂，則有利於婚姻調適。

b.性驅動──性慾強度相同為有利。證據雖然有限,但甚堅實。

c.性拒絕──有一個研究報導: 偶爾拒絕和容忍拒絕為有利。另一個研究報導,「從不拒絕」與「極少拒絕」相比較,前者為不利。此種報導之不一致,由於問句措詞不同,對不同的人產生不同的意義, 據全部證據指出:配偶在性方面能夠互相適應,有利於兩方的婚姻調適。

d.交媾次數──此點與婚姻調適有無關係,尚未證實,通常謂以多少適度為有利。

e.性餓與性飽──有一個研究指出下列兩個情況均有利: 一是雙方相互滿足,均無飽餓之感;二是夫方有中度的性餓。

f.交媾反應──早期研究未發現此點與婚姻調適有何關係, 晚近有一個研究指出愉快的性動作為有利。而且此方面的證據現正逐漸增多和加強:興奮高潮之出現與交媾後之舒鬆,大有利於婚姻調適。

g.交媾技術──有力指證指出:男方能力充分,以及雙方在各方面未感覺委屈不滿, 與婚姻調適密切相關, 至於持久、操縱、疼痛等事實,未發現有何關連。性調適可以視為婚姻調適的一方面,而不是一個獨立因素。

h.性之幻想──有一個研究指出: 沒有性之幻想有利於妻方婚姻調適。

i.婚外性事──有力證據指出: 忠貞、相信對方忠實、無婚外性慾等,均有利於婚姻調適。

j.墮胎──有一研究指出:未墮胎有利於婚姻調適。應注意者,有些墮胎乃是婚姻失調造成的。

k.避孕──有限而微弱的證據指出:實行避孕和信賴避孕,有利於妻之婚姻調適。

l.性之情結──有限而微弱的證據指出:無懷孕之恐懼,有利於婚

姻調適。

　　m.同性性慾——有限而微弱的證據指出：無同性性慾（特別是男方），有利於婚姻調適。

　　n.親愛表示——相當有力而衆多的證據指出：接吻、互賴、傾訴衷情和深情款款，均有利於婚姻調適。

　　o.性調適分數——凡得分高者有利於婚姻的調適，使離婚的機會減少。

　　(3)態度和態度的一致(分爲十項)：

　　a.民主關係——有一個研究堅强指出：民主的關係是有利於婚姻調適。

　　b.男女平權的態度——有限而微弱的證據指出：夫方抱此種態度者有利於婚姻調適；夫妻雙方均抱同等態度者，其有利的程度縮小。

　　c.傳統角色與平等角色——證據有力顯示：夫對角色採取平等主義態度者，而妻對角色採取傳統主義態度，則有利於婚姻調適。

　　d.有關制度活動的態度一致——制度活動包括下列十方面：餐桌儀態、俗例、生活哲學、娛樂、閑暇活動、朋友、家庭經濟處理、子女、外親和宗教活動。有許多證據指出：夫妻對上述各方面的態度趨於一致，有利於婚姻的調適。當然，一致僅是婚姻調適的一面而非全面。

　　e.對異性的態度——有一研究堅定指出：否認男人次於女人的態度有利於妻之婚姻調適。

　　f.對婚姻的態度——用之於婚姻調適測量表格的尺度，大多數是根據對婚姻所抱的態度，因此下列各因素，如對婚姻無悔意，若有來世再結姻緣，對分居離婚不感興趣，自覺婚姻愉快等等，與婚姻調適密切相關。顯然婚姻調適本身即有利於婚姻調適。有一個研究鄭重指出：

某些堅強主見有利於婚姻調適,例如婦女相信貧賤不能扼殺愛情,以及不相信愉快生活是婚姻關係中最重要的一件事情。

g.對配偶的態度──不埋怨對方,只是婚姻調適的一方面,能提高調適的分數而已。另有比較獨立的因素,如不妒忌和無優越感,均是相當有利於婚姻調適。

h.對外親的態度──有若干證據支持一般信念: 與外親關係良好有利於婚姻調適。

i.調和的技術──避免爭論和退讓息爭,有利於婚姻調適。

j.共同興趣──強有力證據指出: 興趣相似與婚姻調適有關。如果聯合參與家外活動,交結共同朋友,更有利於婚姻調適。

(4)子女(分為二項):

a.子女──有二個研究指出:子女為有利因素,但其他研究未發現有何重要關係。如不計及其他情況,子女眾多可能不利於婚姻調適。

b.盼望子女──在無子女時雙方均期待生育,顯然是重要的有利因素。

(5)家宅與社區地區(分為五項):

a.居住──包括社區人口、住宅、寢室、遷徙、外親、地區等六方面。居住小鎮、獨家住宅、不常遷移、同室而寢、無外親同居,似乎為有利。有限證據指出:住在中、上階級的居住地區為有利。

b.經濟──包括收入多寡、生活程度和金錢處理三方面。有許多證據指出: 有收入、有存款、有住宅、不欠房租、未接受救濟等為有利因素。但這些證據的力量微弱,且不一致。以「非離婚」而不以「調適高分數」為測量調適的標準之時,經濟因素似乎很重要。收入足夠似乎比收入豐富更為有利。

c.職業──有關丈夫職業對婚姻調適有利與否之證據,微弱而不

一致。有若干證據指出：高級職業爲有利。但是缺少與異性接觸機會、與家人同住、嚴格的社會控制、從事農業工作等，均具有有利的影響力。粗工這一行的不利因素，可能被宗教減弱其力量。以「非離婚」爲標準之時，高級的教育和職業，並非特別有利於婦女。

d.職業流動性——輕微證據指出：職業少流動是有利因素。

e.就業——包括夫就業和妻就業兩方面。有限證據指出：夫之就業穩定爲有利。妻之就業與否，是有利抑不利於婚姻調適，尙無證據加以區別。

(6)人格特質（分爲三項）：

a.身體健康——身體健康影響婚姻調適之證據非常有限。有一個研究指出：婚後妻之健康改進爲有利因素。

b.心理健康——包括三方面：情緒狀況、氣質與自我表現以及一般神經疾病。有限證據指出：心理健康有利於婚姻調適。所謂心理健康，見之於某些意見，自我描敍，情緒穩定，適度自我要求，低神經病分數等。爲自己說好的人，也會爲其婚姻調適說好。故人格調適與婚姻調適難以畫分清楚。

c.社會調適——即指社區參預。從個人與其他個人的關係中，始能了解其人格。有限證據指出：夫妻於婚前婚後均有朋友，有利於婚姻調適。

表9-2:三個以上研究證實之婚姻影響因素

影 響 婚 姻 之 因 素	使用此因素之研究個數	證實此因素之研究個數	未予以證實之研究個數
(1)夫之父母婚姻快樂	6	5	1
(2)婚前相識時間	5	4	1
(3)訂婚之持續	5	4	1
(4)夫與其父關係親密	3	3	0
(5)夫童年居住鄉村	3	3	0
(6)雙方對婚姻滿意	3	3	0
(7)雙方願締再世良緣	3	3	0
(8)興趣相同	5	3	0
(9)共同參預家外活動	4	3	1
(10)夫之性慾(普通或稍強)	5	3	2
(11)夫之結婚年齡	5	3	2
(12)夫之教育(大專或以上)	6	3	3

W.Willard R.Hill, The Family: A Dynamic Interpretation

New York: Holt Rinehart and Winston, 1951,p.358.

上述152項因素,是寇氏從71個研究中慎重選出來的,均經過驗算,其臨界比(Critical ratio)是2.8或更高,其相關是49或以上。希爾(R.Hill)將寇氏之分析再予以分析,其要點有四:

(1)在152項因素中,有40項在其他一個或更多的研究中發現無意義。

(2)由一個研究發現有意義的114項因素中,有29項在其他一個或更多的研究中發現無意義。

(3)由兩個研究發現有意義的26項因素中,有4項在其他一個或更多的研究中發現無意義。

(4)三個研究證實的重要因素有9項,四個研究證實的有2項,五個研究證實的有1項,共計12項。(參閱表9-2)

爲何某研究認爲有關之因素,在他研究變成無關?考究其原因有六:(1)樣本取自不同地區,(2)樣本取自不同社會經濟階層,(3)幸福婚姻標準不同,(4)同一問題因措詞不同而生差異,(5)某些夫婦隱藏不幸福感覺,(6)有百分之五或以下的機會,使有關因素變爲無關因素,反之亦然。(註二八)

寇氏最後將71個研究作一通盤的細心審核,於是綜合多數研究所提出的顯著因素,再按科學實證性之大小以列其先後,得出婚前十項,婚後五項如下:

A．婚前顯著有利因素

(1)父母婚姻愉快;

(2)認識、求愛和訂婚之時間相當充分;

註二七:W.Waller and R.Hill. The Family: A Dynamic Interpretation,New York: Holt, Rinehart and Winston, 1951,p.358.

註二八:See Burgess and Locke, op. cit.,p.407 and Kephart, op cit.,p.492.

(3)童年獲得健全性知識；

(4)童年本人快樂；

(5)父母及他人對婚姻之贊許；

(6)訂婚相互調適和結婚動機正常；

(7)民族和宗教信仰相同；

(8)較高之社會地位和教育程度；

(9)雙方年齡臻於成熟並相同；

(10)童年與父母感情融洽。

　　B．婚後顯著有利因素

(1)早而充分的性高潮；

(2)安心於婚姻情感和滿意於親愛表現；

(3)平權而非夫權的婚姻關係(特別有關夫職方面)；

(4)身心健康；

(5)以共同興趣為基礎並附有對婚姻與配偶之贊許態度所建立的和諧情誼。(註二九)

註二九:Kirkpatrick, op. cit.,pp.350-354.

第十章　臺灣地區婚姻調適研究

第一節　研究之意義與目的

1.　我國婚姻家庭由傳統模式遞變爲現代模式

　　從前幾章我們知道婚姻研究,在調適和預測方面,已能分辨許多有利和不利的因素,但所有的研究是以美國的婚姻爲研究對象,將其所得結果,施之於我國婚姻,因文化模式不同,必如古語所云者:「橘逾淮而爲枳。」在美國發生有利影響之因素,在我國之有利程度未必相同,或反而不利,同理,發生不利影響之因素亦同。

　　伍慈 (Woods) 論美國家庭之體制有云:「美國家庭跟歐洲家庭一樣,是從古希伯來、希臘和羅馬演變而來的。如果美國最初由中國或其他東方國家開拓殖民, 則今日美國家庭必是另一幅不同的面貌。我們知道中國家庭制度著重於家族主義,包含下列主要特質:家庭福利高於任何家庭成員的福利, 重男輕女,行大家庭制,崇拜祖先。」(註一)她所指出的, 是我國舊家庭制度的特質。這些特質在近半個世紀來已發生了很大的改變。例如旅華三十餘年的美籍神父和社會學家郝繼隆(Dr.A.R.O'Hara)謂我國的婚姻家庭態度,已由傳統模式(Traditional

註一:Sister Frances Jerome Woods, The American Family System, New York:Harper & Brothers Publishers, 1959,pp.58-59.

pattern)遞變而爲現代模式(Modern pattern)。(註二)但不論我國社
會變遷如何迅速巨大,其現代化情形與美國不大相同,於是中美兩國之
婚姻家庭迥然有別。作者爲驗證美國婚姻研究所提供的有利及不利的
影響因素,作成臺灣地區婚姻調適的調查與分析。(註三)

註二:郝繼隆神父,是臺大社會學系專任敎授,傳道、授業、解惑,席不暇煖,門徒滿中國。作
　　　者昔在大陸忝列門牆,迄今猶常聆其敎誨,郝氏平日極關心中國婚姻家庭的變遷,以其親
　　　目所睹,調查所得之資料,撰爲專論。郝氏謂我國婚姻家庭已由傳統模式遞變爲現代模
　　　式。傳統模式包含六個主要項目:①婚姻出諸父母之命,②正式敎育男女分開,③男女間
　　　無約晤與求愛,④無需羅曼愛爲擇偶基礎,⑤父居爲理想(理想即最正常),⑥順從夫之雙
　　　親─特別是媳順從其姑,此六者相對地遞變而爲現代模式:①從父母控制獲得擇偶之較
　　　大自由,②男女間社交較以往爲頻繁,③青年男女約晤與求愛變爲普遍,④以羅曼愛爲婚
　　　姻基礎,⑤夫婦建新居,⑥婚後對父母而言,有較大獨立性。郝氏曾於1955年列舉十個問
　　　題,調查我國大學生對婚姻家庭的現代化情形。美國康乃爾大學社會學系敎授馬若伯
　　　(R. W. Marsh),把這些問題,在密西根大學學生抽樣238人填答,以驗證中國大學生對婚
　　　姻家庭態度不及美國大學生之現代化的假設。兩次調查結果,由二氏合撰爲臺灣之婚姻
　　　家庭態度(Attitudes Toward Marriage and the Family in Taiwan), 刊於1961年7月
　　　第47卷第1號美國社會學刊 (American Journal of Sociology)。郝氏又於 1965 年將
　　　此十個問題在臺大學生中選樣410人填答。作者已讀到尚未發表之調查結果。因限于篇
　　　幅,在此不能詳盡引用三次調查結果之數字,僅能扼要地提出兩點:①我國大學生對婚姻
　　　家庭的態度,其現代化(Modernity),趨勢不斷地在加強;②若與美國大學生相比較,尚遜
　　　一籌。然所謂現代化,即是西方化,我國大學生當然要落後。
註三:拙作名曰:婚姻調適研究之發展暨臺灣249對夫妻婚姻調適之調查與分析,在亞洲協會資
　　　助及龍冠海敎授指導之下,於民國五十五年完成, 其撮要刊於臺灣大學法學院社會科學
　　　論叢第16輯,民國五十七年七月出版,第二三九至二七七頁。

2. 研究樣本夫妻之來源

樣本婚姻249對夫妻取自臺北三家報紙舉辦有關婚姻家庭專論徵文的全部應徵者，茲分述如下：

(1)新生報

民國五十一年三月二十四日新生報「新生副刊」登載理想夫人一文，一讀者投登駁理想夫人以反擊之，於是觸發編者的動機，舉辦「理想夫人——不理想夫人」的專題徵文，反應非常熱烈，至同年底結束，斷續刊出172篇。

該副刊有鑑於此次徵文之成功，緊接於民國五十二年三月一日繼續舉辦「理想丈夫——不理想丈夫」徵文，同年十一月結束，斷續刊出154篇（另有72篇未刊，已登錄其作者真實姓名和住址）。（註四）

副刊編者選稿，重在行文清順，詞藻美麗，並且不落恆蹊，而調查選樣則不計較及之，只取其適當的人與事，故徵文未獲刊登之應徵者亦包括在樣本內。該二次徵文的原意，由配偶交互描述是否理想。審閱全部徵文，發現下列五類應徵者不能充作樣本而予以剔除：(1)非由婚姻當事人，而由其子女、親友或鄰居作側面描述；(2)追悼亡故或懷念遠離（身陷大陸）的配偶；(3)未來理想配偶的願想；(4)辯論夫妻理想的事實或標準；(5)譯介西方的理想事實或標準。至於兩次交相應徵之配偶，僅取其夫為樣本，結果得樣本夫妻301對，於民國五十四年七月如數

註四：新生報兩次徵文，分別已由其編者童尚經彙集成書出版：名曰理想夫人(民國五二年出版)和理想丈夫(民國五三年出版)。美國加州大學社會學教授艾伯華(W.Eberhard)謂此二書為研究現代中國婚姻家庭之珍貴資料，曾委託蔡文輝君分析其內容（時蔡君在臺大社會學系四年級肄業，現正在加州大學深造)，所分析者為何？不詳。亦尚未見其結果發表。

寄給「婚姻調適問卷」，收回101份。審核時又剔除12份。實際參加統計者80份。收回率約為三成。如此低落者，主要由於郵寄問卷和稿件刊登在時間上相差四年有餘，以致住所變遷，無法投遞而退回者有98份。

(2)中央日報

中央日報設有「今日專訪」一欄，每次取大眾關心之事物為題，以徵求意見，如由社會聞人表示者，該報派記者訪問之；如由一般讀者表示者，則由志願者以短文應徵(以150字為限，書於明信片上)，如被錄用，給予稿酬20元，並附刊應徵者照片於文首。民國五十五年四月以「你如何維持婚姻美滿？」為題。編者所標明的徵文動機是有感於當時兩起大婚變。在一周內即收到應徵短文765篇，較以往增多入選名額，自四月二十日起，分三日登出24篇。作者商得編者之同意，使用全部原始稿件，但發現其中極大部份是提供如何維持婚姻美滿的態度或方法，而非自述維持婚姻美滿之經驗。又由於文字簡短，有許多難以看出其婚姻情況(Marital status)，結果採取「寧缺勿濫」的原則，凡明顯表示未婚者予以剔除外，餘則於民國四十五年八月寄給問卷，總共寄出362份，收回207份，其中因未婚或代述他人婚姻而交白卷者71份，再剔除填答不完全者18份，最後實際參加統計者118份。

(3)大華晚報

民國五十四年六月一日大華晚報副刊「甜蜜的家庭」開始登載「「我的另一半」專題徵文。無特殊動機，僅藉應徵者來反映夫妻的生活情趣。同年八月十四日結束，繼續刊出65篇。讀完全部徵文的概括印象是：婚姻幸福者佔極大多數。應徵者中曾為新生報或中央日報的徵文應徵者，予以剔除，寄出問卷61份，收回43份。在三組中收回成績

最佳,揣其原因有二:(1)問卷緊接徵文結束付郵, (2)由副刊編者附致
應徵者一函,請其合作。

　　三組總共寄出問卷724份,收回351份,收回率約爲五成。茲爲明晰
計,列表如下:

表10-1:問卷之寄出、收回及參加統計

樣本夫妻來源	應徵文稿數	寄出問卷數	收回問卷數	參加統計問卷數	
				實　數	百分比
新　　生　　報	398	301	101	89	35.8
中　央　日　報	765	362	207	118	47.4
大　華　晚　報	65	61	43	42	16.8
合　　　　計	1,028	724	351	248	100.0

　　樣本夫妻取自三家報紙的徵文應徵者, 其住處幾乎遍布於臺灣省
各縣市(僅缺臺東縣)及金澎(詳見表10-2),不可能逐家訪問,乃使用問
卷法(The method of questionnaire)。參照西方婚姻調適研究,選其
適合我國文化模式(即通常所謂之「國情」)的因素,製成「婚姻調適
問卷」,分爲三部份: (1)夫方生活背景,(2)妻方生活背景,(3)婚姻過
程,總共包含27個問題。(參閱附錄一)

　　本調查之取樣於報紙讀者,目的即在避免樣本住處之集中於某地。
閱下表10-2,大華樣本偏於北部,單是臺北市和臺北縣兩處,便佔該報
樣本的過半數。新生和中央的樣本較爲普遍。綜合觀之,各縣市中以
臺北市佔最多數,因該市人口衆多,又是三報紙的所在地,自在意中。

再以都市與鄉村而言，五市之和爲92對，佔總數約三分之一，餘則住於較小市鎮或鄉村，分配尚稱均勻。

表10-2：樣本夫妻居住之縣市

縣市別	新生報樣本	中央日報樣　本	大華晚報樣　本	共　計	百　分　比
臺北市	24	15	14	53	21.22
高雄市	4	8	—	12	4.81
臺南市	1	4	1	6	2.41
臺中市	4	7	4	15	6.02
基隆市	5	1	—	6	2.41
臺北縣	11	10	10	31	12.43
宜蘭縣	4	3	—	7	2.81
桃園縣	5	10	3	18	7.23
新竹縣	5	6	1	12	6.23
苗栗縣	4	1	1	6	2.41
臺中縣	2	3	—	5	2.08
南投縣	2	3	—	5	2.08
彰化縣	7	8	—	15	6.02
雲林縣	—	5	1	6	2.41
嘉義縣	2	4	1	7	2.81
臺南縣	1	5	1	7	2.81
高雄縣	3	8	4	15	6.02
屏東縣	—	5	—	5	2.08
花蓮縣	3	5	—	8	3.21
澎湖縣	—	5	—	4	1.42
金門縣	—	5	—	5	2.08
合　計	89	119	41	249	100.00

（臺北市至基隆市五市共計92，百分比36.87）

3. 資料之整理與統計

(1)審核問卷

問卷之三部份，含27個問題和46項。若答卷者所遺漏之項目超過總數半數時，視之爲廢卷。若未超過半數時，列爲有效卷，成爲統計時的基本單位之一。凡遺漏之項目能予以補救者補救之。例如夫（或妻）漏塡現年，根據其結婚年齡及婚後年數兩項資料補全之。

有連帶關係之多項，注意其答案是否一致，例如現年、結婚年齡與婚後年數三項互相關聯。若現年不等於結婚年齡與婚後年數之和，酌情以足歲爲標準予以調整。餘則類推。

(2)編號

參加統計之有效問卷249份，依其取樣來源分別編號，新生報徵文者自001-089號，中央日報自090-207號，大華晚報自208-249號，

(3)分類

問卷中所列各項，均已分類，但有過於瑣細者，爲整理簡便計，性質相同之項目予以合併。例如「教育程度」項，由於答卷者集中於初中至大專的圍範內，而大專以上及初中以下者非常之少，乃重爲分類：(a)大專及以上，(b)高中，(c)初中，(d)其他。將原問卷上的小學、私塾和不識字三項併入「其他」項內。同理，大專及大專以上兩項，併入「大專及以上」項內。

又如「宗敎信仰」項，由於我國民間佛道不分，將原問卷之佛、道和拜神三項歸併爲「中國民間信仰」一項。

問卷中有一部份未分類者，如年齡、行業、職位、結婚年齡、婚後年數等項，必須加以分類，辦法是先從有效問卷之中抽取三分之一(84份)作初步統計。用系統抽樣法，每隔兩份抽一份。依照點數結果，從樣本分配情形，以決定組數多寡與組距大小。

　　(4)設計過錄卡片

　　　點數時使用馬氏卡 (MacBee card)。由於此種卡片容量不大,問
卷上全部資料無法一一加以利用, 只能選出與研究的最接近之項目,
餘則暫時割愛, 俟諸來日。於是根據這些優先資料, 編製「代號對照
表」,凡參與統計之事項均以代號代替之。

　　(5)統計說明

　　經過轉錄、打孔、校對、補卡、點數等手續,最後列成次數表,於
是應用統計的技術、方法和公式,以說明樣本所表現的統計表徵。

4.　樣本夫妻婚姻美滿程度之得分

　　當引用資料以表示某因素與婚姻美滿程度之相關時, 通常將分類
點數所得來之數字, 以三種數列說明之:(1)樣本數,(2)百分比,(3)得
分,茲分述如後:

　　(1)樣本數

　　某一類樣本數多少,即是該類問卷多少,用絕對數表示之。本調查
是以夫妻之婚姻調適為對象, 故樣本數等於夫妻對數。其資料是依據
分類點數所得來者。

　　(2)百分比

　　用此以指明各類樣本數對總樣本數之比例。總樣本數為249,各類
樣本數(f)除以總次數(n)之商,乘以一百,得出所需要之各百分比。藉
此種相對數以比較各類相互之間的數量大小。

　　(3)得分

　　某一類婚姻的美滿程度, 以得分之多寡表明之。「得分」是一個
「加權平均數」概念。得分是根據答卷者對自己婚姻美滿程度之認定
所給予者, 分為七類: (a)非常美滿者得分7分,(b)很美滿者得分6分,

(c)美滿者得分5分, (d)普通者得分4分, (e)不美滿者得分3分, (f)很不美滿者得分2分, (g)非常不美滿者得分1分。然後計算某一類樣本的總得分,除以該類樣本數,而得出表格上得分欄內的分數。

美滿、幸福、快樂、成功等形容詞,用以描寫調適良好的婚姻,涵義相同,僅為行文便利與多變化而交互使用而已。

婚姻之美滿與否,乃屬主觀,有人懷疑婚姻當事人能否評定自己婚姻的幸福程度,但是蒲其斯(Burgess)以堅定的語氣指出,從實際研究中,婚姻當事人能夠準確地衡量本身婚姻快樂的程度。(註五)

第二節　影響婚姻因素之驗證

1.　籍貫之異同

籍貫僅分為兩類:本省與外省。如下表10-3所示,以外省人娶外省人最多,109對;本省人娶本省人居第二,64對;外省人娶本省人居第三,63對;本省娶外省人最少,僅2對。不詳者11對,其中包括夫妻一方或雙方資料不全。分析此一現象,可以見出兩點:

(1)單以人數而論,外省人多於本省人,可能由於前者中文表達能力較大,能暢所欲言,為文以應徵,於是在樣本中造成多數。

(2)以夫妻名份而論,夫以外省人較多,妻以本省人較多。又外省人娶本省人之配偶,僅比本省人娶本省人之配偶少一對。由此可見外省人之性比例高於本省人。

至於夫妻籍貫異同與其婚姻幸福程度之相關,表10-3分為兩類加以比較:(1)夫妻籍貫相同,包括本省人娶本省人及外省人娶外省人。

註五:E. W. Burgess and H. J. Locke, The Family, 2nd ed., New York: American Book Company, 1960, pp. 375-394.

(2)夫妻籍貫相異,包括本省人娶外省人及外省人娶本省人。第一類平均幸福程度得分為5.60, 第二類為5.67, 相差僅0.07。看不出籍貫異同對婚姻幸福有何影響。再看本省人娶本省人的平均幸福程度得分為5.58,外省人娶外省人的得分為5.61,二者相差僅0.03, 此亦表示本省與外省人的婚姻,在美滿程度上難分軒輊。

在西方婚姻研究中, 男女住處鄰近(Residential propinquity), 枯擇偶之重要因素。蒲薩特(Bossard)根據費城(City of Philadelphia) 市政府所發給的結婚許可證, 其中配偶同住於一條街 (One block)者佔六分之一,在五條街以內者佔三分之一,在二十街以內者佔一半。於是蒲氏有云:「愛神或有兩翼, 但顯然不宜於高飛遠翔。」(Cupid may have wings, but apparently that are not adapted for long flight)。(註六)戴惠和李佛斯 (Davie and Reaves) 研究康州新港 (New Heven, Connecticut) 的結婚許可證, 發現配偶同住於二十條街以內者佔51.3% 。另有幾個研究得出的結果, 大致與蒲氏相同。(註七)

我國俗諺謂:「近水樓臺先得月」,是住處相近便利於擇偶的最好解釋,但婚後調適與此有無關聯呢?有不少人認為:「婚姻失敗機會之大小與婚前配偶住處距離之遠近成反比例。」此一「假定」之提出,乃是立基於住處愈鄰近,文化背景愈類似,婚姻生活也愈和諧。克發特(Kephart)為驗證此點,研究費城1,330對離婚夫婦的法院紀錄,發現婚前住處在二十條街以內者佔51.9%, 但離婚與婚前住處之遠近並無關

註六:James Bossard, "Residential Propinquity as A Factor in Marriage Selection," American Journal of Sociology (September,1932),p.222.

註七:M. R. Davis and R.J. Reeves, "Propinquity of Residence Before Marriage," American Journal of Sociology(January,1939),pp.510-517.

表10-3：籍貫異同及其婚姻幸福程度之比較

幸福程度		夫妻籍貫相同			夫妻籍貫不同			不詳	合計
		小計	本省人娶本省人	外省人娶外省人	小計	本省人娶外省人	外省人娶本省人		
1.非常幸福	樣本數	47	14	33	14	0	14	6	63
	百分比	27.2	21.9	30.3	22.2	0	23.0	18.2	25.5
	得分	329	98	231	98	0	98	14	441
2.很幸福	樣本數	57	23	34	26	2	24	3	86
	百分比	22.9	35.8	31.2	39.7	100.0	37.6	27.3	34.5
	得分	342	138	204	156	12	144	18	510
3.幸福	樣本數	41	19	22	16	0	16	4	61
	百分比	23.7	29.7	20.2	23.8	0	24.6	36.3	24.3
	得分	205	95	110	80	0	80	20	300
4.普通	樣本數	18	4	14	7	0	7	2	27
	百分比	10.4	6.3	12.8	11.1	0	11.5	18.2	10.9
	得分	72	16	56	28	0	28	8	108
5.不幸福	樣本數	4	3	1	2	0	2	0	6
	百分比	2.3	4.7	0.9	3.2	0	3.2	0	2.4
	得分	12	9	3	6	0	6	0	18
6.很不幸福	樣本數	2	0	2	0	0	0	0	2
	百分比	1.2	0.0	1.8	0.0	0	0	0	0.8
	得分	4	0	4	0	0	0	0	4
7.非常不幸福	樣本數	4	1	3	0	0	0	0	4
	百分比	2.3	1.6	2.8	0	0	0	0	1.6
	得分	4	1	3	0	0	0	0	4
合計	樣本數	173	64	109	65	2	63	11	249
	百分比	100.0	100.0	100.0	100.0	100.0	100.0	100.0	100.0
	總得分	968	357	611	368	12	356	60	1396
	平均得分	5.60	5.58	5.61	5.67	6.00	65.6	5.45	5.61

係存在。於是他的結論是：「住處相近有利於擇偶，但無助於婚後之調適。」(註八)

本調查在夫妻籍貫上所顯示的兩點，與西方婚姻研究所發現者相同：

(1)籍貫相同之夫妻有173對，佔樣本總數69.5％，籍貫不同者有65對，僅佔26.1％，可見籍貫對婚姻之締結是一項重要因素。

(2)籍貫異同之夫妻，其婚姻幸福程度得分相差甚微，可見籍貫對婚姻之美滿與否不生影響。(參閱表10-3)

2.　年齡及其相差

夫之平均年齡爲38歲。從下表10-4，可以看出人數最多之年齡是35-39歲，以此組爲界，大體說來，年愈少或愈長者，人數愈少。家庭生計通常由夫負擔，年愈少者結婚機會愈少，而年愈長者喪偶可能性愈大，參加徵文者亦相對減少。

妻之平均年齡爲32歲，少於夫之平均年齡6歲。人數最多之年齡組爲25-29歲。自45歲起，年齡愈增而人數愈少。

再從樣本夫妻之年齡差數，可以看出相差不到四歲者爲數最多，自後相差年數愈多，樣本數愈少。

註八：W. M.Kephart, Family, Society,and the Individual, Boston: Houghton Mifflin Company, 1961,p.268.

表10-4:年齡之分配

年　　　齡	夫		妻	
	樣 本 數	百 分 比	樣 本 數	百 分 比
1. 24歲以下	10	40	54	21.7
2. 25 ～ 29	40	16.1	65	26.1
3. 30 ～ 34	28	11.2	30	12.0
4. 35 ～ 39	61	24.5	37	14.9
5. 40 ～ 44	48	19.3	38	15.3
6. 45 ～ 49	30	12.0	16	6.4
7. 50 ～ 54	18	7.2	5	2.0
8. 55歲以上	13	5.2	4	1.6
9. 不　　　詳	1	0.4	—	—
合　　　計	249	100.0	249	100.0

　　至於年齡差數與婚姻美滿程度之相關，以相差5-9年者得分最高，相差15年以上者得分最低。似乎可以如此認定:夫應長於妻,但以不超過15歲為宜。(參閱表10-5)

表10-5:年齡之相差

年 齡 差 數	樣 本 數	百 分 比	得 　 分
1. 0 ～ 4 年	115	46.2	5.60
2. 5 ～ 9 年	68	27.3	5.82
3. 10～14 年	52	20.9	5.57
4. 15 年以上	13	5.2	4.50
合　　　計	249	100.0	

3.　結婚年齡與婚姻幸福

　　夫之平均結婚年齡爲28歲,以25-29歲結婚者最多,以此組爲界,年齡愈少或愈長者,樣本數亦愈少。

　　妻之平均結婚年齡爲23歲,以20-24歲結婚者最多,以此組爲界,年齡愈少或愈長者,樣本數亦愈少。(參閱圖10-1)

　　結婚年齡之大小,似乎與婚姻之幸福無關。(參閱表10-6)以妻方而言,各結婚年齡組得分大致相同。而夫方以20歲以下結婚者得分最多,殊不可解,可能由於樣本少,機會使然,其他年齡組則漫無規則可尋。蓋夫妻爲二人之配合,從年齡差數來分析婚姻美滿之相關,似乎要有意義得多。(參閱表10-5)

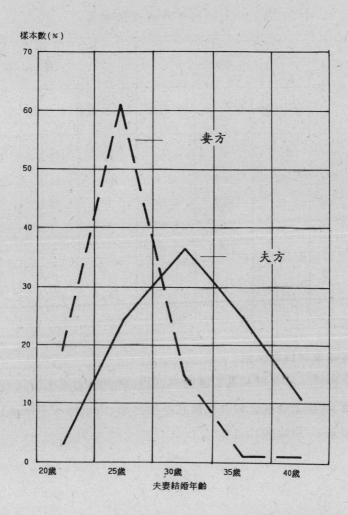

樣本數(%)

妻方

夫方

夫妻結婚年齡

圖10-1:夫妻結婚年齡次數分配

表10-6: 結婚年齡與婚姻幸福

結婚年齡	夫			妻		
	樣本數	百分比	得　分	樣本數	百分比	得　分
1. 20歲以下	6	2.4	6.00	48	19.3	5.58
2. 20 ～ 24	61	24.5	5.26	154	61.8	5.59
3. 25 ～ 29	91	36.6	5.84	37	14.9	5.56
4. 30 ～ 34	61	24:5	5.52	4	1.6	5.50
5. 35歲以上	27	10.8	5.52	3	1.2	5.67
6. 其　　他	3	1.2	6.32	3	1.2	6.33
合　　計	249	100.0		249	100.0	

4. 教育程度與婚姻幸福

　　樣本取自三家報紙的徵文應徵者,而且新生報之兩次徵文,由夫妻交互描寫,故樣本夫妻之教育程度在一般水準(假定為初中畢業)以上,乃屬意中事。(參閱表10-7)

表10-7：教育程度與婚姻幸福

教育程度	夫		妻	
	樣本數	百分比	樣本數	百分比
1. 大專及以上	122	49.1	40	16.1
2. 高　　中	95	38.1	87	34.9
3. 初　　中	21	8.4	61	24.5
4. 其　　他	11	4.4	61	24.5
合　　計	249	100.0	249	100.6

　　夫方受大專以上教育約佔半數，以後依次為高中和初中。不識字者全無。問卷上列有小學和私塾兩項，因其為數甚少，與資料不全者，合併為「其他」一項。

　　妻方教育程度低於夫方，乃常見之現象。以高中最多，初中與其他（包括小學程度及不識字，但後者僅四人）相等居第二，大專及以上最少。（參閱表10-7）

　　茲分析教育程度高低與婚姻幸福程度大小之相關，可以歸納為兩點說明之：

　　(1)夫方教育程度由其他（包括小學、私塾、資料不全）而初中、而高中、而大專及以上，其婚姻幸福得分相對地由 5.27 而5.19、而5.58、而5.73,除「其他」外，餘則依次漸增，似乎可以如此認定:夫方的教育程度愈高，則婚姻愈幸福。此與西方婚姻調適研究所指出者：

「丈夫具有高等的教育和能力,關係其妻之幸福大於本身。」有相符合之處。

　　(2)妻方教育程度,大專以上的婚姻幸福得分,雖高於高中,但低於初中,似乎「女子無才便是德」在我國社會猶有餘跡可尋。西方的婚姻調適研究,亦謂高級教育,並非有利於婦女的婚姻美滿。(參閱圖10-2)

　　再看夫妻教育程度等差與其婚姻調適之關係。茲分為四級:(1)其他(包括小學、私塾和不識字),(2)初中,(3)高中,(4)大專及以上。可

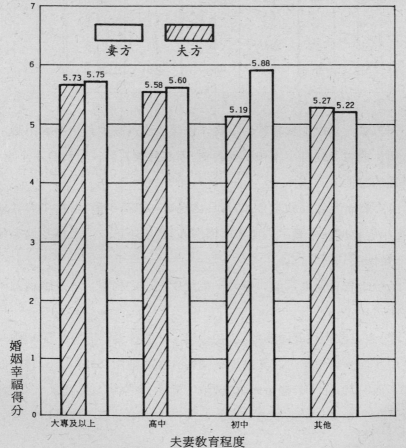

圖10-2: 教育程度及其婚姻幸福程度

歸納為三點：(1)夫妻教育程度相等者，其婚姻幸福得分最高(5.82)，而成為有利於婚姻調適之明顯因素。(2)教育程度相差之時，夫應高於妻。(3)夫高於妻時，級數愈少愈宜。(參閱圖10-3)

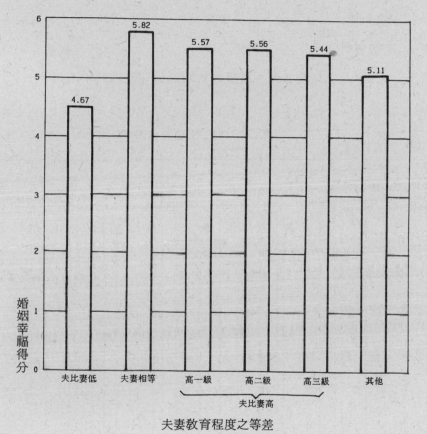

夫妻教育程度之等差

圖10-3：教育程度等差及婚姻美滿程度

5. 宗教信仰及其異同

　　樣本夫妻之宗教信仰，差異甚大。夫方以無宗教信仰者最多，妻方以我國民間信仰(包括佛、道和拜神)者居第一位，無宗教信仰者不少，居第二位。可見我國一般人宗教信仰之淡薄。信仰天主教者妻多於夫，而基督教則反是，此二者所佔百分比均不大。信仰回教者，夫方僅有一人，歸入「其他」欄。該欄包括別的信仰及資料不全者。

表10-8: 宗教信仰之種類

宗　教　信　仰	夫			妻		
	樣 本 數	百 分 比	得　　　分	樣 本 數	百 分 比	得　　　分
1.我國民間信仰	96	38.6	5.70	115	46.2	5.41
2.天　主　教	7	2.8	5.57	25	10.8	5.81
3.基　督　教	36	14.5	5.75	33	12.9	5.69
4.無宗教信仰	102	41.2	5.50	67	26.5	5.52
5.其　　　他	8	3.2	5.25	9	3.6	4.89
合　　　計	249	100.0		249	100.0	

(夫方天主教與基督教合計 43 人，佔 17.3%)

　　宗教信仰之有無,對於婚姻調適看不出有何關係,因各項得分相差甚微。(參閱表10-8)茲進一步統計分析夫妻宗教信仰之異同,得知夫妻宗教信仰相同之婚姻幸福平均得5.77,高於相異者5.43,但相差僅0.33。又夫妻均無宗教信仰者,其得分雖低於相同者,卻高於相異者。總之,在我國社會,宗教信仰與婚姻調適之間,遠不若西方社會之顯著相關。蒲魯姆(Broom)根據闌狄斯(Landis) 調查美國大專學生家長之宗教信仰, 製成「夫妻宗教信仰與離婚之相關圖」(註九), 特引用於下,以作比較。(參閱圖10-4)

表10-9: 宗教信仰之異同

宗教信仰之異同	樣 本 數	百 分 比	得　　　分
1.夫妻宗教信仰相同	85	34.1	5.77
2.夫妻宗教信仰不同	93	37.4	5.43
3.夫妻均無宗教信仰	56	22.5	5.74
4.不　　　　詳	15	6.0	5.00
合　　　計	249	100.0	

　　註:①夫妻之敎信仰相同者,包括天主敎、基督敎和中國民間信仰,未另加細分。

　　　②夫妻宗敎信仰不同者,包括雙方之宗教信仰不同,及一方有宗教 信仰,一方無宗教信仰。

註九:L.Broom and P.Selznick,Sociology,2nd ed.,New York: Harper & Row Publishers, 1960,pp.382-383.

　　在美國夫妻中,宗教信仰相異者之離婚率,遠較相同者爲高。特別是夫信仰天主教妻信仰基督教,其離婚率爲夫信基督教妻信仰天主教之三倍。在我國誠如蔣孟麟氏所云:「宗教自由,爲中國人民全體所共信,所以中國自古無宗教戰爭。.......諸宗教互相容忍,是中國的美德, 故景教、火祆教、摩尼教、猶太教、天主教、回教和近世的耶穌新教,能相安而共存。」(註十)

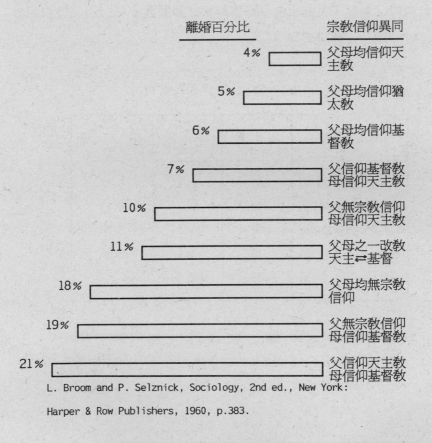

離婚百分比　　　　　　　　　　宗教信仰異同

離婚百分比	宗教信仰異同
4%	父母均信仰天主教
5%	父母均信仰猶太教
6%	父母均信仰基督教
7%	父信仰基督教 母信仰天主教
10%	父無宗教信仰 母信仰天主教
11%	父母之一改教 天主⇌基督
18%	父母均無宗教信仰
19%	父無宗教信仰 母信仰基督教
21%	父信仰天主教 母信仰基督教

L. Broom and P. Selznick, Sociology, 2nd ed., New York:

Harper & Row Publishers, 1960, p.383.

圖10-4:夫妻宗教信仰異同與離婚之相關

註十:蔣孟麟著,孟麟文存,民國四三年,中正,第一三頁。

綜上所述,似乎可以認定:截至目前止,在中國社會,夫妻有宗教信仰而且信仰相同,僅是一項極輕微有利於婚姻調適的因素。

6.　父母婚姻之美滿情況

在第九章第二節曾指出:家庭快樂是一種生活方式。於是家庭快樂成爲家庭遺產的一部份。父母之婚姻美滿,子女耳濡目染,潛移默化,將來自己的家庭生活也是美滿的,反之亦然。父母婚姻幸福有利於子女婚姻之調適,在西方各婚姻調適研究所提供許多顯著有利因素中,是被證實無誤之研究次數最多的一項。故寇伯屈將此列於婚前十項顯著有利因素之首。

樣本夫妻父母的婚姻美滿情況,雙方均以美滿者佔最多數,以後依次爲普通、很美滿和不美滿。至於很不美滿者爲數最少,夫妻雙方相同,甚是巧合,當然各類所佔百分比則互有差異。(參閱表10-10)

得分欄明顯指出:父母婚姻美滿與子女婚姻美滿成正相關。即父母婚姻愈幸福,其子女婚姻亦愈幸福。此與西方婚姻調適研究所得結果相符合。

表10-10: 父母婚姻美滿情況與子女婚姻之相關

父 母 婚 姻 美 滿 情 況	夫			妻		
	樣 本 數	百 分 比	得　　分	樣 本 數	百 分 比	得　　分
1.很　美　滿	48	19.3	6.25	50	20.1	6.06
2.美　　滿	94	37.8	5.77	86	34.5	5.73
3.普　　通	75	30.5	5.28	65	26.1	5.36
4.不　美　滿	8	3.2	5.00	31	12.5	5.42
5.很 不美 滿	3	1.2	4.33	3	1.2	4.00
6.不　　詳	20	8.0	4.70	14	5.6	4.86
合　　計	249	100.0		249	100.0	

7. 童年生活之幸福情況

在西方婚姻調適研究中，童年生活經驗是社會學探究所極重視的因素之一。樣本夫妻童年生活的幸福情況:夫方以幸福者佔最多數,以後依次為普通、很幸福和不幸福;妻方亦以幸福者佔最多數,而普通與幸福二類為數相等,居第二,不幸福居第三。雙方很不幸福者均極少,夫方僅二人,妻僅一人。

至於童年生活之幸福程度，與其婚姻幸福程度成正相關。即童年生活愈幸福者,其婚姻亦愈幸福。此點西方研究所得結果相同。(參閱表10-10)

表10-11：童年生活之幸福情況

童年生活 幸福情況	夫			妻		
	樣本數	百分比	得　分	樣本數	百分比	得　分
1.很　幸　福	55	22.1	6.06	70	28.1	6.03
2.幸　　　福	82	32.9	5.73	83	33.4	5.51
3.普　　　通	76	30.5	5.55	70	28.1	5.48
4.不　幸　福	29	11.7	4.79	19	7.5	4.95
5.很不幸福	2	0.8	4.00	1	0.4	4.01
6.不　　　詳	5	2.0	4.60	6	2.6	5.67
合　　　計	249	100.0		249	100.0	

8.　婚前認識之經過

　　樣本夫妻婚前認識經過,以親友介紹者爲最多,以後依次爲偶然相識、同事、同學、世交或姻親。由近鄰而締婚者爲數最少。　(參閱表10-11)分析此一現象,與樣本夫妻婚後年數之多寡有關,據統計結果：(1)婚後未滿5年者,91對, 佔全數36.5％；(2)5-9年者,46對, 18.5％；(3)10-14年者,28對,11.2％；(4)15-19者,37對,14.9％；　(5)20年以上者,45對,18.1％；(6)不詳者僅有2對,0.8％。根據上述數列,我們知道其中婚後15年以上者佔總數33％。當時社會環境受傳統禮敎之控制,比現在强大。婚姻仍然主要由「父母之命,媒妁之言」來締結,故造成樣本中親友介紹者居最多數的情境。近三十年來, 我國在婚姻家庭方

面發生重大的變遷,前已言之,而渡海來臺的外省人, 多數是無親無故的單身,故在偶然場合交識異性而結婚者,爲數甚多而居第二。往昔婦女就業之門甚窄,與男人同事機會便不多,而婦女教育亦不如現今之普及,男女合校者甚少,故因同事同學而結婚者爲數不多。我國社會素喜「親上加親」,但在樣本中因世交或姻親結婚者,僅12對。由鄰居而結婚者爲數更少,僅8對。蓋我國農村常聚族而居,同姓不得通婚,而都市之流動性(Mobility)大,關係膚淺,雖比鄰而居,亦鮮通往來,故結婚之可能性甚小。

至於婚前認識經過與其婚姻美滿之相關,以同事、同學得分最高。我國諺云:「三句話不離本行。」在相同工作機構或學校結識之配偶,興趣相投,即在看法、想法和做法上,大體相同,故婚後雙方的社會價值和態度比較趨於一致,而能相互調適。

表10-12:婚前認識之經過

認 識 經 過	樣 本 數	百 分 比	得 分
1.親 友 介 紹	101	40.7	5.6
2.偶 爾 相 識	61	24.5	5.6
3.同 事	33	13.2	5.9
4.同 學	19	7.6	5.8
5.姻 親 或 世 交	12	4.8	5.1
6.鄰 居	8	3.2	4.8
7.其 他	13	5.2	5.5
8.不 詳	2	0.8	—
合 計	249	100.0	

　　西方研究指出偶爾相識不利於婚姻調適,在本樣本中未獲得證實,其得分與親友介紹者相等,僅次於同事或同學而同居第二,可能由於對「偶爾相識」的釋義不同,西方研究指的是「搭便車」、「低級娛樂場所擁舞」等情境,而我國所謂「邂逅」,不一定含有「不高尚」的成份在內,特別是從「傳統模式」遞變為「現代模式」的過渡時期,以非「父母之命、媒妁之言」而自己物色的對象為時髦、為合於理想。

　　得分最低者是鄰居結婚。西方研究雖然指出住處鄰近有利於擇偶而與婚後幸福無關,但該樣本夫妻的幸福得分卻是最少,其故安在?有待進一步的探究。

9. 婚前之相愛程度與親愛表示

　　樣本夫妻婚前相愛程度,以第二類「彼此相愛」居第一,第二類「海誓山盟愛到極點」居第二,兩者相加,為80.4%,餘則依次為第三類「認識而已談不上愛」,第四類「素不相識毫無愛意」,及第五類「迫於情勢勉強結合」,最後三類相加僅佔13.6%。又從得分欄,以第一類得分最高,於是相愛程度降淺,得分亦隨而減低,至第四類止。似乎可以如此認定:婚前相愛愈深,則婚姻愈美滿。至於第五類之得分,等於第二類,而高於第三類和第四類,則可能由於樣本太少之故(僅有四對),機合使然。(參閱表10-13)

表10-13：婚前之相愛程度

婚前相愛程度	樣本數	百分比	得　分
1.海誓山盟愛到極點	39	15.7 ⎫	5.9
2.彼　此　相　愛	162	65.1 ⎬ 80.8	5.5
3.認識而已談不上愛	28	11.2 ⎫	4.8
4.素不相識毫無愛意	12	4.8 ⎬ 17.6	4.7
5.迫於情勢勉強結合	4	1.6 ⎭	5.5
6.其　　　他	3	1.2	5.7
7.不　　　詳	1	0.4	—
合　　　計	249	100.0	

　　樣本夫妻婚前之親愛表示，以第四類「經常會面並擁吻」居第一，以後依次爲第二類「偶爾會面」，第三類「經常會面而未擁吻」，第一類「從未會面」，第五類「有性行爲而未懷孕」，至第六類「有性行爲並懷孕」。在西方社會，婚前擁吻係必要之課題，性行爲亦常發生。據郭德(Goode)估計，在避孕措施非常普及的美國社會，婚前懷孕者(指與未婚夫成孕) 約佔婚姻總數四分之一或以上， 由此可見婚前性交率之高。(註十一)近五十年來，我國婚姻家庭態度丕變，樣本夫妻中婚前擁吻者佔37.8%而居首位，實不足爲奇。婚前有性行爲者(包括懷孕與否)佔12%，約爲八分之一，與美國相比，雖瞠乎其後，但在中國不到半個世紀的短時期中， 從「男女不相授受」、「洞房初次對面」，一變而爲「肌膚相親」、「珠胎暗結」，其速度之快，確是驚人。尤可怪者，得

註十一:W.J.Goode,the Family, New Jersey: Prentice-Hall,Inc.,1964,p.29.

分欄指出得分最高是第五類「有性行爲而未懷孕」，第六類「懷孕」
亦居第四，反以第三類「經常會面而未擁吻」叨陪末座，而第三類
「經常會面並擁吻」，高居第二位。擁吻與否，二者相差竟如此之巨！協
助作者統計之<u>林義男</u>君（時在<u>臺大</u>社會學系四年級肄業）曾將是項資
料在<u>臺大</u>某學生學術團體座談會上提出討論分析，所得答案是：「以某
種方式表示親愛，爲美滿婚姻的基礎之一。倘在婚前能夠明瞭對方表
示親愛之能力如何，而且本人對此滿意，則婚後美滿程度必大，或能用
此以解釋婚前有性行爲而未懷孕及經常會面並擁吻者，婚後較爲美滿。
反之，偶爾會面或經常會面而未擁吻者，則較不美滿。而後者之得分更
低。蓋經常有機會讓其表現親愛，而無動於衷，可能由於愛情不深，或
情緒過分抑制，或表示親愛能力薄弱，於婚後在此方面亦將平淡而不濃
烈，婚姻便顯得不美滿。」此種解釋，出諸年輕一代的知識份子，不論
其得當與否，姑存於此，以待繼續探究。（參閱表10-14）

表10-14：婚前之親愛表示

婚 前 親 愛 表 示	樣 本 數	百 分 比		得　　分
1.從　未　會　面	16	6.4		5.70
2.偶　爾　會　面	66	26.5		5.50
3.經常會面未擁吻	39	15.7	53.5	5.40
4.經常會面並擁吻	94	37.8		5.73
5.有性行爲未懷孕	16	6.4	12.0	5.80
6.有性行爲並懷孕	14	5.6		5.60
7.不　　　　　詳	4	1.6		－
合　　　　　計	249	100.0		

　　至於婚前相愛程度之深淺與其親愛表示的濃淡，從問卷的答案上
看不出有其必然關係。即相愛深者，未必有熱烈的親愛表示，反之淺者
卻發生了性行爲而懷孕。如第五類「迫於情勢勉强結合」僅四對，有
兩對曾有性行爲，可能是無法抑制生物的衝動，等到「木已成舟」，也

表10-15: 相愛程度深淺與親愛表示濃淡

親愛表示　　　　　相愛程度	從未會面	偶爾會面	常會面未擁吻	常會面並擁吻	有性行爲		合計
					未懷孕	懷孕	
1.海誓山盟愛到極點	—	3	9	21	3	3	39
2.彼　此　相　愛	1	59	21	63	19	8	162
3.認識而已談不上愛	1	4	9	10	2	2	28
4.素不相識毫無愛意	12	—	—	—	—	—	12
5.迫於情勢勉强結合	2	—	—	—	1	1	4
合　　　計	16	66	39	94	16	14	245

就結爲夫妻了。我國傳統的談情說愛，重在含蓄，情深款款，藏而不
露。例如中央日報「今日專訪」欄於民國五十五年三月二十七至三十
一日，連續選登「國片宜否有接吻鏡頭」之應徵文35篇。茲依各文內
容，可將態度歸納爲三類：(1)完全贊成國片有接吻鏡頭； (2)完全反對
國片有接吻鏡頭；(3)贊成在適宜情況下有接吻鏡頭。據該報載：稿件
總數是1,290件，編者重視文字優美，所選刊者不一定合乎科學選樣，但
大體能代表一般態度。在選刊的35篇中，性別相等(總數是單數，多者
爲女)，行業包括公務員11人，學生8人，軍人7人，家務7人，自由職業1
人，商1人。主張在任何情況下不宜插有接吻鏡頭者爲65.7％，主要理

由是違反傳統觀念，不合中國國情，看來令人作嘔。無條件贊成者為 11.4%，折衷者為數亦不多，22.9%。大抵男性趨向「傳統」，女性趨向「現代」。(參閱表10-16)

表10-16：國片宜否有接吻鏡頭

國片宜否有接吻鏡頭	男	女	共　　計	百分比
1. 完 全 贊 成	1	3	4	11.4
2. 完 全 反 對 者	13	10	23	65.7
3. 有條件贊成者	3	5	8	22.9
合　　　　計	17	18	35	100.0

此一接吻態度的表示，與樣本夫妻婚前事實表現並不符合，前面已指出樣本夫妻婚前擁吻者超過半數，有性行為者所佔之百分比亦不小。雖然態度是行為的準備，有時可能因實現而轉變，如同大家庭是我國家庭制度的理想型式(Ideal type)，奉之為傳統的社會標準，凡可以不分居，以若干代同堂自傲。事實上歷代以來，小家庭佔最大多數，平均家庭人數介乎三與六之間，即所謂「五口之家」是也。

10. 父母對婚事之態度

往昔我國婚姻決定權全操諸父母之手，近幾十年來在劇烈改變之中，但樣本夫妻雙方仍然過多數獲得父母的贊成。(參閱表10-17)

夫方外省人較多。臺灣光復後，外省人在臺娶妻之時，多數人是單身，於是造第四類「結婚時父母去世或遠離」，夫比妻多三倍之現象。

從得分欄,可以看出父母對婚事表示贊成者,其婚姻較美滿, 此與西方研究所得之結果相符合。

表10-17: 父母對婚事之態度

父母贊成或反對	夫			妻		
	樣本數	百分比	得　分	樣本數	百分比	得　分
1.父 母 均 讚 成	130	52.2	5.75	176	70.7	5.74
2.父 母 均 反 對	3	1.2	5.00	10	4.0	5.50
3.僅 一 方 反 對	10	4.0	5.20	28	11.2	5.25
4.父母去世或遠離	99	39.8	5.47	29	11.7	5.21
5.不　　　　詳	7	2.8	5.67	6	2.4	5.67
合　　　計	249	100.0		249	100.0	

11. 訂婚期間之長短

樣本夫妻中曾經訂婚者約百分之九十, 其訂婚期以3月至1年者為最多,約佔半數,以後依次為1年至3年、3年以上、及不滿3個月。

從得分欄可以看出:訂婚時期愈長,婚姻愈美滿。西方研究亦認定婚前有充份認識時間,為婚姻調適之有利因素。(參閱表10-18)

表10-18: 訂婚期間之長短

從訂婚（或認識熟悉）至結婚之時間	樣本數	百分比	得　分
1. 不 滿 3個 月	22	8.8	5.0
2. 3 月 — 1 年	103	41.4	5.5
3. 1 年 — 3 年	71	28.5	5.7
4. 3 年 以 上	44	17.7	6.0
5. 其　　　他	9	3.6	——
合　　　計	249	100.0	

12. 結婚之方式

　　樣本夫妻中過半數是新式親友證婚。此乃目前我國最流行之結婚方式。拜天地祖先的「傳統舊式」，爲數亦不少，以24.9％而居第二。「法院證婚」居第三，「教堂結婚」殿後，蓋樣本夫妻中信仰西方宗教者頗少。(參閱表10-19)

表10-19: 結婚之方式

結　婚　方　式	樣 本 數	百 分 比	得　分
1. 傳 統 舊 式	62	24.9	5.5
2. 新 式親友證婚	131	52.7	5.6
3. 法 院 證 婚	23	9.2	5.7
4. 牧師或神父證婚	11	4.4	5.7
5. 其　　　他	17	6.8	5.5
6. 無 任 何 儀 式	5	2.0	4.8
合　　　計	249	100.0	

依得分多寡而言,上述四種相差甚微,似乎結婚方式與婚姻幸福無關,祇是未舉行任何儀式者,得分顯著低落。此亦與常識相符合。婚姻乃人生大事,禮記有云:「夫婦之義由此始也。」我國自古以來,非常重視婚禮,蓋慎始乃能敬終。

13. 夫妻之婚次

樣本夫妻中,雙方均為初婚者高達91.4%,由此可見我國離婚之不普遍。當然尚可作其他解釋,因為樣本夫妻為報紙徵文之應徵者,如果一方是離婚或喪偶後再婚,根據我國傳統觀念,雖然婚後美滿,總覺美中不足。除非是特別好或特別壞,值得書而成文,以抒發胸中的歡欣或積鬱,否則便會失去應徵的興趣,而未成為樣本之一了。在續婚者中僅有兩類: (1)夫一方續婚, (2)夫妻雙方均續婚,而無妻一方續婚這一類。由此可見在我國社會,喪夫之婦,難與初婚之男再婚。

得分欄指出:夫妻均為初婚者比夫妻一方或雙方續婚者為美滿。一般常識亦是如此看法。(參閱表10-20)

表10-20: 夫妻之婚次

夫 妻 婚 次 別	樣 本 數	百 分 比	得　　分
1. 夫妻均為初婚	228	91.4	5.64
2. 夫初婚妻續婚	0	0	—
3. 夫續婚妻初婚	16	6.4	5.29
4. 夫妻均為續婚	5	2.2	5.29
合　　　計	249	100.0	

14. 婚後之居住

從樣本夫婦之婚後居住,可以看出兩點:(1)核心家庭已在我國躍居優勢,因爲婚後另建新居者佔61.9%。(2)婚後與長輩同居者,以夫多於妻居,因爲第一類和第二類之和,佔28.4%,而第三類與第四類之和佔8.8%,前者爲後者之三倍有餘。(參閱表10-21)

又從得分欄亦可以看出兩點:(1)另建新居者,不如一直與長輩(不論是夫家或妻家)同居到現在者之美滿。(2)另建新居者,但比與長輩(不論夫家或妻家)同居若干時期再分居者要美滿。

表10-21: 婚後之居住

婚 後 居 住	樣 本 數	百 分 比	得 分
1.與夫家長輩同居直到現在	43	17.3 ⎫ 28.5	5.84
2.與夫家長輩同居若干時期後另建新居	28	11.2 ⎭	5.18
3.與妻家長輩同居直到現在	10	4.0 ⎫ 8.8	5.60
4.與妻家長輩同居若干時期後另建新居	12	4.8 ⎭	4.36
5.婚 後 建 立 新 居	154	61.9	5.47
6.不 詳	2	0.8	—
合 計	249	100.0	

15. 夫妻之獨生與非獨生

樣本夫妻中雙方均非獨生者最多,超過半數,以後依次爲「夫獨生妻非獨生」、「夫非獨生妻獨生」、及「夫妻均獨生」。(參閱表10-22)

　　此四類婚姻的平均幸福得分,以夫妻均非獨生為最高,餘三類較低
而均等。林頓(Linton)謂兄弟姊妹組成一個小社會,構成發展調適人
格的適度情況(Optimum Conditions)。由於兄弟姊妹之年齡相近, 其
社會化力量更強, 彼此從中學習尊卑有別,長幼有序,以及了解他人的
需要,尊重他人的意見。(註十二)蓋非獨生者與父母的關係,不是一對
需要,尊重他人的意見。(註十二)蓋非獨生者與父母的關係,不是一對
一(One-one),而是一對多(One-many)。父母給予子女的愛護與關心,非集
於一子或一女, 而是均分於多子多女。子女為欲贏得父母歡心,勢必不能
過分拂逆父母意旨,易言之,非獨生者從小在家庭互動中學習到
如何與他人相處。獨生者則反是,其理甚明,不言而喻, 故缺乏適宜之
機會與訓練以養成適應他人之習慣與態度。夫婦為兩個不同人格的結
合,必須互相遷就,始能達成調適。西方研究指出非獨生為婚姻調適之
有利因素,本研究驗證其無訛。

註十二:R. Linton, The Natural History of the Family, in Anshen(ed.),Family: Its
　　　　Function and Destiny, New York: Harper & Brothers, Publishers, 1959,
　　　　pp. 30-52.

表10-22：　夫妻之獨生與非獨生

獨生子與非獨生子之配合	樣本數	百分比	得　　分
1. 非獨子娶非獨女	170	68.3	6.2
2. 非獨子娶獨女	34	13.7	5.6
3. 獨子娶非獨女	25	10.0	5.6
4. 獨子娶獨女	8	3.2	5.6
5. 不　　　詳	12	4.8	―
合　　　計	249	100.0	

16.子女之有無

　　子女情況，簡分為四類：(1)子女均有，(2)有子無女，(3)無子有女，(4)子女均無。前三類占全樣本百分之九十強，第四類子女均無者僅23對，但從得分欄來看，他們的婚姻最幸福，眞是一種不尋常現象，尤其是發生在中國社會，與「有子萬事足」的傳統觀念相違背。(參閱表10-23)

表10-23: 子女之有無

子 女 有 無	樣本數	百分比	得　　分
1. 子 女 均 有	143	57.4 ⎤	5.54
2. 有 子 無 女	44	17.7 ⎬ 90.8	5.65
3. 無 子 有 女	39	15.7 ⎦	5.52
4. 子 女 均 無	23	9.2	6.82
合　　　　計	249	100.0	

　　西方研究亦指出:子女是婚姻調適的重要有利因素,因此特別抽出
23對無子女夫婦的問卷,檢查與子女有密切關係的結婚年數及家庭收
入:(1)結婚年數——新婚未滿周年者1對,1—4年者3對,5—9年者5對,
10—14年者9對,15—19年者5對。(2)家庭收入——依照問卷第二十六
題的資料,在23對無子女的夫妻中,過半數的家庭收入是夠開支的, 僅
有一對因收入不夠而影響其婚姻幸姻。(參閱表10-24)

表10-24：無子女夫妻之家庭收入

收　　　入　　　情　　　況	樣本數	百分數
1. 家庭收入雖然不夠但不影響我們婚姻幸福	10	43.5
2. 家庭收入不夠，因而影響我們婚姻的幸福	1	4.3
3. 家庭收入不夠，因而破壞我們婚姻的幸福	0	0
4. 家　庭　收　入　夠　支　出	12	52.2
合　　　　　　　　　　計	23	100.0

　　據上述兩類資料,這些夫妻大多數已屆「兒女成行」之期,其收入均在普通以上。易言之,他們之無子女,與此二因素無關。似乎由於子嗣觀念業已改變,而「膝下猶虛」又引起補償作用,於是他們的婚姻反比有子女者更為美滿。或另有其他解釋,則有待進一步的探究。

17. 性關係之調適

　　夫妻性生活在西方婚姻調適研究中極受重視。我國社會對於性的態度雖較以往為開明,但仍比西方社會要保守得多。問卷中原列有涉及性生活之問題四個,試查時均難獲得答案。多數接受試查者建議取消,謂與國情不符合。結果保留一題,且涵義含蓄籠統,聊備一格而已。在樣本夫妻中,雙方均覺得調適者,高達78.4%,可能由於未認真填答。凡一方或雙方對於房事嫌多或嫌少者,均視為不調適,共佔19.2%。(參閱表10-25)

　　答案之真實性如何?姑置勿論,但從得分欄可以看出:性調適與婚姻調適成正相關,即性關係愈調適,婚姻亦愈美滿。

表10-25：夫妻性關係之調適

性關係調適情形	樣 本 數	百 分 比	得　　　分
1.雙方均覺得調適	195	78.4	5.58
2.一方覺得不調適	40	16.0	4.76
3.雙方均覺得不調適	8	3.2	4.11
4. 不　　　　詳	6	2.4	
合　　　計	249	100.0	

第三節　調查分析結果撮要

1. 樣本夫妻之特質

　　根據樣本夫妻對其婚姻的自我估評,在249對中,幸福者佔極大多數,約爲85%,不幸福者不到5%。(參閱表10-26)籍貫以外省人多於本省人。住居遍布於臺灣省各縣市。平均年齡夫爲38歲,妻爲32歲。婚後未滿5年者最多,佔三分之一強,在20年以上者亦不算少。雙方教育程度均在普通以上,夫高於妻。以職業而言,夫方多爲中級之軍人、公務員、教員及自由職業。妻方多半數未就業,主持家務。夫方約有半數無宗教信仰,妻方約有半數皈依中國民間信仰。他們的婚姻大多數獲得父母的贊成。90%婚前訂婚,經三月至一年而結婚者爲數最多,將近半數。結婚方式過半數採用當今最流行之宴會親友公證。雙方均爲初婚者佔90%。婚後大半數與長輩分居,建立小家庭。生有子女者佔90%。大體言之,性生活均甚調適。

表10-26：樣本夫妻自己估計之幸福程度

幸 福 程 度	樣 本 數	百 分 比
1. 非 常 幸 福	63 ⎫	25.5 ⎫
2. 很 　 幸 　 福	86 ⎬ 210	34.5 ⎬ 84.3
3. 幸 　 　 福	61 ⎭	24.3 ⎭
4. 普 　 　 通	27	10.9
5. 不 　 幸 　 福	6 ⎫	2.4 ⎫
6. 很 不 幸 福	2 ⎬ 12	0.8 ⎬ 4.8
7. 非 常 不 幸 福	4 ⎭	1.6 ⎭
合 　 　 計	249	100.0

2. 影響婚姻之因素

統計與分析全部問卷，得出15項影響婚姻調適的因素；

(1)籍貫相同爲擇偶之有利因素，但與婚姻幸福無關。

(2)父母婚姻愈美滿，子女婚姻亦愈美滿。

(3)童年生活愈幸福，婚姻亦愈幸福。

(4)婚前相愛愈深，且有熱烈之親愛表現(如擁吻、甚至於性行爲)，婚後愈美滿。

(5)婚事獲得父母之贊成者，較父母一方或雙方反對者爲美滿。

(6)婚前有較長的訂婚期有利於婚姻調適。

(7)結婚方式與婚姻幸福無關，但未舉行任何儀式者較不美滿。

(8)年齡以夫長於妻爲宜，夫大於妻五至九歲之婚姻比較美滿，相

差之時,夫不應超過妻十五歲。

　　(9)夫妻教育程度相等之婚姻較爲幸福;相差之時,應夫高於妻,且相差級數愈少愈宜。

　　(10)在我國宗教信仰與婚姻幸福無顯著關係。換言之,雙方有宗教信仰並且相同,僅爲一項極輕微之有利因素。

　　(11)夫妻均爲初婚者較一方或雙方續婚者爲美滿。

　　(12)夫妻均爲非獨生者較一方或雙方爲獨生者爲美滿。

　　(13)婚後另建新居者,不如與夫家或妻家長輩同居者之美滿。

　　(14)子女之有無似與婚姻幸福無關,而在樣本夫妻中,無子女的婚姻反更美滿。

　　(15)性生活愈調適者,婚姻愈美滿。

第四節　結　　論

1.　婚姻與家庭是最基本之社會制度

　　德國詩人謂:「使世界周行而不停止者,飢與愛耳!飢餓使個體死亡;無愛種族便絕。」(註十三)禮記亦云:「飲食男女,人之大欲存焉。」蓋歛食喜色,爲吾人之基本衝動與要求。婚姻既能正當滿足吾人的性需要,而且能使吾人在馬林諾斯基(Malinowski)所謂之「婚生法則」(Principle of legitimacy) 下繁殖子嗣。(註十四)故在任何社區,男婚女嫁均視之爲人生大事。

註十三:何聯奎著,民族文化研究(自行出版),第五七頁所引。

註十四:K.Davis, Human Society, 1949,pp.399-405 所引 Malinowski 之「婚生法則」,謂
　　　　孩子出世,必由一社會學父親(Sociological father)引至社會,否則成爲私生子。他
　　　　認爲婚姻之意義,使親子得以合法化,比夫妻性行爲得以合法化更爲重要

　　以婚姻爲基礎而建立的家庭制度，是人類社會制度中最基本和最重要的一種，其歷史之悠久，採用之普遍，功能之衆多，無他種社會制度能與之相比。凡個人之生存，種族之蕃衍，人格之發展，文化之傳遞，國家之建立，均以家庭爲其根據。但有一件令人驚異之事，其他社會制度，如經濟、國家等，很早已有經濟學家、政治學家等一直在努力研究著，而婚姻家庭卻無人加以重視。此種現象之形成，可能由於婚姻家庭與人類生活之關係過於密切，恍若呼吸之與空氣，不可須臾或離，反而視之爲當然，而不感覺其重要了。有如希爾(Hill)所說的：「我們社會常對家庭抱一種『理所當然』的態度，擱置一旁，漠不關心。對之未予以重視和贊揚，卻寄以重大的期望——家庭應負起修補(Patching and mending)社會的責任。」(註十五)

　　在十九世紀以前，婚姻家庭問題的探究，幾乎全出自文學家手筆，以主觀的描述和帶情感的筆鋒，將婚姻家庭問題表現於詩歌、小說和戲劇的作品中。約自十九世紀中葉起，社會科學家才開始對婚姻家庭作科學的和有系統的研究，主要是由人類學家和社會學家在分途進行。前者以初民社會的婚姻家庭爲研究對象，其著重點是家庭組織之考察，亦有涉及婚姻家庭起源之探討者。後者以文明社會的婚姻家庭爲研究對象。初期論著偏重於家庭之起源、發展及組織之探討，後期論著則偏重於婚姻家庭問題、家庭之組織與功能，特別是家庭關係與行爲之分析。(註十六)

　　自十九世紀末葉以來，美國出版有關婚姻家庭的論著，在質量兩方

註十五：H. Becker and R.Hill, Family, Marriage and Parenthood, Boston: D.C.Health and Company, 1955,p.3.

註十六：參閱龍冠海著,社會學與社會問題論叢之「家庭研究的發展」,民國五十三年, 正中, 第一三〇至一三二頁。

面,均極可觀,他國尚無出其右者，希爾將美國自1895年至1950年所有
重要的婚姻家庭論著,依其內容分爲下列三個階段,從此可以看出婚姻
家庭研究發展的過程。(註十七)

第一階段(1895-1914)

家庭論著的重點集中於：(1)初民與古代社會的家庭及其形式之起
源與發展；(2)工業革命後家庭制度變遷之評價；(3)當代家庭問題及其
控制。

第二階段(1915-1926)

研究興趣由婚姻家庭歷史起源問題轉至當代婚姻家庭問題，開始
懷疑婚姻家庭的傳統道德。此一階段內的研究發展趨向有三：(1)開始
意統計方法，用以對離婚、出生率、家庭大小作量的研究；(2)婦女問
題和性受到重視，以此爲中心而出版一些論著；(3)開始使用家庭互動
探究的觀點,自後此一研究方向日益加強,迄今而蔚然大盛。

第三階段(1927-1950)

第二階段的婚姻家庭論著,爲數不算多,而且大半偏重於婚姻家庭
歷史的探討,實地研究甚少。從1930年代起的三十多年中,婚姻家庭研
究步入最興盛的階段,有關婚姻家庭的專門著述,層見疊出, 有如雨後
春筍。大體說來, 本階段內婚姻家庭研究的基本趨向有四：(1)婚姻危
機與家庭解組的說明；(2)家庭功能之變遷與縮萎的闡述；(3)親子關係
之緊張情況及對個人經驗與人格之影響的分析；(4)婚姻幸福與否之測
量。最近十餘年特別重視擇偶及婚姻調適的探究。

2． 爲適應外在情況婚姻家庭制度時在變遷

社會制度的主要功用是在於滿足人類的需要， 及調節並控制人類

註十七:H.W.Odum, American Sociology, 1951, pp.311-312.

的活動。人類的需要和活動,隨著文化之演進而變遷,制度爲克盡其功用,必須應時勢之要求而改變自身,以與新的情況相適應。凱文(Cavan)云:「婚姻家庭是一種適應制度(Adaptive institution),本身雖不發動變遷, 但設法與變遷相順應。」(註十八)婚姻家庭爲適應情境變遷,在結構、功能、價值等方面, 已經經歷無數次的改變。唯其能於「窮中生變,變中求通」,故能維持迄今而不墜,即在長遠的未來,亦能與人類之存在相始終。正如傅爾森(J.K.Folsom)所云者:「婚姻家庭制度能應變,才能負起種種新價值。如果一成不變,固步自封,他種制度將取代其位置以支持業已變遷的價值。」(註十九)婚姻家庭制度既在隨時應變,以婚姻家庭爲對象的研究,自然隨著主題之變而改變其研究重點。

　　當婚姻制度設法使自身適應新的外在情況之時,一定會產生一種改變。如果我們泥古不化,希望婚姻家庭制度一仍舊貫,必無益而有害。我們應該對婚姻家庭制度所處之新環境加深其了解,以幫助婚姻家庭制度與之相適應,危瀾安渡,於是附隨變遷以俱來的各種苦難,得以消弭於無形。

　　離婚頻繁,是現代婚姻的顯著特徵,於是一些悲觀論者概乎言之:「婚姻家庭制度日趨於毀滅之途!」事實上,現代婚姻之容易破裂,只是家庭制度正處於劇烈轉變期中的表徵: 由此一種形式轉變爲另一種形式,由此一組功能轉變爲另一組功能,至於整個婚姻家庭制度尚不會有解體之虞。傅爾森說得好:「社會解組的概念,常被過分強調, 有許

註十八:R.S.Cavan, The American Family, New York: Thomas Y.Crowell Company, 1961, p.31.

註十九:參閱朱岑樓譯,社會學(原著者S.Koenig),協志工業叢書出版公司出版,民國五十八年第七版,第一三五頁。

多被視爲解組的組織，實際只是正在變遷中的組織，婚姻家庭即其一焉。」(註二〇)

　　塞治麥基(J. Sirjamaki)分析現代婚姻不穩固的眞正原因，非由於社會解組，或道德衰落，而是由於已經改變了的各種價值所造成的。現代都市夫婦所懸之幸福標準，遠比昔日農村夫婦爲高，故現代婚姻並未可厚非。(註二一)闌狄斯(Landis)亦謂都市家庭與鄉村家庭兩相比較之下，前著對個人的福利和幸福已經樹立更爲高大的理想，而且對於他人亦作更多的考慮。凡夫婦一方或雙方不能達成理想中的幸福標準，容易造成仳離。此即都市婚姻常見其失敗。但在另一方面，新的道德觀念所帶給婚姻生活的滿足，則遠比傳統的道德觀念爲大。(註二二)

3. 婚姻失敗之嚴重後果

　　如上所述，個別婚姻失敗的增加，雖對整個婚姻制度之存在，不足以構成威脅，但因婚姻失調而釀成分居、遺棄或離婚的悲慘結局，不僅當事者蒙害，且爲下一代的子女帶來極不良的後果，並將損害轉嫁於社會。茲就此三方面分別言之：

　　(1)婚姻當事者 —— 婚姻失敗，是個人一生中一項重大事業之失敗。遺棄分居，常秘而不宣，而離婚須經完成法律手續，明顯易知。鄰居戚友礙於顏面，當面避而不談，但心存蔑視，背後則大肆議評。所謂婚姻失敗，一部分是當事人所面臨的損失，另一部分(常是大部分)是他人的態度所帶來的傷害。有位法國哲學家慨乎言之：「在我們最好戚友所遭遇的不幸事件中，有一些實在用不著我們過分關心，結果常是火

註二二〇：同註十九。

註二〇：J.Sirjamaki,The American Family in Twentieth Century, 1953, p.181.

註二二：朱岑樓譯前書，第一八〇頁所引。

上加油,幫其倒忙,好意變爲惡意。」(註二三)某一婚姻失敗, 愛管閒事的親友,常以兩種姿態出現,或是支援,或是排壓,嚷嚷不休。當事者名譽受打擊,特別重視名譽的知識專業階級,蒙害尤大, 戚友關係可能因此而中斷。常於無意中遇上許多尷尬場面, 進退不得。社會學家屈格塞爾(Truxal)和梅里爾(Merill)謂婚姻失敗之人, 很少有不在內心留下永難癒合之創傷,負疚抱憾,耿耿終身。(註二四)

(2)子女──婚姻失敗者的子女,常像皮球般在分居或離婚的父母之間踢過來踢過去,甚至於成爲父母怨恨對方的代罪羔羊,如此無辜蒙災,最爲可憫。他們失去溫暖的家庭生活,在吵鬧仇恨的惡劣氣氛中過日子,正常人格的發展橫遭摧殘, 而形成冷漠無情, 憤世嫉俗,暴躁自大,或遲鈍自卑的性格。社會學家史德曼(Steigman)指出:婚姻失敗者之小孩,常遭受同伴之譏笑, 心懷自卑,此種心理發展的結果, 可能造成行爲上之失常或病態,故少年犯罪者有許多出身於破裂家庭。(註二五)

(3)社會──家庭爲社會的基本單位,婚姻失敗,家庭破裂, 自然給予社會嚴重的不良影響。諸如當事者身心損害,受害子女之敎養,司法機關人力財力之耗費,社會道德之淪喪等,直接間接均嫁禍於社會。蓋社會與家庭互爲表裡,家庭生活不能存在於文化眞空之中,而社會生活滲入家庭,塑出了家庭模式。凡家庭生活中的重大事故,均爲社會添上色調:良好事故爲色調之翠綠明艷者,使社會生氣蓬勃,欣欣向榮,惡劣

註二三:See J. H. S. Bossard and E. S. Boll, Why Marriages Go Wrong, New York:The Ronald Press Company, 1958,pp.14-15.

註二四:See A. G. Truxal and F. E. Merill, Marriage and the Family in American Culture, Prentice-Hall, 1953,p.510.

註二五:See J. Steigman, "The Deserted Family",Social Casework, April,1957, p.1.

事故乃將灰暗的陰影投向社會，事故愈多，則陰影愈黑而且愈廣，造成了社會解組。(註二六)

　　蒲其斯(Burgess)謂：往昔對婚姻所抱的態度，好像飢則食、渴則飲、平時呼吸空氣那樣自然而然，可是現代各種科學知識不僅統制我們的物質世界 (Physical world)，而且深入我們的社會世界 (Social world)。生活在今日世界的我們，不是飢不擇食，渴不擇飲，張開嘴隨便吸入空氣，而要先將食物飲料加以檢查測驗，保證食後飲後營養衛生，空氣亦要防止其污染，加以淨化，再依軀體需要，調節其濕燥寒燠。同樣，科學已進入婚姻家庭的領域，而婚姻調適與發展之研究，即是此一領域內之一個重要部門，其主要目的是希望在婚姻關係這一方面發展出客觀的正確的知識，以減少或清除有害於婚姻的情境，最後加強婚姻的穩固與增進婚姻的美滿。(註二七)

4. 修齊治平乃有系統之發展工作

　　我國社會自古迄今，特別重視家庭，「國家」一詞，二者並舉而不分割。修身旨在齊家，而齊家乃治國平天下之本。大學傳之九章有云：「一家仁，一國興仁；一家讓，一國讓，一人貪戾，其國作亂：其機如此。」儒家思想是我國文化的菁華，孔子乃儒家之宗，刪詩書，訂禮樂，修春秋，贊易象，而禮重昏冠，詩首關雎，春秋正名，易始乾坤，充分表示對婚姻與家庭之重視。

　　我國社會往昔閉關自守，以「大家庭」為理想的父系父權家庭制度，實行三千多年，大體上沒有甚麼變動，平平穩穩，家齊而後國治，國治而後天下平，家庭確實克盡制度所應盡之「滿足人類生活需要」的

註二六：同註二三。

註二七：Burgess and Locke, op. cit., p.392.

主要責任，這也是使得「中國社會以家庭爲中心」的美名遠播。迨至清末，主要由於海禁大開，西方文化的影響排山倒海而至，家庭開始發生迅速而劇烈的變遷，於是大大小小的問題相繼發生。由於家庭制度變得太快太猛，造成失調(Maladjustment)，乃勢所必然，問題叢生亦在意料之中。主要有賴於我們用科學的方法來研究我國家庭制度，正確地了解其遭遇之大變動，面臨之新情況，於是以研究的結果給予幫助，以與之相適應，不僅減少大變動與新情況所帶來的種種苦難，而且提供新的形式，促其發揮新的功能，以達成幾千年來我國所付託家庭制度的重大任務：治國平天下。

　　中華文化復興運動推行委員會有鑒及此，曾於民國五十八年二月主辦「振興家庭倫理座談會」。專家學者，濟濟一堂，雅言讜論，歷三小時之久，收穫非常豐富，扼要言之有三：

　　(1)充分認識清楚我國家庭倫理具有非常優良的特質。

　　(2)由於時代之改變，這些特質應予以興革。

　　(3)何者應興，何者應革，須加強學術性的家庭研究，去其蕪而存其菁，以適合於現代生活。

　　著者幸逢其盛，在會中，龍冠海、李鴻音、葉楚生、芮逸夫等教授，針對最後一點呼籲加強我國婚姻與家庭之科學性研究，而龍氏之意見尤爲語重心長：「今日之座談會，乃表示對此問題之重視，但『坐而言』以後，必繼之以『起而行』，方不致於流爲空談，希望政府極力予以重視，設立婚姻家庭研究所，針對目前種種問題作學術性研究，將其結果提供政府，作爲釐訂『婚姻家庭政策』的張本。」

　　研究婚姻之方法甚多，本書著重於調適和發展者，扼要述其理由有四：

　　(1)「家庭爲互動人格之整體」此一概念，爲蒲其斯一生研究婚姻

家庭之結晶，能適用於我國現代婚姻家庭之研究。毫無疑問地我國實行了幾千年的大家庭制，無法存在於今日工業的、都市的社會，將代之以西方式的小家庭。

(2)小家庭立基於一對夫婦之上，即所謂夫婦家庭 (Congugal family)，其研究之重點在於互動關係。夫婦家庭之互動研究，即是婚姻調適之研究，包括兩大部分：男女由認識、約會、訂婚至結婚之婚前調適，及夫妻、親子關係之婚後調適。

(3)調適是一種過程，指改變(Modify)個人行為與以文化環境建立和諧而有效的關係。現代的家庭研究是以調適為其焦點，但在瞬息萬變的動態社會(Dynamic society)，僅僅調適是不夠的，必須加上「充實」(Competence)，「充實」來自「發展」。家庭生命循環各階段的發展工作，應逐一完成之，以充實家庭各成員的人格。調適是一個被動術語(Passive term)，所謂社會調適、家庭調適、婚姻調適，是把社會、家庭和婚姻看作靜態的(Static)，作消極的順應。但是現代的社會、家庭和婚姻是動態的，我們必須作積極的發展，不斷地充實本身的人格，才能與種種的變遷情況相周旋，而免於脫節落後。

(4)我國大學上所說的三綱領與八條目，就是成套的發展工作，為我們中國人立身處世之要道。各名詞之前有一動詞，即以發展行為逐步完成發展工作。二者綜合起來成為一貫的系統：以三綱領言，明明德為體，新民為用，最後目的是止於至善；以八條目言，格物是發展工作之始，平天下為發展工作之終，而以「人格發展」的修身為其中心。所以格物、致知、正心與誠意，為修身之根本，齊家、治國與平天下為修身之功效。程伊川有云：「古人為學次第者，獨賴此篇之存。」旨哉斯言。因此用發展的概念來探究我國婚姻家庭制度，與我國之固有倫理思想密切吻合。

附錄一　婚姻調適問卷

1. 請賢夫婦任何一位,在本問卷各問題所列若干個空線之上,選出切合您們實際情況的一個,加上「✓」或填字。
2. 配偶對方的生活背景,請切實問明之後加「✓」或填字。
3. 收到本問卷後,請即費心抽空填答,千萬不要擱置,拜託拜託!謝謝!
4. 本問卷反面已貼好回郵及印妥收卷者姓名、地址,填答完畢後,即可以付郵。
5. 本問卷資料僅作學術研究之用,嚴格保密,請放心填答。

一、夫方生活背景:

1.a.籍貫、年齡及出生別:

　　(Ⅰ)籍貫:＿＿省＿＿縣(市);(Ⅱ)年齡:＿＿歲;(Ⅲ)出生別:(1)
　　　獨子;(2)第＿＿子(兄弟姊妹共＿＿人)。

2.a.教育程度:

　　(1)大專以上＿＿;(2)大專＿＿;(3)高中＿＿;(4)初中＿＿;
　　(5)小學＿＿;(6)私塾＿＿;(7)不識字＿＿。

3.a.宗教信仰:

(1)佛＿＿＿；(2)道＿＿＿；(3)回＿＿＿；(4)基督＿＿＿；(5)天主＿＿＿；

(6)拜神(不分佛道)＿＿＿；(7)其他＿＿＿；(8)無＿＿＿。

4.a.行業及職位[如現在(1)無業,(2)退休,(3)服兵役,或(4)暫就，請
　　以過去之主要行業及最高職位填答]：

　　（Ⅰ）行業 ＿＿＿＿＿＿＿＿＿＿＿＿＿＿＿；（Ⅱ）職位 ＿＿＿＿＿＿＿＿＿。

5.a.父母之婚姻情況：

　　(1)很美滿＿＿＿；(2)美滿＿＿＿；(3)普通＿＿＿；(4)不美滿＿＿＿；

　　(5)很不美滿＿＿＿；(6)不詳＿＿＿。

6.a.兒童時期(十二歲以前)之生活情況：

　　（Ⅰ）長大(即居住最長久)之地方：

　　　　　(1)鄉村＿＿＿；(2)小鎮＿＿＿；(3)城市＿＿＿；(4)大都市＿＿＿。

　　（Ⅱ）父親之管教[是(1)生父＿＿＿；(2)繼父＿＿＿；(3)養父＿＿＿]：

　　　　　(1)嚴厲打罵＿＿＿；(2)嚴而不厲＿＿＿；(3)溫和慈祥＿＿＿；

　　　　　(4)不聞不問＿＿＿；(5)姑息溺愛＿＿＿；(6)早亡或不詳＿＿＿。

　　（Ⅲ）母親之管教[是(1)生母＿＿＿；(2)繼母＿＿＿；(3)養母＿＿＿]：

　　　　　(1)嚴厲打罵＿＿＿；(2)嚴而不厲＿＿＿；(3)溫和慈祥＿＿＿；

　　　　　(4)不聞不問＿＿＿；(5)姑息溺愛＿＿＿；(6)早亡或不詳＿＿＿。

　　(Ⅳ)對父之愛憎[對(1)生父＿＿＿；(2)繼父＿＿＿；(3)養父＿＿＿]：

　　　　　(1)很喜愛＿＿＿；(2)喜愛＿＿＿；(3)普通＿＿＿；(4)憎恨＿＿＿；

　　　　　(5)很憎恨＿＿＿；(6)早亡或他故不詳＿＿＿。

　　（Ⅴ）對母之愛憎[對(1)生母＿＿＿；(2)繼母＿＿＿；(3)養母＿＿＿]：

　　　　　(1)很喜愛＿＿＿；(2)喜愛＿＿＿；(3)普通＿＿＿；(4)憎恨＿＿＿；

　　　　　(5)很憎恨＿＿＿；(6)早亡或他故不詳＿＿＿。

　　（Ⅵ）童年生活之概描：

　　　　　(1)很幸福＿＿＿；(2)幸福＿＿＿；(3)普通＿＿＿；(4)不幸福＿＿＿；

(5)很不幸福____。

二、妻方生活背景：

1.b.籍貫、年齡及出生別：

(Ⅰ)籍貫：____省____縣(市)；(Ⅱ)年齡：____歲；(Ⅲ)出生別：____

(1)獨女；____(2)第____女(共有兄弟姊妹____人)。

2.b.教育程度：

(1)大專以上____；(2)大專____；(3)高中____；(4)初中____；

(5)小學____；(6)私塾____；(7)不識字____。

3.b.宗教信仰：

(1)佛____；(2)道____；(3)回____；(4)基督____；(5)天主____；

(6)拜神(不分佛道)____；(7)其他____；(8)無____。

4.b.就業情形及其行業與職位：

(Ⅰ)就業情形：(1)從未就業____；(2)婚前就業婚後停止____；

(3)婚前就業婚後繼續未斷____；(4)婚後曾就業因故停止

____；(5)婚後就業迄今____；(6)其他____。

(Ⅱ)行業及職位(過去就業者，以過去之主要行業及最高職位填

答)：(1)行業____；(2)職位____。

5.b.父母之婚姻情況：

(1)很美滿____；(2)美滿____；(3)普通____；(4)不美滿____；

(5)很不美滿____；(6)不詳____。

6.b.兒童時期(十二歲以前)之生活情況：

(Ⅰ)長大(即居住最長久)之地方：

(1)鄉村____；(2)小鎮____；(3)城市____；(4)大都市____。

（Ⅱ）父親之管敎〔是(1)生父＿＿＿；(2)繼父＿＿＿；(3)養父＿＿＿〕：

　　(1)嚴厲打罵＿＿＿；(2)嚴而不厲＿＿＿；(3)溫和慈祥＿＿＿；

　　(4)不聞不問＿＿＿；(5)姑息溺愛＿＿＿；(6)早亡或不詳＿＿＿。

（Ⅲ）母親之管敎〔是(1)生母＿＿＿；(2)繼母＿＿＿；(3)養母＿＿＿〕：

　　(1)嚴厲打罵＿＿＿；(2)嚴而不厲＿＿＿；(3)溫和慈祥＿＿＿；

　　(4)不聞不問＿＿＿；(5)姑息溺愛＿＿＿；(6)早亡或不詳＿＿＿。

（Ⅳ）對父之愛憎〔對(1)生父＿＿＿；(2)繼父＿＿＿；(3)養父＿＿＿〕：

　　(1)很喜愛＿＿＿；(2)喜愛＿＿＿；(3)普通＿＿＿；(4)憎恨＿＿＿；

　　(5)很憎恨＿＿＿；(6)早亡或他故不詳＿＿＿。

（Ⅴ）對母之愛憎〔對(1)生母＿＿＿；(2)繼母＿＿＿；(3)養母＿＿＿〕：

　　(1)很喜愛＿＿＿；(2)喜愛＿＿＿；(3)普通＿＿＿；(4)憎恨＿＿＿；

　　(5)很憎恨＿＿＿；(6)早亡或他故不詳＿＿＿。

（Ⅵ）童年生活之槪描：

　　(1)很幸福＿＿＿；(2)幸福＿＿＿；(3)普通＿＿＿；(4)不幸福＿＿＿；

　　(5)很不幸福＿＿＿。

三、婚姻過程：

7.賢夫婦婚前認識經過：

　　(1)姻親或世交＿＿＿；(2)鄰居＿＿＿；(3)同學＿＿＿；(4)同事＿＿＿；

　　(5)親友介紹＿＿＿；(6)偶然相識＿＿＿；(7)其他＿＿＿。

8.是否訂婚：

　　（Ⅰ）否＿＿＿；（Ⅱ）是〔(1)認識熟悉後不滿三月＿＿＿；(2)三月至一年

　　　　＿＿＿；(3)一年至三年＿＿＿；(4)三年以上＿＿＿〕。

9.婚前相愛之程度：

(1)海誓山盟愛到極點____;(2)彼此相愛____;(3)認識而已談不上愛____;(4)素不相識毫無愛意____;(5)迫於情勢勉強結合____;(6)其他_____ 。

10.婚前相愛之表示:

(1)從未會面____;(2)偶爾會面____;(3)經常會面(擁吻____;未擁吻____);(4)有性行為(懷孕____;未懷孕____)。

11.從認識熟悉後(或訂婚)至結婚之時間:

(1)不滿三月____;(2)三月至一年____;(3)一年至三年____;(4)三年以上____;(5)其他_____。

12.結婚之方式:

(1)傳統舊式____;(2)新式親友證婚____;(3)法院證婚____;(4)牧師或神父證婚____;(5)其他_____;(6)無任何儀式____。

13.婚次:

夫:(1)初婚____;(2)續婚(喪偶____;離婚____)。

妻:(1)初婚____;(2)續婚(喪偶____;離婚____)。

14.結婚時年齡及婚後年數:

(Ⅰ)結婚時夫為____歲,妻為____歲;

(Ⅱ)婚後迄今已有____年____月。

15.父母對婚事之態度:

夫之父母:(1)都贊成____;(2)都反對____;(3)僅父____,母____方反對;(4)父____,母____去世或遠離。

妻之父母:(1)都贊成____;(2)都反對____;(3)僅父____,母____方反對;(4)父____,母____去世或遠離。

16.婚後之居住:

(1)與夫家長輩同居(直到現在____;約____年後另建新居);

(2)與妻家長輩同居(直到現在＿＿＿；約＿＿＿年後另建新居)；

(3)婚後建立新居＿＿＿。

17.子女之有無：

（Ⅰ）無＿＿＿；（Ⅱ）有(子＿＿＿人；女＿＿＿人)。

18.府上除賢夫婦及子女外,尚有那些親屬同居於一戶內，請僅舉其稱謂(如父親、祖母等是)及其人數(如兄二人、姪三人等是)於後：

＿＿＿＿＿＿＿＿＿＿＿＿＿＿＿＿＿＿＿＿＿共計＿＿＿＿＿＿人。

19.閑暇之時,賢夫婦如何消遣？

(1)都願留在家裡＿＿＿；(2)都願外出＿＿＿；(3)一願在家一願外出＿＿。

20.性關係(房事)是否調適？

本人覺得：（Ⅰ）是＿＿＿；（Ⅱ）否(嫌多＿＿＿；嫌不夠＿＿＿)。

對方覺得：（Ⅰ）是＿＿＿；（Ⅱ）否(嫌多＿＿＿；嫌不夠＿＿＿)。

21.賢夫妻對下列各事項意見一致與否之程度：

事 項	常 常一 致	幾乎常常一致	有時候不一致	多牛不一 致	幾乎常不一致	常常不一 致
家庭經濟之處理						
娛 樂 方 面						
宗教信仰方面						
對 人 生 看 法						
太太在外面工作						
性 關 係(房事)						
子 女 之 教 育						
家 事 之 分 擔						

22.衝突之處理：(1)彼此互相讓步＿＿＿；(2)本人讓步＿＿＿；(3)對方讓步＿＿＿；(4)彼此都不讓步＿＿＿。

23.近一年內是否發生嚴重之爭吵？

（Ⅰ）否＿＿＿；（Ⅱ）是（一次＿＿＿；二次＿＿＿；三次＿＿＿；四次以上＿＿＿＿）。

24.若有「來世」，賢夫婦是否願意再結良緣？

本人意願：（Ⅰ）是（一定＿＿＿＿；可能＿＿＿＿）；

（Ⅱ）否（另選對象＿＿＿＿；根本不結婚＿＿＿＿）。

對方意願：（Ⅰ）是（一定＿＿＿＿；可能＿＿＿＿）；

（Ⅱ）否（另選對象＿＿＿＿；根本不結婚＿＿＿＿）。

25.您曾否想到如果與另外一個人結婚，可能比現在的婚姻更爲美滿？

(1)從未想到＿＿＿＿；(2)很少想到＿＿＿＿；(3)有時候想到＿＿＿＿；

(4)常常想到＿＿＿＿。

26.下列各事項，分爲四種情形，依賢夫婦之婚姻而言，應屬於那一種情形？請在下表適當之空格內加「✔」：

事　　　　項	雖有此種情形發生，但不影響我們婚姻之幸福	因有此種情形發生，減少我們婚姻之幸福	因有此種情形發生，破壞我們婚姻之幸福	從來就沒有發生過此種情形
家庭收入不夠				
一方或雙方身體不健康				
因婚姻失去自由				
與翁姑或岳父母之間發生問題				
彼此性格不同				
彼此食物口味不同				
彼此教育程度不同				
彼此生活習慣不同				
彼此宗教信仰不同				
彼此職業不同				
彼此年齡相差太大				
彼此出身（門第）不同				

27.賢夫婦婚姻美滿與否之程度：

　本人認爲：(1)非常美滿＿＿＿；(2)很美滿＿＿＿；(3)美滿＿＿＿；

　　　　　　(4)普通＿＿＿；(5)不美滿＿＿＿；(6)很不美滿＿＿＿；

　　　　　　(7)非常不美滿＿＿＿。

　對方可能認爲：(1)非常美滿＿＿＿；(2)很美滿＿＿＿；(3)美滿＿＿＿；

　　　　　　　　(4)普通＿＿＿；(5)不美滿＿＿＿；(6)很不美滿＿＿＿；

　　　　　　　　(7)非常不美滿＿＿＿。

附錄二　臺灣的家庭：現狀及趨勢

任 國 琳　　吳 月 美

1. 親屬制度

在中國南部最重要的親屬制度，是由直系的男女子孫所組成的氏族。這種制度，在臺灣仍然以宗親會的形式盛行著。這些團體收會費並開年會，同時有加強親屬間之團結的功能，以為互助合作之基礎。此外，在臺灣的鄉村裡，也有為敬祖而舉行的紀念儀式，以及週年或季節性的氏族祭祀。

氏族制度，尤其是在城市，正經歷一種緩慢的解體作用，這可由於紀念儀式以及週年或季節性的氏族敬祖祭祀不再連續舉行而看出。

在城市裡，氏族的解體影響了社會的基本組織——家庭。人們受社會的保障較前為少，因此要尋求他種保障。歷來的社會關係已漸鬆弛，而新的社會關係正需要建立。

在尚未漢化的山胞中，我們發現了十個不同的語言群，即阿美族、泰雅族、布農族、排灣族、卜由馬族、魯凱族、賽夏族、鄒族、曹族及雅美族。他們均有一種氏族制度，可分為父系及母系兩型。其中布農族、賽夏族、鄒族和曹族，是父系社會，阿美族是母系社會，然而婦

女掌權的範圍是限於家庭生活之內。例如在阿美族的家庭通常由婦女管理,而氏族則由母方叔伯管理,族內事務亦由最年長之男人管理(陳,六九——七〇;謝,一三二)。關於完全漢化的山胞,現在尚無資料可尋。因為這些人與他們所處在的廣大人群中,在社會關係上產生一些問題。因此家際關係的社會調查,確屬必要。

2. 家庭結構、大小及功能

為了解過去與現在的家庭有何不同,讓我們比較一下不久以前與今日家庭結構的型態。在這點上、我們必須區別臺灣人的家庭及大陸人的家庭;尤其在都市地區,這種區別更加需要。目前都市人口中,臺灣人佔百分之八十。為了將社會現象能作一個適當的評價,應該在這兩個不同的團體中,作一個民意調查。儘管目前這種調查尚未完成,但請注意,本文所根據的資料均為社會學家收集所得,並經社會研究者加以核對審查。然而,我們亦承認這些資料仍需要經過進一步的更精確的確定它們的價值。

一千多年來一直到最近,在臺灣流行的家庭結構型態,是「直系家庭(Lineal family),以及蓄妾制度(Concubinage)的型態。這種形態仍一直在鄉村地區流行著。兩者的功用都是用來延續香火。每個家庭均有變成大家庭的傾向,就是由已婚兄弟、妯娌及其三、四或五代的子孫所組成(芮,八——九)。許多做父母的,甚至於到現在仍藉著收養男孩的方法來延續香火(在一般用語裡,說:買一個男孩)。這個男孩就冠以養父母的姓。他自己的孩子,有些取養父母的姓,有些取生父母的姓。

在城市地區大多數人,特別是受過現代教育的人,反對大家庭而贊

成小家庭。這種小家庭,包括夫、妻、未婚子女及一些其他的親屬,如祖父母(蔡,一九六四,二一一──二一三)。如果能對有多少祖父母單獨生活,有多少與其子女一起生活的問題,作一社會調查,這些基本資料,會有助於肯定上述的論點。然而這些資料僅存於不易到手的戶口普查的數目裡。政府不願公開這種數目。即使我們可以利用這些資料,但仍大都還要看所問的是些什麼問題,及所有的資料已否完全編列。

現在鄉村地區的家庭特點是: 大多數人喜愛三或四代的單直系結構(The single-line structure)。這種家庭包括祖父母、 父母及子女。一些較進步且都市化的青年們,大多選擇僅由父母及子女所組成的現代小家庭。大多數人仍覺得小家庭是西方的產物, 並不完全適合於中國人的心理與感情(楊,一九六二,六九──七〇;七七)。

喜愛結構單純家庭甚於大家庭的理由是:第一,最重要的一點是在直系世代間,有極親密的情感和眞誠的愛情,以致於難於將他們彼此分離。第二,是當年長而被鍾愛的祖父母,與他們下一代一起生活時,得到了應得的照顧。第三,在結構單純的家庭裡,祖父母給予年輕一代情緒及人格發展所必要的照顧(楊,一九六二,七〇)。

在山胞裡, 小家庭制度非常普遍。其中以阿美族占最大比例(六九.四七)。布農族的比例最低(四二.三七)(陳,七二)。

簡言之,在家庭結構方面,三或四代的大家庭及直系家庭減少了 ,小家庭增加了。後者有些祖父母仍然與其子女同居(芮, 二)。受過現代教育的一些人,喜愛小家庭甚於大家庭,即使大家庭是具有直系結構的。在另一方面, 許多中國知識份子, 認爲單直系小家庭最適宜於中國,因爲它將一個已婚子女所選擇的家庭,與其出生家庭加以聯繫(芮,十一)。今日人們較喜愛三或四代的單直系家庭(楊,一九六二,六九─七〇;七七)。

　　大家庭的解體產生分裂的效果，引起各代間的裂痕。尤其是年輕的一代，如果他們尚沒有一個自己所選擇的家庭，對其出生家庭的那種愛的關係也不滿意，因而蹉跎歲月及參加從事不良行為，甚至犯罪行為的不法團體(蔡，一九六四，二一四)。在一九五五年少年犯罪案有九三三件，而在一九六五年，卻有七四九六件(林，九七)。這種解體將造成另一事實，就是鄉下人所喜愛的單直系結構家庭，必將使大家庭所特有的經濟功能發生轉變。

　　目前，一個普通大小的家庭包括七至八人──父、母及五到六個子女。在這種家庭中，雖然有時候有其他的親戚同住，但有十個以上已婚的人所組成的大家庭，只佔很小的比例(蔡，四二；機來思倍Gillespie，VI)。

　　雖然大部份受教育及有知識的人們，特別是青年的一代，較喜愛小家庭(三至四個子女)，但在鄉村裡流行的，仍然是大的或中等大小的家庭。中等大小的家庭(多於四個子女)，占全部家庭數目的百分之七十七以上(楊，一九六二，六九)。

　　在鄉村地區中，有理想家庭的大小與實際家庭的大小互相矛盾的現象。楊氏作下列的解釋:第一、實施節育的困難;第二、在過去十至十五年中，鄉村地區日漸的繁榮(楊，一九六二，六九，七七)。

　　由臺灣人口研究中心的調查資料，已確切證明了組織大家庭的欲望在迅速地減少。將近百分之九十被訪問的夫妻說他們所要的孩子在四個以下(Gillespie，VI；周，五六三；許世鉅，二)。這四個孩子之一須有一個為男孩(臺灣人口研究中心，二七)。十年前曾對大學生對其大家庭的態度作過一次社會調查。五年前曾對中學生作過同樣性質的調查。在所得有限的資料中，所發現的結果，與上述的結論相同(郝，O'Hara，一九六二，六五；蔡，四二)。

　　家庭大小確定地向小家庭的方向轉變(蔡，一九六四，二一五)。在十至二十年中，小家庭的型態將成爲鄉村的普遍現象(許倬雲，五八)，似乎是無可置疑的事。在二十年後，大家庭沒有存在希望的，因此都市家庭將變得更小。鄉村家庭亦愈來愈小，而且單直系化。

　　過去，在子女的教育當中，整個家庭都佔有一個重要的地位。現在，小家庭僅有父母行使這種教育的功能。然而，在今日臺灣的都市裡，當雙親必須工作來賺取最起碼的生活費時，如果祖父母跟家人同住的話，小孩的教育就交給他們，如果老一輩的親屬不在家，子女就要被安置在幼稚園或索性任他們去。較大的孩子，不在家裡而在公立學校中受教育。

　　由於教師們爲了增加收入，對學生施以強迫性的課外私人補習(指有賴於此以能順利通過考試之意)，使在都市工作者的子女，被剝奪了大部份的自由時間，因此，年輕人被從家裡分離，所以沒有什麼時間跟他們父母交談。由於強調每個人的平等權利，孩子們不再唯命是從，而家庭管理也不能再控制每個家人的行爲。

　　僅管雙親未對子女作正式的教導，但仍不應視雙親已失去他們對子女的影響力。即使大學年齡的青年，也很少沒經過雙親的同意，而對一些重要的事情下一決定。

　　在這工業時代裡，由家庭中所傳授的傳統手工藝，已不再適合於青年一代。年輕人必須到別的地方去學習機械操作(蔡，一九六四，二一二)。

　　最近有人曾對臺灣可取得的書面資料加以研究，所得的簡捷結論如下：在日漸陳舊的大家庭裡，大多數人對祖先的敬畏及父母的權威等觀念已經消逝。每個人都追求自己的利益。同樣地在大家庭中各個小家庭單位，也教導他們的子女尋求這單位的利益(楊，一九六七，八〇)。

各種不同職業的父母給予子女的訓練不同。在知識份子的家庭裡父母試著使子女認識民主的方法，並用討論和愛等等。然而，採用杜威(John Dewey)制的嘗試是有害的：它導致了父母權威的崩潰，及青年反社會的行爲。政府官員及商人的家庭，對傳統的訓練方法，比農人、工人和其他收入較低的階級，採取比較放任的態度。在後者的家庭中，傳統訓練一直存在。根據傳統的教訓，他們灌輸給青年光宗耀祖的觀念，要他們學習懂得孝順父母，兄友弟恭，維持彼此間的和睦團結，並對他們自己的需要和問題感到關心。他們更進一步訓練子女爲將來而勤勉工作，生活簡樸，避免社會惡習，諸如酗酒、賭博、淫亂及使用麻醉品等。同時，也教導他們效法祖先所留下來的榜樣，而修養個人的德行(楊，一九六七，七九──八○)。

家庭中的性教育，由於資料的缺乏，故予省略。根據一般的觀察，家庭性教育實等於零。這種事被蒙蔽在猜疑和恐懼之中。在家裡不提兩性間的關係。對性教育的教導，開始得很遲很遲。並且有時是由不適當的人選，用不健康的方式來傳授的。

在老式的家庭中，含有少數的宗教信仰者。一般家屬都承認自己有繼續敬祖的義務。因爲受了個人主義及基督教影響，在現代的小家庭裡，這種態度已在轉變中(蔡，一九六四，二一二)。年輕的一代都傾向於喪失其宗教信仰及崇拜。在教育界裡，大家認爲以前那些獻給神的祭祀都是迷信。然而，在許多家庭中，尤其在臺灣人中，仍保留著一些農曆年祭祀祖先的風俗，但對於這類崇拜的調查資料異常短缺。現在，我們不能對任何這類家庭崇拜加以分類，也不能將不拜祖先家庭的數目詳細列出。

過去農業是經濟的主要支柱，手工業爲其次。在這種經濟制度下，整個家庭有如一生產單位，大部份工作均在家裡完成。例如：準備長期

或立即需要應用的食物，是由家人擔任；家人所用的男女衣著，也由自己縫製。現在，由於外在世界的影響，跟隨著工業而來的工廠取得了生產的領導地位，傳統經濟的改變，對家庭財務發生有害的影響。以前，家庭有家人的共同基金，現在，因小家庭的出現，個人主義的伸張，親戚間的合作逐漸消失(蔡，一九六四，二一二；二一五；郝，一九六二，六四——六六)。 臺灣的小家庭份子一直仍向他們的親戚借錢。在臺灣人看來，對於親戚要求經濟上的援助，幾乎不可能加以拒絕。

在現代社會中，尤其是在都市中，娛樂場所不斷的增加，如電影院、運動場等。人們似乎樂於在這些不同的地方參與各種活動，並將他們大部份的時間花在那裡(蔡，一九六四，二一二)。然而，家庭仍未過份喪失其娛樂功能(郝，一九六七，六七)。由於裝設電視的家庭迅速增多，可說已增加了一些家庭的娛樂功能。

至於賭博，它確實是家中成人生活的一部份(郝，一九六七，六七—六八)。但對於賭博到底在家屬間有多少娛樂活動的成分，觀察家的意見並不一致。許多地方經常提到賭博的破壞效果，尤其是打麻將被認為是一種不良習慣，只有極少數人願意承認他們參與其事(郝，一九六七，六八)。 因此沒有可用的資料以對其破壞性的效果加以適當的評價。由於大家庭複雜的功能，故已較氏族蒙受一種更嚴重的解體命運。家庭的綿延(大家庭的主要功能) 已削弱了。在現代的小家庭中，當無子女時，蓄妾已非絕對需要。因為小孩大量的進入幼稚園，絕大多數的較大孩子，都在公立學校中讀書。甚至對極年幼的子女來說，家庭的教育功能也越來越由社會團體所取代。今日家庭關係的鬆弛，對子女向其長輩絕對的服從，以及父母對子女輕而易舉的駕馭，產生相反的效果。家庭不再是一個忠實履行祭祀祖先的宗教團體。由於經濟迅速的工業化，使農業及手工業，轉變到都市化及工廠工作，這是對家庭以

前經濟安定及保障的威脅。

在今日的小家庭裡，長者的支持，世代的延續，以及培養儒家的理想，仍然是其力量的泉源。在這種新式家庭內，教養子女仍著眼於父母在老年時能得到照顧，及家庭得以延續(何，六五)。家庭福利，仍然與儒家幸福、長壽與福祿的觀念互相連繫(機來思倍，Ⅶ)。再者，這種小家庭，已發展其他力量的泉源，就是培養家庭各份子的責任感及獨立和自恃的精神(許倬雲，六〇)。 許多青年夫婦發展了一種較在大家庭內所能有的對其子女更爲強烈的興趣，以及更溫暖的個人感情。

對已失去大家庭保護的大陸人家庭來說， 他們主要的力量泉源是參加其他社會團體，如教會即是。這樣，他們重新獲得失去的情感及社會安全，也因此減輕了許多小家庭因地區轉移而產生的痛苦。

在另一方面，現代的小家庭有其弱點的根源。在這種家庭內，暫時的經濟蕭條可能對其經濟狀況有很大的損害。它比舊式的大家庭缺少保障(許倬雲，六〇)。此外，子女對其長輩較少表示孝順及負責(蔡，一九六四，二一二——二一三)。最後，雖然臺灣一直缺乏由性犯罪所引起社會問題的資料，但衆所週知，今日家庭是由這些罪惡而遭受破壞的組織之一(謝康，三〇——三四)。根據敏銳的觀察者，認爲所有這些社會的變遷都削弱了家庭的安定性，並導致公共道德的低落。

當此大家庭，本能地、直接地、維持其原有的結合關係時，小家庭也發展了一種有意識、有組織的結合關係。

在本世紀大部份的時間中， 對大家庭那種陳舊的家長制度在理念上的攻擊，已經由小說、論文、電影及其他大衆傳播工具，廣泛的散佈於中等以上的知識份子當中(郝，一九六二，六〇)。

對家庭結構及功能有影響的種種因素中， 只須提出因公共教育、大衆媒介及大衆傳播工具的急速發展，特別是電影、廣播劇及小說，使

子女由老師、同學、電影及書本，吸收觀念及價值，比從父母所得到的遠較爲多，其結果是子女對長輩所傳授的觀念和價值，不予以同等的尊重。

工業的突飛猛進，也有深刻的影響。許多青年依循其父母的願望放棄農場工作，而在附近的工廠賺錢，或在都市工作，甚或在都市裡半工半讀。在這種新的環境下，雖然子女們可能寄錢回家，他們的社會地位已逐漸獨立。他們也學到新的觀念或新的價值。他們可能在都市結婚和生活。若此，他們就切斷了許多與大家庭的社會聯繫。

其他對家庭結構及功能的影響因素，由於資料如此短缺，我們只能根據印象所得的結果加以分析描述，例如，由日本政權所遺留下來一些制度上的影響，有女侍的餐館爲其中之一。大陸移民的影響，鄉村的人口移向都市的影響，經濟生活的合理化及工業化，由軍訓所得的感受，學校對科學教育的重視，報紙的黃色新聞，以及色情短篇小說及醜聞雜誌的普遍傳播。

3. 婚　姻

至於目前臺灣的婚姻情形，我們把一個傳統型態與現代型態加以比較，就可看出婚姻型態改變了多少。我們將對四種婚姻型態加以評判：配偶的選擇，兩性的關係，由自己出生的家庭到由自己選擇而建立的家庭，所有的轉變結婚的基本動機。

首先，按傳統的習慣，擇偶操之於父母之手。他們對自己兒子選擇配偶，縱使不作全盤控制，亦有廣大的影響。現在，雖然父母的控制還未完全消失，但子女在擇偶方面，享受了較大的自由（朱岑樓，二〇二——二〇九；郝，一九六二，五七；蔡，一九六四，二一一）。

在都市工作的青年，只有極少的閒暇去會見他們自己所選擇的女友。家裡仍然提供一個合意的年輕婦女，然而，並不強迫青年男子去接受它。自己選擇配偶的男人，仍然不直接向小姐求婚，而是經由媒人。那種父母施予青年以壓力，使其結婚要較自己期望的爲早，或使他們無權利選擇配偶的情形，已非常稀少。

在鄉村中，只有百分之五至百分之十的父母仍爲其兒子擇偶。他們在男孩受軍訓以前舉行婚禮。因此，新的媳婦可代替兒子，在家裡幫助雙親及在田裡工作。

在所有山胞中，買賣婚姻(用聘禮)仍是獲得配偶的普遍方法。寡婦再婚並非少見。與繼父或繼母結婚也是一種風俗。最普遍的結婚形式仍爲一夫一妻(陳，七五——七八)。

第二，關於兩性關係：按照傳統的型態，兩性從發育期至結婚期，在正式教育及其他社會生活領域中均被分離。但在過去十五年內，在公共場合，公開的表示親熱，以及兩性間的社交來往，則日趨增多(郝，一九六二，五七；朱岑樓，二〇二——二〇九)。

一九六五年奉令停刊的文星雜誌，對新的性態度產生有力的影響。雖然這雜誌未再發行，但是它的發行人一直維持著一個重要的出版社。這雜誌所推行的在不傷及他人範圍內，所有完全性自由的觀念，並且致力於打破一切性禁忌的努力，是否在停刊後，仍會繼續其影響力，乃是一個問題。

第三，不論兩性是被分離或許可交往，家庭中的任何一員，從其出生家庭到選擇建立自己的家庭所經歷的轉變，仍有一些明確的特性。這種轉變，在過去的制度中，值得注意的是：沒有約會及戀愛。在過去十五年中，約會及戀愛，已成爲進步年輕人的標記。然而，這種習俗，已逐漸不斷的擴散(郝，一九六二，五七；朱岑樓，二〇二——二〇九)。不

過自由擇偶是大部份大專、及中學生的普遍意願。這種擴散，仍將要
增加。

　　在鄉村地區，青年結婚的方法，或經由正式介紹，或由非正式的約
會。百分之九十以上被詢問的鄉村家庭，都認爲經由自由戀愛的婚姻
正在增加之中(楊，一九六二，七〇──七一)。

　　過去二十年中，正式介紹的方法，在鄉村地區中，已成爲最流行的
方法。現在這是大家所公認建立的訂婚方法。平常是由未婚夫拜訪未
婚妻的家庭(Bessac，二四──二五)。

　　依照最近在訂婚前作正式約會的戀愛型態，現在男孩子常在城市
的集會中、在工作中、或在上下班的旅行中，認識女友。一般而言，約
會是集體性的，或是在某種非正式的監護下進行，除非這一對已達到相
當了解，理應訂婚的階段(Bessac，二五)。

　　在鄉村地區，戀愛的型態，從正式拜訪未婚妻的家庭，轉變爲在團
體中或在某種非正式的監護人前自然的約會。

　　訂婚後，常有一段正式而爲大家認可的約會時期。關於這一點，一
位老者的批評頗富意義。他說:「最好是使訂婚到結婚的時期縮短。因
爲在這時期中，可能發生很多事情」(Bessac，二五)。

　　一般來說，鄉下人樂於用新的戀愛方法。雖然許多人懷疑這樣會
有較好的婚姻效果。然而似乎沒有人願意回到老的方式。有些人，大
部份都是老人或中年男人，好像對約會的流行，以及其可能的危險感到
憂慮。但是女人們似乎對此並不關心(Bessac，二五)。

　　第四點，也就是最後一點，在傳統的婚姻型態裡，浪漫的戀愛並不
重要。而今日，則認爲這一點頗有關係。雖然實際上，它仍然受到種族
團體、社會階級、宗教信仰，以及親屬關係的一些限制(郝，一九六二，
五七;朱岑樓，二〇二──二〇九)。

　　普遍的婚姻型態，顯示出傾向於年輕人自由選擇及安排婚姻。即異性社交、約會、戀愛及訂婚日趨頻繁，而戀愛已轉變爲結婚的制度化基礎。

　　對結婚的看法與結婚的型態有密切的關係。看法的轉變，遲早會影響到結婚型態的轉變。這方面的資料非常缺乏。一九六六年，我們曾對二四九對夫妻調查他們對婚姻的看法。這是一個很有限的調查，如果不對其限度加以考慮，很可能引起誤解。同時應當記住這些夫妻是公務人員、中級軍官、公務員及教師;因此他們很可能是大陸人。即是這些夫妻的觀點會有些問題，我們仍然不曉得任何否定或肯定他們的事實。夫妻雙方具有一般以上的教育水準，其中大多數結婚超過二十年，少數在五年以下。他們對婚姻成功及幸福看法的要點是:應强調爲了要有好教養的子女，需要有好教養的父母。雖然相同籍貫是一個因素,但那不是幸福婚姻最重要的。婚前性關係(從愛情的表示或性交)增進婚姻的幸福。丈夫大於妻子五至九歲，而不超過十五歲,被認爲是理想的。同時丈夫也應較太太受較好的教育。婚姻的幸福與否並不顯得與宗教信仰有顯著的關係。有無子女也不會產生不同的影響。但大家認爲在婚姻的性方面找到滿足能增進夫妻的幸福(朱岑樓,二九一 ── 二九三)。

　　觀察家指出與上述觀點相反的情形,特別是對臺灣人來說,有幾個子女是幸福婚姻的基礎。

　　許多人,尤其是婦女,認爲老式婚姻是不合理。以戀愛及對個人幸福慾望爲基礎的新型婚姻,除能對青年强調婚姻的重要性外,且顯得非常合理(蔡,一九六四,二一一)。這可以解釋爲何觀察家注意到, 大陸男人和臺灣女人間通婚的增加。雖然這種婚姻不再爲大陸人所反對 ,但仍不太爲臺灣人所接受。

我們可以注意到,對自由擇偶的普遍喜好,使得戀愛及約會型態的改變,愈來愈為人接受。這是可預見的效果。此外,公務人員將婚姻的幸福及成功,建築在性的感受之上,即使沒有子女,也無關係。這似乎指出無子女不再是一種恥辱,而氏族的綿延,也不再視為最重要的了。

在鄉村中,由於經自由戀愛而結婚的流行,改變了婚姻主要是為家族綿延的觀念。戀愛及約會的真正改變,愈來愈使青年人與其家庭分離。這同時也擴大了各代間的裂痕。但是,在另一方面,這可能建立一種較前更為親密的婚姻生活。

總之,自由戀愛是已經影響、正在影響、並將繼續影響整個婚前家庭社會關係。

4: 夫妻關係

我們將自不同的角度,觀察夫妻間的關係:住所制度,雙親權威,現代小家庭,爭吵及離婚,對家庭計劃的態度。

在一九五四年至一九五八年間,六五一位受調查的大學生裡,有一半贊成新婚時有獨立的住所(郝,一九六二,六〇)。這個意見, 不為上述其中二四九對夫妻所贊成。此種歧異有幾個明顯的理由: 未婚及較年輕的人,特別是女子,贊同結了婚的夫婦有獨立的居處,以避免生活方式的衝突。但是,較年長的夫妻希望把他們留下來,自己好當祖父母,以顧全自己的利益及其子女的教育。

在山胞中,泰雅族、布農族、魯凱族、賽夏族、鄒族、曹族等,在婚後妻子大都移入與夫家同住。阿美族及卜由馬族則丈夫搬入妻家同住。雅美族則兒女離開他們本家。排灣族則認許妻移夫家, 或夫移妻家兩種婚姻。在這一族中,一般來說,大兒子或大女兒均留在家裡(陳,

七四)。

　　一九六二年,臺南二九二位中學生,幾乎完全同意親權應由父母分享。事實上,他們當中有百分之七十的家庭已如此做(蔡,四二)。

　　今日小家庭有利的一方面,就是夫妻不受父母干涉其私人生活。不利的是,當妻子在外工作時,家庭雜務有時會落在丈夫的頭上。儘管今日婦女的地位已經改善,但其外面活動,會導致以前密切的家庭聯繫的解體(許倬雲,六〇)。婦女在外工作,已爲一個急遽擴張的現象。並已迅速成爲目前都市文化的一部份。我們需要對這現象有更精細的統計,才能對此現象作一評價。

　　在都市裡,因爲男性有較高的社會地位,因此夫婦所擔任的角色的交換,並不足以產生破壞性的效果。但長期看來,這種情況,可能對家庭的教育功能發生不利的效果。孩子們,特別是少年男孩,在他們的發展過程中將受到損害。

　　在鄉村裡,夫妻相聚的機會已經增加。現在,他們的關係較以前親密和鍾愛。這種轉變主要歸功於一些最近從自由戀愛而成功的婚姻(楊,一九六二,七七)。

　　調查臺南二九二位學生的家庭狀況,發現在傳統婚姻下,父母間的不和諧並非由於經濟,或處理他們孩子們的問題,而是根源於不投機。婚姻關係在現代婚姻型態裡,變得更爲和平(蔡,四〇)。今日離婚不再是父母的特權,而是夫妻共有的特權(蔡,一九六四,二一一)。法律要求在夫婦離婚時,一位律師必須出席作證,夫婦雙方同意簽署離婚文件。在一九五四— 一九五八年,臺北六五一位大學生中,對離婚的看法如下:百分之七十八認爲離婚有害於家庭的安定性,百分之十認爲離婚在特定的情形下應被許可,百分之三認爲離婚不影響家庭生活 (郝,

一九六二,六五)。

對一方面堅持妻子貞節,一方面卻對丈夫忠實與否不加過問之過時觀念,鄉下人遲於加以公開批評(楊,一九六二,七八)。觀察者注意到,因現在男人愈來愈有更多的零用錢,他們似乎也越來越沉溺於賭博,並經常到有問題的茶室去。

離婚在山胞中相當普遍。因爲婚姻由買賣而成,經常是妻子在發現另一個男人能償付原來婚姻的款項時,就請求離婚。

臺灣的民意調查,顯示出百分之八十到九十的夫妻,在原則上贊同家庭計劃,但缺乏足夠的指導。在一九六五年推行遍及全島的控制生育運動時,僅有百分之十到二十的登記夫妻事實上在實施節育。他們大部份都超過三十歲,有三個或更多的子女(Keeny,一九六五,三)。因爲對家庭計劃的新態度逐漸深入各種專業人員及各個社會階層,我們認爲必須對這計劃的成功加以分析。我們可能對這種分析過份重視。但應切記在可預見的將來,家庭計劃是對臺灣家庭最有力的影響之一,不僅家庭變小了,而且夫妻間的關係也改變了。這種改變像齒輪一樣將導致婚前關係的改變,以及家庭各種不同功能的改變。

臺灣的家庭計劃是由在一九三四年創立的中國家庭計劃協會所推動。在一九五五——一九六二年間,超過十萬家庭接受其服務。在生育子女方面及使用各種控制生育的方法上得到忠告,學習如何使懷孕嬰兒有適當的間隔。自從一九六〇年由於非法墮胎、棄置嬰兒及養子女受虐待所引起的社會問題日漸增加,他們也協助處置這些嬰孩及兒童。

至少在開始時,這協會已與國際家庭計劃聯盟(International Planned Parenthood Federation)及紐約的S. J. Gamble (家庭計劃國際發起人之一)取得密切聯繫(劉)。

　　這協會提供家庭計劃方案,作爲家庭訪問及母親集會中,家庭婦女健康的教育方案。自一九五四—— 一九六五年,他們完成了三六四、七二二個家庭訪問(中國年鑑,一九六五—— 一九六六, 四二一)。此外,中國廣播公司及警察廣播電臺, 每週都有國語及臺灣語節目,討論一切家庭計劃及家庭生活的問題,並解答聽衆的問題(劉)。

　　這協會過去的活動及現在的發展似乎保證了它的未來。它有內政部社會司的支持(China Post,一九六六,六, 十)。當一九六七年一月傳來內政部已擬就了新的國家人口政策時, 協會就決定把以前每月兩百人的婦女樂普服務增加到每月五百人(China Post , 一九六七,一,十四)。

　　另一個對家庭計劃的影響中心是在臺中的臺灣人口研究中心。它負責推動在一九六四 —— 一九六九年間勸募六十萬樂普使用者的計劃。它同時負責對在臺灣以及其他亞洲國家的家庭計劃加以評價。臺灣家庭計劃方案可作爲其他亞洲國家的示範。這個方案對其他國家的價值主要在其具有內在的批評制度,每月都有工作的分析報告(Keeny,一九六六,四一五)。

　　這方案的教育部份由省衛生處執行,而實際上的節制生育服務,則由婦嬰衛生協進會推行。事實上, 這些都是臺灣計劃整體方案的一部份,爲願意節育的婦女提供服務(臺灣人口研究中心,前言)。

　　有各種不同的來源,提供財政及技術上的協助,來完成臺灣五年家庭計劃方案。目前, 這計劃大部份是由美國的國際發展總署的相對基金所支持。該基金由中國政府付出。自從一九六四年, 人口協會提供了大約預算的百分之三十的款項,此外, 並由其在臺中的職員,提供技術上的建議及諮詢的機會。最後一點, 密西根也協助製作各種複雜的關係統計表格,有時並加以分析。

　　臺灣人口研究中心受到如此的財政及技術上的協助，必將在遠東成為研究生育、節育及人口成長的重要中心。

　　政府衛生機構也是影響家庭的計劃中心。一九五九年開始了懷孕前的衛生計劃。從一九五九———一九六四年，他們散發了二萬四千五百七十三件泡沫片(foam-tablets)，一萬七千五百四十件陰莖套(Condoms)。到一九六四年底，這方案已推行了七千個個案，其中百分之六十五仍保持其效果 (Gillespie，一一)。他們越來越願意協助節育計劃。省衛生處設有一個家庭計劃委員會來處理節育問題(China News，一九六六，九,九)。據說該處今年將擴大其樂普服務(China Post，一九六七，一,一四)。軍事機構在其所轄的範圍內,協助家庭計劃知識的傳佈(許世鉅,一)。在鄉村中，這工作則由農會的代表來完成。

　　在家庭計劃運動之中，具有同情心的女性社會工作者是最成功的人。她們勤奮和成熟，大部分超過二十五歲，通常超過三十歲。她們很老練地和婦女來往，因為她們本身已經結婚並生有子女(Cernada，一九六六，一二)。

　　不論是個人或團體的各種影響中心，他們對家庭計劃所共有的觀念是：人口過剩乃饑餓及貧窮的根源。

　　因此，一九五五年高達百分之四點五的出生率，在一九六四年降低到百分之三點四五，一九六五年再降低到百分之三點二七(Keeny，一九六七，一二)。若使用一切的避孕方法，估計在一九七〇年，其出生率要降低到百分之二(臺灣人口研究中心,前言)。

　　由夫妻關係變化的情形所作的分析,我們發現在小家庭裡,這些關係已變得更個人化。現在夫妻有獨立的生活,而免於姻親的干涉。使夫婦有更親密及更熱愛共同生活的機會已經增加。但當這些關係減少到偶然的聚首時，它的密切性也減少了。雙親的責任現在已由父母平

均負擔。在中等學生的心目中，父母權威應由雙方共享。有時夫妻的角色互相交換：丈夫看家，妻子賺錢。夫妻中百分之八十至九十贊成以節育的方式實行家庭計劃，在所有的城市和鄉村中，生育率已普遍降低。

　　在真實的小家庭中，夫妻間關係的發展會有助於目前的家庭享有保障與安定，而不需要長輩在家扶助。

　　現在對家庭計劃及節育所有的喜好，必將大大的影響生育率，同時也可能影響人的尊嚴，認為性關係是愛情的唯一表示方法。此外，墮胎率並未因此減低，那本是整個節育計劃裡的一個重要目的。

5.父母子女的關係

　　現在父母有時必須聽取子女的意見，父親在家庭中，已失去以往那種獨裁的角色(蔡，一九六四，二一一)。

　　在鄉村地區，年老的一代有時諷刺性的承認，父母對成年子女的權威已大量的減少。年輕人對長輩以前所有的尊敬，也同樣的減退。父母和成年子女中以民主方式的討論和諮詢，已代替了傳統上父母的，尤其是父親的專斷(楊，一九六二，七二)。

　　一九六六年在臺南對三個中學的二六七位學生(男生一二九位，女生一三八位)所作的研究，發現男孩對父母有同樣的愛戴，祖母次之，再次為祖父，他與長兄佔同樣的地位。對女孩來說，與祖父母有較遠的距離。這與傳統的態度相符合；因祖父母最愛他們的孫子，所以很自然的，孫子們也回愛(蔡，一九六六，二九)。在同一研究裡，發現男孩子對父母的關係中，跟母親較為融洽。在女孩子來說，情形就不同了，她們將父母置於好朋友之後。男孩子把父親作為第二個最親密的人。而女孩

子把父親排在老師和妹妹之後,因此,父親跟兒子較跟女兒更易於融洽。母親通常對兒子都是較接近的一位(蔡,一九六六,三二)。男孩和女孩都承認父母是最關心他們幸福的。這可以顯示出, 至少對這些學生的家庭來說, 父母傾向於有平等的權利(蔡,一九六六,三三)。

　　父母和子女間的關係傾向於更廣泛的意見交換。在另一方面, 至少在鄉村地區,雙親對成年子女的權威,以及孩童對長者的尊敬,漸漸減低,但是,父親與兒子的關係日趨密切。這可成爲青年在擇偶及擇業時一大幫助。年輕人可能由其長者的經驗中獲益。

　　現在,我們將重點放在家庭的組成份子上,從家長(父親一丈夫)開始討論是自然的事,接著是母親一妻子的,而後到子女, 最後談到老一代。

　　一九六二年,在二九二位受詢查的中學生家庭中,在百分之六的家庭裡,父親有全部的親權。這些家庭是由現代方式自由擇偶而組成的。在以傳統方式結婚的家庭中,有百分之二十一的父親具有全部親權(蔡,四〇)。

　　一九六一年, 受調查三五〇個農村家庭 ,將近百分之三十同意目前父親對子女權威已不如往昔, 其差別在於今日的權威受到限制。權威的使用必須合理和緩和(楊,一九六二,七一)。

　　這些有限的資料指出, 在家庭中父權的降低。父親現在有限地、溫和地行使傳統所賦予的親權。

　　父母子女間,從權威性的關係,而轉變到更爲個人化、平等化。因此,可能使教育更好、更個別化,這可能對男少年的教育有不良的後果。然而也會增加父親與少女間的融洽。最後, 一種新的領導方式可能出現。往昔父親基於其有廣大的財產而對其兒子、孫子及曾孫們所有的統治將要消失。代之而起的可能出現一群新而能幹的領導者, 他們的

威望是基於行政方面的影響力。

在山地的鄉村裡，丈夫的地位各族不同。阿美族丈夫終生爲其母族的一員。曹族丈夫在婚後要在妻家工作：在北曹族，婚後男人住在妻家工作一年以上。在南曹族，夫妻僅在婚後一年住在妻的本家工作(陳，七七——八〇)。

我們要從下列數點著手考慮在臺灣的母親－妻子的情況：生育的能力，節育的實行，故意的人工墮胎，以及其社會地位。

一般說來，臺灣的婦女在其生育年齡 (十五到四十九歲)能生育子女的數目爲五個到六個(吳震春，一)，但應該明白，一九六五年住在臺灣，從二十二歲到四十四歲已婚婦女達一百五十萬人(Gillespie，四〇)。

根據臺灣人口研究中心的概算：一九六五年，在上述一百五十萬已婚婦女中，七十萬人對家庭計劃有興趣，三十八萬人可能接受樂普(Gillespie，四〇)。一九六六年底，確知已試用樂普的大約有二十五萬婦女，在試用者當中，大約有百分之八十五是爲了停止生育，百分之十五，是爲了使生育子女有適當的間隔 (Keeny，一九六七，十五；Cernaba，一九六七，二七)。事實上，婦女並不在實行家庭計劃，或是使生育子女有適當的間隔，而是在停止生育。當孩子已達到所希望數目時，他們就試著不再有更多的孩子 (臺灣人口研究中心，六；周，五六二)。

臺灣婦女只要較少數子女的理由是基於經濟環境。在高雄所做婦女的抽樣調查中，有百分之九十五如此回答，在臺灣政府公務員中，有百分之四十五的婦女做上述的答覆。在這兩種抽樣裡，健康都不被認爲是重要的因素(Cernada，一九六七，二七－二八)。因此，臺灣希望在一百五十萬已婚婦女中，有相當的比例實行節育(Cernada，一九六六，

九)。一九六四——一九六九年的方案中,其目標爲六十萬(Keeny,一九六七,十三)。

　　如對婦女所有的節育知識加以考察,發現大多數的人從藥房、私人醫生、大衆傳播工具、鄰居和親戚中得知節育方法。在臺灣一九六四年,大約有四百萬元臺幣 (十萬美金) 用在各種避妊工具的廣告。一九六五年,地方衛生所、私家助產士及農會,是提供依傳統避孕法的三個來源(子宮帽、膠片、泡沫片、陰莖套)。我們發現用現代樂普者百分之四七點六是由於實地外勤推行人員,百分之二〇點六是由於醫生,百分之一〇點二是由於衛生所工作人員,百分之六點五是由於公共衛生護士,百分之三是由於家庭計劃協會,百分之二是由於軍事醫院(Gillespie,IV)。

　　在其他實行節育的潛在力量中, 最重要的是墮胎, 依據最近的調查,每年至少有六萬件,而且正在增加中(Keeny, 一九六六, 五;Cernada,一九六六,九)。據說臺灣婦女因沒有適當方法來控制生育, 於是求諸墮胎(許世鉅,三)。

　　一直到一九六五年, 達到節制生育所習用的方法是墮胎、殺害嬰孩及出讓子女給別人收養。因爲對殺害嬰孩沒有統計資料, 其詳情無法說明。傳布廣泛的故意人工墮胎需要加以嚴密的考慮(許世鉅,二一三)。至於子女的收養,是一種既存的事實,我們將在下面加以討論。

　　故意人工墮胎是一個眞實而在增長的問題。據說百分之十的婦女已有,或將有一次以上的人工墮胎, 有些已經有過三次,根據許世鉅博士,故意人工墮胎率與子女增加數成正比(許世鉅,二;Cernada,一九六六,十四)。

　　有些墮胎是由不熟練的醫師所作。通常墮胎均謹愼爲之, 然而大量墮胎,在肉體上和在心理上,均會產生有害於婦女的結果。但因大家

不以故意人工墮胎爲恥,所以它雖爲法律所禁止,婦女仍不覺得良心不安(許世鉅,三;Cernada,十四;Landsborough,二五)。

　　內政部已擬就方法,使有傳染性及遺傳性的孕婦得到免費的墮胎(China News,一九六七,七、十一)。

　　節育的實施,從傳統方法(子宮帽、膠片、泡沫片、陰莖套),轉移到現在的子宮內裝置(I.U.D)或樂普。因墮胎率的直線上升,故意人工墮胎仍然是嚴重的問題。

　　臺灣婦女的社會地位正在轉變:慢慢地走向社會中與男子互相平等的地位。由於環境的變遷,婦女的問題成爲教育、經濟保障和婚姻等方面享有自由的問題(蔡,一九六四;二一四)。

　　然而,婦女社會地位的改善,並不與其法律地位的改善相平行。在許多情形中, 現在婦女並未受到法律完全的保護。並由於法律不精確而導致妄用。男優於女一直是一個被接受的事實。在這種情形中, 使許多婦女很難,或不可能眞正有效地受到法律的保護(陸, 六三——六七)。甚至縱使法律有利的規定,妻子 (即一般婦女) 仍然是次要的人物。

　　一九六一年受調查的三百五十個農村家庭中, 大約百分之九十三認爲妻子的地位已改善。這種改善可從決定家庭事務的方法上看出來。較現代化及較有知識的妻子, 在丈夫面前不再顯出過分的恭順和謙卑。將近百分之八十九的家庭認爲 : 關於家庭事務的計劃和決定,子女的教導,家計的管理,妻子比以前能說更多的話, 妻子地位的改進,也能從丈夫如何對待妻子上看出, 這是指妻子比以前更受丈夫的尊重、了解、民主的待遇、和善及友誼(楊,一九六二,七一,七七——七八)。

　　一個以一九六一年至一九六五年文星雜誌中作品爲基礎的閱讀調查, 顯出作家願意發動一項重視婦女社會地位的演變。對他們來說,

西方的情形在某方面是理想的。他們建議撤除「重男輕女」古老的格言,這在每一件作品中,幾乎都可以看到。作者們指出這古老的觀點有一不良的影響。從遲於給予婦女平等的法律地位中,這點仍然非常明顯。雖然人們都希望有一個現代化的思想,但他們判斷的準則仍然立基於傳統,因爲習慣、哲學及道德都是承繼過去的。現代化只是表面的現象,文星的努力似乎有一些對過去觀念的神話性加以消除的效果,並強調儘管官方承認男女有平等的權利,但在實際的利益上,仍有男人優於女人的事實。

無論如何,婦女的社會地位已經大大的改變了。教育和經濟這兩種社會制度是促成這種改變的主要原因。學校給予男女以平等的機會。接受正式教育的女子的數目一直增加。這種教育機會,可以解釋爲何在臺灣的女子結婚較遲。工業快速的發展與無數工廠的建立,製造了許多工人就業的機會。而這些工人,大半是從青年女子中招募而來的。這使女子在擇偶方面,可以享受更大的自由(Gillespie,二九;O'Hara,一九六二,六〇——六一;蔡,一九六四,二一一——二一二)。

簡而言之,婦女的社會地位,經由教育、經濟及婚姻的自由,慢慢地走向與男子同樣的平等地位。

隨同社會地位的改進,妻子可能因競爭及家庭的經濟功能方面製造一些緊張。

在山地人中,做母親的妻子的地位已享有某種自由。因爲,若她的聘金可以償還時,他們能離婚及再婚。

由於兒子享有高的社會地位,(與女兒的社會地位相對比)臺灣有一諺語:與一兒子相比較一千金元,不算什麼(朱介凡,三七九)。一九五二年,農復會在雲林縣所作的調查裡,發現子女越多,越是把女兒讓給他人收養(許世鉅,二)。

依據許博士的見解：由於不想要的子女數目很大，因此促成了把女兒讓給別人收養的習俗。例如一九五二年，雲林縣在超過十個子女的家庭中，把女兒讓給別人收養的比率高達百分之十(許世鉅，二)。我們卻要說：這更是由於整個養女制度的本身使人很容易地把自己的女兒給別人收養。觀察一下過去和現在這種制度在臺灣的情形，就可以使我們的觀點得以清楚。

中國開始移民臺灣時，以金錢來買賣子女是合法的。父母常選擇一個養女作自己的媳婦，而不對媳婦和兒子之間的愛情加以考慮(吳青夏，十四)。目前，養父母因不必僱用僕人而可以省錢。因為他們的養女可以作許多的家事。有些養父母，尤其養母，把養女當作以不道德的行為營業的搖錢樹(吳青夏，十五)。許多少女因此被迫賣進妓女戶(陸，四四——四七)。一九六七年九月，一個警察局的報告指出此數目高達百分之八十。

因有較好的教育機會，臺灣女子結婚也相對的延遲。一九四八年，女子結婚年齡在二十歲以下，此後穩定的上升，到一九六〇年，為二十二歲以下(Gillespie，五)。

除了雅美族認為香火的延續並不重要外，在所有的山地各族中，收養制度都是普遍流行。不過這只是當無兒子或女兒時，他們才這樣作。收養的方法或由族人中購買，或向他族掠奪，或由近親過繼而成。養子成為家中的一員，享有家屬關係。若孩子由近親收養，養子仍保留與其出生家庭的關係，並享有真正繼承人的繼承權。在收養之後，如果有一位真正的繼承人誕生，就發生了繼承秩序的問題(陳，七三——七四)。

傳統家庭的最重要特色之一，是對年長者的尊敬，因年長代表權威及名望。由於工業和技術社會要求新的知識，使年長者顯得無知。年

輕人已成為社會的重心。他們輕視長者的經驗，認為那是老式的，他們
不怕長輩。總而言之，長者的社會地位已從最高峰降到一個相當低的
地位(蔡一九六四，二一三；許倬雲，五九)。

　　在今日的社會裡，送青年出國留學並非不平常的事。鄉村青年一
代群集到都市工作，再加上那些到海外讀書的人，使老年人由於無子女
隨侍在側而感到悲傷。老年人因不能跟青年人到都市去而變得閒散，
很快地成為家庭的負累(蔡，一九六四，二一三；許倬雲，五九)。

　　總之，長者的社會地位已由很高的威望，降到為他們所懼怕的低的
地位。年長者不再是社會上極受崇敬的人物。他們所代表的傳統價值，
對於將來的改變具有較少的抗拒力。

6.一般結論

　　綜合上面的結果，我們可以冒險地說：家庭正喪失其曾為臺灣的中
國社會組織的中心地位，而變為僅是許多組織中的一個。

參考書目

1. 蔡文輝，「中學生對家庭與婚姻態度之研究」，思與言，第二卷，第三期(一九六四年，九月)，三九──四二頁。

2. 周聯彬，"The Future Population of Taiwan Projected by Thre Fertility Assumptions"，臺灣醫學會雜誌，第六四卷，第九期(一九六五年，九月)，五六一──五六八頁。

3. 朱岑樓，婚姻調適研究之發展暨臺灣二四九對夫妻婚姻調適之調查與分析，臺北，國立臺灣大學，一九六六年，油印本。

4. 朱介凡，中國諺語論，Taipei, Hsin-hsin Publications, 1964。

5. 何聯奎、衛惠林，臺灣風土志，臺北，中華出版社，一九六六年。

6. 謝康，「性犯罪和社會問題」，文星雜誌，第九十六期(一九六五年，十月)，三〇──三四頁。

7. 許倬雲，「改變中的家庭形態」，臺灣之社會經濟概況，Taipei, Taiwan Christian Service, 一九六五年，五七──六二頁。

8. 許世鉅，「臺灣家庭計劃之需要」，The Taiwan Planning Conference for Christian Leaders，臺北，臺灣基督教服務處，一九六六年，一──六頁。

9. 林登飛，「臺灣問題少年形成原因之調查與分析」。徐匯，第六期(一九六七年，三月)，九六──一三五頁。

10. 陸嘯釗，「性的法律」，文星雜誌，第七十三期(一九六五年，十一月)，六三──六七頁。

11. 陸嘯釗，「養女問題與收養制度」，文星雜誌，第七十四期(一九六么年，十二月)，四四──四七頁。

12. 芮逸夫，"Changing Structure of the Chinese Family"，考古人類學刊，國立臺灣大學，第十七卷，十八期(一九六一年，十一月)，一

一十七頁。

13. 蔡文輝,「中國家庭制度之改變」,思與言,第二卷,第一期(一九六
四年,五月),二一一——二一九頁。

14. 蔡文輝,「家庭份子關係之研究」,思與言,第四卷,第二期(一九六
六年,七月),三三——三八頁。

15. 魏景蒙,「男女關係與夫婦之道」,文星雜誌,第五五期 (一九六么
年,五月),六三——六四頁。

16. 吳霞春,「家庭計劃實施之方法」,The Taiwan Planning Confer-
ence for Christian Leaders,臺北,臺灣基督敎服務處,一九六六
年,三九——四六頁。

17. 吳青夏,「漫談送做堆與養女制度」,社會導進,第一卷,第三期(一
九六五年,十月),十四——十五頁。

18. 楊懋春,「中國各式家庭中子女敎養與子女行為研究摘要」,國立
臺灣大學社會學刊,第三期(一九六七年,四月),七七——八三頁。

19. 楊懋春, "Changes in Family Life in Rural Taiwan", Journal
of the China Society, 2 (1962), 68—79.

20. Frank B. Bessac, "Some Social Effects of Land Reform in a
Village on the Taichung Plain", Journal of the China Socie
ty, 4 (1965), 15—24.

21. George P. Cernada, Family Planning Communications in Tai-
wan, Republic of China, Taichung, The Population Council,
1967, Mimeographed, 35pp.

22. George P. Cernada, "The Progress of Family Planning in
Taiwan", in The Taiwan Planning Conference for Christian
Leaders, Taipei, Taiwan Christian Service, 1966, 7—18.

23.S. M. Keeny, "Korea and Taiwan: The 1965 Story", Studies in Family Planning, 10(Feb. 1966), 1—6.

24.S. M. Keeny, Korea and Taiwan:The Score for 1966, Taichung, The Population Council, 1967, Mimeographed, 24pp.

25.S. M. Keeny, "What is Asia Doing About Family Planning ?" in The Taiwan Planning Conference for Christian Leaders; Taipei, Taiwan Christian Service, 1961, 28—38.

26.J. M. Landsborough, "The Role of the Christian Doctor in Family Planning", in The Taiwan Planning Conference for Christian Leaders, Taiwan Christian Service, 1966, 24—27.

27.Peter Liu, "Family Planning Pioneer in China",China Post, May 7, 1962, p.4, Col. 2.

28.Albert R. O'Hara, "Some Indications of Changes in Functions of the Family in China",國立臺灣大學社會學刊,第三期 (一九六七年,四月),五九——七六頁。

29.Albert R. O'Hara, "Changing Attitudes Toward Marriage and the Family in Free China", Journal of the China Society,2 (1962), 57—67.

30.Taiwan Population Studies Center Family Planning in Taiwan, Republic of China, Taichung, Taiwan Population Studies Center, 1965, 40pp.

31.Hsieh Chiao-min, Taiwan-ilha Formosa, a Geography in Perspective, Washington, D. C., Butterworth's,1964,372pp.

作者謝語

本報告經由下列諸位協助提供的資料：

和爲貴修士，汪德明神父，蒲敏道神父，孫其模修士，朱秉欣神父，Mr. George P. Cernada，徐美山小姐，李達三神父，夏金波神父，黃素修小姐，雷煥章神父，葛民誼神父，宣恆毅神父，郝繼隆神父，貝興仁神父，李流芳神父，袁國慰神父。

並由彌希賢神父，蒲化民修士，Sister Leo Paul Wender, M.M.，及Sister Lelia Makra. M. M. 幫助編輯的工作。　。

李清鐘神父，李景星小姐，擔任打字工作。

由任國琳神父及吳月美小姐，負責完成這篇報告。

附錄三
有關婚姻家庭參考論著目錄

楊桂芳　陳藹倫　葉永珍

1. 前　言

　　社會制度之中，婚姻家庭制度我們與之接觸最頻繁，其間之關係又最深切而重要，因此婚姻家庭極為我們所關心，很容易引起我們研究的興趣。特別是近些年來，我國婚姻家庭發生很大的變遷，更具有研究的價值。不僅本國學者對婚姻家庭之興趣日益濃厚，且常有外國學者親來臺灣研究，然均為蒐求有關我國婚姻家庭之論著與文獻所困。蔡文輝先生曾於民國五十八年在國立臺灣大學社會學系主任龍冠海博士的指導下，編纂有關中國家庭研究之參考書目，刊於該系印行之社會學刊第三期，第一七九至一九〇頁，但因近二年來我國有關家庭婚姻方面已增加不少書籍與雜誌論文，同時蔡先生可能由於時間所限，尚有許多資料未曾列入，殊為遺憾，因而朱岑樓老師深覺有再繼續補充與重新核對之必要，於是我們三人在其指導下，合作進行此項工作，至國立中央圖書館、中央研究院圖書館、省立圖書館、市立圖書館、臺大圖書館等

細心蒐求，同時向許多師長友好借閱其私人收藏有關之資料。各種雜誌均由第一卷第一期至目前之發刊期爲止，一一加以查閱，若其中有闕漏之卷數，則至圖書館補足之，以非常小心的態度，爲蔡先生之原目錄作補充與校訂。現在雖然有了初步的成果，但疏漏錯誤必所難免，敬祈各位先進不吝賜教。

　　本書目之完成，要歸功於朱岑樓與芮逸夫兩位老師之提供資料與不斷指導，在此特表萬分謝意。同時也感謝蔡文輝先生所作之書目，指示我們蒐集資料的途徑。

2. 凡例

(1)本書目分爲期刊論文與書籍兩大部份。期刊論文部份的出版年限是自民國二十六年至民國五十八年底止。書籍部份則因數量不多，故不受出版年月的限制，全部收入之。

(2)本書目所收集之期刊論文以在臺灣發表者爲準，在海外或中國大陸發表者暫不登錄。至於書籍則不受此限，凡能收集者，均列入之，另加第三部份書籍內容摘要，凡書籍部份中能買到或能借到者，讀後扼要述其內容。

(3)本書目包括下列各項：

Ⅰ、期刊論文部份	Ⅱ、書籍部份
①編號	①編號
②題目	②書籍
③著者	③著者
④刊物名稱	④出版者
⑤卷期	⑤出版地

　　⑥頁數　　　　　　　⑥出版年

　　⑦出版年月　　　　　⑦全書頁數

(4)本書目中之每一書籍或論文，均予以編號，以便識別，編號由分類號
　　(按性質排)及順序號(按年代排)兩者組成。論文及書籍之編號爲
　　四位數，其中千位數爲分類號，百、十、個位數爲順序數，其編號如
　　下：

　Ⅰ、期刊論文部份

　　　A.家庭組織　　　　　　0001—0090

　　　B.家庭與婚姻　　　　　1001—1189

　　　C.婦女與婦女問題　　　2001—2059

　　　D.親族組織　　　　　　3001—3084

　　　E.臺灣山地婚姻與家庭　4001—4072

　Ⅱ、書籍部份

　　　A.家庭組織　　　　　　0001—0016

　　　B.家庭與婚姻　　　　　1001—1029

　　　C.婦女與婦女問題　　　2001—2020

　　　D.臺灣山地家庭與婚姻　3001—3009

　　　E.親族組織　　　　　　4001—4024

(5)本書目編排之順序，以出版年月之先後爲準。

(6)本書目所登錄之論著，以有學術參考價值者爲限。

Ⅰ、期刊論文部份

A.家庭組織

編號	題　　目	著　者	刊物名稱	卷	期	頁　數	出版年月
0001	中國家族制度之特點及近世變遷之趨向與問題	孫本文	東方雜誌	34	3 4	缺	26年
0002	中國古代傳疑中女系民族社會	馬長壽	文史雜誌	5	5 6	缺	34年
0003	母系社會	李霖燦	大陸雜誌	1	4	16～18	39年 8月
0004	比較夫妻財產制緒論	梅仲協	社會科學論　叢		2	1～31	40年 1月
0005	臺中縣大村鄉的家族制度報告	陳棋炎	臺灣文化	6	1	55～67	39年 1月
0006	人類學研究家庭的方法	Oscar Lewis 龍冠海譯	大陸雜誌	4	6	19～22	41年 3月
0007	家庭組織	龍冠海	新社會	4	9	25～31	41年 9月
0008	家的功能	芮逸夫	新社會	5	6	1～5	42年 6月
0009	夫妻財產制的研究(一)	梅仲協	法令月刊	5	10	11～14	42年10月
0010	夫妻財產制的研究(二)	梅仲協	法令月刊	5	12	3～6	42年12月
0011	夫妻財產制的研究(三)	梅仲協	法令月刊	6	1	5～8	42年 1月
0012	夫妻財產制的研究(四)	梅仲協	法令月刊	6	2	3～5	42年 2月
0013	家族制度之特徵	杜學知	大陸雜誌	8	4	14～18	43年 2月
0014	家的起源與演變	楊懋春	學術季刊	3	3	30～38	44年 3月
0015	臺灣歌謠與家庭生活	黃得時	臺灣文獻	6	1	31～36	44年 3月
0016	近五十年來中國	楊懋春	學術季刊	3	4	66～72	44年 6月

	家庭的變化						
0017	本省工人家庭之狀況	陳 長 安	新 社 會	7	9	17～18	44年 9月
0018	家庭問題座談會第一次會議紀錄	呂曉道等	中華婦女	6	8	10～12	45年 4月
0019	我國家庭制度之史的觀察(上)	陳 顧 遠	法學叢刊		3	5～13	45年 7月
0020	我國家庭制度之史的觀察(下)	陳 顧 遠	法學叢刊		4	82～86	45年10月
0021	中國家庭的演變	芮 逸 夫	文史叢刊			59～64	46年10月
0022	別居制度之比較研究	施 綺 雲	社會科學論　　叢		8	153～198	47年10月
0023	中國家庭娛樂	劉 佐 人	中美月刊	3	4	11～13	47年10月
0024	中國家長權之構造	仁井田陞楊崇森譯	法學叢刊		14	98～110	48年 4月
0025	新家庭制度之建立	周 開 慶	革命思想	6	5	17～20	48年 5月
0026	中國的家制(上)	張 緒 通	法學叢刊	5	2	98～110	49年 4月
0027	中國的家制(中)	張 緒 通	法學叢刊	5	3	57～65	49年 7月
0028	中國的家制(下)	張 緒 通	法學叢刊	5	5	126～137	50年 1月
0029	民族精神與家族制度	胡 丙 申	中國一週		552	13	49年11月
0030	孝與中國社會(上)	謝 幼 偉	中國一週		564	8	50年 2月
0031	孝與中國社會(下)	謝 幼 偉	中國一週		565	5	50年 2月
0032	馬太阿美族之人口與家族	陳 清 清	民族學研究所集刊		11	157～181	50年6月
0033	顏氏家訓彙注補遺	周 法 高	歷史語言研究所集刊		4	857～897	50年　春
0034	清代社會之家族制度	蕭 一 山	新 時 代	1	3	26～40	50年 2月
0035	家庭制度之起源及其發展	王 俊 科	社會研究		1	25～28	50年 7月

編號	篇名	作者	刊物	卷	期	頁	日期
0036	「造端乎夫婦」與「察乎天地」	廖 維 藩	學　粹	3	4	4～8	50年 6月
0037	遞變中的中國家族結構	芮 逸 夫	考古人類學　刊	17 18 合刊		1～15	50年11月
0038	中國家庭倫理制度	愚　公	臺大青年	51年度 第二期		26～27	51年 4月
0039	中國古代家族之形成及其演變	王 夢 鷗	國立政治大學學報		5	1～39	51年 5月
0040	家族社會的心理檢討	劉 念 肯	新 社 會	14	5	2～4	51年 5月
0041	演變的中國家族結構	芮 逸 夫	社會研究		3	4～7	51年 6月
0042	從詩經觀察周代社會的主要情形	高 葆 光	東海學報	4	1	1～17	51年 6月
0043	安平區家族調查	林 衡 道	臺灣文獻	13	2	39～44	51年 6月
0044	中國家庭是大同世界的雛形	袁 世 斌	革命思想	13	4	15～17	51年10月
0045	中國家族主義的由來變遷與衰落	李　璜	大陸雜誌	2	1	123～132	51年
0046	Changes in Family Life in Rural Taiwan	Matrin M. C. Yang	J.of the China Soiety		2	68～79	51年
0047	臺灣農村的家族	林 衡 道	中國一週		665	16	52年 1月
0048	中國古代的養老制度	梁　堅	臺灣博物館科學年刊			114～118	52年 2月
0049	論中國農民的家庭制度	張 善 傚	民主評論	14	8	2～4	52年 4月
0050	健全家庭組織政策	陳 良 子	社會學刊		4	16～19	52年 3月
0051	西洋婚姻制度與家庭制度之演進	羅 義 東	社會學刊		4	20～23	52年 3月
0052	顏氏家訓斠注補遺	王 叔 岷	文史哲學報		12	39～43	52年
0053	臺灣鄉村家庭生活之變化	楊 懋 春	臺北文獻		4	49～54	52年 6月

0054	單純化，家族與個性	丸山孫郎	民族學研究所集刊		15	137～162	52年春
0055	清代臺灣之家制及家產	戴炎輝	臺灣文獻專刊	14	3	1～19	52年 9月
0056	臺北市家庭文化設備調查報告	寇龍華	社會學刊		1	101～116	52年12月
0057	臺灣農村家庭之一斑	王人英	臺北文獻		6	20～28	52年12月
0058	大家庭與孝道	葉蒙	中華婦女	14	4	10～11	52年12月
0059	川南的鴉雀苗及其家制	芮逸夫	歷史語言研究所集刊		34	367～387	52年
0060	中國家庭制度之演變	蔡文輝	思與言	16	6	4～6	53年 5月
0061	中國家庭之今昔比較	許國三	新社會	16	6	4～6	53年 6月
0062	百行孝為先	楊績蓀	臺灣婦女月刊		121	2～3	53年11月
0063	歷代家教(上)	楊績蓀	臺灣婦女月刊		102	2～3	53年12月
0064	歷代家教(中)	楊績蓀	臺灣婦女月刊		103	2～3	54年 1月
0065	歷代家教(下)	楊績蓀	臺灣婦女月刊		104	2～3	54年 2月
0066	歷代模範家庭(上)	楊績蓀	臺灣婦女月刊		106	2～3	54年 4月
0067	歷代模範家庭(中)	楊績蓀	臺灣婦女月刊		107	2～3	54年 4月
0068	歷代模範家庭(下)	楊績蓀	臺灣婦女月刊		108	2～4	54年 6月
0069	變遷中的中國家庭	第一次討論會紀錄	思與言	3	2	37～42	54年 7月
0070	近半世紀來社會轉變對中國家庭結構及功能之影響	鄧慧芳	社會觀察		1	7～12	54年 7月

0071	中國家族制度之演變	陶 平	新 社 會	17	9	2～4	54年 9月
0072	臺北市古亭區家庭調查報告	陳紹馨等	社會學刊		2	71～93	54年11月
0073	家族、宗族、國家(上)	楊 績 蓀	臺灣婦女月 刊		113	4～5	54年11月
0074	家族、宗族、國家(下)	楊 績 蓀	臺灣婦女月 刊		114	4～6	54年12月
0075	改變中的家庭型態	許 倬 雲	臺灣社會經濟概況			57～61	54年12月
0076	家庭份子間關係的研究	蔡 文 輝	思 與 言	4	2	25～27	55年 7月
0077	現代家庭和兒童問題	陳 漢 亭	中警學苑		3	13～16	55年 9月
0078	略談中國家庭制度	葉 霞 翟	中國一週		850	12～14	55年 8月
0079	西漢家庭的大小	許 倬 雲	歷史語言研究所集刊		37		56年春
0080	中國家庭功能變遷的一些指標	郝 繼 隆	社會學刊		3	59～76	56年 4月
0081	中國各式家庭中子女教養與子女行爲研究摘要	楊 懋 春	社會學刊		3	77～83	56年 4月
0082	新加坡中國人之婚姻模式	葉華國著朱岑樓譯	社會學刊		3	85～94	56年 4月
0083	家庭和社會學中之舊測和新探	Koenig著張承漢譯	社會學刊		3	95～106	56年 4月
0084	家庭爲我們社會的一個創造性單位	齊 麥 曼	社會學刊		3	107～116	56年 4月
0085	中國家庭組織的一個研究	龍 冠 海張 曉 春	社會學刊		3	117～136	56年 4月
0086	中韓兩國農村家庭社會比較	金 暻 浩	社會學刊		5	157～165	58年 4月
0087	家庭制度的探究	朱 岑 樓	社會安全季刊	2	1	12～16	58年12月

0088	中國固有家產制度與傳統社會結構	滋賀秀三	東西文化		7	53～58	57年 1月
0089	論我國工業化以後如何維持孝的美德	謝　康	東方雜誌	2	4	5～11	57年10月
0090	春秋前的婚姻制度	謝繼芳	臺大法言		3	16～17	58年 4月

B. 家庭與婚姻

編號	題　　目	著　者	刊物名稱	卷	期	頁　數	出版年月
1001	臺灣的婚俗	濤　聲	正風半月刊	4	1	68	26年 2月
1002	婚姻與教育	龍冠海	大陸雜誌	1	2	21～24	39年 7月
1003	女權運動的眞諦	方　瑩	中華婦女	1	2	5～7	39年 8月
1004	家庭是婦女的終身職業嗎？	莫希平	中華婦女	1	3	6～8	39年 9月
1005	婦女應走向何處去：走向社會？抑走回家庭？	王國秀	中華婦女	1	4	4～5	39年10月
1006	淺釋訂婚和解除婚約	許婉清	中華婦女	1	5	6	39年11月
1007	我理想中的婚姻指導所	趙友培	新社會	2	5	10～13	39年11月
1008	怎樣建立一個美滿的家庭	葉楚生	新社會	2	5	8～9	39年11月
1009	怎樣建立一個美滿的家庭（續）	葉楚生	新社會	2	6	27～28	39年12月
1010	母愛與情緒安全	劉永和	新社會	2	6	24～26	39年12月
1011	冥　婚	臺靜農	大陸雜誌	1	10	22～24	39年12月

1012	集團結婚與梅毒檢查	張 智 康	新 社 會	3	6		26	40年 6月
1013	如何贏得並保持孩子的愛	吳玉清譯	新 社 會	3	7		36～37	40年 7月
1014	戀愛與家庭	王 孟 谷	思想與革命	1	10		27～28	40年10月
1015	英國的問題家庭與少年法庭	元　　春	新 社 會	3	11		21	40年11月
1016	英國的問題家庭與少年法庭(續)	元　　春	新 社 會	3	12		21～22	40年12月
1017	幾個婚姻問題	張 岫 嵐	中華婦女	2	4		4～5	40年12月
1018	契丹民族的再生禮	林 瑞 翰	大陸雜誌	4	2		16～19	41年 1月
1019	論婚姻結合及國家婚姻制度的保障	俞 叔 平	中華婦女	2	7		2～3	41年 3月
1020	怎樣解決養女問題	陳 懿 淑	新 社 會	4	5		20～21	41年 5月
1021	今日美國婦女的結婚問題	元　　春	新 社 會	4	5		22	41年 5月
1022	今日美國婦女的結婚問題(續)	元　　春	新 社 會	4	6		17	41年 6月
1023	美國各州失依母子聯合援助法案	國　　強	新 社 會	4	7		19	41年 7月
1024	論人類婚姻制度之演變	黃 少 游	新 社 會	4	0	1	34	41年10月
1025	臺灣省人婚姻習俗語彙	池田敏雄	臺灣風物	2	8 9		10～11	41年12月
1026	共匪婦女運動與貫徹婚姻法	富　　江	中華婦女	3	10		6	42年 6月
1027	共匪婚姻改革的毒謀與罪行	海　　秋	中華婦女	3	10		4～5	42年 6月
1028	擇夫童謠	愛 菊 輯	臺灣風物	4	1		16	43年 1月
1029	有關嫁娶俚諺	紅 娘 輯	臺灣風物	4	1		10	43年 1月
1030	本省排灣族婚姻制度	陳 樹 功	新 社 會	6	3		21～22	43年 3月

1031	客家婚俗	王金連	臺北文物	3	1	109～111	43年 6月
1032	國際私法中關於婚姻的研究	洪力生	學術季刊	2	4	65～71	43年 6月
1033	現代社會的家庭與家庭教育	建銘	中興評論	1	7	17～19	43年 7月
1034	家庭研究的發展	龍冠海	今日社會週刊		10		43年 7月
1035	三從四德的現代觀	蔡哲琛	中華婦女	4	12	8～10	43年 8月
1036	吾國古代的收繼婚	李卉	大陸雜誌	9	4	17～20	43年 8月
1037	論婚姻與收養	梅仲協	社會科學論叢		5	29～48	43年10月
1038	何謂家庭?	裕	新社會	7	5	13	44年 5月
1039	婦女節漫談臺灣婚姻制度	林海音	中國一週		255	8～9	44年 3月
1040	新社會的婚姻制度	包德明	中華婦女	5	12	1～3	44年 8月
1041	展望臺灣保護養女運動的前途	呂錦花	中華婦女	5	12	7～8	44年 8月
1042	論古代婚制	浪星	中華婦女	5	12	4～6	44年 8月
1043	臺灣婚俗一瞥	曹甲乙	臺灣文獻	6	3	43～56	44年 9月
1044	宋人內婚	牟潤孫	民主評論	6	17	10～11	44年 9月
1045	清代臺灣的婚姻禮俗	莊金德	臺灣文獻	14	3	20～27	45年 2月
1046	紐約唐人街的婦女與兒童	朱蘭溪譯	中華婦女	6	8	4～5	45年 4月
1047	談婚姻問題	莊景略	新社會	8	6	13～14	45年 6月
1048	戀愛與責任	李見遠	中興評論	3	8	23～26	45年 8月
1049	家庭建設概說	巢海容	中興評論	4	4	8～10	46年 4月
1050	大陸婚姻關係新變化	李穗	民主評論	8	7	24	46年 4月
1051	北市婦女生產習	曹東華	臺北文物	5	4	83～90	46年 6月

	俗						
1052	美國的婚姻趨向	朱岑樓	新社會	9	10	16～17	46年10月
1053	匪新婚姻法的流毒	陳則東	中興評論	5	1	14～17	47年 1月
1054	近代法律上婚姻的法律性質	陳棋炎	法學叢刊		9	16～26	47年 1月
1055	婚姻統計問題（上）	刑鑑生譯	新社會	10	6	15～17	47年 6月
1056	婚姻統計問題（下）	刑鑑生譯	新社會	10	7	11～14	47年 7月
1057	非婚生子女法律地位之比較研究	陳棋炎	法學叢刊		12	60	47年10月
1058	中國舊式婚禮	石　玄	中美月刊	4	2	2～6	48年 2月
1059	中共摧毀家庭制度剖析	江海志	民主評論	10	5	15～16	48年 3月
1060	臺灣的古代婚禮	朱　鋒	臺北文物	8	1	1～18	48年 4月
1061	大陳島婚俗	孫靜江	文史薈刊		1	99～100	48年 6月
1062	離婚之實態	桑畑勇田著 紀鎮南譯	法學叢刊		15	58～66	48年 7月
1063	少年犯罪與家庭生活	龍冠海	新社會	11	8	2	48年 8月
1064	如何選擇對象	如　緹	中華婦女	9	11	11～12	48年 8月
1065	婚前的幾個重要問題	如　緹	中華婦女	10	1	9～14	48年 9月
1066	幸福家庭	黃勤善	中華婦女	10	1	10～11	48年 9月
1067	臺灣婚姻俗事雜錄	吳瀛濤	臺灣風物	9	4	8～12	48年10月
1068	說　婚	龍宇純	史語集刊		30	605～614	48年10月
1069	情緒的成熟與婚姻的幸福	范珍輝	新社會	11	10	3～6	48年10月
1070	青年戀愛問題	林阿美	新社會	11	11	10～11	48年11月
1071	婚前婚後	如　緹	中華婦女	10	4	10～11	48年12月

1072	郊區節育的經濟因素之研究	林 寶 樹	農林學報		8	199～226	48年12月
1073	臺省山地社會的婚姻	憨 園	中華婦女	10	5	22～23	49年 1月
1074	臺灣農村的冠婚喪葬	林 衡 道	中國一週		508	14	49年 1月
1075	臺灣人口婚姻狀況之統計分析	盧 敦 義	主計月報	9	5	16	49年 5月
1076	婚姻問題面面觀	動 心	中華婦女	10	10	3	49年 6月
1077	家庭與少年犯罪關係(一)	汲 淪	新 社 會	12	6	13～14	49年 6月
1078	家庭與少年犯罪關係(二)	汲 淪	新 社 會	12	7	12～13	49年 7月
1079	家庭與少年犯罪關係(三)	汲 淪	新 社 會	12	8	11～12	49年 8月
1080	美滿婚姻之基礎	葉 霞 翟	中國一週		535	26～27	49年 7月
1081	解決山地青年「妻」荒的一張藍圖	林 瑞 景	中華婦女	10	11	22～29	49年 7月
1082	家庭新論(一)	陳健球譯	新 社 會	12	7	2～4	49年 7月
1083	家庭新論(二)	陳健球譯	新 社 會	12	8	8～10	49年 8月
1084	婚姻面面觀	丁 蘭	中華婦女	10	12	11～12	49年 8月
1085	擇偶問題	郝 繼 隆	大學時代	2	7	9～11	49年11月
1086	臺灣之冠禮與其俗信	毛 一 波	臺灣文獻	11	4	110～121	49年12月
1087	節制生育違反國父遺教暨憲法精神	潘 朝 英	革命思想	10	2	4～5	50年 2月
1088	臺灣古昔的喜慶	朱 鋒	臺北文物	9	2 3	1～12	50年 3月
1089	如何教養你的孩子(一)	深人選譯	新 社 會	13	9	11	50年 9月
1090	如何教養你的孩子(二)	深人選譯	新 社 會	13	10	9	50年10月
1091	談離婚問題	葉 霞 翟	中華婦女	12	4	1～2	50年12月
1092	比較東西方對婚姻及家庭的態度	郝 繼 隆	國際教育研究會編印				50年

1093	唐律各論(三)－戶婚律	戴 炎 輝	法學叢刊		25	27～60	51年 1月
1094	共匪婚姻法之批評(上)	楊 佐 民	法學叢刊		25	110～129	51年 1月
1095	共匪婚姻法之批評(下)	楊 佐 民	法學叢刊		26	99～108	51年 4月
1096	婚俗與婚姻(上)	李 言 清	新 社 會	14	2	6～8	51年 2月
1097	婚俗與婚姻(下)	李 言 清	新 社 會	14	4	5～7	51年 4月
1098	儒家的婚姻思想	陳 民	法律評論	28	4	9～12	51年 4月
1099	臺北市萬華的生育習俗	池田敏雄	臺北文獻		1	96～100	51年 6月
1100	殺首子嫁不落家與生葬	孫 家 驥	臺灣風物	12	3	6～16	51年 6月
1101	臺灣婚俗調查與研究	李 言 清	社會學刊		3	19～43	51年 6月
1102	社會變遷中的理想家庭	若 曦 譯	中華婦女	13	1	8～9	51年 9月
1103	明末女眞之婚姻問題研究	陳 捷 先	幼獅學誌	1	4	1～26	51年10月
1104	現代男女在婚姻上的難題	刑 公 周	文　　星	11	2	56～57	51年12月
1105	Changing Attitudes Toward Marriage and Family in Free China	Albert O'Hara	The China S.J. Society		2	57～67	51年
1106	中國婚姻制度的演變	葉 霞 翟	思想與時代		102	20～23	52年 1月
1107	幸福家庭的商榷	廖 家 讓	中華婦女	13	8	9～10	52年 4月
1108	中國的男女婚姻(上)	許 川	自由太平洋	7	9		52年 6月
1109	中國的男女婚姻(下)	許 川	自由太平洋	7	10		52年
1110	臺北市人口的婚姻狀況	莊 金 德	臺灣文獻	14	2	76～107	52年 6月
1111	臺灣鄉村家庭生活之變化	楊 懋 春	臺北文獻		4	49	52年 6月

1112	怎樣建立現代正確的戀愛觀與婚姻觀	廖與人等	革命思想	15	2	20～28	52年 8月
1113	美滿的婚姻	W.Eber-hard	臺北文獻		5	39～44	52年 9月
1114	臺灣學生對於家庭與婚姻的態度	郝繼隆著徐人仁譯	臺北文獻		5	29～38	52年 9月
1115	清代臺灣的婚姻禮俗	莊金德	臺灣文獻	14	3	20～27	52年 9月
1116	臺灣農村家庭之一斑	王人英	臺灣文獻		16	20	52年 1月
1117	家庭與學校教育	葉霞翟	中國一週		703	5～6	52年10月
1118	論家庭與婚姻	蔡文輝	臺大青年	52年 2度			52年
1119	中學生對家庭與婚姻的態度之研究	蔡文輝	思與言	2	3	39～42	53年
1120	貧戶兒童的失學與犯罪	譚海倫	新社會	16	4	6～8	53年 4月
1121	臺灣婦女的婚姻和生育	官蔚藍	中國統計學報	2	2	575～583	53年 5月
1122	國際私法有關非婚生子女準確問題	李聲廷	東海學報	6	1	143～156	53年 6月
1123	臺灣的婚禮	盧嘉興	臺灣文獻	15	3	54～63	53年 9月
1124	國際私法上不同國籍男女結婚及其適用法律之研究	陳明汝	法學叢刊	3	6	55～66	53年10月
1125	臺灣的離婚問題（上）	李言清	新社會	16	11	5～8	53年11月
1126	臺灣的離婚問題（下）	李言清	新社會	16	12	6～8	53年12月
1127	重婚與通姦的法律觀	劉清波	政大學報		9	475～520	53年12月
1128	從七出談到三歸	楊希枚	大陸雜誌	30	2	8～20	54年 1月
1129	婚姻專家們對	金眞	中華婦女	15	5	16	54年 1月

	「訂婚」的看法						
1130	婚姻與婚姻的問題(上)	李 言 清	新 社 會	17	1	6	54年 1月
1131	婚姻與婚姻的問題(下)	李 言 清	新 社 會	17	2	5〜7	54年 2月
1132	拓拔氏與中原士族的婚姻關係	逸 耀 東	新亞學報	7	1	135〜211	54年 2月
1133	臺灣的生育與家庭計劃人口過渡階段之個案研究	阮昌銳譯	臺灣文獻	16	1	128〜141	54年 3月
1134	臺灣省婚姻問題發生之原因(上)	李 言 清	新 社 會	17	1	6	54年 4月
1135	臺灣省婚姻問題發生之原因(下)	李 言 清	新 社 會	17	2	5〜7	54年 5月
1136	中國西南土著民族的試婚制的研究	管 東 貴	清華學報社慶祝李濟先生七十歲論文集			421〜501	54年 6月
1137	論夫妻分居	李 聲 廷	東海學報	7	1	175〜183	54年 6月
1138	金門大小嶝婚俗	張 盈 科	臺灣風物	15	2	22〜23	54年 6月
1139	冬新娘仔(同薛娘子)考	吳　　槐	臺灣風物	15	3	31〜34	54年 8月
1140	不良少年與家庭(上)	黎 偉 卿	新 社 會	17	7	7〜8	54年 7月
1141	不良少年與家庭(下)	黎 偉 卿	新 社 會	17	8	6	54年 8月
1142	家庭與婚姻	文　　淵	新 社 會	17	8	2〜3	54年 8月
1143	臺灣婚姻締結問題(上)	李 言 清	新 社 會	17	8	4〜5	54年 8月
1144	臺灣婚姻締結問題(下)	李 言 清	新 社 會	17	9	6〜8	54年 9月
1145	香港之社會價值變遷所引起的兩性間適應問題	黃 壽 林	崇基學報	5	1	31〜39	54年11月
1146	轎前回婚書	赤崁樓客	臺灣風物	16	2	12	55年 4月

1147	現代民族學的功能	陳　宗　文	邊政學報		5	35	55年 5月
1148	臺灣二四九對夫妻婚姻調適之調查與分析	朱　岑　樓	社會科學論　　叢		16	239〜277	55年 7月
1149	現代社會之婚姻與家庭(一)	方　青　儒	中華婦女	17	3	18〜12	55年11月
1150	現代社會之婚姻與家庭(二)	方　青　儒	中華婦女	17	4	10〜14	55年12月
1151	現代社會之婚姻與家庭(三)	方　青　儒	中華婦女	17	5	12〜15	56年 1月
1152	現代社會之婚姻與家庭(四)	方　青　儒	中華婦女	17	6	6〜9	56年 2月
1153	談愛情	健言社座談　　會	臺大法言	創刊號			56年 2月
1154	臺灣婦女會婚姻與家庭糾紛案件之統計分析	丁　碧　雲 黃　美　連	社會學刊		3	137〜152	56年 3月
1155	中華文化與孝道	王　安　邦	中華婦女	17	10	2	56年 6月
1156	談臺灣的婚嫁習俗	王　力　修	中國一週		898	18	56年 7月
1157	父母十誡	若　　曦	中國一週		899	23	56年 7月
1158	結婚之無效與撤銷	楊　與　齡	法學叢刊		48	6〜20	56年10月
1159	婚姻的形式成立要件的準據法	蕭　雲　萍	法學叢刊		48	64〜67	56年10月
1160	教養兒女的觀念	謝　斌　譯	中華婦女	18	3	9〜10	56年11月
1161	廿一世紀與婦女	文　風　譯	中華婦女	18	3	9〜11	56年11月
1162	婚姻之普通效力	楊　與　齡	法學叢刊		49	38〜43	57年 1月
1163	談婚姻(上)	君　　實	中華婦女	18	5	9〜10	57年 1月
1164	談婚姻(下)	君　　實	中華婦女	18	6	11〜14	57年 2月
1165	離婚子女應有那些權利	朱　捷　譯	中華婦女	18	6	9〜10	57年 2月
1166	如何建立幸福家庭	陶　　瑾	臺灣婦女		141	3〜4	57年 3月

1167	談我的家庭生活	葛柳英	臺灣婦女		142	2～4	57年 4月
1168	在推行中華文化復興聲中談家庭教育	許美慧	臺灣婦女		142	5～7	57年 4月
1169	失婚問題分析	珍　珠	中華婦女	18	8	7	57年 4月
1170	如要建立幸福家庭必須光復中華文化	關綠茵	臺灣婦女		143	2～4	57年 5月
1171	國民教育與家庭教育的配合	林蔡素女	臺灣婦女		144	2	57年 6月
1172	預防婚姻破裂之特效藥	鈺鐀譯	中華婦女	18	10	9	57年 6月
1173	北平婚禮	孫受天	中華婦女	19	4	6	57年12月
1174	戀愛中的不正常心理	金　眞	臺灣婦女		150	6	57年12月
1175	論中國家庭價值及春節之文化意義	自　甦	臺灣婦女	19	6	2～3	58年 2月
1176	早婚男女的不忠問題	金　眞	中華婦女	19	6	9	58年 2月
1177	美滿婚姻的秘訣	金　眞	中華婦女	19	8	8～9	58年 4月
1178	孝心與母道	皮以書	中華婦女	19	9	1	58年 5月
1179	婆媳之間	朱裕宏	中華婦女	19	11	8～9	58年 7月
1180	學齡前兒童之教養問題	世瀛譯	中華婦女	19	8	10	58年 4月
1181	表現於俚諺上之臺灣及中國的家庭生活	陳紹馨	臺灣文化	第2輯			
1182	瓊岸島民俗誌	王光岑瑞家	民俗季刊	1	1		
1183	東莞婚俗之敘述及其研究	劉偉民	民俗季刊	1	1		
1184	江西南島之民俗	張爲綱	民俗季刊	1	1		
1185	貴陽喪葬一般	王啓樹	民俗季刊	1	1		
1186	普寧嬰孫誕生的慣俗	顧映明	民俗季刊	1	1		

1187	先秦時代的宗教與婚葬	陳	民俗季刊	1	1		
1188	兄弟妻婚與姊妹夫婚	有　竟　譯	民俗季刊	1	1		
1189	東莞婚歌研究	劉　偉　民	民俗季刊	1	2		

c.婦女與婦女問題

編號	題　　目	著　者	刊物名稱	卷	期	頁　數	出版年月
2001	今日婦女的時代使命	宋　　英	自由中國	3	6	12～13	39年 9月
2002	五十年來世界各國婦女參政權的發展	于　　偉	新社會	2	5	5～7	39年11月
2003	日本婦女的覺醒	謝冰瑩	新社會	2	6	21～22	39年12月
2004	英國的家庭主婦	徐鍾佩	新社會	2	6	23	39年12月
2005	婦女問題總檢討	許素女	中華婦女	1	7	6～10	40年 1月
2006	臺灣養女制度的檢討	張秀卿	新社會	3	7	32	40年 7月
2007	從倫理觀點看臺灣養女問題	郭婉容	新社會	3	7	35	40年 7月
2008	臺灣養女制度的分析	蔡曉明	新社會	3	7	33～34	40年 7月
2009	臺灣的婦女競爭運動	張守書	思想與革命	1	8	9～12	40年 8月
2010	對於養女問題的商榷	任培道	中華婦女	2	1	3	40年 9月
2011	臺灣養女調查	林金豹	新社會	4	4	13～14	41年 4月
2012	臺灣農村婦女問題	蜀　　雲	新社會	4	6	27～28	41年 6月

2033	中國的新女性	吳皇龍	中國一週		696	8～10	52年 8月
2034	Woman's Place in Early Chian	郝繼隆	Free China Review	13	13	31～35	52年 3月
2035	The Confucian Ideal of Womanhood	郝繼隆	J.of the China Sociegy		3	79～83	52年
2036	臺灣的養女問題	張雄潮	臺灣文獻專刊	14	3	97～127	52年 9月
2037	養女問題與收養制度	陸嘯釗	文　星	13	2	44～47	52年12月
2038	臺灣的養女問題	李言清	民53年度國家長期發展科學研究論文				
2039	宋代婦女之地位	齊覺生	同　上				
2040	紅樓夢的重要女性	梅　苑	現代學范	3	4	5～8	54年 4月
2041	二十年來的臺灣婦女	鄭玉麗	臺灣婦女		112	2～3	54年10月
2042	論保護養女應革新收養制度	劉清波	中國一週		809	8～12	54年10月
2043	保護養女之法律釋義	劉清波	新時代	6	2	29～34	55年 2月
2044	漫談送做堆與養女制度	吳青夏	社會導進	1	3	14～15	54年10月
2045	今日中華婦女之路	覃適芝	中華婦女	16	11	5～7	55年 7月
2046	古代婦女在哲學上的地位	趙雅博	圖書月刊	1	5	13～15	55年 8月
2047	閨淑傳記(一)	楊績蓀	臺灣婦女		125	5～6	55年11月
2048	閨淑傳記(二)	楊績蓀	臺灣婦女		126	3～4	55年12月
2049	臺北市古亭區南機場眷村家庭主婦訪問報告	王培勳	社會學刊		3	153～178	56年 4月
2050	從保護養女看臺灣的養女問題	楊百元	臺灣文獻	18	4	101～112	56年12月
2051	參加聯合國1966年促進婦女地位研討會報告(上)	蔡哲琛	臺灣婦女		133		56年 7月

2052	參加聯合國1966年促進婦女地位研討會報告(下)	蔡哲琛	臺灣婦女	134	2〜6	56年 8月
2053	聯合國與婦女地位(上)	蔡哲琛譯	臺灣婦女	135	2〜6	56年 9月
2054	聯合國與婦女地位(下)	蔡哲琛譯	臺灣婦女	136	2〜6	56年10月
2055	從婦女工作的發展看臺灣婦女之進步	朱筱鈺	臺灣文獻	19　2	55〜72	57年 3月
2056	中華文化復興與婦女	張淑雅	臺灣婦女	143	5	57年 5月
2057	推行文化復興運動婦女應有的責任	谷　蘭	臺灣婦女	143	6〜7	57年 5月
2058	從復興中華文化談家庭主婦的地位	林壽惠	臺灣婦女	143	8	57年 5月
2059	臺灣的養女問題	黃順二	臺大青年	57年四期	6〜9	57年10月

D.親族組織

編號	題　　目	著　者	刊物名稱	卷　期	頁　數	出版年月
3001	中國親屬稱謂的演變及其與家庭組織的相關性	芮逸夫	民族學集刊	6	23〜31	37年 8月
3002	瑞岩泰耶魯族親子聯名制與倮儸麼些的父子聯名制	芮逸夫	臺灣文化	6　1	1〜8	39年 1月
3003	爾雅釋親補正	芮逸夫	文史哲學報	1	101〜134	39年 6月
3004	九族制與爾雅釋親	芮逸夫	史語所集刊	22	209〜231	39年 7月

3005	鄭氏世系及人物考	廖漢臣	文獻專刊	1	3	54～64	39年 9月
3006	論東漢時代的世族	勞　榦	學　原	3	34	54～58	40年 4月
3007	東南亞的父子聯名制	凌純聲	大陸雜誌特　刊		1	171～220	41年 7月
3008	瑞岩泰耶魯族的親屬制初探	芮逸夫	臺灣文化	6	34	1～10	39年12月
3009	川南永寧河源苗族親屬稱謂制探源	芮逸夫	考古人類學刊		3	1～13	43年 5月
3010	論中國古今親屬稱謂之異制	芮逸夫	中研院刊		1	53～67	43年 6月
3011	義　子	陶車于	臺南文化	4	1	41	43年 9月
3012	論養女制度之廢除	章一華	新社會	6	2	9	44年12月
3013	親子合一的親屬稱謂	芮逸夫	中國民族學　報		1	45～60	44年 8月
3014	雲南的江魯甸區磨些族的親屬稱謂	李霖燦和才	中國民族學　報		1	63～76	44年 8月
3015	朱朱熹劉氏序－採自三峽劉氏宗詞		北縣文獻		2	6～	45年 4月
3016	宋文丞相吳祥賴氏族譜序－採自新莊鎮西盛賴氏族譜		北縣文獻		2	20～	45年 4月
3017	宋王十門敍葉氏族譜殘頁－採自北縣葉氏族譜		北縣文獻		2	110～	45年 4月
3018	元慶集敍曾姓族譜殘頁－採自北縣魯族譜		北縣文獻		2	140～	45年 4月
3019	北縣氏族略	盛林吳 清興基 沂仁瑞	北縣文獻		2	141～	45年 4月
3020	蘭溪曾氏重修族譜－採自北縣曾氏族譜		北縣文獻		2	388～	45年 4月

3021	銀同花氏族譜序	詹　　同	北縣文獻		2	422～	45年 4月
3022	海澄大觀葉氏族譜研究	黃典權	臺南文化	5	2	20～	45年 7月
3023	河僭鎮鄭氏家譜注釋	陳荊和	文史哲學報		7	77～139	45年 4月
3024	花蓮南勢阿美族命名禮與名譜	張光直	考古人類學刊		8	53～57	45年11月
3025	仡佬的族屬問題	芮逸夫	中研院刊		3	269～299	45年12月
3026	霞寮陳氏家譜研究	黃興權	臺灣文獻	8	1	9～20	46年 3月
3027	聯名與姓氏制度的研究	楊希枚	史語所集刊	28(下)		671～725	46年 5月
3028	賴氏宗譜序	林熊祥	臺灣文獻	8	2	17～18	46年 6月
3029	論親子關係	丁碧雲	新社會	9	8	13～15	46年 8月
3030	家譜之徵集與纂修	君　　若	臺北文物	8	1	71～	46年 9月
3031	論段氏親族制度	李學勤	文史哲學報			31～37	46年11月
3032	臺南縣十六姓氏	盧家興	南瀛文獻	4	1	33	47年 6月
3033	臺北二十五姓族譜敍例(上)	盛清沂	臺北文物	7	1	1～	47年 6月
3034	族譜、宗祠、宗親會	王一剛	臺北文物	7	1	64～	47年 6月
3035	臺北二十五姓族譜敍例(下)	盛清沂	臺北文物	7	2		47年 7月
3036	族譜研究編號之擬似	黃典權	臺南文化	6	1	103～	47年 8月
3037	姓氏、族譜、宗親會	陳紹馨	臺灣文獻	9	3	15～32	47年 9月
3038	中國古代親屬稱謂與奧麻哈型的相似	芮逸夫	考古人類學刊		12	1～19	47年11月
3039	中國祖廟的起源	凌純聲	民族學研究所集刊		7	141～176	48年春

編號	題目	作者	刊物	卷	期	頁	日期
3040	張氏族譜校續記	黃春丞	臺灣文獻	10	2	51～64	48年6月
3041	艋舺張德寶家譜	王一剛	臺北文物	8	2	51～	48年6月
3042	吳氏後裔世系表－吳氏家譜	吳沙特	宜蘭文獻			13～15	48年8月
3043	釋甥舅之國	芮逸夫	史語所集刊	30(上)		237～258	48年10月
3044	「海澄大觀葉氏族譜研究」補記	黃衡五	臺南文化	6	4	112～	48年10月
3045	龍潭王氏家譜	王一剛	臺北文物	8	3	84	48年10月
3046	族譜序文集		南瀛文獻	6		112	48年12月
3047	艋舺李氏家譜	王一剛	臺北文物	8	4	89～	49年2月
3048	中國姓氏書	楊家駱	臺灣風物	10	5	30～31	49年5月
3049	說儏	胡耐安	政大學報		2	289～328	49年12月
3050	關東與關西的李氏和趙姓	勞榦	史語所集刊		31	47～60	49年12月
3051	從名制與親子聯名制的演變關係	楊希枚	史語所集刊外編	4	2	743～780	50年6月
3052	釋兄弟之國	芮逸夫	清華學報	2	2	77～92	50年6月
3053	國姓爺文學の系譜	石原道博	臺灣風物	11	10	33～50	50年12月
3054	康庚與夏諱	楊君實	大陸雜誌	20	3	17～22	51年2月
3055	臺灣各縣市各姓氏宗親調查表	高而恭	臺灣文獻	13	1	106～113	51年3月
3056	古代吉蔑親屬組織之同心整合性	沙利文	民族學研究所集刊		13	97～98	51年春
3057	中國氏姓書	楊家駱	臺灣風物	10	5	30～31	51年5月
3058	阿里山曹族概述	胡耐安 劉義棠	政大學報		6	25～106	51年12月
3059	論親屬犯罪相容隱	鄭聯芳	法學叢刊		29	101～106	52年1月
3060	親族結構	衛惠林	邊政學報		2	3～5	52年5月
3061	臺灣農村的親戚關係	Bernard & Gallin 丘乃謙譯	臺灣文獻		5	22～28	52年9月

3062	員林張姓克寧公派下的系譜	林　衡　道	臺灣風物	13	3	7～16	52年 6月
3063	臺灣家譜編纂之研究	盛　清　沂	臺灣文獻	14	3	71～96	52年 9月
3064	論三國時代的大族	龐　聖　澤	新亞學報	6	1	141～	53年 2月
3065	論繼嗣群結構原則與血親關係範疇	衛　惠　林	民族學研究所集刊		18	1～43	53年秋
3066	太麻里溪流域排灣族田野調查簡報	吳　燕　和	考古人類學刊	23 24 合刊		83～93	53年
3067	祠堂族長權的形成及其作用試說	左　雲　鵬	歷史研究所集刊	5	6	97～116	53年12月
3068	林本源家小史	陳　漢　光	臺灣風物	15	3	38～43	54年 8月
3069	論國際私法上收養之成立及效力	淇　力　生	法學叢刊		40	23～28	54年10月
3070	關於林本源邸	高輔彝男	臺灣風物	16	1	23～45	55年 2月
3071	續修鑑湖張氏世譜	陳　漢　光	臺灣風物	16	1	59～68	55年 2月
3072	張士㮎史考	黃　典　權	臺灣風物	16	1	13～18	55年 2月
3073	聯名制與卜辭商王廟號問題	楊　希　枚	民族學刊	21		17～37	55年春
3074	再論商王妣廟號的兩組說	丁　　驌	民族學刊	21		41～76	55年春
3075	金門官澳楊氏族譜	楊　志　文	臺灣風物	16	2	63～77	55年 4月
3076	臺東縣大南村魯凱族民族學調查簡報		考古人類學刊		27	29～35	55年 5月
3077	中國古代的創作與姓氏	嚴　雲峰	幼獅學誌	5	1	1～7	55年 8月
3078	中國族譜研究	羅　香　林	書目季刊	1	2	3～12	55年12月
3079	祝融己姓考辨	何　錡　章	幼獅學誌	5	2	1～36	55年12月
3080	民法上「妻」之位所之商榷	黃　志　鵬	法學叢刊		47	83～85	56年 7月

3081	泛論親屬篇關於親屬婚姻、父母子女之規定	李 肇 偉	法商學報		4	123～164	57年10月
3082	民法親屬與繼承兩篇修訂芻案	林 永 榮	法學叢刊		53	26～32	58年 1月
3083	贅婚之母對於未成年子女之監護及其權利行使問題	劉 鴻 坤	法學叢刊		53	45～46	58年 4月
3084	Murngin譜親屬結構的數學研究	劉 斌 雄	民族學研究所集刊		27	25～99	58年春

E.臺灣山地婚姻與家庭

編號	題　　目	著　者	刊物名稱	卷	期	頁　數	出版年月
4001	霹靂定婚舊俗	姚 桐 譯	南洋學報	1	1	58～60	29年6月
4002	由中國親屬名詞上所見之中國古代婚姻制	馮 漢 驥	齊魯學報		1	122	30年
4003	殷代婚姻家族宗法生育制度考	胡　適	甲骨學商史論考初集		1	12	30年
4004	婆羅洲土著的婚姻	劉 強 譯	南洋學報	5	2	54～59	37年12月
4005	伯叔姨舅姑考	芮 逸 夫	史語所集刊		14	151～160	38年
4006	苗語釋親	芮 逸 夫	史語所集刊		14	307～339	38年
4007	人口教育及家族的構成分子	陳 紹 馨	臺灣文獻	1	2	9～ 18	39年2月
4008	曹族王族群的氏族組織	衛 惠 林	臺灣文獻	1	4	1～ 11	39年12月
4009	本省山地之家庭與婚姻	陳　草	新社會	3	6	23～ 25	40年 6月
4010	論山地女子之出	鏡　澄	新社會	5	10	20～ 21	42年10月

	嫁平地問題						
4011	臺灣土著各族劃一命名擬議	芮逸夫	大陸雜誌	5	5	14〜17	52年
4012	阿里山曹族之婚姻		嘉義文獻	創刊號		41	44年6月
4013	先秦賜姓制度理論的商榷	楊希枚	史語所集刊	26		184〜226	44年6月
4014	臺灣屏東霧臺魯凱族的家族和婚姻	陳奇祿	中國民族學報	1		103〜120	44年8月
4015	涼山裡的婚姻習俗	萬琮	中國一週	301		8	45年1月
4016	來義鄉白鷺等村排灣族的家族構成	李亦園	民族學研究所集刊	2		109〜124	45年秋
4017	臺灣賽夏族的個人命名制	楊希枚	中央研究院院刊	3		311〜337	45年12月
4018	日月潭邵族的出生和育兒法	李卉	考古人類學刊	6		49〜51	45年11月
4019	臺灣土著社會的世系制度	衛惠林	民族學研究所集刊	5		1〜44	47年春
4020	雅美族的父系世系群與雙系行為團體	衛惠林	民族學研究所集刊	7		1〜42	48年春
4021	蘭嶼雅美族的三個世系的故事	鮑克蘭	民族學研究所集刊	7		139〜140	48年春
4022	排灣族泰武鄉佳平社的家族	王崧興	考古人類學刊	13 14 合		118〜125	48年11月
4023	排灣族的家族組織與階級制度	衛惠林	民族學研究所集刊	9		75〜108	49年春
4024	馬太安阿美族的婚姻制度	劉斌雄	民族學研究所集刊	9		361〜368	49年春
4025	臺灣各族婚姻制度調查(一)	陳國鈞	新社會	12	7	14〜16	49年7月
4026	臺灣各族婚姻制度調查(二)	陳國鈞	新社會	12	8	6〜7	49年8月

4027	臺灣各族婚姻制度調查(三)	陳 國 鈞	新 社 會	12	9	4～ 6	49年 9月
4028	臺灣各族婚姻制度調查(四)	陳 國 鈞	新 社 會	12	10	12～ 14	49年10月
4029	臺灣各族婚姻制度調查(五)	陳 國 鈞	新 社 會	12	11	7	49年11月
4030	臺灣各族婚姻制度調查(六)	陳 國 鈞	新 社 會	12	12	5～ 7	49年12月
4031	臺灣各族婚姻制度調查(七)	陳 國 鈞	新 社 會	13	1	9～ 10	50年 1月
4032	臺灣各族婚姻制度調查(八)	陳 國 鈞	新 社 會	13	4	11～ 12	50年 4月
4033	臺灣各族婚姻制度調查(九)	陳 國 鈞	新 社 會	13	8	7～ 8	50年 8月
4034	談山胞婚姻及婦女問題	蔡 信 雄	新 社 會	13	9	2～ 4	50年 9月
4035	臺灣山地各族婚姻制度的比較	陳 國 鈞	法商學報		1	193～202	50年 1月
4036	秀姑巒阿美族的親屬稱謂制	劉 斌 雄	民族學研究所集刊		11	125～156	50年春
4037	阿美族的母系氏族與母系世系群	衛 惠 林	民族學研究所集刊		12	1～ 27	50年秋
4038	臺灣山地各族喪葬制度調查(一)	陳 國 鈞	新 社 會	13	9	5	50年 9月
4039	臺灣山地各族喪葬制度調查(二)	陳 國 鈞	新 社 會	13	10	4～ 6	50年10月
4040	臺灣山地各族喪葬制度調查(三)	陳 國 鈞	新 社 會	13	11	5～ 7	50年11月
4041	臺灣山地各族喪葬制度調查(四)	陳 國 鈞	新 社 會	13	12	7～ 8	50年12月
4042	臺灣山地各族喪葬制度調查(五)	陳 國 鈞	新 社 會	14	1	10～ 12	51年 1月
4043	臺灣山地各族喪葬制度調查(六)	陳 國 鈞	新 社 會	14	2	9～ 10	51年 2月
4044	臺灣山地各族喪葬制度調查(七)	陳 國 鈞	新 社 會	14	4	8～ 10	51年 4月

4045	卡社群布農族的親族組織	丘其謙	民族學研究所集刊		13	133〜191	51年春
4046	宜蘭縣泰雅族的親屬關係	張鍾濂	邊政學報		1	1	51年 5月
4047	宜蘭縣南澳鄉泰雅族的婚俗	楊和瑨	邊政學報		1	38〜 40	51年 5月
4048	臺灣山地各族喪葬制度的比較	陳國鈞	法商學報		2	19〜 24	51年10月
4049	卑南族的母系氏族與世系制度	衛惠林	考古人類學刊	19 合 20	65〜 82	51年11月
4050	臺灣山地各族生育習俗調查(一)	陳國鈞	新社會	14 8	2〜 3	51年 8月
4051	臺灣山地各族生育習俗調查(二)	陳國鈞	新社會	14 9	9〜 10	51年 9月
4052	臺灣山地各族生育習俗調查(三)	陳國鈞	新社會	14 10	6〜 8	51年10月
4053	臺灣山地各族生育習俗調查(四)	陳國鈞	新社會	14 11	9〜 11	51年11月
4054	臺灣山地各族生育習俗調查(五)	陳國鈞	新社會	14 12	15〜 16	51年12月
4055	臺灣山地各族生育習俗調查(六)	陳國鈞	新社會	15 1	4〜 7	52年 1月
4056	臺灣山地各族生育習俗調查(七)	陳國鈞	新社會	15 2	6〜 8	52年 2月
4057	臺灣山地各族生育習俗調查(八)	陳國鈞	新社會	15 4	4〜 5	52年 4月
4058	南勢阿美族的名族	劉崇澤	邊政學報		2	38〜 39	52年 5月
4059	南勢阿美族之親屬稱謂	楊玠	邊政學報		2	33〜 37	52年 5月
4060	高雄縣匏仔寮平埔族家族構成	陳漢光	臺灣文獻專刊	14 3	1〜 19	52年 9月
4061	泰雅兒童的養育與成長	吳燕和	民族學研究所集刊		16	136〜207	52年秋
4062	排灣族之親屬稱謂	張兼嘉	邊政學報		3	25〜 29	53年 5月

4063	排灣族的家氏與階級名制	王鼎江	邊政學報	2	22～25	53年5月
4064	屏東縣碼家鄉排灣村排灣族的家族制度	石　磊	民族學研究所集刊	18	98～109	53年秋
4065	大南魯凱族與來義排灣族的婚姻儀式	林宗源	考古人類學刊	25 26 合	145～157	54年11月
4066	南投草屯新豐里福老人家族形態與婚喪禮俗	洪秀桂	考古人類學刊	25 26 合	158～168	54年11月
4067	霧臺鄉魯凱族的名制	高政弘	邊政學報	4	39～40	54年5月
4068	聯名制與卜辭商王廟號問題	楊希枚	民族學刊	21	17～40	55年春
4069	布農族社群的社會組織	丘其謙	中央研究院專集七			55年
4070	屏東縣來義村排灣族之離婚率與財產制度之關係	唐美君	考古人類學刊	28	42～52	55年11月
4071	臺灣人居喪百期嫁娶婚俗的研究	洪秀桂	思與言	6 1		57年3月
4072	評介「親族與婚姻」	黃樹民	思與言	6 5	53～58	58年1月

Ⅱ、書籍部份

A.家庭組織

編號	書　　名	著　者	出版者	出版地	出版年	頁　數
0001	家庭與社會	吉來德	商務印書館	上海市	17年	缺
0002	家族制度ABC	高希聖	世界書局		18年	缺
0003	北平郊外之鄉村	李景漢	商務印書館	上海市	18年	151

	家庭					
0004	中國家族社會之演變	高 達 觀	正中書局	上海市	35年	146
0005	中國古代宗族移殖史論	劉　節	正中書局	上海市	37年	366
0006	中國族產制度考	清水盛光 宋念慈譯	中華文化出版事業委員會	臺北市	45年	218
0007	中國古代婚姻史	陳 顧 遠	商務印書館	臺北市	14年	148
0008	婚姻進化史	繆勒利爾 葉啓芳譯	商務印書館	臺北市	54年	338
0009 0010	中國婚姻史 家族論	陳 顧 遠 Miller-Lyer 王禮錫譯 胡冬野譯	商務印書館 商務印書館	臺北市 臺北市	55年 55年	256 603
0011	中國家庭制度	吳 自 甦	商務印書館	臺北市	57年	98
0012	孝子與石子	趙 海 濤	商務印書館	臺北市		缺
0013	孝經通考	蔡 汝 堃	商務印書館	臺北市	56年	134
0014	中國婚姻法論	胡 長 清	大東書局			缺
0015	中國親屬法	戴 炎 輝	自 印 本			缺
0016	勉齋文集	楊 懋 春	作者本人	臺北市	52年	606

B. 婚姻與家庭

編號	書　名	著者	出 版 者	出版地	出版年	頁 數
1001	婚姻問題總論	郝 伯 珍	大 公 報	北平市	9年	缺
1002	中國之家庭問題	潘 光 旦	新月書局		17年	324
1003	家族問題	孫 本 文	商務印書館	上海市	17年	缺
1004	中國家庭改造問題	麥 惠 庭	商務印書館	上海市	19年	440

1005	家庭問題新論	梁 紹 文	佛子書屋		20年	110
1006	漢代婚喪禮俗考	楊 樹 達	商務印書館	上海市	22年	289
1007	現代中國家庭問題	孫 本 文	商務印書館	上海市	31年	234
1008	家庭新論	王　　政	中國文化服務社		33年	98
1009	婚姻法與婚姻問題	李 宜 琛	正中書局	上海市	35年	181
1010	生育制度	費 孝 通	商務印書館	上海市	36年	200
1011	新娘新郎	婁 子 匡	中國民俗學會	臺北市	42年	76
1012	婚姻與家庭	葉 霞 翟	臺灣省婦女會	臺北市	48年	143
1013	人生的保壘—家	牛 筱 鈺	僑民教育函授學校	陽明山	49年	74
1014	婚姻指導	史 東 著 鍾永洛譯	衛生雜誌社	臺北市	50年	缺
1015	婚姻答問	Miller Donald著 朱驚秋譯	天主教華明書局	臺北市	51年	缺
1016	基督徒婚姻心理	龐方濟著 徐牧民譯	光啓出版社	臺北市	53年	缺
1017	論婚姻與家庭	韓山城譯	思高聖經學會	臺北市	53年	328
1018	愛情的分析	安德里著 王佑民譯	衛生雜誌社	臺北市	55年	
1019	婚姻與道德	B. 羅素	水牛出版社	臺北市	55年	219
1020	中國婚姻法與習俗	趙　　冰	New Asia College	香　港	55年	235
1021	臺灣喪俗談	曾 朝 東	光啓出版社	臺中市	55年	
1022	中國家庭問題	易 家 鉞 羅 敦 偉	水牛出版社	臺北市	55年	
1023	幸福與婚姻	徐 葛 黎	福華出版社	臺北市	57年	33
1024	臺灣婚俗談	曾 朝 東	光啓出版社	臺中市	57年	96
1025	婚俗誌	婁 子 匡	商務印書館	臺北市	57年	232

1026	婚姻	衞史德馬克 岑步文譯	商務印書館			
1027	中國婚姻制度小史	呂　誠　之	世界書局			
1028	婚姻與家庭	陶　希　聖	商務印書館	臺北市	57年	111
1029	戀愛論	廚川白村	水牛出版社	臺北市	55年	56

C.婦女與婦女問題

編號	書　　　名	著　　者	出　版　者	出版地	出　版　年	頁　　數
2001	婦女問題	張　佩　芬	商務印書館	上海市	9年	
2002	婦女問題的各方面	金　仲　華	開明書局		9年	
2003	現代婦女問題	鄒　　愷	大東書局	上海市	22年	64
2004	中國婦女問題	郭　箴　一	商務印書館	長　沙	27年	222
2005	現代婦女	傅　學　文	商務印書館	上海市	35年	162
2006	婦女問題文集	劉　蘅　靜	婦女月刊社	臺南市	36年	174
2007	婦女生活	柏克Burk 梁區瓦倪譯	臺灣書店	臺北市	36年	
2008	婦運四十年	談社英譯		臺北市	41年	82
2009	女人故事	婁　子　匡	東方文化供應社	臺北市	42年	
2010	家庭與婦女		革命實踐研究所	臺北縣	42年	218
2011	二十年來的臺灣婦女		臺灣省婦女寫作協會	臺北市	44年	374
2012	自由中國的婦女	婦　友　社	婦　友　社	臺北市	46年	

2013	理想夫人	童尙經編	淺溪出版社	臺北市	52年	522
2014	理想夫人	童尙經編	豐稔出版社	臺北市	53年	523
2015	自由婦女活動記	楊績蓀	正中書局	臺北市	53年	346
2016	中國婦女生活史	陳東原	商務印書館	臺北市	54年	427
2017	婦女運動	Ellen Key 林苑文譯	商務印書館	臺北市	55年	216
2018	中國古時的男女社交	陳　虹	文星書店	臺北市	56年	124
2019	養女、重婚、通姦之研究	劉清波	商務印書館	臺北市	58年	190
2020	中國婦女在法律上的地位	趙鳳喈	商務印書館	上海市	23年	

D. 臺灣山地家庭與婚姻

編號	書　　　名	著　者	出 版 者	出版地	出版年	頁　數
3001	臺灣土著社會婚喪制度	陳國鈞	幼獅書店	臺北市	50年	209
3002	川南雅雀苗的婚喪禮俗	芮逸夫 管東貴	中央研究院史語研究所	臺北縣	51年	
3003	臺灣土著社會生育習俗	陳國鈞	幼獅書店	臺北市	52年	113
3004	臺灣土著社會成年習俗	陳國鈞	幼獅書店	臺北市	52年	
3005	蘭嶼雅美族的社會組織	衞惠林 劉斌維	中央研究院民族學研究所	臺灣南港	51年	
3006	滇黔土司婚禮記	陳　鼎	廣文書局	臺北市	57年	
3007	布農族卡社群的社會組織	丘其謙	中央研究院民族學研究所	臺灣南港	55年	266

| 3008 | 龜山島─漢人漁村社會之研究 | 王　崧　興 | 中央研究院民族學研究所 | 臺灣南港 | 56年 | 154 |
| 3009 | 秀姑巒阿美族的社會組織 | 劉斌雄等 | 中央研究院民族學研究所 | 臺灣南港 | 54年 | 268 |

E. 親族組織

編號	書　　　名	著　者	出 版 者	出版地	出版年	頁　數
4001	銀江李氏家乘	李　陵　茂親　族　會	自　　印	臺北市	41年	97
4002	林氏族譜	林氏族譜編輯委員會	新遠東出版社	臺中市	46年	
4003	親屬法婚姻論	林　文　泉	國際書局		47年	267
4004	王氏族譜	王氏族譜編輯委員會	新遠東出版社	臺中市	47年	
4005	李氏族譜	李氏族譜編輯委員會	新遠東出版社	臺中市	48年	
4006	簡氏族譜	簡氏族譜編輯委員會	新遠東出版社	臺中市	48年	
4007	張氏族譜	張廖氏族譜編輯委員會	新遠東出版社	臺中市	48年	
4008	張廖氏族譜	同　　上	新遠東出版社	臺中市	48年	
4009	姓　　錄	王　素　存	中華書局	臺北市	49年	484
4010	蔡氏族譜	蔡氏族譜編輯委員會	新遠東出版社	臺中市	49年	
4011	柯氏族譜	柯氏族譜編輯委員會	新遠東出版社	臺中市	49年	

4012	黃氏族譜	黃氏族譜編輯委員會	新遠東出版社	臺中市	50年	
4013	鄭氏族譜	鄭氏族譜編輯委員會	新遠東出版社	臺中市	50年	
4014	陳氏族譜	陳氏族譜編輯委員會	新遠東出版社	臺中市	50年	
4015	劉氏族譜	劉氏族譜編輯委員會	新遠東出版社	臺中市	51年	
4016	孔子世家商榷	鄭緒平	自　印	臺北市	52年	242
4017	謝氏族譜	謝氏族譜編輯委員會	新遠東出版社	臺中市	53年	
4018	客家史料匯篇	羅香林	中國學社	香　港	54年	418
4019	莊氏族譜	莊氏族譜編輯委員會	新遠東出版社	臺中市	54年	
4020	楊氏族譜	楊氏族譜編輯委員會	新遠東出版社	臺中市	54年	
4021	趙族簡史	趙英榮	美國趙家公所	美　國	54年	224
4022	郭氏族譜	郭氏族譜編輯委員會	新遠東出版社	臺中市	55年	
4023	震陽衍派臺灣臺南縣佳里鎮番仔寮楊氏族譜	陳仁德	中華民族系譜研究所	臺南縣	56年	
4024	宗聖志	曾憲禕曾昭燏	商務印書館	臺北市	57年	

Ⅲ、書籍內容摘要

書　名:中國古代婚姻史　　　　出版地:上海市
著　者:陳顧遠　　　　　　　　出版年:民國14年,54年臺北再版
出版者:商務印書館　　　　　　頁　數:148頁
內容摘要:

　　作者研究婚姻,分為三方面的看法:婚姻制度,婚姻現象與婚姻理想。所採用的方式,不是完全縱觀的,也不是完全橫觀的,而是兼而用之。全書共分九節:(1)婚姻的觀察,(2)婚姻的形式,(3)婚姻的限制,(4)婚姻的停止,(5)婚姻的組織,(6)婚姻的儀注,(7)婚姻的影響,(8)婚姻的關係,(9)婚姻的救濟。

書　名:中國婚姻史　　　　　　出版地:臺北市
著　者:陳顧遠　　　　　　　　出版年:民國55年
出版者:商務印書館　　　　　　頁　數:356頁
內容摘要:

　　本書就有關婚姻之各種主要問題,分別從其本身考其因果變遷,以縱斷方法供讀者參考。本書所討論者:(1)婚姻範圍,(2)婚姻人數,(3)婚姻方法,(4)婚姻成立,(5)婚姻之程序問題,(6)婚姻效力,(7)婚姻消滅。

書　名：婚姻進化史　　　　　　　　出版地：臺北市

著　者：繆勒利爾著　　　　　　　　出版年：民國54年

　　　　葉啓其譯　　　　　　　　　頁　數：338頁

出版者：商務印書館

內容摘要：

　　本書研究到兩性關係之領域，細分爲戀愛，婚姻動機，娶妻方法，婚姻制度，婦女之社會地位等問題，只是一個大概的輪廓，並沒有涉及詳細的歷史敘述，由此便可以追跡文化進步之指導方向，並且找出進化之定律。全書共分四節：(1)戀愛之全部發展的三大時代，(2)婚姻動機的變化，(3)娶妻方法之變化，(4)婦女在社會地位之變化。

書　名：中國家庭制度　　　　　　　出版地：臺北市

著　者：吳自甦　　　　　　　　　　出版年：民國57年

出版者：商務印書館　　　　　　　　頁　數：98頁

內容摘要：

　　本書共分五章，自我國家庭之肇始，迄於新家庭制度之建立，中則論及我國家族制度之特質，道德理想，母教與婦女地位。中國家族之特色，不重視家口之多寡，而重視家族的構成，昔爲大家庭佔優勢，今則爲折衷家庭及小家庭所取代。中國家族制度代表中國的民族文化。上慈下孝爲我國一項優良傳統。中國偉大而崇高之母教，益增中國家庭之人文價值。

書　名：婚姻與道德　　　　　　出版地：臺北市
著　者：羅素　　　　　　　　　出版年：民國55年
出版者：水牛出版社　　　　　　頁　數：219頁

內容摘要：

　　羅素是一位在性觀念和婚姻觀念上之最超脫的學者。本書是他在
1929年所作的對兩性問題觀察的具體供狀。內分二十章，討論有關性
道德、浪漫愛、婚姻、試婚制、娼妓、離婚等，並提出家庭對個人心
理的影響，以及家庭與國家的關係，最後提出人口與優生學等問題。

書　名：中國古代宗族移殖史論　　出版地：臺北市
著　者：劉節　　　　　　　　　　出版年：民國46年再版
出版者：正中書局　　　　　　　　頁　數：256頁

內容摘要：

　　本書是中英庚款董事會協助研究的成績報告，後又獲得教育部學
術審議會的二等獎，內容並非宗族移殖史的全面，而是一部討論古代宗
族史底問題的書。全書都是考證，但從中可以發現許多歷史法則。作
者的見解從懷疑論出發，卻用實證作結，也可以說是從今文家的立場出
發，而用古文家的方法從事分析。全書共分八節，包括宗族的涵義，世
姓代，圖騰層創觀，世姓派衍，宗族分枝，移殖溉況等。

書　名：中國族產制度考　　　　　出版地：臺北市
著　者：清水盛光著　　　　　　　出版年：民國45年
　　　　宋念慈譯　　　　　　　　頁　數：218頁

出版者:中華文化出版事業委員會

內容摘要:

　　所謂放產即族的產業。本書論及族產的種類及目的，族產的起源及發展情形,族產之設置方法與分佈,族產的規約及營運，族產之特性以及族產的功用。作者以許多資料來考證中國族產制度的起源，內容充實。

書　　名:家族論　　　　　　　　出版地:臺北市

著　　者:F.Miller-Lyer著　　　　出版年:民國55年

　　　　王禮錫·胡多野譯　　　　頁　數:603頁

出版者:商務印書館

內容摘要:

　　本書論及人類家庭組織、權柄等方面，由史前時代到近代後期家族的演變情形。初期氏族時期，藉外婚制以團結諸孤立部落。婚姻乃出於經濟之便利,是一種勞動的剝削。家庭權柄至氏族而臻全盛期,母權流行,但由於財富的增加,父權再次流行，戰爭又使父權達到頂峰。後來由於工業和貿易取代戰爭,父權漸為法律、風俗與輿論所限制,婦女與兒童得到解放。

書　　名:婚姻與家族　　　　　　出版地:臺北市

著　　者:陶希聖　　　　　　　　出版年:民國55年

出版者:商務印書館　　　　　　　頁　數:111頁

內容摘要:

　　本書首先提及宗法以前與宗法實行之時，其親屬制度與婚姻之差異，其次論及宗法下的婚姻目的、方式、婦女地位及父子關係。最後討論大家族制何以成立、分解及沒落。全書有一明顯的層次。

書　　名：婚姻與家庭　　　　　　　　出版地：臺北市
著　　者：葉霞翟　　　　　　　　　　出版年：民國48年
出版者：臺灣省婦女寫作協會　　　　頁　數：143頁
內容摘要：

　　本書論及婚姻成敗之因素，家庭婦女的責任，教子之道，親子之愛，孝道等，並提及兒童問題，社會問題，問題兒童與問題父母。最後論及各國婦女地位，持家與就業，計劃家庭，家庭經濟；對於傭工問題也加以討論。作者在書內提出許多正確的意見。

書　　名：論婚姻與家庭　　　　　　　出版地：臺北市
著　　者：韓山城　　　　　　　　　　出版年：民國53年
出版者：思高聖經學會出版社　　　　頁　數：328頁
內容摘要：

　　本書是收編近代教宗論婚姻和家庭的幾篇教宗通諭與演講，其中包括良十三世的玄妙莫測通諭，庇護十一世的聖潔婚姻通諭，庇護十二世的七篇講詞，庇護十一世的人類導師通諭與庇護十二世的童貞通諭等。這些通諭和演講，直接間接都與近代反婚姻反家庭的思潮和惡俗有關，提供一套堅實、明確、健全的思想，以對抗反婚姻運動所造成的充滿毒素的輿論和風氣的襲擊與滲透，於是有效的實行自衛。

書　名:戀愛論　　　　　　　　出版地:臺北市
著　者:廚川白村　　　　　　　出版年:民國55年
出版者:水牛出版社　　　　　　頁　數:56頁
內容摘要:

　　是新潮的東方代表。本書強調戀愛至上,戀愛是永久的都城,是持續不斷的。無愛的結婚關係乃是一種奴隸的、賣淫的生活。作者又從實際生活上論戀愛。總之,此書代表一種新的思想。

書　名:中國家庭問題　　　　　出版地:臺北市
著　者:易家鉞、羅敦偉　　　　出版年:民國55年再版
出版者:泰東書局　　　　　　　頁　數:
內容摘要;

　　從本書我們可以看到五四運動那一世代知識份子的思想方向。著者易家鉞、羅敦偉都是當年新文化運動的健將。全書共分十一講,前有卷頭言, 再版自序, 後有結論。內容討論家長、婚姻、離婚、蓄妾、貞操、再醮、孝順、居喪、家祭、兒童、遺產等問題。見解允稱新穎。

書　名:中國古時的男女社交　　出版地:臺北市
著　者:陳虹　　　　　　　　　出版年:民國56年
出版者:文星書店　　　　　　　頁　數:124頁
內容摘要:

　　本書分兩部份:第一部份是漢唐時代男女社交,第二部份是漫談古

代男女社交。在第一部份著者從<u>漢唐</u>的結婚年齡，當時對於婚姻的態
度以及合法的離婚、再婚與再嫁的看法，樂府，詩詞，傳奇小說，民
歌，文人才女的逸聞韻事等加以考證,肯定<u>漢唐</u>時代的男女社交是公開
的、自由的、大方而文明的。第二部份是討論<u>漢唐</u>男女社交的源流。

書　　名：<u>臺灣婚俗談</u>　　　　　　出版地：<u>臺中市</u>
著　　者：<u>曾朝東</u>　　　　　　　　出版年：民國57年
出版者：<u>光啓出版社</u>　　　　　　頁　　數：96頁
內容摘要：

　　本書談及<u>閩南人</u>、<u>客家人</u>及山胞的古代與現代的婚俗以及婚禮趣
談等,也提及天主教婚禮的肅重端莊,最合乎婚姻神聖的性質，最後並
提出婚前婚後當注意及改革的事項，如節育、離婚等，都有正確的意
見。

書　　名：婚姻答問　　　　　　　　出版地：<u>臺北市</u>
著　　者：Miller Donald F.　　　　出版年：民國51年
　　　　　<u>朱驚秋譯</u>　　　　　　　頁　　數：
出版者：<u>天主教華明書局</u>
內容摘要：

　　本書譯自1959年出版的 Questions Young Men and Women Ask
before Marriage。　書中問答差不多全是青少年或年輕的夫妻提出有
關約會和婚姻的問題。原作者爲天主教神職人員，所以是本著天主教
的觀點來做一個解答。當時節育尙未被教皇批准，所以用犯罪的態度

來解說節育。

書　　名:川南雅雀苗的婚喪禮俗　　　出版地:臺北縣南港
著　　者:芮逸夫、管東貴　　　　　出版年:民國51年
出版者:中央研究院史語研究所　　　頁　　數:
內容摘要:

　　作者於抗戰時期作此調查研究，來臺後加以整理印行。本書分爲
三篇:婚、喪、祭祠。雅雀苗的婚喪儀式大體上與漢人相同，但細節則
有其差別。本書是以漢苗文對照的方式記錄下來的，對苗文的研究很
是深刻。

書　　名:臺灣喪俗談　　　　　　　出版地:臺北市
著　　者:曾朝東　　　　　　　　　出版年:民國55年
出版者:光啓出版社　　　　　　　　頁　　數:
內容摘要:

　　本書篇幅雖不多，但包羅臺灣一般治喪風俗。又因仟者爲天主教
徒，特簡介天主教的喪儀，並指出本省喪葬中一些不合理(迷信)的地
方。

書　　名:女人故事　　　　　　　　出版地:臺北市
著　　者:婁子匡　　　　　　　　　出版年:民國42年
出版者:東方文化供應社　　　　　　頁　　數:

內容摘要：

　　作者收集中國十二行省民間故事中有關家庭主婦的智慧愚拙的故事。其中有關巧婦者二十八個，呆娘者二十個。

書　　名：新娘新郎　　　　　　　　出版地：臺北市

著　　者：婁子匡　　　　　　　　　出版年：民國42年

出版者：東方文化供應社　　　　　　頁　數：

內容摘要：

　　介紹中國各地的婚俗、儀式及婚嫁歌謠。包括臺、滬、江、浙、粤、贛、魯、塞北、皖、鄂、豫、蒙、藏、青諸省與漢、苗、蒙、藏、蜒民、漢擺夷、水擺夷等的婚制。特殊的婚俗，如：搶親、冥婚、典妻、租妻、再醮、叔接嫂等。

書　　名：婦女運動　　　　　　　　出版地：臺北市

著　　者：Ellen Key　　　　　　　出版年：民國55年

　　　　　林苑文譯　　　　　　　　頁　數：216頁

出版者：商務印書館

內容摘要：

　　本書主要述及婦女運動對各方面所產生之影響，如婦女運動對於內心的影響，對於獨身婦女的影響，對於女兒們的影響，對於一般男女的影響，對於婚姻的影響，對於母道的影響等。作者並認為婦女運動因國家的性質與法律的特徵而不同，但此運動在各地都抱同樣的主張，所以各地必定跟從同樣的主要方向，遲早一定得到同樣的效果。

書　　名：婦運四十年　　　　　　　出版地：臺北市

著　　者：談社英　　　　　　　　　出版年：民國41年

出版者：自印　　　　　　　　　　　頁　　數：82頁

內容摘要：

　　本書是作者將其個人從事婦運四十年經歷、有關婦女運動的見聞及有時代影響與連帶關係的事蹟之記述，包括辛亥革命、光復蘇州、主辦江蘇大漢日報、組女子軍、女子北伐隊、女子後援會等團體。作者曾設立神州女子專校，發動婦女參政運動。又在蔣夫人領導下，成立中國婦女抗敵自衛後援會。

書　　名：二十年來的臺灣婦女　　　出版地：臺北市

著　　者：二十年來的臺灣婦女　　　出版年：民國54年

　　　　　編輯委員會　　　　　　　頁　　數：374頁

出版者：臺灣省婦女寫作協會

內容摘要：

　　本書是臺灣省婦女寫作協會集合婦女寫作名家，以集體創作的方式編撰而成，主旨在闡揚國父思想及表達婦女同胞於二十年中在蔣夫人領導下，對國家社會的貢獻。全書約十萬言，舉凡臺灣婦女在文化、教育、政治、經濟及社會各方面的努力和成就，均根據事實，加以論列，內容充實，後並附有臺灣所有婦女作家之簡介。

書　　名：家庭與婦女　　　　　　　出版地：臺北市陽明山

著　　者：革命實踐研究院　　　　　出版年：民國42年

出版者：自印　　　　　　　　頁　數：218頁
內容摘要：

　　本書為有關收復地區之家庭與婦女問題之論述，包括收復地區的現況（大陸上的婦女政策、婦運趨勢、毒化情形等）、家庭制度的重整婦女問題、反共抗俄的婦女工作，以及婦運工作等。

書　名：現代婦女問題　　　　出版地：上海市
著　者：鄒愷　　　　　　　　出版年：民國22年
出版者：大東書局　　　　　　頁　數：64頁
內容摘要：

　　本書內容極為簡短淺顯，提出四個婦女問題來討論，(1)職業問題，(2)勞動問題，(3)性道德問題，(4)參政問題。在文中作者引證外國的理論和實例，以說明當時中國婦女在社會上的情形，但未作深入的研究分析。

書　名：中國婦女活動記　　　出版地：臺北市
著　者：楊繢蓀　　　　　　　出版年：民國53年
出版者：正中書局　　　　　　頁　數：346頁
內容摘要：

　　本書首先介紹中國古代的婚姻制度，然所佔篇幅不多，次則仿紀事本末體寫歷代婦女的事事物物，而著重於婚姻及日常生活。這些婦女上自后妃，下及民間才女。

書　　名:滇黔土司婚禮記　　　　出版地:臺北市

著　　作:陳鼎　　　　　　　　　出版年:民國57年

出版者:廣文書局　　　　　　　　頁　數:17頁

內容摘要:

　　滇黔爲苗人所居，其中宋、蔡、羅、龍四姓爲諸苗之長。他們的婚姻制承襲周朝舊制,婚儀也一秉周禮。此四姓世世爲姻好,且嫁嫡長女爲嫡長媳,必一媵八人以取古諸侯一娶九女之遺意。至於其他的五苗有跳月爲婚者,其婚禮異於宋蔡羅龍四姓遠矣。在本文中,對四姓的婚禮過程,娶妾的原因與方式有詳盡的說明。

書　　名:臺灣土著社會婚喪制度　　出版地:臺北市

著　　者:陳國鈞　　　　　　　　　出版年;民國50年

出版者:幼獅書店　　　　　　　　　頁　數:209頁

內容摘要:

　　本書分成「臺灣土著社會婚姻制度」與「臺灣土著社會喪葬制度」兩項專題討論。前者是從各族最早的婚姻現象以及婚姻制度之分析、比較與變遷諸方面來研究;後者是從中外文獻有關的記載,對各族喪葬制度的分析、比較與變遷諸方面來探討。最後並附有臺灣土著社會婚喪制一般特徵簡表。

書　　名:臺灣土著社會生育習俗　　出版地:臺北市

著　　者:陳國鈞　　　　　　　　　出版年:民國52年

出版者：幼獅書店　　　　　　　　頁　數：113頁

內容摘要：

　　書中以敘述臺灣土著各族在生育方面的固有習俗爲主，共分六節：
(1)前言，(2)中外文獻有關的記載，(3)各族生育習俗的分析，(4)各族
生育習俗的比較，(5)各族生育習俗的變遷，(6)總結。昔日中西文獻的
記載只是零星片斷的，遺漏甚多，且有不少錯誤，故著者親自到各族調
查，將所得的資料，經過一番整理、分類和比較，從而獲得了種種的結
論。

書　名：臺灣土著社會成年習俗　　出版地：臺北市

著　者：陳國鈞　　　　　　　　　出版年；民國52年

出版者：幼獅書店　　　　　　　　頁　數：121頁

內容摘要：

　　本書之資料爲作者親身調查研究所得，所調查的土著有阿美、泰
雅、布農、卑南、魯凱、曹、雅美、邵、賽夏、排灣等十個部族。本
書首先介紹各族對成年的訓練、標準、儀禮、條件、服飾以及成年前
後的權利義務，然後將各族的成年習俗加以比較，並說明其變遷，作爲
總結。

書　名：蘭嶼雅美族的社會組織　　出版地：臺灣南港

著　者：衞惠林、劉斌雄　　　　　出版年：民國51年

出版者：中央研究院民族學研究所　頁　數：284頁

內容摘要：

本書為著者實地研究而寫成的論文,內容包括:蘭嶼的環境與文化適應方式,人口與家族的結構,父系世群的單位,系統和功能,雙系血親群與姻戚關係,婚姻制度中的婚姻禁忌與擇偶條件,婚姻的法則,結婚的程序儀禮,以及離婚、喪偶和再婚。此外並論及親屬的稱謂、命名法及財產制度。

書　　名:布農族卡社群的社會組織　　出版地:臺灣南港
著　　者:丘其謙　　　　　　　　　　出版年:民國55年
出版者:中央研究院民族學研究所　　頁　數:266頁
內容摘要:

本書由作實著地研究調查所得資料撰成,計分十章,介紹布農族卡社群的地理環境,部落歷史,歲時祭儀,生命禮俗,親族組織,財產制度,經濟,部落政治,法律,戰事等。布農族位於南投,其日常生活、懷孕、生育、婚姻、老死、喪葬等皆有其自己的特定習俗。通常婚姻均行一夫一妻制,親族團體外婚,以聘禮婚為主,輔以服務婚,當地並有離婚、再婚、婚後不正當的婚外性關係等事實之存在。親族組織中,家庭類型以擴大家庭一直佔優勢,但有衰退的可能。在本書中作者對氏族、親屬稱謂、親屬間關係、行為、財產的佔有、使用、繼承等,均有詳細討論。後並附有潭南社布農族的系譜。

書　　名:龜山島:漢人漁村之研究　　出版地:臺灣南港
著　　者:王崧興　　　　　　　　　　出版年:民國56年
出版者:中央研究院民族學研究所　　頁　數:154頁

內容摘要：

　　本書共分四章，(1)龜山島之一斑，(2)漁撈技術與經營，(3)社會生活，(4)宗教生活。資料由著者實地蒐集，故在撰寫上不厭其繁地以實際個案來加強可靠性。龜山島的人數在1966年時有七百人，對其組合的情形，有詳細說明。在論到家族時，作者輔以四十餘個案來說明當地居民的家庭類型，及已婚子女供養父母的方式。當地居民由於行島內婚及無土地之類的恆產，故宗族制度不重要。繼承財產以公平爲原則，祭禮的承繼以各家都須立祖宗牌位爲原則。婚姻是作者討論較多的一個項目。當地以前以童養媳爲主，居制則以從夫居佔多數。也有大娶。招贅、冥婚等情形。在擇偶時除同宗五服之內禁婚外，對八字、同姓等事並不重視。又由於龜山島行島內婚，故親屬稱謂極爲錯綜複雜。

書　名：秀姑巒阿美族的社會組織　　出版地：臺灣南港

著　者：劉斌雄、石磊、陳淸淸　　出版年：民國54年

出版者：中央研究民族學研究所　　頁　數：268頁

內容摘要：

　　本書共分十章，分別由三位作者執筆撰寫而成，資料爲實地調查研究而得。卷首先介紹阿美族名稱的由來及演變情形。本書的重心是在研究秀姑巒阿美族的人口組合以及家族結構的家庭類型、分子多寡、親屬群、生命禮俗、婚姻型式、禁婚規定、求偶、婚儀、離婚、喪葬等。此外也論及財產制、政治、法律、戰爭等項目。

書　　名:孔子世家商榷　　　　　　出版地:臺北市

著　　者:鄭緒平　　　　　　　　　出版年:民國52年

出版者:自印　　　　　　　　　　　頁　數:242頁

內容摘要:

　　本書是就孔子世家原文綜合研究,正其誤文,補其脫字，並旁及古今有關文獻,以驗證孔子世家原文之紕繆。書後並附圖表。

書　　名:趙族簡史　　　　　　　　出版地:美國

著　　者:趙英榮　　　　　　　　　出版年:民國54年

出版者:美國趙家公所　　　　　　　頁　數:224頁

內容摘要:

　　本書包括趙氏古代史料(有表略),宋代史料,各宗支修譜文獻, 宋室三派廣東開族史等,後並有英文版簡史總綱。

書　　名:客家史料匯篇　　　　　　出版地:香港九龍

著　　者:羅香林　　　　　　　　　出版年:民國54年

出版者:中國學社　　　　　　　　　頁　數:418頁

內容摘要:

　　本書是作者蒐集客家各氏譜乘而撰成的。族譜中的客家源流是依照百家姓次序,略加變通,全書包括四十姓,有些姓氏族譜尚有遺漏,但仍爲客家史料中最完備的一部。

書　　名：親屬法婚姻論　　　　　　出版地：臺北市
著　　者：林文泉　　　　　　　　　出版年：民國47年
出版者：國際書局　　　　　　　　　頁　　數：267頁
內容摘要：

　　本書亦可稱爲「比較婚姻論」。用比較的方式，比附援引，以證明諸婚姻問題。除論婚制外，尙以法律觀點論婚姻之成立、方式、離異等的效力。

書　　名：姓錄　　　　　　　　　　出版地：臺北市
著　　者：王素存　　　　　　　　　出版年：民國49年
出版者：中華書局　　　　　　　　　頁　　數：484頁
內容摘要：

　　作者以「中國姓氏之書，大多誤謬」，而「姓氏所出，後世茫不可考」（宋洪邁），故考證古書，集單姓三千二百餘，兩字複姓二千餘，三字複姓一百二十，四字複姓六，五字複姓二，共計五千三百餘姓，以補百家姓之簡。

書　　名：中國婦女生活史　　　　　出版地：臺北市
著　　者：陳東原　　　　　　　　　出版年：民國54年
出版者：商務印書館　　　　　　　　頁　　數：427頁
內容摘要：

　　作者依歷史朝代，將中國的婦女生活加以分期。論述自宗法封建社會留下的男尊女卑的觀念，至近年女權在政治、經濟、敎育、婚姻

上得到解放。作者對中國婦女傳統的「女子無才便是德」、貞節、纏足、好媳婦等概念，都有詳盡的敘述。

書　名：漢代婚喪禮俗考　　　　　　出版地：上海市

著　者：楊樹達　　　　　　　　　　出版年：民國22年

出版者：商務印書館　　　　　　　　頁　數：289頁

內容摘要：

　　作者參考古籍．編著漢代婚、喪禮俗二章。婚姻之章論述漢代議婚、婚儀和婚齡，又援古書記載，以比較絕婚、改嫁、改娶、妾媵之事。喪葬之章則述及各種喪儀規範。

出　名：勉齋文集　　　　　　　　　出版地：臺北市

作　者：楊懋春　　　　　　　　　　出版年：民國52年

出版者：自印　　　　　　　　　　　頁　數：606頁

內容摘要：

　　本書由七十八篇短文集成，分爲學術思想，生活經驗，宗敎信仰，旅遊觀感，鄉村農業，時事評論等六部分。在學術思想部分，關於家庭有四篇：(1)家的起源與演變──家庭制度研究。(2)近五十年來中國家庭的變化。(3)Changes in Family Life in Rural Taiwan, (4)近五十年來美國家庭的變化。

附錄四　家庭與婚姻名詞解釋
GLOSSARY OF TERMS IN
THE FAMILY AND MARRIAGE

1.　友愛婚姻 (Companionate marriage)

　　友愛婚姻是試驗性或臨時性的一種婚姻方式，尚在建議階段，迄今未曾正式實行。主要是為年輕人而設計的，他們不準備負起家庭的全部責任，卻想要享受婚姻生活的好處。依其構想，對結合者先行灌輸節育的知識，控制不生育或延遲生育。如果雙方意見不合，勢難繼續同居，自行協議分開，無任何限制。如果雙方情愛日增，願意生兒育女，便正式成立家庭，當妻一懷孕，即接受現行婚姻法規之管制，不得任意離異，必須依照正式離婚手續辦理之。

　　首先提出此種婚姻方式者，是以美國林賽法官(Judge B. B. Lindsey)為主的一些人。他們大肆鼓吹，欲使之合法化。他們認為如此才能幫助青年在性生活方面縮短生理上不自然的延長，男女於結合中可以誠實測驗其是否真正情投意合，而免於婚前性交及因婚姻失敗而離婚所引起的犯罪感覺。(B. B. Lindsey & W. W. Evans, The Companionate Marriage, New York: Boni and Liveright, 1927.)

林賽等之倡議,當時在美國社會曾引起很大的震驚與爭議,迄今亦無一州將其倡議合法化, 然事實上有其存在, 特別是在美國大學的肄業學生中,但表面上未露聲色, 而是代以類似友愛婚姻的其他安排。(J. K.Folsom, "Steps in Love and Courtship" and R. Hill, "Plans for Strengthening Family Life", both in H. Becker and R.Hill(eds.), Family, Marriage, and Parent, Boston: D.C. Health and Company, 1955, respectively p. 242 and p. 777.)

2. 友愛家庭 (Companionship family)

友愛家庭是現代社會新興的一種家庭組織。社會學家蒲其斯 (E. W. Burgess)和洛克(H. J. Locke)稱之為友愛者,因其重點是置於家庭成員間的親密關係之上,並以之作為主要的功能。其他的特質則有:(1)情愛之授受,(2)夫妻地位之平等,(3)家政之民主, 對家政所作之決定, 須接納子女之意見,(4)家庭之主要目的是發展家人的人格,(5)在不違背家庭統一性(Family unity)的原則下, 有自我表現的自由,(6)家庭的最高期望是全家人快快樂樂。(The Family, 2nd ed., New York: American Book Company, 1960, P. 651.)

蒲洛二氏以相對之兩類家庭—制度家庭(Institutional family)和友愛家庭——為家庭研究之理想構形(Ideal construction), 西方社會的家庭已由前者演變為後者。從解組(Disorganization) 到再組(Reorganization)是相連的社會過程(Social processes)。在過程中家庭本身是原動者而非被動者, 其結構在內發和外來兩類勢力之下進行變遷。近半世紀來的工業發展與都市化, 在西方家庭的再組過程中出現種種新情況。制度家庭的重要功能喪失殆盡,代之而起的新功能,

是全家人經由:(1)親密結合,(2)情愛互賴,及(3)情緒安全，以發展其人格。婦女因參加工業生產而獲得實在的或可能的經濟獨立，地位乃隨之提高。婦女結婚非爲依賴丈夫的經濟支持，而是享受充滿情愛的家庭生活。公共教育之普及,使子女有充足機會接受新知識和新概念。由於學習敏捷,他們不僅不像以往那樣只是被動地接受父母的訓誨,而且發散蓬勃的刺激力量，使上下代在智慧上產生共享之友情。高度的社會流動擴大了個人擇偶的範圍，使個人有更大的機會去發現情投意合的伴侶。電影、廣播和電視經常播演羅曼愛式的婚姻，加强一般人建立友愛家庭的信念。(Ibid., pp. 65, 654 and Appendix A, pp. 689-692.)

以上各種因素，是蒲洛二氏用以說明西方家庭由制度的到友愛的演變。無疑地在許多方面友愛家庭不如制度家庭之穩定，因其基礎不同,前者建立在脆弱的情愛和友誼之上，後者建立在堅强的責任和社會壓力之上，更重要者由於農業社會轉變爲工業社會，剝奪了家庭的安全，故爲家庭提供經濟的福利乃是一個主要的問題。

3.　混合家庭 (Composite or compound family)

混合家庭是聚集若干個有關的核心家庭而組成的社會團體，這些核心家庭可能是完整的，也可能是非完整的。行複婚制的社會,某男人與其所娶多妻及各妻所生子女而構成之家庭，可以稱之爲複婚家庭或多偶家庭(Polygamous family),亦可以稱之爲混合家庭。包含祖父母、父母、叔伯父母、兄弟姊妹等之家庭,可以稱之爲擴大家庭(Extended family)，亦可以稱之爲混合家庭。娶喪偶或離婚之婦人爲妻者，與前夫所生子女住在一起,可能再加上其他親戚,這也是混合家庭。又

混合家庭不一定要同居於一住宅之內。(See "Composite family", in D. S., p. 114, and "Compound family", in I. E. S. S., vol. 5, p. 304.)

4.　妾制 *(Concubinage)*

妾制之解釋,通常有二: (1)一男子與一非合法結婚之女子同居, (2)准許一男子置妾(一個或多個)之習俗。妾本身則是一女子,爲一男子之性伴侶, 依風俗或法律,而爲社會所認可者。通常夫娶妾至家,或代替合法之妻, 或附加於合法之妻。妾之地位因文化不同而有很大的差別。一般言之,即使是承認夫與妾之性關係爲正當的社會,亦不視此種方式爲婚姻,但妾在夫家具有社會認可之位置,本身由夫贍養,所生子女亦是合法的。夫之姓與遺產,合法之妻及所生子女均有繼承之權, 而妾及所生子女通常則無此權。當然有例外, 在某些社會妻所生之女無財產繼承權,而妾所生之子卻有此權。(See "Concubinage", in D. D. S., pp.121-122 and "Concubine" and "Concubinage", in D. S., p.56.)

我國古代婚姻,貴族一夫多娶,平民亦有納妾者, 在典籍上無禁止重婚之明文,今則法律規定:「有配偶者不得重婚。」(見民法親屬篇。)一般學者咸認爲我國以往是一夫多妻制,但從實際觀察, 並非如是。蓋古重宗法, 最忌嫡庶無別,以亂宗族。左傳杜注云:「諸侯無二嫡。」可知古代雖然多娶,具有妻之地位者僅一女子,餘則爲妾。其地位在妻之下,辭源根據左傳昭公十一年疏,解釋妾爲「副室」。妾之多寡, 因男子之官階高低而定。天子地位最高,其妾最多,名稱也最繁。周禮云:「王者立后,三夫人,二十七世婦, 八十一女御妻,以備內職焉。」

其中惟后有妻之資格，其餘眾妾區分等第。諸侯則一聘九女(見公羊傳莊公十九年)，其中居妻之地位者僅一人。否則「並后正嫡，兩國耦政，亂之本也。」(見左傳桓公十八年)卿大夫又遜於諸侯，一妻二妾，士則一妻一妾。(見白虎通)庶人僅有一妻，論語有云：「匹夫匹婦之爲諒也。」因此我國古代婚姻應該稱之爲一夫一妻多妾制。(參閱徐朝陽著，中國親屬法溯源，民國五十七年，商務，第八八至九四頁)

5.　夫婦家庭 (Conjugal family)

夫婦家庭是一對夫婦及其未婚子女所組成之家庭，爲最普遍的一種家庭形式，又稱之曰核心家庭。(參閱「核心家庭」條) 顧名思義 ，任何社會不論採用其他任何種類之家庭，其組織以核心家庭爲基本單位。個人之一生，通常分屬於兩個核心家庭，首先是生長家庭 (Family of orientation)，即以父母的夫婦關係爲主要所組成者，其次是生殖家庭(Family of procreation)，即由本身婚姻所建立者，從事於子女之生育。

婚姻與家庭，二者密切相聯，但非爲一物，通常解釋婚姻爲依社會習俗或法律之規定，一對男女所建立的關係，而家庭即是兩個或更多之個人經由婚姻 、血統或收養的關係所構成的團體 。我們從血族家庭(Consanquine family)能看出此二者的明顯差別，而夫婦家庭主要立基於夫婦關係之上，於是婚姻與家庭之功能幾全相同，以致涇渭難明。

由於夫婦家庭以夫婦關係爲基礎，故所著重者主要有六點：(1)擇偶自主，(2)羅曼愛(Romantic love)，(3)性吸引，(4)新居(Neolocality)，(5)堅強的夫婦聯繫，(6)雙系(Bilateral descent)：此六者均

與夫婦關係有關。(W. M. Kephart, The Family, Society, and the Individual,Boston: Houghton Mifflin Company, 1961, p. 71.)

　　夫婦家庭各成為獨立的單位以發揮其功能,始於一對男女之結婚,而終於一方之死亡。此時之社會與經濟的功能亦形中斷, 接續者是下一代經由結婚而建立之夫婦家庭。如此斷斷續續,加上工作人數少,故夫妻子女此一小單位不是一種有效的生產組織,與血族家庭組織相較,瞠乎其後,且其結構也比血族家庭脆弱得多,離婚、遺棄、疾病或配偶一方死亡,都會帶來嚴重的危機,並使子女深受影響。因此現代社會致力於發展社會安全計畫,以彌補夫婦家庭的缺點。(W. F. Ogubrn & M. F. Nimkoff, Sociology, 3rd ed., Boston: Houghton Mifflin Company, 1958, p. 580.)

6.　血族家庭 (Consanquine family)

　　血族家庭是以血統有關之親屬為基礎而組成之家庭。(See R. Linton, The Study of Man, New York: Appleton Century Crofs Inc., 1936, Ch. 10.)當然其中包含婚姻關係, 但遠不及血統關係之重要,配偶之聯繫力量非常微弱,基至微弱到不視為家庭的一份子。家庭嗣系之綿延,經由父或母之一方,而非雙系推行。母系血族家庭所包括者為母親及其子女, 女之子女等,其夫不在內,而屬於夫母之家庭。父系血族家庭所包括者通常為父母及其子女,子之子女等,由於血族家庭累代子女之同堂,人數眾多,構成一個大親屬團體, 故又稱曰擴大家庭(Extended family)。(參閱「擴大家庭」條)

7.　求愛 (Courtship)

求愛是一對未婚男女，因吸引而相結交，彼此顯露取悅對方的力量，以期達成最終之結婚目的。("Courtship" in D. S., p. 72 and W. M. Kephart, The Family, Society and the Individual, Boston: Houghton Mifflin Company, 1961, p. 293.)

在任何社會，不論是原始的或現代的，個人擇偶由其文化控制著，無絕對的自由。能有之自由，其程度大小，相差甚亘，可以用社會連續譜(Societal continuum)來說明之，一端是擇偶完全不自由的社會，在父母的安排下，子女無置喙之餘地，童婚和指腹為婚是其最顯著的例子。在此類社會內，男女於婚前從未晤面，自然談不到求愛，有則為求婚(proposal)，由父母及媒人辦理之。另一端是擇偶完全自由的社會，男女結婚之前必須經過求愛的階段。傅禮曼(L. C. Freeman) 謂兩極之社會均不存在。("Marriage Without Love: Mate-Selection in Non-Western Societies", in R. F. Winch, Mate-Selection, New York: Harper, 1958, pp.20-23.)某些社會偏向於此極，某些社會偏向於彼極，此又與家庭組織有密切關係。對照言之，一是以夫婦關係為基礎的核心家庭 (Nuclear family) ，一是以血統關係為主軸的擴大家庭(Extended family)，前者給予子女以擇偶之自由，求愛便成為進入結婚禮堂之前門，後者視婚姻為綿延家系的工具，在以家庭福利為前提之下，私人的人格特質及其外在形貌乃所不計，故在整個婚姻過程之中，求愛無立足之餘地。

求愛與一名詞約會(Dating)之意義，極相近似，其區別在於約會所表示的男女關係，不含有任何婚姻的承諾，只是雙方興之所至，互允聚晤，是否繼續，各聽其便，毫無拘束，而求愛則較為嚴謹，在開頭為求愛

所下之定義中,已說到含有結婚的最終目的。求愛成功之後,接著可能便是父母的許婚, 而約會於事前事後,都不需要父母的同意,隨已意而爲之。現代社會, 特別是西方的美國社會, 男女約會行爲愈見普遍。形成此種現象之因素很多, 父母給予子女更多的擇偶自由是其主因之一,現今之約會趨向於: (1)約會之年齡提早,(2)約會之次數加多。寓求愛於約會,二者混爲一體,且嫌求愛是一個舊式名詞,不如約會之時髦,平常幾乎無人使用,被打入辭典的冷宮。(See Kephart, op. cit., ch.10.)參閱「約會」條。

8. 約會 (Dating)

　　婚姻的社會準備(Social preparation),主要分爲兩個階段,先是約會、繼爲求愛。(參閱「求愛」條)故約會可以解釋爲靑年男女在擇偶的可能範圍內作初步的探索。雖是締結婚姻之手段, 但雙方均無任何許諾或拘束,對象可以更換,爲約會而約會, 故約會本身就是目的。一旦進入求愛階段,則是一對固定的男女在進行私人的和社會的調適,如果成功,此種調適經由婚姻而延伸至家庭生活。(R. S. Cavan, The American Family, New York: Thomas Y. Crowell Company, 1959. pp. 301, 331.)

　　現代社會靑年男女的約會行爲日趨普遍, 父母的態度亦由保守轉變爲開明,逐漸明瞭約會有助於現代靑年正常人格的發展。研究婚姻與家庭的社會學家均指出約會行爲有其重要功能,茲綜合爲六項,分述於后:

　　(1)社會化: 團體的種種價值,個人經由社會化過程而習得。男女之有別,在於各有不同的地位(Status)與角色(Role),而約會提供最佳

的實習機會，使青年男女不在成年人的干預下，自發自動地扮演其角色。(2)接近異性：春情期(Puberty)以前之男女，其友伴多為同性別者，在異性別間畫出一道鴻溝，不願與之相交往。約會是接近異性之開始，將來大半生的夫婦生活造端於此。在嘗試與錯誤中，減輕羞怯與歧見的不正常心理，糾正進退失據的笨拙行動。此種跨越性別的調適，在約會以外，是無處可以習得的。

(3)人格發展：領悟他人及依他人之反應而調整本身的反應，曰社會互動(Social interaction)。個人在此種互動中發展其人格。約會是跨越性別的互動。男孩獲得同性別夥伴良好反應的行為，不一定為女友所欣賞，女孩亦是如此。約會便能給予雙方人格一個有效的測驗，提高其警覺，為自己作正確的評價。故約會對一般性的人格發展亦有很大的幫助。

(4)滿足自我需要：個人皆有自我需要(Ego-needs)，青年尤甚，迫切地尋求滿足，常覺得別人不了解他，「少年不識愁滋味，為賦新詩強說愁。」理即在此。很顯然青年男女較之成年人更需要讚揚。青春期心理常是起伏不定，悲樂無常。由於缺少自信，獲得自信的需要愈見殷切；由於情緒欠成熟，期望他人認為自己很成熟。約會能提供一種有效的情境，使具有相同的自我需要的青年男女聚晤於一處，傾訴衷曲，共享經驗，產生交互的滿足。

(5)樂趣：約會已成為現代青年男女所特享之娛樂方式。社會學家屈格塞爾(A. G. Truxal)謂約會以最小的義務換得最大的享樂。事前想像，事後回味，新奇與刺激帶來無比的愉快。無怪乎約會經驗成為許多人一生中最快樂的回憶。

(6)為擇偶作準備：現代婚姻是為了獲得快樂，於是愛情、友誼、性之交相滿足等，都成為重要的婚姻期望。往昔的婚姻是為了發揮傳

統的功能,如經濟的、生殖的、教育的等, 二者之目的不同,達成之手段自然有別。約會是代婚姻之初步準備。此項功能雖列於最後, 實則最是重要。(See W. M. Kephart, The Family, Society, and the Individual, Boston: Houghton Mifflin Company,1961, pp. 296-297 and R. F. Winch, "The Functions of Dating in Middle-Class American" , in Winch, R. McGinnis and H. R. Barringer (eds.), Selected Studies in Marriage and the Family, New York: Holt Rinehart and Winston, 1962, pp. 506-509.)

9.　遺棄 (*Desertion*)

　　遺棄是夫妻同居非公開宣布之停止,既未經正式離婚或分居,亦無有關家庭或子女扶養之共同協議。(See "Desertion" in D. S., p. 92.)

　　遺棄慣稱爲「窮人之離婚」(The poor man's divorce),因遺棄總免不了要發生妻與子女無人贍養的問題,丈夫之所以逃避責任,主要由於社會經濟地位低微,收入菲薄,職業又不穩定,爲免於家室之累,只好一走了事。

　　遺棄所生之不良後果,克發特(W. M. Kephart)分爲個人與社會兩方面論述之:(The Family, Society, and the Individual, Boston: Houghton Mifflin Company, 1961, pp. 557-559.)

　　(1)個人——個人蒙其害者有三方面: (1)妻: 遺棄所給予妻之損害比離婚更大,因爲離婚乾脆明快,可依法院判決獲得若干贍養費,且有再婚之自由,而遺棄常是分分合合,拖延時日,最後丈夫去向不明,生活無著,又在法律上不得再婚。(2)子女: 史德曼(J. Steigman)指出:

被遺棄之小孩,常遭受同伴之譏笑,心懷自卑，失去父愛及無父可愛和模倣。嚴重的心理受創會造成行爲上之失常或病態。少年犯罪者有許多出身於破裂家庭，而遺棄爲破裂家庭之一種。(See "The Deserted Family", Social Casework, April, 1975, p.1.)(3)夫：遺棄通常是丈夫造成的,他會遭受何種影響？可能由於他行蹤不明,未爲社會機構及社會工作所注意, 但屈格塞爾 (A. G. Truxal) 和梅里爾(F. E. Merill)則謂不應予以忽視。凡拋妻棄子之人, 遠走異鄉,陌生人當然不知道他的底細,但他內心之負疚,則永難消除。人前自慚形穢, 失去生活組織之穩定,故酗酒、流浪、嫖妓等,爲其生活之特徵。他可以逃離妻子兒女、親友和社區，但不能逃離自己。(See Truxal and Merill, Marriage and the Family in American Culture, Prentice-Hall, 1953, p. 510.)

　　(2)社會──個人所遭受之經濟及其他損失,轉嫁於社會。最要者,遺棄乃代表家庭之破裂,而破裂家庭是社會解組的一個重要指數。遺棄意含失敗在個人方面,未能克盡其家庭義務,在社會方面,未將此種重要社會價值徹底教育個人,以致規避責任，而不能維持家庭體制之整合與自給自足。

10. 離婚(Divorce)

　　離婚是婚姻所建立的法律聯繫之合法解散 (See "Marriag",in I. E. S. S., vol. 10. p. 17.) 依據法律,爲獲得離婚,原告首先要證明婚姻之存在。否則無合法之婚姻,即無離婚。

　　離婚之目的,是使解體的婚姻,解除平時嚴格而繁重的婚姻控制。(參閱「婚姻解體」條)獲得團體准許之婚姻破裂, 其歷史可能與離婚

姻本身一樣悠久。最原始的民族在某些情況下亦准許婚姻解散，但管制之民德則有很大的差異。某社會之婦女地位如何，能從其離婚模式窺其端倪。在傳統的父權家庭，離婚很少發生，其女權非常低微。例如我國古代家族主義的婚姻制度，稱離婚爲「出」或「去」。大戴禮記本命云：「婦人七去：不順父母，爲其逆德也；無子，爲其絕世也；淫，爲其亂族也；妬，爲其亂家也；有惡疾，爲其不可與共粢盛也；口多言，爲其離親也；竊盜，爲其反義也。」所謂「七出」或「七去」，即以七事離婚之意。僅許夫能出妻，反於其妻之意亦强制行之，婦則決不能自絕於夫，此乃充分表示男尊女卑。(參閱徐朝陽著，中國親屬法溯源，商務，民國五十七年，第一二六頁。)古之七出，後代亦無大改革，唐律有七出、三不去、義絕之條文，明則仍沿舊貫，清亦無增損，迨至民國，西方婚姻自由之風氣傳入我國，夫妻兩願得依法作平等之離婚。(參閱孫本文著，現代中國社會問題，第一冊家族問題，商務，民國三十五年上海版，第一二八至一四〇頁。)

　　現代離婚之法定理由，因文化而差別很大，最普遍者是：通姦、遺棄、虐待、不贍養家庭等。但寇伯屈C. Kirkpatrick)謂離婚之法定理由，是否爲婚姻解體之眞正原因，極可懷疑。又謂離婚可以作爲婚姻失調之指示，並非極端失調之爆發，因爲限制離婚之社會，能減少離婚之機會，但無補於婚姻失調之改善，但在另一方面，准許離婚之夫妻，其調適程度可能比某些未離婚者要大。社會學家之重視離婚，是家庭內的婚姻失調，而非法庭上的表面裡由；所關心者是離婚的預防，而非離婚的懲罰。更有進者，一社會離婚率之增高，不一定表示婚姻制度之趨於破壞，而可能代表現代家庭婚姻生活標準之提高。(C. Kikpatrick, The Family, New York: The Ronald Press Company, 1955, pp. 509.)

11. 離婚率 (*Divorce rate*)

離婚率是一地區於某時期內依特定基數之離婚數比例。用甚麼作基數最好?這是很不容易決定的一個問題,迄今尚未發現滿意的解答。通常以同年離婚數與結婚數之比例來表示離婚率。「結婚者中有多少對離婚了?」這是一般人所最關心的問題,這在理論上似乎最有意義和最切實用,但在時間上有難以克服之困難。例如假定某年有一百對新婚,同年有十三對離婚,其離婚率為百分之十三,但離婚者之婚姻並非全是該年所締結者,而是前若干年所累積下來的。如此得出某地某年以結婚數為基數的離婚率,而未顧及其他影響此一離婚率的因素,必與實際情況不相符合,顯然此非理想之基數。其他常用作離婚率基數者,有下列四種:(1)年中人口總數,(2)結婚夫婦數,(3)十五歲及其以上之人口數,(4)某特定期間內結婚數。至目前止,離婚率之應用,必須說明來自何種特定情況, 方能表現其正確性,至於更標準的計算方式,尚有待於研究離婚的專家學者之努力探求。(See "Divorce" ,in D. S., p. 249 and R. S. Cavan, American Family, New York: Thomas Y. Crowell Company, 1956, p.12.)

12. 內婚 (*Endogamy*)

在任何社會, 個人均無選擇配偶之絕對自由。那些人能或不能與那些人結婚, 由文化畫定其範圍。至於限制之鬆嚴,範圍之大小,依社會不同而有很大的差別。個人須在其所屬之某特殊團體內而結婚者,曰內婚。(G. A. Lundberg,et al.,Sociology, rev. ed.,New York: Harper & Brothers, 1954, p. 558.)

與內婚相對者為外婚(Exogamy)，相反相成，同時並存，但有主從之別，如實行某標準為限制之內婚，因而產生該種標準之外婚。

有些學者認為文前文化(Preliterate cultures)以外婚為其特徵，雖然部落是內婚的，但部落的家系、氏族或偶族常是外婚的，而高級文化以內婚為其特徵，而喀斯德(Caste)、貴族階級、宗教信仰等，給予婚姻以嚴厲的限制。(See "Endogamy", in D. S. S., p. 240.)所以要實行內婚者，為欲維持團體的純度(Homogeneity)，並保障其聲望與地位。

兩個家庭以婚姻而建立之聯繫，常藉內婚加強之、延續之。此亦是內婚的一種普通功能，其目的之達成，有各種不同的方式。例如舊約全書常提到「叔接兄嫂」(Levirate)，即喪夫之婦，由其夫弟續娶之，負起對她及其子女之責任。在另一方面，妻死可由其妻妹（或姊）遞補之名曰「姨接姊婿」(Sororate)。此兩種方式為文前社會所普遍採用，旨在加強親屬的責任，以發揮社會安全的作用。死者之配偶、子女、財產和社會特權，經由內婚的某種方式得能保留於親屬團體之內，因婚姻而建立之社會聯繫與經濟聯繫亦得以維持不斷，同時難以避免之死亡(尤其在原始社會死亡率甚大)，不致為其遺屬(配偶與子女)帶來嚴重的損害。(Lundberg, op. cit., p. 559.)

13. 訂婚 *(Engagement)*

訂婚是準備結婚的一種手續。我國婚姻為聘娶式，非常重視婚禮。禮記昏義謂「昏禮者，禮之本也。」有種種儀注，其程序有六：納采、問名、納吉、納徵、請期與親迎，謂之六禮。乃周代之古制，往後以此為範圍，稍有增減，主要趨勢是併繁為簡，至現代受西方文化之影響，更加

簡化,通常只有訂婚和結婚二項,訂婚爲婚姻之準備，結婚爲婚姻之完成。(參閱徐朝陽著,中國親屬法溯源,民國五十七年，商務,第一一二至一一八頁,及孫本文著,現代中國社會問題,第一冊家族問題,民國三十五年,商務,第一二二頁。)

　　現今亦有省去訂婚者,雖然儀式可略,凡非父母安排而自由擇偶之婚姻，必在結婚前經過幾個非正式手續的階段。美國研究婚姻的家庭的權威學者凱文女士(R. S. Cavan)謂這些階段是一連續過程(Continuous processes)，大別爲三:約會(Dating)、求愛(Courtship)和訂婚,而約會又可分爲三個步驟:(1)約會前(Predating)——我國通常稱爲「認識」，如鄰居、同學、同事等，或無意邂逅或有意央人介紹。(2)交往(Playing the field)——共同參加不分性別之團體活動，通常屬於娛樂方面,如舞會、郊遊等。(3)固定(Going steady)——由多對象的散漫交往變爲一個對象的固定約會，雙方之了解增多，情愛縮濃，進入求愛的階段，可能訂婚或直接結婚。訂婚之結果有二:一是成功而結婚，一是失敗而解約，其時期從數月到數年不等。(R. S. Cavan,The American Family, New York: Thomas Y. Crowell Company, 1959, pp. 355-357.)

　　對婚姻而言,訂婚無法律的約束力量，卻具有不少的社會功能,舉其要者有四:(1)在訂婚期間內能加深彼此的了解,勿庸故意取悅對方，而以較眞之面目相處 。(2)訂婚後有更多的機會和更大的便利交相接近彼此的親屬與朋友。(3)給予當事者及其父母以充足的時間,討論和安排婚禮之舉行。(4)測驗雙方的人格調適，包括本身及其父母等,如果一方或雙方感覺不滿意之時,宣布解除婚約,其蒙受之損失遠比離婚爲輕微。(W. M. Kephart, The Family, Society, and the Individual, Boston: Houghton Mifflin Company, 1961, pp. 311-312.)

晚近有人謂訂婚是性親密之開始，性交亦包括在內。此則與「試婚」(Trial marriage)之性質相近似，蓋試婚的主要功能之一是試驗雙方性之調適。然大多數人不同意此種說法。

婚姻研究指出訂婚之調適與婚後之調適有其相關性。蒲其斯(E. W. Burgess)和華林(P. Wallin)曾以一千對訂婚者爲對象作長期的追蹤研究，於結婚之前後三年分別予以測驗，發現「訂婚成功分數可以列爲婚前預測婚姻成功的最佳單項指標」。(Engagement and Marriage, Philadelphia: J. B. Lippincott Co., 1953, p. 548.) 寇伯屈(K. Kirkpatrick)以影響之大小爲先後，列舉婚前十項有利於婚姻調適之因素，第二項即是「認識、求愛與訂婚之時間相當充分」。(The Family, New York: The Ronald PressCompany, 1955; pp. 443-444.)

14. 外婚 (*Exogamy*)

在任何社會，個人無選擇配偶之絕對自由。那些人能或不能與那些人結婚，由文化畫定其範圍。至於限制之鬆嚴，範圍之大小，依社會不同而有很大的差別。個人被禁止在其所屬之某特殊團體內擇偶而結婚者，曰外婚。(G. A. Lundberg, et. al., Sociology, rev. ed., New York: Harper & Brothers, 1954, p.558.)外婚之起源雖不得而知，但某些社會情境有助於此一制度之了解。須與團體以外之人通婚，與亂倫禁忌相輔而行。(參閱「亂倫禁忌」條)母子結婚，除極少數例外，爲任何文化所禁止，父女結婚亦是如此。又有少數民族曾實行過血親婚姻，如古埃及、印嘉(Inca)和夏威夷，兄弟姊妹必須結婚，但僅行之於統治階級，因爲他們自以爲神聖非凡，不得與普通人通婚，以保持

血統之純潔。

　　亂倫禁忌存在於任何社會，即等於說明外婚之普遍性。與外婚相對者爲內婚(Endogamy)，相反相成，同時並存。懷特(L. A. White)謂此二者均是社會過程，雖相對立，但有內必有外，反之亦然，故其普遍性是相同的。須在此團體以外擇偶結婚之規定，即是在彼團體內擇偶結婚之規定。例如反對白人與黑人通婚，由此種族上外婚之禁止，而產生種族上之內婚。(See "Endogamy", in D. S. S., p. 240.)

　　內外婚界限之標準，各社會所定者頗有差異，亂倫禁忌是以血統爲標準，其他比較普遍的標準是種族、社會經濟階級和宗教。

15. 擴大家庭 (Extended family)

　　擴大家庭是經由血緣關係，集父母子女或兄弟姊妹之多個核心家庭而成，或同居於一大住宅之內，或分居小住宅而聚於一處。(See G. P. Murdock, Social Structure, New York: The Macmillan Co., 1949.p.32 and "Extended Family" in D. S., p. 114.)在行父系制的社會，其擴大家庭之理想形式是包括夫之兄弟及其上下代所有男系的核心家庭，如行一夫多妻制，凡妾所生之子及其核心家庭亦包含在內。我國社會過去即以此種擴大家庭爲理想，累世同堂，人丁旺盛，自以爲榮，人所共羨。

　　擴大家庭有許多的特質，茲擇其要者分述於后: (See. W. J. Goode, The Family, New Jersey:Prentice-Hall, Inc., 1964. pp. 49-55.)

　　(1)擴大家庭立基於成年男女關係，而非夫婦聯繫。婚姻通常全歸家長安排。婚前婚後，男女有別。夫婦關係重敬而不重愛，在家人之前

不能表現過分親暱,即單獨相處時, 亦復如此,蓋欲防止夫婦情感聯繫
之強烈, 而對擴大家庭之團結與生存發生危害。依擴大家庭之傳統規
範,凡成年男人,有仰事父母及其他長輩,俯蓄子女及其他幼輩的責任,
休戚一體, 此又能防止各對夫婦之脫離而單獨建立核心家庭。但在另
一方面有許多壓力造成擴大家庭之分裂,在此祇言其來自夫婦關係者。
妻對擴大家庭之忠誠較其夫為淡薄, 常感乃夫對家之貢獻大於其所應
得, 子女未獲得優待或公平待遇,翁姑難以侍候, 妯娌難以相處,夫之
情愛不能獨享,處處受壓迫。凡此種種,只要有機會,慫恿其夫分,甚至
於有意製造摩擦,引起爭吵而達成分家的目的。

　　(2)居住規則對家庭組織有很大的影響, 擴大家庭通常是夫居
(Virilocality)或父族同居(Patrilocality),男子成年娶妻,在種種的
文化鼓勵下, 繼續住在父母的老家。例如我國對婚姻的傳統觀念是承
先啓後,綿延家族。易有云:「天地絪縕,萬物化醇, 男女構精,萬物化
生。人承天地,施陰陽,故施嫁娶之禮者,重人倫,廣繼嗣也。」在家庭
內父親有至高之權力,或長兄當父,總攬家政。但是現代技術之突飛猛
進,使父兄之權威受到致命的打擊, 受過新式教育的子弟,為重要家務
所提供之各種意見,有時比父兄為高明。社會流動(Social mobility)
又加速大家庭團結的崩潰。年輕者在家庭支持下接受高深教育而獲得
待遇優厚的職業, 不願意將其收入與大家庭共享。站在同一水平線之
上,共享即是平等的交換,如果其中一個較為富有, 共享便成為經常的
付出。妻子自然會表示不滿,最後釀成大家庭組織的分裂。

　　(3)擴大家庭通常存在於非都市化與非工業化的社會情況之下,因
其能供給種種社會服務, 此是缺少許多專業化機構與組織的社會所最
需要者。換言之, 擴大家庭之一成員,能從其他成員獲得生存上的幫
助。矜寡孤獨廢疾者在核心家庭內是難以負荷的重擔,而擴大家庭卻

能應付裕如，因其所費(包括物質的與非物質的)由多數成員分擔。例如愛斯基摩人(Eskimos)以往的核心家庭，在食物缺乏之時，棄其不能生產的老者於荒野而不顧。非洲有些社會，男人有義務繼承他一男人的寡妻，即部分寓有社會安全措施的意義在內。此就擴大家庭之優點而言，但在反方面，矜寡孤獨廢疾者經由集體照顧，責任雖然分散，但所費並未減少，還可能形成浪費，轉嫁於總收入之上。富家子弟常因驕縱而遊手好閑，揮霍無度，終於傾家蕩產者比比皆是，尤其是社會一旦進入都市化與工業化，時移境遷，擴大家庭便喪失了存在的基礎。

(4)擴大家庭較核心家庭為持久，前者之成員生生死死，並不威脅其存在，共同財產與集體責任仍然維持如故，後者之父母一旦離異或一方死亡，將遭受嚴重的損害，甚至於消失。但從另一方面來說，治家如治國，將許多家人整合為一個單體，需要優良的領導才具與經理能力，縱有傳統的規範畫分家人之義務、責任與權利，仍然難免於「人存政舉，人亡政息。」擴大家庭通常需要一個精明的婦人以主內，能幹的男人以主外，而男家長多半不是家庭中最能幹的人，但格於傳統，非他主持家政不可，家中其他較能幹的男人或女人，便不肯俯首聽命，而滋生事端，導致分裂。

(5)擴大家庭有利於集合資金以舉辦事業，不論是準備聘金娶妻，醵資購田經商或從事政治活動，培植子弟求學等，都要方便得多。受其恩惠者，成功之後，飲水思源，以圖報於家人。因此擴大家庭發揮一種儲蓄銀行的功能。核心家庭人數既少，資金來源有限，本小自然利微。西方國家工業化初期，上層階級高踞優勢者，即由其家庭大，財力足，投資於新興事業而獲巨利。可是反過來說，擴大家庭之能夠存在，必以田地或其他財富為其後盾，給予子弟以飛黃騰達的機會，以產生強大的向心力，而不敢稍懷異心。如果只是人丁增加，卻無錢無勢，子弟無餘蔭可庇，便會遠走高飛，自求發展。因此，大多數大家庭不能一代又一代

地長久保持其財富與權勢,結果是「昔日王謝堂前燕,飛入尋常百姓家。」這也是任何社會擴大家庭總是占極少數的主要原因之一。

以上五點說明擴大家庭之特質及其優劣。我國以往一直以擴大家庭為理想家庭,實際上擴大家庭為數並不多,其主要原因有三:(1)父死諸子要求分產,自建核心家庭, 此種壓力常來自兒媳,因在核心家庭內婦女之地位較高。(2)死亡率大, 平均壽命短,「人丁旺盛」成為難以實現的願望。(3)人口多,可耕地面積小, 僅少數人擁有廣大的田畝或其他財富,能給予多子多孫以充足的經濟機會,而成為豪門巨室。

16. 家庭主義 (Familism)

家庭主義係指高度的家庭統一(Family unity), 人與人的一切關係,都套入家庭關係之中。要言之,家庭主義含有如下所述之特質:(1)全體成員內心都懷著一種強烈的「一家人」的感覺。他人都是外人;(2)力求家庭之永續,承先啓後,瓜瓞綿綿;(3)珍視各種家庭價值,祖先遺訓,恪遵弗違;(4)全家同心協力,以實現家庭的目的;(5)土地財物等,均為家庭之公產;(6)有義務而且樂於扶助陷於危困之家人;(7)共禦外侮;(8)在家庭內獲得一切私人滿足;(9)重視家庭榮譽; (10)服膺家庭理想。(See L. T. Jansen, "Measuring Family Solidarity", American Sociological Review [December, 1952] 17:727-733 and E. W. Burgess and H. J. Locke, The Family, 2nd ed., New York: American Book Company, 1953. pp. 60-66.)

農業社會非常重視家庭的穩固與團結及相伴而生之家庭主義,但工業化與都市化帶來很大的改變, 其改變方向,用蒲其斯(E. W. Burgess)和洛克(H. J. Locke)的術語來說, 是由制度(Institution)走

向友愛(Companionship)，即是私人的價值有取代傳統的和社會的價值之趨勢。(Sister F. J. Woods, The American Family System, New York:Harper & Brothers, 1959, pp. 104-105.)

17. 家庭 (Family)

人類家庭可以界說為制度化的生物社會團體，其組成者包括成年人（至少有一對無血統關係而經由婚姻結合之成年男女)和小孩(成年人之婚生子女)，最低限度之功能，須在情感需要方面給予滿足與控制，包括性關係和生育教養子女之社會文化情境。如此組成和如此表現功能之團體，經由多種不同的結構方式，其間有很大的差異。因此任何家庭定義，必將各類家庭包括在內。

簡單的人類生物家庭,包括父母及其子女(亦能包括領養子女)，通常稱曰核心家庭(Nuclear family)。(尚有其他許多名稱,參閱「核心家庭」條)各學者同意此種立基於生物的最小家庭單位,普遍存在於所有人類社會。

由於核心家庭內之亂倫禁忌，(參閱「亂倫禁忌」條)個人之一生通常分屬於兩種家庭，首先是出身家庭(The family of origin or orientation)，他降生於斯，嗣後為生殖家庭 (The family of procreation)，經由婚姻，他生育新的一代。一個核心家庭通常包括婚緣與血緣兩類分子。子女經由血統與其出身家庭的其他各成員建立關係，從其立場言之,此為血族家庭(Consanquine family)。在另一方面,依構成生殖家庭之成年人而言，在亂倫的禁忌下,必經由婚姻,則此為夫婦家庭(Conjugal family)。

以核心家庭為基礎可以建立多種擴大家庭(Extended family) 。

經由複婚(Polygamous marriage),加上新的配偶，便產生擴大的夫婦家庭。有兄弟共妻者,有姊妹共夫者,雖不多見，但否定了婚姻不能含有血統關係之規則。有將血族家庭盡量予以擴大者，最後凡同屬一系之存者歿者全包括在內。嚴格言之，系(Lineage)不是家庭,但為構成聯合家庭(Joint famliy)之中心，可以稱此為擴大血族家庭。聯合家庭從縱橫兩方面來擴大核心家庭,主要是聚集血統有關之親屬於一處。橫的擴大，是增加兄弟姊妹一方的夫婦家庭，縱的擴大，是增加上下代的夫婦家庭。

家庭所含生物的與文化的兩類特質，犬牙交錯,非常複雜,因此社會學家研究之時,極感棘手。麥基佛(R. M. MacIver)謂:「家庭是一個團體,畫分其範圍之性關係，其清楚與持久的程度,足以維持子女之出生與養育。」(Society: A Textbook of Sociology, New York: Farrar & Rinehart, 1937, P. 196.) 麥氏的定義立基於重要生物功能所產生的社會關聯，而忽視家庭在文化方面的許多特質。其所以強調生物特質者,乃是表示不同意過份重視家庭之制度化,因為此一觀點一直在社會學很占優勢。由於家庭的全社會性功能，制度探究是一種很重要的科學的家庭研究方法,但不能以制度為家庭定義之唯一基礎,因為家庭的許多個人功能必須顧及之。

部分為了改正對制度之過分著重，部分為了反應西方家庭之變遷倫理,晚近有許多美國社會學家常說到家庭由制度變向友愛,並解釋家庭為「各互動人格之統一」。(See E. W. Burgess & H. J. Locke, The Family, New York:American Book Co., 2nd edn., 1960, p. Vii & ch. 11.)此一定義又只能指出家庭之一方面，以及一些美國人對家庭目的之構想,而家庭是普遍的人類團體,不能如此以偏概全。

路衛(R. H. Lowie)謂:「家庭是立基於婚姻的社會單位。」(An

Introduction to Cultural Anthropology, New York: Farrar & Rinehart 1934, p. 246.)即是將家庭看作純粹文化現象,實際並非如此,而且把家庭定義的重擔轉嫁於婚姻此一文化制度之上。

畢爾(R. L. Beal)和霍喬(H. Hoijer)謂:「家庭是一個社會團體,其成員由親屬之關係聯結之。」(Introduction to Anthropology, New York:The Macmillan Co., 1953, p. 382.)此一定義為包括夫與妻於家庭之內, 必對親屬(Kinship)作非典型的特殊釋義,並對普遍的亂倫禁忌未予以重視。

家庭是一個非常複雜的現象,欲為家庭作成十全十美的定義,似不可能,但較為完備者,依上所述,必須顧及家庭的生物方面與文化方面,及其制度特質與個人特質,同時要明瞭家庭有許多副類,其功能之差異亦甚巨大。

18. 家庭順應 (Family accommodation)

家庭經常與內在外在之影響力量相順應,此與任何其他機構無異。尤有進者,家庭是異質整合(Integration of heterogeneous elements)的一個示範或試驗:在年齡、性別、氣質、社會經驗、經濟活動、文化背景等方面許多差異,家庭以之冶於一爐,融異為同。

夫妻為兩個不同人格之結合,所生子女, 獲得不同的社會經驗,於是夫妻、父母子女、兄弟姊妹之間,就有種種衝突潛在著,須賴某些強大的影響力防範之, 以達成順應, 而維持家庭之統一。蒲其斯(E. W. Burgess)和洛克(H. J. Locke)將產生家庭順應之因素,分為下列六類:(The Family, 2nd ed., New York:American Book Company, 1960, pp. 532-535.)

(1)成功決心──只許成功，不許失敗，全家人為決心達成此一目標，不以一己之利益或意見為重而互相容忍。家庭顧問指出：有許多處於逆境和發生衝突的家庭，而卒未破裂者，常由於家人中某一個(通常是母親或女兒)堅決維護家庭之團結。

(2)個人適應力──許多研究指出良好的個人適應力很有利婚姻與家庭之調適。此種適應力包括：爭執時不固執己見，了解他人願望，體諒他人感覺，不隨意支配他人，不容易生氣或生氣易消等。

(3)社會壓力──外在壓力常能阻止婚姻與家庭的破裂。這些壓力包括：怕引起親友反感，怕家庭蒙羞，怕在報上登載，怕為鄰里所訕笑、怕丟掉職業等。

(4)保持貴重價值──個人或全家所高度重視之位價，懼其喪失，對衝突予以容忍。例如夫怕危及其社會與經濟的安全，不敢有外遇而造成離婚的衝突。又如妻珍視夫之親愛表現，在性關係方面曲意予以遷就。

(5)躲避爭執──凡能引起爭執的事項(各家不相同)，全家協議不要提出來討論，以免觸及創處；或者裝聾作啞，視而不見，聽而不聞。

(6)危機──疾病、失業、死亡等，常造成婚姻與家庭之破裂，但有時候反而加強家庭的團結。於危急存亡之秋，家人間的歧見與衝突暫時或永久被化解或減輕，同舟共濟，渡過難關。

19. 家庭津貼制 (*Family allowance*)

家庭津貼制是補助有衆多子女的家庭在經濟上所發生的差額。依此界說，家庭津貼制即等於「兒童津貼制」(Children's allowance)。(E. W. Burgess & H. J. Locke, The Family, 2nd ed., New York:

American Book Company, 1960, p. 657.)但家庭津貼制可分為兩類，第一類含義較廣，為最低工資保障的彌補，包括無子女之夫妻在內，每生育一次，增加其津貼，其理論根據是：凡有酬工作者之經常收入，應達到一個合理的標準，足夠維持下列五方面之必需：(1)家人(尤其是兒童)健康所必需之營養食料，(2)家人健康和美德所必需之住宅，(3)家人健康所必需之家具設備，(4)家人保暖及人格尊嚴所必需之適當衣料，(5)家庭各種正當而必要之開支。質言之，即合理的報酬標準應能維持一個家庭在衣食住行及正當活動所必需之各種費用。但由於現代經濟組織下的工資或薪給制度與此標準尚有若干距離，甚或距離甚遠，以致於有不少的家庭為生育子女而擔憂，為養育子女而陷入困境。此不僅是個別家庭之不幸，亦是全社會延續之嚴重問題，於是將個人難以克盡的養育子女的責任，轉由社會來共同負擔，以作補救。首先實行此種家庭津貼制者是南威爾斯(South Wales)。

　　第二類僅為鼓勵生育，以增加生育率。凡生育子女之家庭，按次給予獎金。第一次世界大戰後，法國、比利時、義大利等國率先實行之。(See"Family allowance", in D. S., p. 115.)

20. 家庭衝突 (Family confict)

　　現代家庭很容易發生衝突，主要由於家庭本來含有容易引起衝突的特質，制度家庭(Institutional family) 在民俗民德的強大壓制之下，許多衝突消失於無形。例如婚姻由父母安排，就沒有婚前的調適問題。而各家的家風家範，為家人立下行為模式，縱有問題，在家長恩威並施的斡旋之下，便不會釀成嚴重的衝突。但時至現代，家庭因傳統功能之喪失與個人自由之增加，家長與親屬團體對家庭的影響力與控制

力幾等於無,於是家庭固有之衝突因素得以自由發展,布洛德(C. O. Blood, Jr.)舉其重要者有四:

(1)强制——家庭不是一種志願的組織(現代自由相愛而結婚的夫妻除外),子女之降生,非出於自願,但生於斯、長於斯,不得任意退出,父母亦不得任意脫離。家人之間一旦發生細微的歧見,經過日積月累,很容易釀成衝突。愛生愛,恨生恨,衝突自相孳乳。

(2)親密——在面對面的家人關係中,親密乃其特色,然雙刃之劍,利弊互見。家最甜密,也可能最痛苦。夫妻之間,父母子女之間,或兄弟姊妹之間一旦發生衝突,不像在間接團體(Secondary group)內要顧及公共意見而作自我之約束,於是任意發展之。尤其是家人間權責混淆不清,彼此互作無限制的要求,如愛、感情、了解、友情、經濟的支持、未來的期望、性的反應等,都可能成爲觸發衝突的導火線。

(3)小——核心家庭所包括者僅父母及其年幼子女,而子女又爲數不多。家庭情操集中於少數人身上,非若擴大家庭之分散,於是子女互爭父母之寵,夫妻互爭子女之愛,而造成情緒上之緊張。

(4)變遷——上述三特質,如果家庭情境變遷緩慢,形成穩定的均衡,問題較少,可是家庭生命循環(Family life cycle),一階段又一階段,接踵而至,使婚姻與家庭的各種關係發生改變,需要一次又一次的再調適(Readjustment),形成一種變動的均衡,如果家人改變的步調不一致之時,均衡便被打破,緊張與衝突隨之而起。(See Blood, "Resolving Family conflicts", in R. S. Cavan, Marriage and Family in the Modern World, New York: Thomas Y. Crowell Company, 1960, pp.426-428.)

引起家庭衝突之因素爲何?難以置答, 我國俗諺云:「家家有本難唸的經。」任何家庭多少有其衝突,然在甲家形成衝突之因素,在乙家

則否,反之亦然,而且此因素與彼因素交錯複雜,誰主誰副,難以辨明。
蒲其斯(E. W. Burgess)和洛克(H. J. Locke)分之爲五類:(1)氣質之
不相合,(2)文化模式之差異,(3)社會角色之改變,(4)經濟之壓迫,(5)
情感與性之緊張。(The Family, 2nd ed., New York:American Book
Company, 1960, p. 519.) 蒲、洛二氏又謂衝突亦具有重要的價值。
一般人都認爲家庭生活以安寧和諧爲貴,衝突則有百害而無一利,應極
力避免。此則忽略了衝突之功能。一個家庭經由衝突及解決,方能建
立目的,並努力使之達成,於是分工合作,置個人的利益於全家福利之
下。一個完全沒有衝突的家庭,則靜如不波之古井,而朝氣蓬勃的家
庭,常是面對問題,討論問題,合作解決問題。在此種意義之下,衝突可
以視之爲正常,並有其明顯的功能。(Ibid., p. 514.)

21. 家庭危機 (*Family crisis*)

　　家庭危機指家庭發生任何決定性變遷,所造成之情境,爲家庭成員
之一或全體的習慣行爲模式所不足以應付者。由於社會組織之複雜與
社會變遷之迅速, 現代家庭較之往昔要容易發生危機。主要的家庭危
機有六大類:(1)違反家庭期望(Deviations from expectations),(2)
玷辱家庭(Disgrace),(3)經濟蕭條(Depression),(4)生離(Departure
of family members),(5)離婚(Divorce),(6)死亡(Death)。此六者英
文均以D開頭,爲便於記憶,無妨稱之曰「六D」,茲扼要分述之如下:

　　(1)違反家庭期望——燕爾新婚,夫妻互相期待對方滿足內心某些
願望,對子女亦願其成龍成鳳,但由於現代社會所特有之工業化、流動
性、大衆傳播等因素,使得行爲模式紛然雜陳,各依其意願發展夫妻父
母子女的角色,而與家人所期望者相反,南轅北轍,造成嚴重的危機。

(2)玷辱家庭——違反家庭期望產生的危機，使夫妻或父母子女的關係惡化而瀕於破裂，此僅為內部的緊張，外人尚不知道，一旦家醜外揚，則發展為另一種危機——玷辱家庭。正常家庭之行為標準與社區所樹立之標準相符合，並以之訓練家人循規蹈矩，如有越軌或反常者，必為社區所訕笑或辱罵。下列行為均使家庭蒙羞：酗酒、賭博、吸毒、通姦、入獄、逃債、貪污、離婚、從事不正當職業等。

(3)經濟蕭條——造成家庭窮困之原因甚多，主要者是負責贍養家庭之人失業或傷亡，以及其他家人發生類似的災禍。在這些個別因素之外，工商業循環波動所引起之社會不景氣，則使大多數家庭都陷入困境。有一點值得特別注意，家庭經濟突然繁榮如同突然蕭條一樣，也會引發家庭危機。

(4)生離——夫妻一方出走，子女離家入學或就業，子女婚後另建新居等，均造成家庭的離散，所生影響之大小，因家庭與個人而有很大的區別，不能一概而論。

(5)離婚——離婚乃依法中止婚姻關係，為家庭解體之明顯指標。由於離婚是公開宣布夫婦之婚姻因難已到了無法補救的地步，這是很不體面的事，故多數婚姻破裂之夫婦遲遲不願辦理離婚，常一直要延至有一方準備續婚。(亦有離而復合者，引起不少社會學家之注意而予以研究，其結果指出：破鏡重圓之夫婦，幸福者占少數，不幸福或再離者占多數。)

(6)死亡——家庭內有人死亡(特別是負責贍養家庭之人)，導致家庭之解體，但遺屬對死者之私人反應，其差別甚大。死亡本身是一種嚴重危機，也有些家庭因此反而加強生者的團結精神與奮鬥勇氣。死者的遺屬能獲得親友的慰唁和社區的支助，而離婚的後果常是訕笑、責罵，甚至於放逐。

　　上述六種危機,除最後之死亡外,其他五種主要是現代社會重大變遷的結果。前三種危機不一定造成家庭的分裂，後三種危機則是家人的生離或死別。(E. W. Burgess & H. J. Locke, The Family, 2nd ed., New York: American Book Company, 1960, chs. 19 and 20.)

22. 家庭解體 (Family disintegration)

　　家庭解體是家庭解組(參閱「家庭解組」條)已達到頂點，如同滿罐完全腐敗和發酵的果子，最後爆出了罐口。茲舉五項具體事實以說明現代社會的解體家庭:

　　(1)依賴──解體之家庭無能發揮正常之功能，日常生活之需要，須告助於親友或完全仰賴社會機構之保護與救濟。

　　(2)社會機構介入──家庭一告解體,下列事端可能發生一件或多件: 吵鬧、賭博、性病、作姦犯科、兒童逃學、少年犯罪、遺棄或離婚等, 於是警察、法警、獄官、衛生人員、教師、社會工作員、律師等自動或非自動地相繼介入,或代行被疏忽之職務,或懲罰未履行之責任。

　　(3)家庭成員減少──在家內難以安身或引起家庭問題之成員,由社會機構另作安排,如未加管教兒童之寄養,犯罪少年之感化,毒犯之入獄,精神病患者之住院等。

　　(4)反常離家──男大當婚, 女大當嫁,另建新居,事屬正常,但解體家庭常發生不正常的脫離,例如被虐待兒童之逃亡,早婚者之私奔,逃避責任者之遺棄,厭世者之自殺。此外尚有非軀體的離家,例如瘋狂、冷漠、酗酒、吸毒等,因不能與家庭情境相調適,消極地自我孤立於家庭團體之外,僅留下不發生心理互動的軀殼。

(5)暴行──解體家庭之爭吵不寧,已屬司空見慣, 嚴重者弑父弑母,殺夫殺妻, 兄弟相砍, 強姦亂倫等,成爲報紙上聳人聽聞的穢行醜事。(See C. Kirkpatrick, The Family, New York: The Ronald Press Company, 1955, pp. 505-507.)

23. 家庭解組 (Family disorganization)

家庭解組係指正常家庭過程之中斷。家如舞臺,家人是演員,一齣又一齣的家庭劇,聯結而成爲一個發展系列(Developmental series),此乃正常的家庭過程。如果家人間關係緊張, 角色衝突,功能失當,或其他嚴重困難,阻礙家庭過程之常態進行, 而趨向於家庭解體, (參閱「家庭解體」條)即成爲社會學家所常說的家庭解組。(C. Kirkpatrick, The Family, New York: The Ronald Press Company, 1955, pp. 505-650.)

克魯格(E. T. Kreuger)將家庭解組看作一種心理的衰落,其特質有六:(1)共同目標之喪失,(2)家人合作之短少,(3)互惠服務之抑制,(4)角色協調之缺乏,(5)家人社會參預之困擾,(6)情緒態度(如愛、忠心、尊敬等) 之紊亂。(Family Disorganization, 2nd, ed., Chicago: The University of Chicago Press, 1939, footnote 1, p. 131.)依克氏之分析,凡解組之家庭,無能發揮社會所期許之家庭功能,而有解體之危,其困難集中於夫妻關係、父母子女關係、兄弟姊妹關係之上,可能更壞的是: 全家人被解組的情緒所感染,瀰漫著不祥和的戾氣。

24. 家庭制度 (Family institution)

社會科學家同意任何制度之發生與存在，是爲了滿足人類生活上的基本需要。社會學家孫末楠(W. G. Sumner)和開萊(A. G. Keller)以人類四項主要「興趣」(Interests)解釋各種制度之出現：(1)饑餓(Hunger)——產生社會自存制度(Institutions of societal self-maintenance)，如經濟、政治組織等；(2)愛(Love)——產生社會自續制度(Institutions of societal self-perpetuation)，如婚姻、家庭等；(3)自炫(Vanity)——產生娛樂制度(Institutions of self-gratification)，如審美、智力、體力等之表現；(3)恐懼(Fear)——產生宗教制度(Institutions of religion)，如神鬼靈魂等之信仰。在社會發展過程之中，雖有種種新的興趣隨之而起，但均不出於此四種主要興趣的範圍之外。(Sumner & Keller, The Science of Society, New Haven, Conn: Yale University Press, vol. 1, ch. 3.) 社會學家費希德(J. H. Fichter) 解釋文化是一個社會人人所共享的種種制度的整個構形。而制度之主要者有六種，家庭制度居其首，餘爲教育、經濟、政治、宗教和娛樂五種制度。(Sociology, Chicago, The University of Chicago Press, 1957, pp. 269, 247-256.)由此可知人類之延續，社會之存在，文化之形成，均不能缺少家庭制度。

社會結構所包括之種種主要制度，指導與管制社會生活之各方面。家庭制度爲社會結構之一部分，所指導與管制之社會生活方面主要有四：(1)性表現，(2)生殖，(3)子女養育，(4)性別、年齡與親屬之關係。(See C. Kirkpatrick, The Family, New York:The Ronald Press Company, 1955, p. 47.)

家庭制度不同於家庭團體，前者之概念範圍比後者爲廣，即家庭制

度提供家庭團體之建立基礎,指示其成員之角色行為,並規定各家庭團
體間之關係。(Kirkpatrick, op. cit., pp. 84-85.)

　　任何制度隨著社會需要之改變而改變。家庭制度一直在變, 唯其
能於「窮則變,變則通」,故與人類同其始,維持至今而不墜,且在長遠
的未來亦將與人類同其終。家庭制度的概念架構有助過去和現在正在
變遷的家庭功能之了解與分析, 故制度探究法 (The institutional
approach) 是研究家庭的重要方法之一。(See W. F. Kenkel, The
Family in Perspective, New York : Appleton-Century-Crofts,
Inc., 1960, part Ⅱ, Ch. 9.)

25. 家庭生命循環 *(Family life cycle)*

　　個人由出生而幼、而壯、而老、而死亡, 構成一個「生命循環」
(Life cycle)。循環之各階段,均與家庭生活密切相關。家庭亦有其
盛衰始終之生命歷程:男女締婚, 家庭生命肇始,生男育女,春秋鼎盛,
繼之子女婚嫁,其父母已由中年而走向桑楡暮景, 最後撒手西歸,此一
歷時四十多年的夫婦家庭(Congugal family),終止其生命。

　　由於個人與家庭二者之發展歷程極相類似,乃有「家庭生命循環」
一詞之產生。然家庭究非機體,生命模式所必有之新陳代謝,而家庭則
無。此二循環可以相比而論,但非枝葉互對,完全相同。例如個人由出
生經幼稚期而成年, 而家庭開始於一對成熟男女之結婚, 即晚年成家
者,亦非不正常。個人之發展一定是一階段繼一階段依次而進,若在某
階段停滯不前,便成為畸形,而家庭則非如是,凡結婚不生育者,即是未
從夫婦階段發展而為父母階段,但此種家庭並不視之為病態的。

　　家庭生命循環此一概念, 在家庭研究上是一個非常有用的參考架

構,不僅爲家庭各階段作靜態的認明(Identification),且能爲家庭生活指證一整套變動的特質，這些特質對家庭內個人的行爲有著顯著的影響。我們知道角色是與某特殊地位相關聯之行爲模式。男女結婚，各取得夫妻的地位,便有其夫職與妻道。一旦進入生育階段,夫妻角色又加上父母角色，新的技能必須學習,新的需求必須滿足,新的態度必須表現， 新的價值必須重視。爲妻之夫，不同於爲妻兼母之夫;同理爲夫之妻，不同爲夫兼父之妻。到了中年期，必須安心於接受生理之改變(特別是開始停經的妻),從夫妻關係中去發現新的滿足,並準備退休之來臨。晚年期之前期,努力於適應退休後之收入減少及社會地位降低，後期則面對死亡之恐懼。婦女之平均壽命較男人爲高， 常是丈夫先行去世,留下老妻過幾年寡居生活。其時子女已屆中年,兒女又成行矣。此一家庭循環結束,另一家庭生命循環開始,生生不息,永無絕期。(參閱龍冠海主編,社會研究法,朱岑樓著第二十二章第二節「家庭研究法」,廣文書局,民國五十八年,第五四七至五五二頁。)

26. 家庭生活運動(*Family life movement*)

工業化與都市化,乃世界性趨勢。農村家庭是自給自足的,而都市家庭內人與人的關係,與農村家庭大不相同,在新的都市環境中所產生新的需要與問題,非家庭本身所能應付, 於是各種機構相繼出現,給予協助,其中心工作是解決有關兒童、婚姻與家庭的各種問題,稱之曰家庭生活運動。(See E. W. Burgess & H. J. Locke, The Family, 2nd ed., New York: American Book Company, 1960, p. 672.)

滿意的家庭生活,應有舒適的住宅(特別是低收入階層),健全的公共衛生行政,現代化的醫療機構,成年兒童的娛樂設備， 有關婚姻與離

婚的合理立法，保障各階層經濟安全的進步措施等等。這些需要的滿足，決不能臨渴掘井，咄咄立就，而是一種長期計畫之後的經常工作。我們可以說各種基本科學，如生物學、心理學、經濟學、社會學等，均對家庭生活之改進有其貢獻。家庭生活運動之發展，可分爲四個階段：(1)聯合各專門機構共同研究有關家庭之不同問題，其中有可能發生而未發生者，應防患於未然；(2)逐漸增加了解特別問題與整個家庭情境間的重大關聯；(3)從整個家庭著眼，重新解釋問題所包含的意義；(4)將所有從事家庭工作之個人與機構組成會議，以謀家庭生活運動之統一進行。(See Burgess & Locke, op. cit., p. 672.)

　　至於家庭生活之改進，主要有五方面：(1)經由親職教育與兒童研究以改進家庭的兒童教養；(2)經由免疫、營養教育、預防藥物、性病防治等以改進家人的健康；(3)經由積極優生學和家庭計畫以改進家庭成員的品質；(4)經由婚前、婚姻與家庭之指導與教育以增進家庭的穩固；(5)經由各種家庭生活教育機構以改進家庭整合。(See Reuben Hill, "Plans for Strengthening Family Life", in H. Becker & R.Hill (eds.), Family, Marriage and Parenthood, Boston: D. C. Health and Company, 1955, pp. 792-793.)

27. 家庭改組 (Family reorganization)

　　改組係指新的關係或價值體系之建立，特別是先經過一段時期的解組或劇烈變遷。(See "Reorganize", in D. S., pp. 256-257.)家庭組織、家庭解組和家庭改組是一連串的過程(Processes)，解組居其間而斡旋之，即解組爲改組之前奏。通常視家庭解組爲病態的概念，應加以修正。麥基佛(R. M. MacIver)將「過程」一詞釋義爲：「以明

確的方式，經由最初出現於情境內各種力量之運作，所發生的繼續變遷。」(Society: A Textbook of Sociology, New York: Farrar & Rinehart, 1937, p. 406.)依麥氏之釋義，過程概念含有三個要素：(1)過程是對一種明確情境的一種反應，(2)過程經由原情境內所出現的各種力量之相互作用而獲得其明確方式,(3)過程是若干階段相繼發生的一種連續,後一階段必是前一階段的結果。

　　家庭過程，由組織而解組而改組，不僅發生於個別家庭的私人調適方面，在家庭及其角色的概念上，亦明顯出現於大衆意見之革新。爲使家庭過程之分析更爲清楚，無妨將以往之家庭方式及其未來發展之方式，置於兩極端，互相對照。蒲其斯(E. W. Burgess)和洛克(H. J.Locke)所構想之理念型 (Ideal type) 是制度家庭(Institutional family) 和友愛家庭(Companionship family)。二氏謂將家庭解組視爲過程之概念,需要研究者分析發動變遷的各種力量,以及剝復相承的接續階段。(The Family, 2nd ed., New York: American Book Company, 1960, pp. 649-650.) 希爾 (Reuben Hill)完全同意蒲、洛二氏之見解，謂家庭之解組與改組,是成對發生的過程(paired processes),爲過渡時期家庭生活的陰黯畫面上添抹希望的鮮明色彩。離婚率增高,出生率降低,父母職責被忽視,少年犯罪猖獗等現象,似是指向家庭制度衰敗的過程,然而這些相同的趨勢所代表者,是解組,也是改組。家庭在不穩定中所出現的種種力量,正在支持另一種家庭方式之形成,其統一性之基礎建立在更小和更私人化的家庭結合中所產生之情愛與忠心之上。(See "Plans for Strengthening Family Life", in H. Becker and R. Hill (eds.), Family,Marriage,and Parenthood, Boston: D. C. Health and Company, 1955. p.787.)希爾對蒲、洛二氏理念型之名稱則表示異議。他說所有的家庭方式都

是制度的,處於一極端的友愛家庭,其制度性並不亞於另一極端的制度家庭,而且友愛家庭與另一種含有試婚性質的友愛家庭(Companionate family)容易混淆,故為兩極端的家庭方式, 另外取名為家族主義父權的(Familistic-patriarchal) 和個人中心平權的(Person-centered-democrtaic)。(Ibid., p. 788, Footnote 25.)

28. 家庭角色 *(Family role)*

角色,依其字義,乃戲劇生活之一表演者, 演出之時,語言舉動,必與其他角色相配合,生旦淨末丑,劇劇以成。社會角色可以釋義為反應團體期望之行為組織。換言之, 社會角色是男女老少所建立之行為模式, 以之配合他人的期望或要求。各種角色在對團體目的與活動的關係中發揮其功用。(See E.W. Burgess and H.J. Locke,The Family, 2nd ed., New York:American Book Company, 1960, p. 249.)

家庭之權利與義務, 乃角色與角色所發生之關係,錯綜複雜,形成一個網絡, 幾乎社會內任何個人的生活與此網絡相交織。個人於童年的悠長社會化過程中,領悟其角色關係,了解家庭內其他成員期望他如何行為, 也了解怎樣的行為才是對的和適宜的。夫妻、父母、子女、兄弟、姊妹等角色的行為模式, 大體均已預先規定, 由上一代教導下一代, 由父母承其先以啟其後。社區以強大的壓力支持這些角色行為與關係,遵守者予以贊許,違背者予以譴責。我國古語有云:「正家而後天下定。」家庭為社會結構之基本單位, 其所含之「可靠性」(Dependability)特質, 主要即來自家庭角色互相協調所產生之穩定(Stability)。

在簡單的同質的社會,家庭角色的行為模式, 相當統一,其應盡之

義務與應享之權利,爲社會所一致認可,無多的餘地可容改變。各角色之擔任者,有成規可循,勝任輕易,不會發生挫折或衝突的感覺。但在複雜的異質的社會,如現代的工業都市社會,父母子女等的行爲模式,紛然雜陳,須從其中加以選擇。一家之內,取捨不同,其他家庭亦是如此,陰差陽錯的結果,角色關係不能協調,造成社會之紛亂與個人之舉止失措與內心焦慮。由於選擇角色範圍之擴大,「如何做父母子女?」成爲現代社會經常談論的一個題目。特別是正在工業化的社會,「女人的責任是甚麼?」更是論者紛紛,莫衷一是。(See W. J. Goode, The Family, New Jersey: Prentice Hall Inc.,1964, pp.1,17-18; R.S. Cavan, The American Family, New York: Thomas Y. Crowell Company, 1959. pp. 17-18, 19-20.)

29. 家庭大小 (Family size)

家庭大小或曰「戶量」(Household size)。人口普查與統計上之「家」(Family)或「戶」(Household),常指在某特定時期內同屬於一個住所的一群人。採用現住人口點數(de facts count)的普查,於點數時,同住在一個住所的人口數,便是家庭大小或戶量。

在生育研究上,家庭大小則指某個人或某夫婦到某時期爲止所生之子女數。例如凡在某年結婚之夫婦,統計其五年後之子女平均數,以得知這些家庭之大小。有「滿額家庭」(Completed size of family)一詞者,意指某階段前之子女數,自後幾無子女再增加,例如已婚婦女已過四十五歲或夫妻婚後二十年以上。

在概念上,人口普查所稱之「家」或「戶」,有異於社會學之「家庭」或人類學之「家族」,就是跟普通用法也不相同。除統計外,「家」

都用以指一個單位，範定此一單位之關係，較之於某時期同居之關係
爲持久，更非以某特定之一晚同在一個住所爲限。如果不留意此點，便
容易引起混淆。例如調查表上記載爲「一個小孩的家庭」，凡未生育
第二個小孩的家庭及許多小孩僅一個在家的家庭，均包括於此一類屬
之內，其統計數字偏高，顯然可見，故在家庭大小上如果用作「獨生」
的指標，便是錯誤。

甚麼人可以算作一家或一戶，戶口調查有三種主要看法：

第一種——凡住在同一個「居住單位」之人，調查表上即稱之爲
一家或一戶。

第二種——第一種的共同參預家務處理之人，就是他們每週不僅
同桌用餐幾次而已，還有其他的關聯存在。

第三種——第一種或第二種內有關係之人。關係是用爲區分家庭
的主要標準之一：所有親屬能看作一個家庭，即是擴大家庭；僅包括父
母及子女者爲核心家庭，其他親屬，如祖父母，爲另外的核心家庭。

第二種與第三種，是第一種「住宅單位戶」之再分。不住在同一
住宅單位之人，依據家庭定義可以算作家庭之成員，但戶口調查則不加
以考慮。此方面的統計技術，主要發展於進步的西方國家，在其他地區
未必適用。

由於不同的術語，更使混亂增加。目前在說英語的國家內，第一種
與第二種所用的單位，通常稱之曰「戶」，(參閱「戶」條)第三種所用
的單位則稱之曰「家」。(See "Family size" in D. S. S., pp.
259-260.)

30. 家庭傳統 *(Family tradition)*

家庭傳統係指整套習俗在一家之內一代傳與一代，綿延不絕。一社會內的所有家庭，在同一個文化的薰陶下，其傳統大部分是相同的，但各有其獨特的家風，在規範、儀注、紀念、父母對子女的期望等方面，差別甚大。(See E. W. Burgess and H. J. Locke, The Family, 2nd ed., New York: American Book Company, 1960, P. 200.)

家庭成爲一種制度而存在，其功用不僅傳遞文化遺業，而且解釋、修改和創造文化遺業。波桑凱(Helen Bosanquet)有云：

「兒童之心理是以家庭爲中心而根植於其中。他的語言、概念、思想方式等，最初是從其父母兄姊一點一滴匯集而成的，每天他把外界所習得新語言和新概念帶回來，再由家庭予以模造和解釋。他談論他的同伴和老師，複述他的新經驗，有被家庭贊美者，也有被批評者，並傾聽其他家人類似的敘述。第二天他又把得自外界的新材料投進家庭熔爐。如此日積月累，即使在欠缺正常情愛的家庭，他所養成的習慣，亦根深蒂固，往後除非遇上某種特殊的緊張，否則永難破壞。」(H. Bosanquet, The Family, New York: The Macmillan Company, 1906, pp. 204-205.)

往昔家庭傳統代代相傳，其改變非常細微，而現代由於社會變遷的迅速而劇烈，種種不同的行爲模式，紛然雜陳，一家人之取捨不同，雖然經過家庭的討論，各有所修正，但與固有的家庭傳統已相差甚遠，僅短短的一代便會發生很大的改變。上面所引波氏的一段話，即指出現代家庭除與家人的人格發展有密切的關係外，並能對一社會的文化發揮改造的功能。

31. 家庭類型 (*Family type*)

家庭組織爲一複雜之現象,包含因素很多, 如何爲之分類,衆說紛紜,比較常見之分法有四種,茲分述之如后:

第一種以家庭成員之傳襲系統規則爲標準, 可分爲四種:(1)母系的(Matrilineal descent)——子女之姓名與繼承以母方爲依歸; (2)父系的(Patrilineal descent)——子女之姓名與繼承以父方爲依歸;(3)平系的(Bilateral descent)——男女兩系平等計算之, 或任何一系亦可;(4)雙系的(Double descent)——同時屬於父族與母族。

第二種以家庭成員之住居爲標準, 可分爲四種: (1)父居或夫居(Patrilocal or virilocal residence)——婚後妻及其子女與男方同居;(2)母居或妻居 (Matrilocal or uxorlocal residence)——婚後夫及其子女與女方同居;(3)新居(Neolocal residence)——婚後夫婦均脫離父母家庭而獨立居住;(4)雙居(Doulocal residence)——婚後夫婦不同居而各住在父母的家庭。

第三種以家庭權柄之歸屬爲標準,可分爲五種:(1)父權的(Patriarchal)——舉凡財產、子女之婚姻與敎育等大權,悉操之於父;(2)母權的(Matriarchal)——家中一切權力, 均集中於母之一身; (3)舅權的(Avunculate)——家庭大權操之於母之兄弟; (4)姑權的(Amitate)——由父之姊妹掌管家庭一切; (5)平權的(Equalitarian or democratic)——夫婦共同處理家政,子女亦有參與決定事務之權利。

第四種以家庭親屬關係爲標準, 可分爲三種:(1)核心家庭(Nuclear family)——包括一對夫婦及未婚子女;(2)複婚家庭(Polygamous family)——包括兩個或更多的核心家庭,有一共同之父或母;(3)擴大家庭(Extended family)——包括兩個或更多的核心家庭,但非由於夫

婦關係之擴張,而是血統關係之延伸,即除夫婦子女外,尚包括已婚子女、祖父母或其他親屬。(參閱龍冠海著,社會學,民國五十五年,三民書局,第二六九至二七〇頁。)

　　本條所提及之各種家庭,大多數另有專條解釋,分別參閱之。

32. 家庭統一 (*Family unity*)

　　家庭統一生自各種衝突力量的整合,孫末楠(W. G. Sumner)將婚姻看作「在對立合作中進行的一種實驗」。意謂男女之結婚,本各為其己之利益,但有更大的利益值得追求,於是彼此互相協調,從差異中產生統一。(See Sumner, Folkways, Boston: Ginn and Company, 1969. pp. 345-346, 18.)

　　血族擴大家庭之統一, 立基於: (1)傳統,(2)民德,(3)社區壓力,(4)法律,(5)繁文縟節,(6)權威,(7)晚輩服從長輩, (8)明確畫分的角色(特別在分工方面),(9)嚴格的家規。現代社會是以夫婦為主的核心家庭占優勢,上述維繫家庭整合的因素或消失殆盡,或力量單薄,其統一性之發展與保持,端賴: (1)交相親愛,(2)情緒互依, (3)同情的了解,(4)氣質適合, (5)家庭目的與價值之一致, (6)家庭紀念與慶祝典禮,(7)角色互補。往昔來自社區的壓力(特別是來自親友與鄰居), 非常強大,現在仍然發生影響,但已成為強弩之末,僅存有微弱之餘威。

　　一個社會由農業文明演變為都市文明, 則文化衝突與異質混淆是其顯著特色,於是各家庭之整合程度, 非若單純社會之整齊畫一,而是參差不齊,從分崩離析的家庭到高度團結的家庭,在此兩端之間,有許多中間型家庭,成為一個連續體(Continuum),其統一性由弱漸強,或由強漸弱。(See E. W. Burgess and H. J. Locke, The Family, 2nd ed., New York: American Book Company, 1960, ch. 11.)

33. 女權主義 (Feminism)

女權主義是一種社會運動，爲婦女在政治、經濟、法律、教育、職業、社會待遇等方面，爭取與男人平等的地位。(See "Feminism", in D. S., p. 120.)西元一九一〇年，世界婦女社會主義在丹麥京城開第二次國際會議，議決三月八日爲國際婦女紀念日，自後歐美國家均於是日舉行群衆運動，其標語爲女子參政，女工保護等。歐戰時，歐洲之三八節多被政府禁止，至一九二〇年，國際婦女書記部成立，於是東西各國，遂皆認是日爲婦女國際運動日。(參閱辭海「三八節」條)

工業化與都市化已成爲世界性趨勢，古羅馬式的父權家庭在世界上已不存在，無論在家庭或社會，在各方面婦女所處之地位，均逐漸與男人平等，三八節亦將逐漸爲人所淡忘，而將成爲歷史之陳跡。

34. 群婚制 (Group marriage)

群婚制指一群男女共同生活，互相配合；又曰「團體婚姻」。早期的人類學理論很重視群婚制此一現象，現在一般意見認爲群婚制從未成爲文化的規範。例如常引以說明群婚制的澳洲代里部落(Dieri)，只是將性的特權給予一群男女，而不含有眞正婚姻所必須具備的經濟責任。(G. P. Murdock, Social Structure, New York: The Macmillan Company, 1949, p. 42.)

婚姻爲男女兩方之永久聯繫，有相互之權利與義務。似乎可以視之爲群婚制者，常是短期間的性自由，所參加之人數又非常有限，而且

行群婚制之社會,具有明確的婚姻制度,故此種現象僅為該制度所發生之偏差, 而不能看成真正的團體婚姻。(R. H. Lowie, Primitive Society, New York: Horace Liveright, 1920, p. 54.)

常引用的少數的群婚例子:如印度的托達(Toda),波里尼西亞的馬盔撒(Marguesans),西伯利亞的諸克齊(Chukchee),巴西的凱安(Kaingang)等, 都不是典型的群婚制,僅是適應當地情況的一種權宜措施而已。例如托達曾有殺女嬰的習俗,男多於女的結果,便產生一妻多夫制(Polyandry),而當英國人統治印度之時,禁殺女嬰,性比例驟降(即女性加多),於是偶爾在一群兄弟所共有之一妻外,再加上幾個女的,使成為一般人所謂之群婚制。

北美洲印第安人的康曼其族(Comanche)有換妻的習俗, 愛斯基摩人某些部落有借妻的習俗,但都不能視之為群婚制,因為行此習俗之民族,一對特定夫妻的關係是社會承認的持久的關係,只是文化准許妻之交換或出借而已。而且愛斯基摩人之借妻,必出諸丈夫意願,否則罪同通姦。丈夫有此權威,即說明夫妻聯繫之堅強。至於借妻之用意,是為長途跋涉於冰天雪地之男人解除寂寞與滿足性需要。因此群婚制只是一種假定的狀態,實際並無其事。牟多克(G. P. Murdock)有云:「尚未發現群婚制之實際證據,縱曾有其存在,亦為極稀有之婚姻方式。」(Social Structure, New York: The Macmillan Company, 1949, pp. 24-25.)

35. 同質婚姻 (Homogamy)

同質婚姻常用作「相稱婚姻」(Assortative mating)的同義詞,孔恩(M. H. Kuhn)則予以區別,謂同質婚姻之含義較窄,係指與具有相

似或相關之人格特質之異性結爲配偶之趨勢；而「相稱婚姻」所指之
範圍較廣,結爲配偶之對方, 具有相同的文化或社會背景,屬於相同的
社會經濟階級, 從事相近似的職業等 (See Kuhn, "How Mates Are
Sorted", in H. Becker & Hill (eds.), Family, Marriage and
Parenthood, Boston: D. C. Health and Company, 1955, p. 261.)

　　上述兩詞最初用之於動物的生物性研究, 將其概念引至人類婚姻
之時, 必須注意人與動物在配偶方面的天生差別。此一差別主要來自
人類所生活的世界, 其界限大部分由種種評價、意義、規範及所屬團
體之標準所畫定。人類的學習能力強,可塑性大,所作所爲不像動物那
樣完全依照生物所決定之方式, 而是經由社會化過程接受態度和行爲
的現成模式,用以適應生活環境。擇偶乃行爲之重要者,受團體習俗之
重大影響,自不待言。故人類的同質婚姻,與動物的「龍配龍,鳳配鳳」
(Like will marry like),或「物以類聚」(Birds of feather fleck
together)是不相同的。動物之雌雄配對, 純屬生物,人類之男女配婚
是以生物爲基礎的文化行爲。

　　同質婚姻的相反詞爲異質婚姻(Heterogamy),基於「同性相斥,異
性相吸」的現象, 於是謂具有不同特質之男女有結爲配偶之趨勢。誰
選擇誰爲配偶,基於同質抑異質？ 在此方面有過不少的實際研究,但同
異互見,尚無定論。顧德(W. J. Goode)認爲婚姻是市場, 擇偶便是交
易過程,討價還價的結果, 產生同質婚姻。(Goode, The Family, New
Jersey: Prentice-Hall, Inc., 1964, pp. 32-33.)

　　克發特(W. M. Kephart)將擇偶過程中之男女特質分爲四方面,然
後綜合各家的研究結果,說明何者尚同,何者尚異:(1)智力方面——包
括教育程度、智商等;(2)生理方面——包括年齡、身高、體重、健康
、美醜、種族等;(3)社會態度方面——包括宗教、女權、婚姻觀念、

子女、社會參預等；(4)人格與氣質方面。前三方面都趨向於同質，為所有的實際研究所一致同意,問題發生在最後一方面人格與氣質之上。男女擇偶,在內婚與外婚兩套規範的交相運作下,各擁有一群候選人,結果為甚麼某人選定某人為夫或妻? 這是一個大秘密,可能隱藏在人格的神秘巨洞內,如果真有一把鑰匙,舉手之勞,就能把秘密揭開,但迄今尚無人發現這把鑰匙。「人格」是非常複雜的一個現象，為之下一界說,已經很不容易,想要加以測量或了解，更是難上加難。有關人格與擇偶之關係,心理學家和社會學家所作的研究,各執一詞,莫衷一是,問題可能在於組成人格的各種特殊成份難以分離之、測量之。「誰與誰結婚」之關鍵,是在同質？抑在異質？有些研究主同,些研究主異。都有理由,但理由都不充分。克發特有云:「男女相配成婚，雙方的許多人格特質中,某些相同,某些相異，這在理論上是可能的。同時在人格的意識層是相同，在無意識層卻相異，這也是可能的。」(W. M. Kephart, The Family, Society, and the Individual, Boston: Houghton Mifflin Company, 1961, pp. 283-286.)

　　克氏折衷於異同之間,雖有模稜兩可之嫌,但在同質異質問題未獲得明確解答之時,只好如此而已。然而科學的研究永無止境,繼續在一點一滴地為人類解答問題 。例如晚近溫奇(R. F. Winch)提出一種新學說,以需要之互補(Complementary needs)說明男女擇偶為人格相異特質之配合,引起普遍的重視，誠為可喜之現象。該學說在此不贅,詳見於「擇偶」(Mate selection)條。

36.　戶　(Household)

　　戶為經濟的和社會的單位,由同居於一個住所之人口所組成,該住

所可以是獨家住宅、共同住宅、公寓、帳篷或窰洞。戶與家庭有其區別，家庭是生物的和社會的單位，其成員必經由婚姻和血統的關係，而戶則包括無婚姻與血統關係的僕婢、寄住者，短時或長久之外客在內。(See "household", in D. S., p. 144.)

37. 上婚 (*Hypergamy*)

上婚是指低地位女子與高地位男子結成之婚姻。(See "Hypergamy" in A. D. S. S.,p.308.)此亦為婚姻方式之一種。但如果僅視之為婚姻方式，則難以了解其性質，因與社會階層化(Social stratification)密切相關，故必須對照說明之。

任何社會的組成者──個人，分為地位高低不一的團體，即是社會階層化。誠如索羅金(P. A. Sorokin)在社會流動(Social Mobility)一書中所云者：「人人平等而無階層的社會，那是虛構的故事，在人類歷史上從未出現過。」(參閱朱岑樓譯，社會學，原著者S.Koenig,民國五十八年第八版，協志出版公司，第二〇九至二一〇頁。)

用以下三者：(1)區分階層之標準，(2)階層間交往之質與量，(3)階層間垂直流動之可能性，將社會分為兩大類：

(一)封鎖階級社會(Closed-class society)，又稱為喀斯德社會(Caste Society)，完全以規定標準(Ascribed criteria)為基礎之階層所組成。階層不同之人，不相交往。許可發生的關係，僅主人與奴隸、醫生與病人等，為數甚少，且受到嚴格的限制。階層間禁止通婚。各人生於何層，便長於何層，婚於何層，子女長留於何層。此為理想的喀斯德社會，實際如此純粹者，尚未曾有過，僅印度與古印嘉(Incas)的社會，與之相類似而已。階層間的界限雖然森嚴，但總有少數的窄門，低

層階級經此而上升，如上婚即為窄門之一。特殊之婦女，因美貌或其他特質，攀婚於上層階級，地位隨之升高。例如我國的帝制時代，貧賤溪頭浣紗女，一朝選在君王側，便全家蒙恩，而成為皇親國戚。

　　(二)開放階級社會(Open-class society)，其社會結構以獲得標準(Achieved criteria)為基礎。各階層間互相交往，完全自由，包括通婚和平等的社會關係。垂直流動可以從最低層升至最高層。如同從未出現過純粹的封鎖階級社會一樣，完全的開放階級社會亦是一種構想。僅就通婚而言，是在種種正式規則的管制之下。其中重要的一項，便是通常所謂之「門當戶對」。有許多婚姻研究指出，男女求偶，即使階級之差異不構成一種障礙，雙方亦趨向於在同階層去選擇。當女子與不同階層之男子結婚時，常是「高攀」，而非「低就」，即所謂「上婚」。(See W. J. Goode, The Family, New Jersey:Prentice-Hall Inc.,1964, p. 35.)

　　上婚出現於世界各社會，茲以印度為例者，因其高度發展的喀斯德制度，更能說明上婚之性質。在印度稱上婚為 Anuloma ，相當於英文 With the hair，即「順乎本性」，與上婚相反之下婚(Hypogamy)，即高地位女子與低地位男子結成之婚姻，則稱為Pratiloma，相當英文Against the hair，即「逆乎本性」。

　　孟加拉省(Bengal)的婆羅門(Brahmins)分為許多副階級，地位高者可向地位低者為其子娶婦，而決不向之嫁女。典型之例子是：低地位之富家，父以貴重的妝奩，嫁其女至高地位之貧家，如此攀龍附鳳，富而地位低者之名望得以提高。此種情勢，造成高地位家庭為女兒擇婿之困難，因女子只進不出，即有加無減，自然男子奇貨可居，有利用多次正式結婚以斂財者。印度所流行之童婚，似亦與此有關，父恐誤其女之嫁期，為了避免將來的激烈競爭，便在孩童時期為其女完婚，以了向平之

願。(See "Hypergamy", in D. S. S., pp. 398, 309.)

38. 下婚 (Hypogamy)

下婚是指高地位女子與低地位男子結成之婚姻。與此相對者曰「上婚」(Hypergamy)，即低地位女子與高地位男子結成之婚姻。二者均與社會階層化(Social stratification)有密切關聯，其說明見「上婚」條，並以舉行喀斯德制(Caste)的印度社會為例，請參閱之。

在一般情況下，婚姻發生於相同之階層，如果女子跨階層而與男子結婚者，常是上婚而非下婚，但在美國黑白種族喀斯德制度之下，卻只有下婚而無上婚，此與印度之上婚大異其趣。故引以為例，說明於後：

美國的白人與黑人，分開言之，均無喀斯德制之存在，即二者都是開放階級制(Open class system)，但黑白間的階級關係卻是喀斯德制，有些學者以之與印度相提並論。所不同者，印度以宗教信仰為依據，為宗教的喀斯德制，美國以種族因素來決定，為種族的喀斯德制，故有人稱美國社會是開放階級結構內含有膚色喀斯德的混合社會，其特質有四：(1)膚色是一個規定標準(Ascribed criteria)，(2)交往被正式規定，並有限度，(3)通婚被禁止，(4)除極少數例外，兩膚色集團間全無流動。(參閱龍冠海著，社會學，民國五十五年，三民書局，第三〇四至三〇七頁；朱岑樓譯，社會學，原著者 L. Broom & P. Selznick，民國五十六年，譯者出版，上冊，第一六七至一六九頁。)

美國黑白通婚者為數甚少，真能稱之為婚姻者，常是下婚。社會學家墨頓(R. K. Merton)曾分析跨越喀斯德而建立各式婚姻的可能性，指出中等或上等階級黑人男子與下等或中下等階級女子相結合之較為普遍者，夫以其階級之優勢換取妻在喀斯德位置上之優勢，故低階級的白人男子缺此優勢，於是難以獲得富有黑人女子之垂青。(Merton,

"Intermarriage and the Social Structure: Fact and Theory", in Psychiatry [August 1941], 4: 361-373.) 如果黑人女子屬於低等階級，與任何階級之白人男子相結合，社會常視之爲私菌，而不對男子施以應該舉行婚禮之壓力。結果美國所出現之跨越喀斯德婚姻，幾乎全是下婚，即女子下嫁於喀斯德低位置而在職業上成功的男子。(See W. J. Goode, The Family, New Jersey:Prentice-Hall Inc., 1964, p. 37.)

39. 亂倫禁忌 *(Incest taboo)*

　　亂倫係指核心家庭內非夫婦之兩人發生性關係，即是父母子女或兄弟姊妹之間發生性關係。也可以將亂倫之範圍推廣到核心家庭以外，基於血族、姻親、類屬、甚至於構想的關係，違反禁忌而發生關係者，均視之爲亂倫。用「禁忌」比用「禁止」較爲適當，因爲倫之不可亂，常缺少法律之認可，只會產生一種特殊的、强烈的厭惡之感。(See "Incest", in I. E. S. S., vol. 7, p. 115.)

　　亂倫禁忌是人類社會所有民德(Mores)中最普遍的一種 。根據人類學文獻，亦有少數例外，如古埃及、秘魯的印嘉人、非洲的亞藏族(Azande)、夏威夷土著等，准許或規定近親結婚，但以皇家、酋長和貴族爲限。他們認爲自己的血統是神聖高貴的，不與外人通婚以免於混雜，至於一般平民仍然遵守亂倫禁忌。印度尼西亞的巴里人(Balinese)准許雙生兄妹結婚，理由是他們未出世時已在母腹內作不正當之結合。(See G. P. Murdock, Social Structure, New York: The Macmillan Co., 1949, pp.12-13.)

　　亂倫禁忌，除其普遍性外，又是所有人類禁忌中執行最嚴格的一種，使用一切可能的控制工具——正式的與非正式的,神聖的與世俗的——

以防止性與血統之混合。其禁忌之强烈，使人一想到亂倫便生反感。亂倫禁忌確實非常重要,如果亂倫與家庭組織同時並存,社會便不能成為社會了。可是亂倫禁忌是怎樣起源的?有多種解釋: (1)血親之間在性方面有天生的反感， (2)一家之內家人時常接近便失去性的吸引力;(3)近親相婚有害於生育;(4)防止家人間因性嫉妒而造成的家庭解體;(5)避免名分之混亂,(6)在家外擇偶,方能維持核心家庭之延續與社會之存在。(See W. M. Kephart, The Family, Society, and the Individual, Boston: Houghton Mifflin Company, 1961, pp. 73-77.)

　　以上所說的六個起因， 後四個也即是亂倫禁忌之功能。每一起因均言之成理， 但只能作部分而非全部的解釋。戴惠斯(K. Davis)謂 :「亂倫禁忌為何而存在?如果找不出一個答案,便不敢說我們對家庭有科學的了解。」(K. Davis, Human Society, New York:The Macmillan Co., 1949, p. 403.)可是完滿的答案何在?則有待於努力探求。

40. 聯合家庭 (Joint family)

　　依「人類學註解與問題」(Notes and Queries on Anthropology, British Association for the Advancement of Science,6th ed., rev., London:Routledge, 1954) 之解釋，聯合家庭是血族中兩個或更多的性別相同之人， 及其配偶和子女所組成者，他們同居於一住宅之內，服從相同的權威或接受一個家庭的領導。例如一個男人及其配偶、已婚之兒子兒媳、孫男孫女等所構成之家庭即是。

　　一般言之,聯合家庭與擴大家庭(Extended family)相同。社會學辭典即釋此二者為同義。(See "Joint family" in D. S., p. 114.)

有些學者謂應加以區別，認為擴大家庭是聯合家庭的分散，因為前者的構成份子，並不同住於一個住宅內，通常比鄰而居以從事共同的活動。嚴格言之，擴大家庭是一個短系，應在嗣系理論內討論之，或從血族(Kindred)觀點分析之，而列入家庭，乃是泛用家庭之名。(See " Extended family", in I. E. S. S., p. 304.)

　　大多數家庭文獻，未將二者嚴格畫分，而交互使用。此兩種家庭組織普遍存在於人類社會，從前中國和印度的社會則視之為理想的家庭，故常舉中國為例來說明擴大家庭，以印度為例來說明聯合家庭。

　　印度的聯合家庭由家產共有者(Co-parceners)所構成，包括任何一代之所有兄弟及其子與孫等。所以置其重點於兄弟之上者，因依照印度傳統，男孩出生後即享有家產之權。依大家庭的之構成者言，中國和印度大體相同，但在家產之共有上，則有顯著的差別，中國的大家庭於父親死後，常由兄弟均分其家產，印度則否，通常保持家產之完整，即使兄弟分居各處，只要繼續遵守共同的義務(包括服從家長、共同預算、共同維持財務等)，他們仍然認為同屬於一個聯合家庭。家長是家庭中的最年長者，無權單獨處置家產。一九五六年印度聯合家庭之法律地位有一大的變更，姊妹與寡婦亦有權享有家產。由於聯合家庭含有許多難以克服的衝突因素（幾乎全與擴大家庭相同，參閱「擴大家庭」條），難以維持其存在。印度傳統很重視聯合家庭，許多地區的民意測驗均反映一般人民喜歡此種家庭，但理想與實際常有其距離，根據印度近十年來的調查，大多數家庭是核心家庭，尤以都市所佔比例更大。(See. W. J. Goode, The Family, New Jersey:Prentice-Hall Inc., 1964, pp. 49-50.)

41. 親屬 (Kinship)

英文 Kin原爲英國貴族用以稱呼親屬,由此而產生Kinship此一專門術語。(See "Kinship and Kinship System", in D. S. S., p. 366.)親屬是人類社會的普遍現象之一,在行爲之管制與社會團體之形成兩方面, 均擔任重要的職務。親屬體制(Kinship system)通常指某社會或該社會某部分的規則叢體, 經由嗣系、繼承、婚姻、婚外性關係、居住等之統制, 以決定個人及團體在血族及婚姻的聯繫方面所處之地位。

成爲親屬之兩人, 有兩種情況,一是兩人共一祖先,一是兩人互爲上下代。「祖先」一詞,在此指某人立於父之社會地位, 其子又生子,以綿延至今; 某人立於母之社會地位者亦可。祖先不必要是生物學上的眞正祖先,族譜學家所追溯之親屬連環, 爲社會關係之陳述,其過程不同於發生學家之探索血統來源。生育是生物的, 但人類社會賦予文化的意義,可以用作社會關係的表現。不同的社會,對生育有不同的看法,即使看法相同,其社會用途又可能不同。人類學家極力排除「親屬研究即是血統關係研究」的錯誤概念。至於說此二者毫無關聯, 則是矯枉過正。社會以小孩之生育爲核心而發展分配權利與責任之體制。因此某種特殊的親屬體制爲何有其存在,非生物學所能解釋,但是出生此一生物事實,仍是進入親屬的「社會大廈」的自然鎖鑰。(Ibid.)

所有社會都用嗣裔或血親以分出不同的關係,有些社會同時又用婚姻或姻親來區別關係。依一般辭典上的解釋,此兩類關係截然有別,但爲了應用之便利,常將親屬之意義予以擴大,含攝血親與姻親二者。有關「社會」之定義甚多,如果解釋「社會」爲「社會關係之總體」,則血親與姻親的關係體制, 對社會之凝結與團結有很大的貢獻。同時

親屬體制乃具體而微之社會,個人在其中習得社會取向(Social orien-
tation),以之進入社會迷宮(Social maze)。

　　各社會的親屬體制是不相同的，其差異主要是下述之五項特質所
造成:(1)承認血親與姻親所含之社會目的;(2)血親與姻親之分類方式;
(3)日常生活中管制親屬行爲之特殊習俗; (4)親屬居間斡旋之權利與
義務, (5)用以指示不同親屬之稱謂。(See "Kinship", in I. E.
S. S., vol. 8, pp. 390-391.)

42. 婚姻調適 (Marital adjustment)

　　調適可以扼要解釋爲一種過程,個人在此過程中求得各方面(生理
的、心理的和社會的)需要之滿足。孟爾勒(E. R. Mower)謂婚姻是一
種互動行爲, 夫妻結成獨特的統一(Unique unity)和發生動態的關係
(Dynamic relationship)。因此婚姻調適可以解釋爲夫妻雙方隨時隨
地互相順應,於文化規範所許可的範圍內,滿足雙方在生理、心理、社
會等方面的需要。(See E. R. Mower & H. Mower, "The Sociologi-
cal Psychology of Marriage" ,American Sociological Review[16
Feb. 1951], PP. 27-31 and R. S. Cavan, The American Family,
New York: Thomas Y. Crowell Company, 1959,p. 418.)

　　約會(Dating)與訂婚(Engagement)爲婚姻之準備, 結婚乃婚姻之
完成。故約會即是男女在擇偶之可能範圍內尋找能在願望(Wishes)、
態度(Attitudes)和情操(Sentiments)的人格特質方面互相配合的對
象,訂婚乃正式開始調適過程,至結婚此一過程日益加強。婚姻隨時隨
地都是一個起點,而不是一個終點。寇伯屈(C. Kirkpatrick)謂:「婚
姻非如我們所常聽到的『有情人終成眷屬』那句話收場。因爲結婚不

是靜態的結束,而是動態的開端。夫妻人格在各方面連續互動,交相反應無窮無盡的刺激。」(Kirkpatrick, The Family, New York: The Ronald Press Company, 1955, pp. 443-444.)寇氏言之有理,婚後夫妻如果停止動態的調適,不進則退,便會產生婚姻失調。(參閱「婚姻失調」條)可能再惡化而成為婚姻解體。(參閱「婚姻解體」條)

　　婚姻調適是相當新穎的一個名詞,在往昔農業社會,農村生活即是家庭生活,婚姻應與農業組織相吻合,乃理所當然。適合於農村的父權家庭,是立基於血統關係之上,夫婦關係乃其附庸。婚姻不得危害大家庭之團結與福利,調適與否, 無足輕重。現代婚姻所重視的夫妻性滿足、休閒活動、情投意合、人格發展等,當時是概不知情的,因為這些觀念與日出而作、日入而息的農村生活風馬牛不相及。至本世紀之初,家庭制度在工業化、都市化、技術學、個人主義、民主思想等因素的衝擊下,於是父權家庭趨於沒落, 而傾向希爾(R. Hill)所謂之「以個人為中心的民主家庭」。("See Hill, Plans for Strengthening Family Life", in H. Becker & R. Hill (eds.), Family, Marriage and Parenthood, Boston: D. C. Health and Company, 1955, pp. 787-790.)以往賴以維繫家庭團結與婚姻穩固的各種信仰和價值,喪失殆盡。依據舊觀念,結婚乃是個人為社會及家族所應負之責任,生育子女則為應盡之義務。現今西方社會在觀念上有了很大的改變, 結婚完全為了個人, 其主要目的是:(1)雙方人格之充實,(2)情緒需要之滿足,(3)全面幸福之獲得。而舊式家庭所加給婚姻的責任和義務, 全擱置一旁,連子女之生育與否, 亦依夫妻之共同意願而行。時來運轉,十八、十九兩世紀不知為何物的婚姻調適,至二十世紀初卻成為大多數家庭婚姻研究的注意焦點。

婚姻調適與婚姻成功(Marital success)有時候視爲同義，然二者有其區別。(參閱「婚姻成功」條)

43. 婚姻解體 *(Marital disintegration)*

婚姻解體是婚姻失調所發展的結果，(參閱「婚姻失調」條)因調適絕望，除解散婚姻外就別無他途。立基於夫婦關係的核心家庭，婚姻解體即等於家庭解體。(參閱「家庭解體」條)家庭解體之特質，如依賴、社會機構介入、家庭成員減少、反常離家與暴行，均可能出現於婚姻解體。

由於婚姻失調而造成之婚姻解體，寇伯屈(C. Kirkpatrick)舉出四種方式：(The Family, New York: The Ronald Press Co., 1955, pp. 508-509.)

(1)自殺——自殺之因素多而複雜，難以忍受之婚姻爲主要因素之一。

(2)謀殺——謀殺爲暴行之極端。如果發生此種暴行，則被害者以妻居多數。蘇普蘭(E. H. Sutherland)指出：「妻爲夫所謀害之機會還比死於色魔之手爲大。」("The Sexual Psychopath Laws", Journal of Criminal Law and Criminology, XL. January-February 1950, p. 546.)

(3)撤消——撤消乃依法宣布的婚姻解體，但因爲撤消從未以有效之婚姻存在，故不能視之爲婚姻破裂。

(4)分居——起源於婚姻失調之分居，法院所判決者是與明白規定之分居條件相符合，而一般的分居用法，意義很含糊，有時將遺棄亦包括在內。非正式的分居，時間長短不定，常秘而不宣，以免家醜外揚。

分居或起因夫妻之一方有外遇，或由於丈夫之重婚。而且有些夫妻表面上並未分居，實則貌合神離，彼此視同路人，其互動過程早已中斷。

　　(5)離婚——離婚是最普遍和最制度化的婚姻解體方式　。我們一聽到某家庭發生婚姻失調的消息，最先想到的便是離婚。但是離婚並非婚姻失調之準確量表，限制離婚的社會可以減少離婚的機會，但無助於婚姻失調之改善。在另一方面，准許其離婚之夫妻，其婚姻調適的程度可能比某些未離婚者還高。故離婚雖是婚姻失調之表示，並非極端失調之爆發。社會學家所重視是家庭內的婚姻失調，而非法庭上的法律行為；所關心者是預防，而非懲罰；且對離婚之法定理由，是否真為婚姻失調之原因，亦極表懷疑。因此我們無妨將離婚率之增高，視之為家庭婚姻幸福標準之提高。

44. 婚姻失調 (Marital maladjustment)

　　婚姻失調為婚姻調適過程之反面。(參閱「婚姻調適」條)由於夫妻互相衝突，雙方在生理、心理、社會等方面的需要，均難滿足。如果失調不求改善，勢必繼續惡化，婚姻的功能關係就完全停止，而釀成婚姻解體。(參閱「婚姻解體」條)心理的和社會的中斷，不一定會產生夫妻軀體的隔離，但分居常發生於婚姻解體之後。破鏡難圓，以離婚來結束分居，則婚姻的契約關係乃告中止，夫妻均有再婚之自由。

　　理想的夫妻，應是和諧無間、宜室宜家，但不是如此完全調適的夫妻為數不少，只要能互從對方努力求得某些基本需要之滿足，其婚姻之功能仍在。有些夫婦一有齟齬，不求彌補，裂痕加深，互動過程日趨萎縮，疏遠過程日益加強，本應從婚姻關係中獲得基本需要的滿足，轉而求之於婚姻以外的他人，最後可能釀成人格解組：以幻想來滿足需要，

以疾病(甚至於自殺)來逃避現實,以焦慮來解除恐懼,以猜忌或誇口來提高自我。夫妻同床異夢,在反應上南轅北轍,如同路人。如此一對怨偶,婚姻將終歸解體(See R. S. Cavan, The American Family, New York: Thomas Y. Crowell Company, 1959, pp. 464-465 and C. Kirkpatrick, The Family, New York: The Ronald Press Company, 1955, pp. 507-608.)

45. 婚姻預測 *(Marital prediction)*

　　婚姻預測是在婚前或婚初預測其未來之成敗。生活上的活動愈是重要,對其未來的關心愈見殷切。婚姻在個人和社會兩方面,均屬重大事件, 凡與婚姻直接有關之人, 莫不關心其未來, 於是種種預測隨之而起, 可大別之爲三類:(1)巫術的預測(Magic prediction),(2)常識的預測 (Common-sense prediction), (3)科學的預測 (Scientific prediction)。往昔的婚姻預測,幾乎全是巫術的和常識的, 如果預測失靈,成敗顛倒,則委諸難以捉摸的命運。直至近三十年來, 社會科學家 (特別是以研究婚姻家庭爲己任的社會學家) 開始作科學的預測。此三者所利用的資料, 都不外家庭背景與個人特質。蒲其斯 (E. W. Burgess)和洛克(H. J. Locke)指出:「個人之人格特質與過去經驗控制其未來行爲, 因此預測技術的要點是用某些人在該方面的以往的經驗,加以組織與分析,以之推測另一些人在該方面的未來情況。」(The Family, New York: American Book Company, 1960, p. 396.) 然而三者之區別又何在?巫術的預測,常借重與婚姻無關之工具,如水晶球、紙牌、卜筮、五行等,任意附會,其談無稽。科學的預測首先以科學方法獲得可靠之資料,經過嚴密的分析而發展出學理與假設,即其預測運

作(Predicting operation)遠比常識的預測要複雜、要精確，其結果自然要可靠。

科學的婚姻預測，通常有兩種方法，個案法與統計法。方法雖然不同，但有一個相同的假定：婚前婚後有某些因素影響婚姻之成敗，於是蒐集這些因素，據以預測婚姻之未來。因素有多少？其影響誰大誰小？這些都是很重要卻很難回答的問題。此方面的研究，以美國的社會學家和心理學家所表現之成就最為優異，近三十年來出版了許多研究報導，於是另一些學者將其研究結果綜合比較，鉤其玄而撮其要。例如寇伯屈(C. Kirkpatrick)慎重選出美國自一九二九年至一九五四年所出版的婚姻調適研究七十一個，統計其預測成敗之因素，共得一五二項，依婚前婚後排列之，婚前為六大方面五十小方面，婚後為六大方面三十八小方面。再按科學實證性之大小為先後，舉出：

（一）婚前十項顯著有利之影響因素：

(1)父母婚姻愉快，(2)相當充分之認識、求愛和訂婚時間，(3)童年獲得健全之性知識，(4)童年本人快樂，(5)父母及他人對婚姻之贊許，(6)訂婚期內互相調適，結婚之動機正常，(7)民族和宗教信仰相同，(8)有較高之社會地位和教育程度，(9)雙方年齡臻於成熟並相同，(10)童年時父母感情融洽。

（二）婚後五項顯著有利之影響因素：

(1)早而充分之性高潮，(2)安心於婚姻情感，滿意於親愛表現，(3)平權而非夫權之婚姻關係（特別與夫職有關方面），(4)身心健康，(5)以共同興趣為基礎，並附有對婚姻與配偶之贊許態度所建立之和諧關係。(C. Kirkpatrick, The Family, New York: The Ronald Press Company, 1955, pp. 364-354.)

46. 婚姻成功 (Marital success)

　　婚姻成功與婚姻調適二者之意義，大體相同，(參閱「婚姻調適」條)故有些婚姻研究未加以嚴格分別，交互使用，但是婚姻成功含有婚姻目的，而婚姻調適是達成婚姻目的之過程。不論其目的為何，研究者似乎比當事人看得要清楚，蓋當局者迷，而旁觀者清。(See "Marriage" in I. E. S. S., vol.10, p. 8.)

　　甚麼樣的婚姻算是成功的婚姻？這是很難提出答案的一個問題。因為婚姻在不同的時代與不同的社會，對不同的個人有其不同的意義。德國社會學家繆祿樓(F. Muller-Lyer)謂婚姻之主要動機有三：(1)經濟，(2)子女，(3)愛情。動機之實現即為婚姻之成功。此三者之重要性因時代而互異：上古時代經濟第一，子女第二，愛情第三；中古時代經濟與子女交換，而愛情仍列在末，現代則愛情至上，子女居次，經濟殿後。(See S. Koenig, Sociology, New York:Barnes & Noble, Inc. 1962, pp. 132-133.)

　　美國社會學家蒲其斯(E. W. Burgess) 是婚姻調適測量的研究權威，謂美國中等階級一般認為構成成功婚姻之要素有九：(1)感情融洽，(2)生育子女，(3)夫養家，(4)妻持家，(5)家庭收支平衡，(6)民主，(7)社會參預，(8)獲得社會贊揚，(9)一夫一妻。於是以這些要素為根據，蒲氏定出九項成功婚姻的標準：(1)持久，(2)快樂，(3)滿意，(4)性調適，(5)調適，(6)整合，(7)社會期望，(8)人格發展，(9)友情。蒲氏之婚姻成功標準是多項而非獨項者，因為婚姻生活是多方面的，成功於此，失敗可能於彼，截長補短，合為一個標準，用以評測婚姻成功，可收面面顧到之利，而無以偏概全之弊。用九項標準得出高低不一的分數，分別以長短參差的線條代表之，構成「婚姻成功側形」(Marital Success

Profile) ,因夫妻分別測量,故各有一幅,即是綜合九項標準單獨測量
結果而爲夫妻雙方作成婚姻成功的畫像 。(See E. W. Burgess and
H. J. Locke, The Family, New York: American Book Company,
1960, pp. 378-391.)

47. 婚姻 (Marriage)

　　婚姻係指社會認可之配偶安排, 特別是關於夫與妻的關係。依通
常用法,婚姻含有兩個明顯的觀念:(1)一男一女同居,共同創立家庭;
(2)婚姻有別於其他方式性的結合、如婚前、婚外、通姦等 。此一區
別常被引爲婚姻定義之要素,故「無同居及養育子女之意圖,僅係臨時
性之交媾,則不能視之爲婚姻。」 (See "Marriage", in R. Bu-
rrows (ed.), Words and Phrases Judicially Defined, London:
Butterworth, 1944, vol. 3, p. 331.)

　　現代文明社會的婚姻,通常與上述定義相符合,但依照文化人類學
所指陳之差異,光怪陸離,是不可能有一個包羅無遺的婚姻定義。因此
新近的探究不爲婚姻下定義,只用爲指示術語(Pointer-term),以指出
婚姻所含的各種特質,在不同的社會作不同的配合。下述之五種功能,
婚姻有全部發揮者,有僅發揮其中之部分者: (1)建立所生子女之合法
地位,(2)給予配偶權利(包括居住、性行爲、家務操作、財產等),(3)
建立共同資金(爲其所生子女),(4)與配偶之親屬相結聯或建立親戚關
係,(5)獲得夫妻關係之公開承認。

　　衛史德麥克(E. Westermarck) 謂婚姻是「男女之相當穩定結合,
其持久超過生殖行爲而延長至子女出生之後。」 (History of Human
Marriage, London: Macmillan, 1901, p. 19.) 此一定義相當廣泛,

可以用作比較之基礎，其嚴謹程度也足以「排除不夠資格稱為婚姻的任意交媾」。(Ibid.)婚姻與生育子女密切關聯，並非所有的婚姻都是如此，而且在某些社會，婚姻與任意交媾沒有甚麼區別。例如在愛斯基摩人和美洲印第安人中，有些部族的家庭單位非常模糊不清，夫與妻的地位與苟合者相同，妻與妾亦混淆不清。定義就是要弄個涇渭分明，然而在這些社會，離婚、婚姻之有效與無效等名詞，都沒有甚麼意義，再如印度南部馬拉巴(Malabar)的那雅人(Nayar)，女子於春情期前與一男子舉行「結婚」儀式，典禮畢即宣布「離婚」，自後她可與不拘數目的男人任意性交。這種結合通常稱之為「一妻多夫制」，實則只發生性關係而不同居。無所謂「父職」，僅於懷孕時負擔少許費用，節日贈送小禮物而已。(See K. Gough, "Changing Kinship Usage among the Nayars of Malabar",Journal of the Royal Anthropological Institute, vol.LXXXII, pt. I., 1952.) 他們沒有夫婦家庭的的概念，也不了解夫、妻或父、母的地位，因此任何以「家庭之基礎」來說婚姻的定義在此都不適用。顯然與麥基佛(R.M.MacIver) 的家庭定義相衝突：「家庭是一個團體，畫分其範圍之性關係，其清楚與持久的程度，足以維持子女之出生與養育。」(Society: A Textbook of Sociology, New York Farrar & Rinehart, 1937, p. 169.) 在某些社會，婚姻有其非常特殊的功能。例如非洲的達荷美(Dahomey)有女人與女人結婚的制度。一個富婦可「娶」若干年輕女子為「妻」，然後此合法之「夫」，把她們配給男人生育子女，以增加「家庭」人口。(See M. J. Herskovits, Dahomey, New York: J. J. Augustin, 1938, p. 320.)

48. 媒人 (Marriage broker)

　　媒人是安排婚姻的中間人。行父權家庭制的社會，子女之婚姻權操諸男性家長。爲子女議婚，常經由職業或業餘的男女媒妁。如議婚失敗，媒妁負其責任，無損於雙方家長之顏面。(See S. A. Queen et al.,The Family in Various Cultures. New York : J. B. Lippincott Company, 1961, pp. 88-115.)不論是在原始部落或開化民族，婚姻常是一種商業交易，爲男家或女家的一項收益。例如從前歐洲有許多國家，新娘之陪嫁財物，由法律規定多少歸夫所有。皇家婚姻之締結，常考慮到國家的利益。曾有一種制度，歐洲貴族子弟娶平民之女爲妻，婚後其妻與子女不得繼承其夫或父之爵位或財產。締婚成功之前，必有多次的磋商，必賴媒人往來其間。即在現代的大都市，媒人亦未絕跡，有些婚姻是在媒人的穿針引線之下而成功的，事後給予若干報酬。當然此種婚姻掮客，不能與服務家庭爲目的的婚姻指導所、婚姻介紹所相提並論。(See "Marriage broker" ,in D. S., pp. 185-186.)

　　我國古代因有男女遠嫌之觀念，媒妁爲婚姻所必不可缺者，相沿成制。「男女非有行媒，不相知名。」(曲禮)在男方，「取妻如之何？匪媒不得。」(詩齊風南山) 在女方，「處女無媒，老且不嫁。」(戰國策燕策)若無媒而自婚，爲社會所不恥。「不待父母之命，媒妁之言，鑽穴隙相窺，踰牆相從，則父母國人皆賤之。」(孟子滕文公下)因此「婦人之求夫家也，必用媒而後家事成。求夫家而不用媒，則醜恥而人不信也。」(管子)

　　「匪我愆期，子無良媒。」(詩氓)因無媒而愆期，其於媒之重視，可想而知。媒人在我國社會，以往有很高地位，婚筵上尊以上席，「甕修」、「柯人」、「冰人」、「掌判」等，都是給予媒人的美名。現

今男女自由擇偶，經約會、求愛而訂婚、結婚，於是媒人無用武之地。而結婚之時，依法定手續，只需要公開之儀式及二人以上之證人。

49. 掠奪婚 (Marriage by capture)

掠奪婚是男人以暴力強制得妻的一種婚姻方式。有些學者研究婚姻之起源，謂在草萊初開之時，婚姻恆成於掠奪。北美洲的印第安人 (Plans Indians and Athabaskan Indians)仍存此俗。(R. H. Lowie, Primitive Society, New York:Horace Liveright, 1920, p. 23.) 現在只是一種儀式而已，事先已與女家親屬議妥，僅在婚禮中佯作搶劫。我國古時商紂伐有蘇氏，以妲己歸，論者謂為掠奪。易經「匪寇婚媾」句，以「寇」與「婚媾」同舉，亦有掠奪之意。說文：「禮，娶婦以昏時，故曰婚。」娶婦必以昏時行禮，疑掠奪以昏時為便，後世因之，此婚姻之名所由生。(參閱孫本文著，現代中國社會問題，第一冊家族問題，商務，民國三十五年上海版，第一二一頁。)

50. 交換婚 (Marriage by exchange)

交換婚是兩個男人以其姊妹或女兒相交換，使自身、或兄弟、或兒子得妻。此種婚姻方式常與優先相婚配的規則有關，即是某家與某家為互相擇偶之最佳對象。交換婚很不常見，僅行之於澳洲若干土著。米拉尼西亞 (Melanesia) 的托瑞海峽島(Torres Islands)行此婚制，但相鄰地區則否。(R. H. Lowie, Primitive Society, New York: Horace Liveright, 1920, pp. 17-18.)

51. 購買婚 (Marriage by purchase)

購買婚通常由男人給予女家父母或親屬若干代價而與女成婚。有些社會視婦女爲財物，並可以轉移和繼承。當然這類社會爲數不多。所謂購買，不必拘泥於字面，男家所付之聘金(Bride-price)，也可以視爲贈送女方父母之養育酬勞。有時候女家以相等之禮物回贈，例如目前之交換結婚戒指即是。男方付出之代價，並非全在代價本身，而可用以表揚所娶女子之地位，或視作對女子的一種保障。反之，女方之妝奩亦可以說是買夫之代價。(See "Marriage by purchace", in D. S., p.186.)總之，如此娶妻嫁夫，在世界上流傳又廣又久，只是出之以各種不同的方式而已。羅馬古代市民法規定結婚之方式有三：(1)共食式——凡結婚者最後之手續，爲夫婦共食一麥製之食物；(2)買賣式——於五證人之前，一人持秤而立，新夫以貨幣載之；(3)使用式——男子誘致女子於其家，起居與共，爲婦人之待遇，經一年即生法律上之夫婦關係。(參閱徐朝陽著，中國親屬法溯源，商務，民國五十七年，第八〇頁。)

我國古代「伏羲制嫁娶，以儷皮爲禮」(史記補三皇本紀)，論者謂爲我國購買婚姻之濫觴。並用「買妾不知其姓則卜之」(曲禮)以證之。我國最早之婚姻可能源於購買，但以後演變爲聘娶式，而妾非正式婚姻之妻，故明文規定可以購買，而婚姻需要父母之命與媒妁之言，以及隆重的儀注。

52. 服務婚 (Marriage by service)

服務婚是男至女家服務一段時期，方能與女成婚。例如舊約創世紀第二十九章載：雅各爲娶拉班的幼女拉結，爲拉班工作七年。期滿拉

班以其長女利亞與之。但雅各愛拉結之美貌俊美,再工作七年始得之。有些社會,以服務代替聘金,男至女家工作一年或數年。在此段時期內,女家可藉此以觀察其行為, 評價其技能。亦有婚後再繼續服務一個短時期。有些地方男人因為家境貧窮,付不出聘金,乃至女家服務。(W. M. Kephart, The Family, Society and the Individual, Boston: Houghton Mifflin Co., 1961, p. 79.)

53. 婚姻儀注 *(Marriage ritual)*

男女締結婚姻關係,不論是原始民族或文明社會,總要舉行一些正式的禮節。古希伯來、希臘和羅馬舉行婚禮之時,女家宴會親友,新娘由其父親引至親友之前,當眾交出, 然後由親友所組成的慶祝行列,擁護新娘至夫家。在西方所有古代社會, 慶祝行列是結婚禮儀中的一個重要項目。(See "Marriage ritual", in D. S., p. 186.)

我國婚姻注重聘娶,其禮創自何人?諸典籍皆謂為伏犧。如史記補三皇本紀云:「太皞庖犧氏始嫁娶,以儷皮為禮。」通鑑外紀云;「上古男女無別,太昊始設嫁娶,以儷皮為禮。正姓氏,通媒妁,以重人倫之本,而民始不瀆。」而婚姻儀注之最要者為六禮。六禮之制,創自周代,如禮記云:「昏禮者, 將合二姓之好,上以事宗廟而下以繼後世者也。故君子重之。是以婚禮納采、問名、納吉、納徵、請期, 皆主人筵几於廟,而拜迎於門外入,揖讓而升,聽命於廟,所以敬慎重,正昏禮也。

自納采至請期為六禮中之前五禮,最後亦為最重要者, 即是親迎,儀禮士昏禮言之甚詳。約為婿親往女家迎婦, 既奠雁, 御輪三周而先歸。俟婦於門外。婦至,則揖以入,共牢而食,合卺而飲,其禮乃成。(參閱徐朝陽著,中國親屬法溯源,商務, 民國五十七年, 第一一二至一八頁。)

54. 擇偶 (*Mate selection*)

擇偶是某人選擇某人爲婚配之過程,其選擇範圍,在任何社會都予以相當嚴格之畫定。因此擇偶決非完全自由行動, 祇能在社區或社會認爲婚姻之適當人選中去選擇。(See G. P. Murdock, Social Structure, New York:Macmillan, 1919, pp. 314-322 and L. C. Freeman, "Marriage Without Love: Mate-Selection in Non-Western Societies",in R. F. Winch, Mate-Selection, New York:Harper, 1958, pp. 20-23.)

有兩個原則構成擇偶過程之基礎: (1)優先擇偶(Preferential mating)——依此原則畫出適合於結婚者之範圍,鼓勵個人在其中進行選擇;(2)婚姻安排(Marriage arrangement)——婚姻當事者以外之人對擇偶過程之干預。

優先擇偶由兩套相反之規定管制著。一方面, 所有社會均有某類人不能和某類人結婚之禁忌, 例如亂倫禁忌(Incest taboo)爲禁忌中之最者。在另一方面, 各社會均懷有自族優越感(Ethnocentrism),常表現於禁止與種族不同或文化背景相異之外人通婚之上。前者通常稱爲外婚(Exogamy), 後者稱爲內婚(Endogamy),二者在相反的方向發生作用,爲個人畫定擇偶之範圍。某些社群之自族優越感特別强烈,結果造成近親互相結婚,如古<u>埃及</u>是。另一些社群特別重視亂倫禁忌,如我國規定同姓者不得通婚。由外婚與內婚所畫定之婚姻候選範圍, 可能較大,可能較小, 其界限可能較分明,可能較模糊。總之任何社會一定爲擇偶加上限制,僅鬆緊有別而已。

由優先擇偶的原則畫定擇偶範圍以後, 接著便是婚姻安排。事實上任何社會的擇偶過程都要受到第三者不同程度的干預。我們可以構

想爲一個連續體(Continuum)，一端爲包辦婚姻(通常由父母包辦)，當事者全無選擇之餘地；另一端爲自由婚姻，完全不受外人之任何影響。此兩端均爲理念型(Ideal types)，實際並不存在，(Freedman, op. cit., pp. 156-157.) 只是與之相接近而已。例如傳統的<u>中國</u>和封建時代的<u>日本</u>，所謂「父母之命，媒妁之言」，極力干預子女之婚姻，幾乎到了包辦的極端。另一些社會，如<u>美國</u>，婚姻由當事人自行抉擇，干預的外力幾等於無。

　　在擇偶範圍內能由自己選擇對象的社會，誰與誰結婚，其決定之因素是甚麼？這是很令人困惑的一個問題。通常有兩種解釋：同質相婚(Homogamy)與異質相婚(Heterogamy)，各持一說，均言之有理，尚無定論。所謂「質」，主要是指人格的特質。晚近<u>美國</u>社會學家<u>溫奇</u>(R. F. Winch) 所提出的「擇偶之需要互補說」(The Theory of Complementary Needs in Mate-Selection)，受到廣泛的重視，值得在此簡單介紹：

　　<u>溫奇</u>學說之重點在於 ：「男女於擇偶過程中各在候選者範圍內尋找能給予其需要以最大滿足之對象。」(Mate Selection, New York: Harper & Brothers, 1958, pp.88-89.)<u>溫氏</u>列舉十二種主要的需要：(1)謙卑(Abasement), (2)成就(Achievement), (3)接近(Approach), (4)自主(Autonomy),(5)敬服(Deference), (6)統治(Dominance),(7)敵視(Hostility), (8)養育(Nurturance), (9)贊揚(Recognition), (10)性(Sex),(11)爭取地位(Statusstriving),(12)援助(Succorance)。

茲假定甲乙互相求偶，其需要之滿足有兩種方式：

　　(1)二人之需要不同，如甲有贊揚之需要、乙有敬服之需要，彼此互相滿足之。

(2)二人之需要相同,但强度有別,如甲有高度之統治需要,乙有低度之統治需要,彼此仍能互相獲得滿足。

總之，溫奇學說的基本假設是：擇偶時從特殊需要模式(Specific need-pattern)中獲得最大滿足之時,男女雙方之性質是異質之互補。(See T. Ktsane and V. Ktsane, "The Theory of Complementary Needs in Mate Selection", in R. F. Winch, et al, (eds.), Selected Studies in Marriage and the Family, 1962, pp. 517-532.)

55. 母權 (Matriarchy)

母權一詞,十九世紀曾用以指假想的社會組織方式,其中婦女握有政治與家務兩方面的最大權力。她們是領導者和統治者，男人則處於附屬的地位。現今的人類學家一致同意此種社會組織純粹出之於十九世紀學者的臆測，無任何事實可以證明曾有其存在。雖有少數人類學家曾爲母權重下定義,但沒有一種說法爲人所普遍接受。

與母權相關之詞「母權的」(Matriarchal) 和「母治」(Matri-archate),及其相對之詞「父權」(Patriarchy)、「父權的」(Patri-archal)和「父治」(Patriachrate),都是十九世紀人類學上的一些術語 。路衛(R. Lowie)謂母權之概念爲白曉芬(J. J. Bachfen)所首創。依白氏之意,母權所包括者，除團體成員由母方傳遞外,家庭的統治者爲母而非父,政府的控制者爲女而非男,最高神祇是陰性之月而非陽性之日。(R. Lowie, Social Organization, London : Routledge & Kegan Paul, 1950; p. 262.)現在大多數人類學家把這些術語束之高閣。對於母權的看法,可以舉雅谷(M. Jacobs)和史篤(B. J. Stern)

所說的一段話爲代表 :「財產所有權、經濟控制、政府管治、文化領
導等,主要是在婦女操縱之下的那種社會經濟體制,乃是不可能發生的
假設。」(Outline of Anthropology, Cambridge Heffer, 1947, p.
309.)

　　有些人類學家及其他學者爲母治從不同的角度作新的解釋,以增
加其用途,述其主要者於下:

　　(一)人類學家和社會學家概括地解釋母權爲「婦女統治」,如李
查德(C. B. Richards)將母權與「婦女作主要決定之能力」相提並論。
(“Matriarchy or Mistake”, in V. E. Ray (ed.) , Cultural
Stability and Cultural Change, Settle: American Ethnological
Society, 1957, p. 36.)

　　(二)精神分析學家仲斯 (E. Jones) 謂 :「母權一詞應限用於眞
正母治的情況下, 母爲一家之主, 對其子女握有最終之權力。」
(“Mother-right and the Sexual Ignorance”,The International
Journal of Psycho-analysis, vol. 6, 1925, p. 112.)爲其論點作
進一步的說明, 仲斯指出母權社會及行母系制而父親對子女有最終決
定權的社會,均不得包括在母權此一類屬之內。

　　(三)雷克利夫布朗(A. R. Radcliffe-Brown)謂:「可以稱之爲母
權的社會,其後嗣、財產與職位由母之一方傳遞, 婚姻爲母居,對子女
之權力由母方親戚行使之。」(Structure and Function in Primi-
tive Society, London:Cohen & West, 1952, p. 22.)馬特(R. R.
Martt)對母權之解釋亦是如此。(Anthropology, New York: Henry
Holt, 1912, P. 165.)

56. 母系 (Matrilineal)

凡嗣續之計算,財產或職位之繼承,所根據之關係,專以母方為標準或母方優先者,曰母系。另一名詞「母方」(Matrilateral)常用為母系的同義詞。

有些學者將母系與母權(Matriarchy)混而為一。所謂母權,一切權力集中於母身, (參閱「母權」條)實則此兩者非為一物,須加以區別。在世界現存之民族中,絕對母權者尚無發現,僅有少數幾族,其母權甚大而已。幾乎所有行母系制的社會, 其權力仍操諸男方。財產與職位繼承之大權, 有由母方男親行使者, 常是母之兄弟, 通常稱此曰「舅權」(Avunculate)。(See A.R. Radcliffe-Brown, "The Mother's Brother in South Africa" and " Patrilineal and Matrilineal Succession", in his Structure and Function in Primitive Society, London: Cohen & West, 1952, pp. 15-48.)

母系不僅行之於母居或妻居(Matrilocal or uxorilocal residence),亦見諸父居或夫居(Patrilocal or virilocal residence)。(See G. P. Murdock, Social Structure, New York: The Macmillan Co., 1949, ch. 8.)

早期的人類學家,如白曉芬(J. J. Bachfen),摩爾根(L. T. Morgan)等。謂母系出現在父系之先,即母系家庭為最初之家庭組織,其說現已被駁倒。牟多克(G. P. Murdock, Social Structure, pp. 184 ff.) 與路衛(R. H. Lowie., A History of Ethnological Theory, New York: Farrar & Rinehart, 1937, pp. 40 ff.)綜合列舉各家反對之理由。大概主張此說者, 以為人類於草昧之世, 婚姻制度尚未確定。人民但知有母, 不知其父。故最早家庭中僅有母子關係, 因而母

即爲家庭之主。證之中國歷史及文字,似有可信者。白虎通謂:「古之時,未有三綱六紀,人民但知有母,不知其父。」又古籍常言古代聖帝明王無生父,乃感天而生。五經異義,春秋公羊傳謂:「聖人皆無父,感天而生。」於是附會而生出許多神話,如華胥履大人之跡而有娠,乃生庖犧;女登與神龍交而生炎帝;修已吞神珠薏苡胸坼而生禹:凡此可以證明我國三皇五帝之時,或係母系社會。後世史官故作「感天而生」之曲解,以文飾「無父而生」之缺憾。再從中國之姓名,亦可以見出母系之痕跡。說文:「姓,人所生也。古之神母,感天而生子,故稱天子。因生以爲姓,從女生。」鄭樵通志謂:「三代之前,姓氏分而爲二,男子稱氏,婦人稱姓。氏所以別貴賤,故貴者有氏,賤者有名無氏。姓所以別婚姻,故同姓、異姓、庶姓之別。至三代之後,姓氏合而爲一。」可見三代之前,婦女爲一家之主,故只有婦女稱姓。婚姻亦以婦女爲主,故以姓爲別。古人之姓,多從女,如姬、姜、嬴、姒、姚、嫣、姞、妘、嫪等。婚姻嫁娶諸字,亦皆從女。從我國姓氏等之文字構造言,似殊可證明我國太古時代或爲母系社會。(參閱孫本文著,社會學原理,下冊,商務,民國四十四年臺二版,第八一至八二頁。)

57. 單婚制 (*Monogamy*)

單婚制爲社會許可或制度化的一種婚姻方式,僅一男與一女相配,夫妻雙方均不得多於一個,通常稱之爲「一夫一妻制」。在此名曰「單婚制」者,爲與「一夫多妻制」(Polygyny)及「一妻多夫制」(Polyandry)的「複婚制」(Polygamy)相對稱。因爲這些名詞易滋混淆,如此區分,眉目較爲淸楚。(See Notes and Querries in Anthropology, British Association for the Advancement of Science, London:

Routledge & Kegan Paul,6th ed.,1951, p. 112.)

　　衛史德麥克(H. L. Westermarck)於人類婚姻史(History of Human Marriage)一書中有云:「世界上大多數民族的婚姻方式是一夫一妻制的,即其方式有異於此者,亦以一夫一妻制爲指歸。」一夫一妻制的特點有五:(1)社會上成年男女之數大致相等,一夫一妻制能使男女結合得其平衡。(2)夫情愛能專一不貳,而且人之性活動有其限度,若要求過多,則會產生不良後果。(3)敎養子女較爲適當,因夫妻地位平等,無妻妾之分,嫡庶之別,子女均能獲得平等的待遇。親子間感情不生偏頗,年幼者在愉快融洽的氣氛中發展健全的人格。(4)在經濟上多數男人不能維持多妻。基督敎會採用一夫一妻制,一方面由於早期之基督敎徒是貧窮階級,另一方面則是對抗羅馬人性的放縱。行之日久,一夫一妻制便成爲基督敎國家一種普遍的民德和制度。(5) 一夫一妻制最適合於現代社會之小家庭組織。有此上述特點,故近世社會學家均認爲一夫一妻制爲人類最適當之婚姻方式 。(參閱龍冠海著,社會學,三民書局,民國五十五年,第二六九頁。)

58. 核心家庭 (Nuclear family)

　　核心家庭爲包含已婚男女及未婚子女之社會團體。(See "Nuclea family", in D. S., p. 114.)此種家庭,前面所加的英文限制詞,除Nuclear外,尚有Natural(自然的)、Immediate(直接的)、Biological(生物的)、Primary(原級的)、Restricted(限制的)等。上述次序,依牟多克(G. P. Murdock)所排 。(See Murdock, Social Structure, New York:The Macmillan Co., 1949, ch. 1.)。雷克利夫布朗(A. R Redcliffe-Brown)及其他英國學者又稱爲Elementary(基本的)。用詞

雖異,含義則同,茲分述核心家庭的特點如後:

(一)牟多克研究二五〇個社會,依其親屬關係分家庭為三類:(1)核心的,(2)複婚的,(參閱「複婚制」條)(3)擴大的。(參閱「擴大家庭」條)而核心家庭,顧名思義,為他類家庭賴以擴大的基本單位。他類家庭之存在,並未使核心家庭湮而不彰。牟氏謂核心家庭具有四種明顯而重要的功能:(1)性的,(2)經濟的,(3)生育的,(4)教育的。其中之性特權,任何社會均賦與結婚之夫妻,故成為鑑別核家庭的標誌。(Ibid.)權威學者均一致同意核心家庭普遍存於人類社會,但也有些學者提出反駁,謂某些部落社會採用特殊的家庭組織,如西非洲之阿善提(Ashanti),印度之那雅(Nayar)等,並無核心家庭之存在。此點牟氏本人亦不否認。(See "Family", in I. E. S. S., p. 303.)

(二)核心家庭以一男一女結合之夫婦為主要,故又稱為夫婦家庭(Congugal family),以與血族家庭(Consanguine family)相對稱,後者由有血緣關係之親屬所組成。可是事實上核心家庭含有夫婦與其子女,以血緣相聯,故依子女立場看,核心家庭為血族家庭。任何社會都有亂倫禁忌,(「亂倫禁忌」參閱該條) 夫婦必是無血緣關係之一男一女經由婚姻而組成,故依組成者立場看,核心家庭為夫婦家庭。

(三)核心家庭對親屬關係網絡之依賴性比他種家庭為小,故所受之控制亦較弱,婚後不必受強大的壓力而勉強與父族或母族同居(Patrilocal or matrilocal residence),可以自由另建新居(Neolocal residence)。

(四)核心家庭之嗣系,比較不偏重於配偶之任何一方,不一定是父系(Patrilineal)或母系(Matrilineal)之單系(Unlineal),可以是複系(Multilineal)或平系(Bilineal)。由於新居之遠離父族或母族,常不能參加親屬之共同活動與儀式。

（五）由於新郎新娘之父母不從婚姻上有所收益，如經濟的、社會的交換，於是擇偶比較自由。婚姻調適之重點在於夫妻本身，與親屬是否和睦相處居於次要，結果誰與誰結婚，以當事者的意見爲主，其親屬並不打算施以太重的壓力。

（六）核心家庭立基於夫妻之互相吸引與互相親愛，與家外發生密切接觸之人爲數甚少。在擴大家庭內，家人衆多，彼此的情緒聯繫，分散而不强烈。依照習俗，核心家庭的夫妻在心理上不能在家以外去尋找安慰，於是在情緒方面造成親密與脆弱的好壞兩面：一旦夫或妻在家內得不到愛和快樂，便失去了繼續維持的動機，而訴諸分離，因此核心家庭制度下之離婚率趨於增高。

（七）龐大的親屬團體能供給各種社會福利服務，照顧矜寡孤獨廢疾之人，此爲核心家庭制度所缺少者，因此社會必須加强社會福利事業，設立孤兒院、安老院、傷殘重建所、婚姻指導所等，以補親屬團體之缺，而負起老安少懷、宜室宜家的重任。

（八）核心家庭比他種家庭適合於現代的工業都市社會。

59. 父權 (Patriarchy)

父權通常指父親或年長男人對家庭團體之統治 。在十九世紀學者，如梅茵(H. Maine)、摩爾提(L. H. Morgan)等的著作中，占有特殊的地位，但時至今日，卻幾乎從社會科學家的字典中消聲匿跡，主要由於古典演化論(Classical evolutionism)之衰落。古典演化論將父權視爲一個重要的發展階段。韋氏新大學辭典(Webster's New Colle-giate Dictionary)即解釋「父權」爲：「社會發展之一階段，其特徵是在氏族或家庭中，父親具有至高之權力。」霍培爾(E. A. Hoebel)

解釋父權爲何在社會科學領域中遭遇冷落,有云:「原始部落的專制嚴父,乃是十九世紀所虛構之人物。」(The Law of Primitive Man, Cambridge, Mass.:Harvard University Press, 1954,p.249.)

與父權密切關聯之「父治」(Patriarchate),雅谷(M. Jacobs)和史篤 (B. J. Stern) 簡單解釋爲 :「婦女處於低地位之社會。」(General Anthropology, New York:Barnes & Noble, 1952,p.319.)形容詞「父權的」(Patriarchal),特別用之於家庭時,雖有多種解釋,僅小異而大同,可舉雷克利夫布朗(A. R. Radcliffe-Brown)之解釋爲代表,雷氏謂:「可以稱之爲父權的社會,其後嗣是父系的(即子女屬於父之團體),婚姻是父居的 (即妻遷至夫之地方團體),財產與地位由男系繼承,家庭是父治的 (即統治家庭成員的權力操諸父親或父之親屬)。」(Structure and Function in Primitive Society, London: Cohen & West, 1952, p. 22.)

60. 父系 (Patrilineal)

凡嗣續之計算,財產或職位之繼承, 所根據之關係,專以父方爲標準或父方優先者, 曰父系。另一名詞「父方」(Patrilateral)常用爲父系的同義詞。

父系家庭之父, 爲一家之主, 操家政之最後決定權。子女姓父之姓,女嫁往男家與夫同居,曰「父族同居」(Patrilocal residence)。

與父系相對者爲「母系」,(參閱「母系」條)此兩類家庭組織,前者較爲普遍,世界上主要民族均爲父系家庭。顧德(W. J. Goode)估計全世界行母系制的社會, 約占社會總數的百分之十五。非洲有一條大的母系部落帶,自西往東, 橫貫全洲。美國西南部印第安族的拿瓦和

(Navaho)和阻尼(Zuni)兩部落都是母系的　。印度有許多母系社群,印度馬拉巴海岸(Malabar Coast)的拉雅族(Nayar),常出現於人類學文獻之中。南太平洋美拉尼西亞(Melanesia)群島有不少的母系部落,人類學家馬林諾司基(B. Malinowski)曾在其中的特洛布里安族(Trobri-anders)作實地研究而寫成幾部不朽的名著。

　　在父系與母系之外,還有平系(Bilateral descent)——男女兩系平等計算,或任何一系均可;雙系(Double descent)——同時屬於父族與母族。牟多克(G. P. Murdock)曾調查二五〇個原始社會,父系一〇六個,母系五一個,平系七五個,雙系一八個。(參閱龍冠海著,社會學,三民書局,民國五十五年,第二六九頁。)

　　中國太古之時,證之歷史與文字,可能是母系社會,但至三代以後,演變而爲父系,家庭之傳遞,全由父方推衍。崔東壁遺書云:「人姓父之姓而不姓母之姓。由父之父遞推之,百世皆吾祖也。由母之母遞推之,三世之外,有不知誰何者矣。」父之黨爲宗族,宗族嫡庶長幼傳遞之系統,古有一定的法則,即是宗法。(參閱孫本文著,現代中國社會問題,商務,民國三十五年,第一冊家族問題,第六章家族制度,第六一至八三頁。)

61. 一妻多夫制 (Polyandry)

　　一妻多夫制是一個女人同時可以有兩個或更多合法丈夫的一種婚姻方式。行此制之社會爲數甚少,又可以分爲兩類:(1)兄弟共妻(Fra-ternal polyandry),(2)非兄弟共妻(Non-fraternal polyandry)前者所含之意義是夫之弟有權力或機會接近其兄嫂,並非表示婦女在性方面之自由選擇。

印度的最下階級首陀羅(Sudra)有四五兄弟共一妻之習俗 。有錢的父親為諸子各娶一妻,貧窮者僅能為長子完婚,而兄嫂依習俗應接納夫之諸弟為「副夫」。在性關係方面,雖然各地處理之方式不盡相同,通常是長兄具有優先權。如果諸弟均在外經商或作他事, 其中有回家者,在停留的短期間內, 兄許其與妻專房。如果諸兄弟均留家中,妻則周旋於衆夫之間,平分春色,儘量避免厚此而薄彼。家內通常備臥室二間,一為妻單用,一為兄弟共用,其中有一個入妻室過夜者,留其鞋或帽於門外作為標誌, 其他兄弟便見而止步。所生之子, 通常稱為長兄之子。子則稱母之所有丈夫為父。父愈多,為子者愈以為榮。(See E.W. Burgess & H. J. Locke, The Family, 2nd ed., New York: American Book Company, 1960, pp. 10-11.)

西藏之下層階級亦有行兄弟共妻制者。南太平洋馬盜撒群島(Mar-quesas Islands)的下層階級則行非兄弟共妻制。

一妻多夫制之發生, 主要的一個因素是性比例不平衡。凡行此制的團體, 皆男多於女,此又與殺女嬰之習俗有關。其次是經濟的因素,一妻多夫制常行之於下層階級,丈夫一人之勞力所得,不足以維持妻子之溫飽, 則由多夫共同負擔。例如印度北部的黃斯瓦巴瓦(Jaunswar Bawar),地瘠民窮,土地之生產勉強維持其人口之生存。各家庭擁有之農地已非常有限,不能再分,兄弟多者,則由長兄娶妻,諸弟共之。(See F. J. Woods, C. D. P., The American Family System, New York: Harper & Brothers Publishers, 1959, p. 41.)

62. 複婚家庭 (Polygamous family)

人類學家牟多克(G. P. Murdock)研究二五〇個社會,依其親屬關

係分家庭爲三類:(1)核心的,(2)複婚的,(3)擴大的,而核心家庭(參閱「核心家庭」條)是基本單位, 由此而形成複婚家庭與擴大家庭。(參閱「擴大家庭」條)(See Murdock, Social Structure, New York: The Macmillan Co.,1949, Ch.1.)

顧名思義, 複婚家庭是經由複婚而包含若干個核心家庭在一起的家庭。複婚可分兩類:(1)一夫多妻(Polygyny),(2)一妻多夫(Poly-andry),前者由一個共同的父親與多妻生育多組子女,而形成的多個核心家庭; 後者有一個共同的母親, 雖有多夫, 但所生育之子女僅有一組。故嚴格說來, 複婚家庭僅存在於行一夫多妻制的社會。(W. J. Goode, The Family, New Jersey: Pretice Hall Inc.,1964,p.45.

一群男女共同生活、互相配合的群婚,(參閱「群婚制」條)功能形成複婚家庭,但群婚制只是十九世紀一些學者腦中所構想的一種婚姻制度,實際並無其存在。

63. 複婚制 (Polygamy)

依配偶之人數,婚姻方式在理論上可分爲四類:單婚制(Monogamy)爲一類,即一男配一女,通常稱爲一夫一妻制。(參閱「一夫一妻制」條)複婚制是配偶的任何一方可以多於一個, 故含兩類:一男配多女者曰一夫多妻制(Polygyny);一女配多男者曰一妻多夫制(Polyandry)。第四類爲群婚制, 即多男配多女。(參閱「群婚制」條)此四類中普遍採用者爲一夫一妻制與一夫多妻制,而一妻多夫制極爲少見,群婚制實際並不存在。行單婚制的社會, 禁行複婚制,而行複婚制者,尤其是一夫多妻制,雖然社會許可多妻,僅少數有錢有勢的年長者擁有成群妻妾,大多數的丈夫爲了種種社會經濟的因素,僅娶一妻,結果一夫一妻制是

世界上最普遍的婚姻方式。(See G. A. Lundberg, et al.Sociology, rev. ed., New York, Harper & Brothers, Publichers, 1985, p.559.)

人類學家牟多克(G. P. Murdock) 依文化規範所許可及公衆意見所鼓勵的婚姻方式,為二五〇個社會分類,其結果是:一夫一妻制的有四三個,一夫多妻制有一九三個,一妻多夫制的有二個,群婚制的無,缺資料者一二個。(Social Structure, The Macmillan Company,1949, p. 28.)從數字上看,行一夫多妻制的社會占總數四分之三, 多妻似為最普通的婚姻的方式,實則由於社會的和經濟的壓力,大多數丈夫可以多妻而未實行。據牟氏云,一九三個多妻社會中的六一個,多妻之丈夫僅占丈夫總數的百分之五。(Ibid.)

十九世紀有些學者因受達爾文演化論的影響,謂人類婚姻有一直線的演化過程,最初為群婚,然後循一妻多夫與一夫多妻的階段而發展而進入一夫一妻的最高階段。嗣後人類學的種種研究,均證實此一見解是錯誤的。(See R. Linton, "The Natural History of the Family", in R. N. Anshen (ed.), The Family: Its Function and Desting,New York: Garper & Brothers, 1949, p. 19.)

64. 一夫多妻制 (Polygyny)

一夫多妻制是一個男人同時可以有兩個或更多合法之妻的一種婚姻方式。據人類學家牟多克(G. P. Murdock)之調查研究,行此制之社會,遠比行一夫一妻制者為多,(參閱「一夫一妻」條。)但實際並不普遍, 主要由於成年男女, 如無某種特殊因素, 其數大致相等,多妻者便會造成無妻者。行多妻制之民族,以非洲巴干達 (Baganda) 最盛, 蓋該族之男性死亡率甚高, 男嬰常於出生時被殺, 成男用為祭神之犧

牲,男僕得由主人任意處死,結果男女比例爲一對三。(R. L. Beals & H. Hoijer, An Introduction to Anthropology, New York: The Macmillan Company, 1953, pp. 428-429.)美國的摩爾門教徒(Mormons)有一個時期是多妻的,除宗教信仰外,與當時移居猶他州(Utah)南部三個郡 (Iron, Kane, and Washington) 之白人性比例甚低有關, 其時三郡之白人幾全爲摩爾門教徒。(W. F. Ogburn & M. F. Nimkoff, Sociology, 3rd ed., Boston: Honghton Mifflin Company, 1958, p. 585.)

　　多妻之主要動機有三:(1)生物的——滿足男人的性慾及生育子女。(2)經濟的——多娶一妻, 增加勞力與進款,並減輕主妻之家務重擔。(3)社會的——提高個人的社會地位。後二者在原始民族中尤爲重要,他們認爲男人之多妻非由於好色,亦非對女性的侮辱,而是爲了提高聲望與增加財富。有許多男子之多妻常出自首妻之要求 。(參閱龍冠海著,社會學,三民書局,民國五十五年,第二六八頁。)

　　多妻在婚姻調適方面所引起之問題,主要有二:性嫉妒與家務分工。各文化有種種解決的辦法, 例如非洲的蘇丹部落 (Sudanese tribes)將衆妻分居分爨,各撫養其所生子女,以避免磨擦與爭執, 此一措施爲行多妻制者所常用。另一種辦法, 以優越的的地位與權威給予衆妻中的一個(通常是首妻,有些社會以明文規定之), 由她主持家政,分配工作,如果她是衰弱無能,才不濟位,則難免於勃谿時起,雞犬不寧。若衆妻爲姊妹,則稱曰姊妹共夫制(Sororal polygyny)其處境比較順利,因出身於同一個家庭,早已建立人際調適的模式,將童年習得之習慣與態度帶至多妻的關係中, 自然易於和諧相處。爲避免(至少是減輕)性之嫉妒, 通常是丈夫輪流與衆妻共宿,不論妻之妍嬬及夫本身之好惡,依時間表行事。如此平等待遇,使各妻雨露同霑, 且免於外來的訕笑,

以保護其地位,而維持家庭之安寧與穩定。(Ogburn & Nimkoff, op. cit., p. 560.)

我國古代, 據典籍所載,在上流社會盛行此制。禮記昏義云:「古后立六宮, 三夫人,九嬪,二十七世婦,八十一御妻,以聽天下內治。」至於諸候以下。白虎通云:「卿大夫一妻二妾, 不備姪娣, 士一妻一妾。」民間之富庶者亦可以置妾。今則禁止任何人多妻, 懸諸法律。「有配偶而重爲婚姻, 或同時與二人共同結婚者處五年以下徒刑。其相婚者亦同。」(見刑法第二三七條。)

65. 亂婚 (*Promiscuity*)

亂婚又稱亂交(Sex without rules),即男女毫無限制地互相配合, 發生性行爲。早期人類學家和社會學家, 如白曉芬(J.J.Bachofen)、摩爾根(L. H. Morgan)、史賓塞(H. Spencer)等,謂初民的性關係是很混亂的。此說已爲晚近的人類學家所駁倒。現存的幼稚民族, 不論其文化如何原始,總有控制性行爲的規則,從無亂交的現象, 其規則常以年齡與血統爲根據。就所有已知的各種社會組織而言, 均不能允許亂婚之發生。從生理上說, 低等動物之雌者有固定的春情週期作爲性之防禦,而人類女性無此種生理限制,如果允許亂交, 必爲體格強壯之男性所任意蹂躪。從心理上說, 行一夫一妻制的社會尚有強烈之性嫉妒與競爭,若爲亂婚, 則更不堪設想。從子女養育來說,缺少家庭生活與保護環境,在洪荒世界裡必死於凍餓或膏獸吻,焉有人類至今? 婚姻是人類生存的基本的社會工具。人類有史以來, 有過無窮無盡的敵對與爭執,從家族間的仇恨,到部落間的鬥爭,到現代的國際戰爭,都能支持到今,可是兩性之間必須順應, 若互不相容,便無人類之存在。而且

此種順應關係非以男女本身為限,尚須足以保護和養育其子女,並給予適當的安全。儘管婚姻方式千差萬別,但婚姻制度是人類生存所不能缺少的。(See. W. M. Kephart, The Family, Society and the Individual, Boston: Houghton Company, 1961, pp. 64-65 and R. Linton, "The Natural History of The Family", in R. N. Anshen (ed.), The Family:Its Function and Desting, New York: Harper & Brothers, 1949, p. 18.)

　　有些學者將亂婚與群婚(Group marriage)混為一談。是否真有群婚此一制度,尚屬存疑。縱使有其存在,亦在社區的准許與控制之下進行。原始民族的未婚男女,其性生活較為放縱,但結婚之後,不論採用何種婚姻方式,性之管制均很嚴格,不能胡亂相交。(See W. F. Ogburn & M. F. Nimkoff, Sociology, 3rd ed., Boston:Houghton Mifflin Company, 1958, p. 586.)

66. 居住 (Residence)

　　人類學和社會學上的居住,乃特別用在夫婦於婚後因其親屬關係所採取之居住方式,而非指社會或社會之某部份,或個人在婚姻與親屬關係以外的地理位置。故居住實為婚姻居住(Marital residence)之簡稱,所含之重大意義,一方面由於選擇此住處或彼住處而形成之聯合,另一方面因為配偶一方或雙方之住處改變而產生再聯合、再調適和關係之轉換。牟多克(G. P. Murdock)謂:依居住規則所發生的一種改變,繼之而來者是聯合的改變,最後造成轉換整個親屬體制的種種改變。(See Murdock, Social Structure, New York: The Macmillan Co., 1949, Ch. 8.)

　　婚姻居住的初步解釋及其重要性，此兩點為任何學者所承認，亦無任何歧見，但在比較分析上為居住規則之種類所下之定義，則衆說紛紜，仁智互異。

　　依發展之歷史而言，最先出現的名詞是父居(Patrilocal residence)和母居(Matrilocal residence)，以界說配偶與其「家」(Family)、「人」(People) 及「室」(Home) 之關係。呂佛士(W. H. R. Rivers)解釋父居為「妻去與夫同居」，意含夫家；解釋母居為「夫去與妻同居」，意含妻家。(Social Organization London:Kegan Paul, Trench Trubner, 1926, p. 90.)繼之有舅居(Avunculocal residence)一詞，來自父居，說明一對夫婦與母之兄弟同居。如果配偶能從父居或母居中任擇其一者，則稱曰平居(Bilocal residence)。

　　基於語源學上之考慮，提出夫居 (Virilocal residence)和妻居(Uxorlocal residence)，以分別代替父居與母居，雖常被採用，但仍不如父居與母居之普遍。嗣後出現新居(Neolocal residence)一詞，意為配偶雙方均脫離家庭而獨立居住 。晚近提出之雙居 (Duolocal residence)，係指婚後不同居而各住在出生家庭的夫婦 。有許多社會的婚姻居住，開始採用某種規則，不久又以另一種規則作為永久居住的方式，如此者則作依其實際次序，以混合之名詞稱之。例如母父同居(Matri-patrilocal residence)一詞，用以指先母居一段時間，然後永久父居的婚姻。

　　各種婚姻居住的定義，因所用參考點(Point of reference)不同，而有很大的差別，戴拉 (E. B. Tylor) 用「家」或「室」。("On a Method of Pnvestigating the Development of Institutions", Journal of Royal Arthopological Institute., vol. 18, 1989,p. 247.) 呂佛士表面上用配偶本人，實則包括雙方之親屬。(Ibid., p.

90.)牟多克起初是用父母,爲母居如此解釋:「依風俗夫須離開父母住所,與其妻同居,住於妻之父母家或在其附近居住。」(Ibid., p. 16.)後來改用親屬團體, 於是母居之定義改爲:「在正常情況下,住於妻之母方親屬家或在其附近居住」。("World Ethnographic Sample", American Anthropologist, vol. 59, 1957, p. 670.) 何平(H. I. Hogbin)和威格伍(C. H. Wedgwood) 用親屬團體和社區二者,其父夫同居(Patri-virilocal residence)之定義是:「結婚之配偶居住於夫方父系親屬的鄰里或村落。」("Local Grouping in Melanesia", Oceania, vol. XXIII,1953, p. 243.)

　　婚後居住之解釋如此紛歧,故許多人類學家和社會學家捨棄父居、母居等這些簡單的術語,而著重於實際的描寫,並儘可能蒐集有關居住的調查與訪問的資料以證實之。

67. 分居 (Separation)

　　分居是夫妻雙方同意中止同居。有依法分居者,爲部分離婚,等候離婚手續之完成, 於分居期內,夫妻均無權要求與對方同居,亦不得自由再婚。(R. S. Cavan, The American Family, New York: Thomas Y. Crowell Company, 1959, p. 494.)有非正式永久或暫時分居者。此二者均起於婚姻失調(Marital maladjustment),其嚴重程度已使婚姻瀕於破裂之邊緣。

　　烏格朋(W. F. Ogburn)另外舉出五種分居:(1)配偶犯罪監禁或患精神病入院,(2)夫服兵役,(3)海員航行海外;(4)配偶遠居他國,(5)配偶在他地工作 。("Marital Separation" ,American Journal of

Sociology, January, 1944, pp. 316-329.）此五者雖然不是起源於婚姻失適,但對婚姻調適發生很不利的影響。

以上各種分居, 美國的人口普查, 分居通常用「配偶不在」(Spouse absent)一詞包括之。

68. 家庭社會學(Sociology of the family)

家庭社會學是一門特殊社會學, 以社會學的理論與方法來研究家庭此一制度之起源、演化和功能, 不同社會在歷史上各時期之家庭形式,以及與家庭有關之現代問題。(S. Koenig,Sociology, New York: Barnes & Noble, Inc. 1962, p. 3.)

有人類即有家庭,家庭制度是所有社會制度中最顯著的一種,故自古以來, 引起無數哲人學者的注意與關懷, 但討論的結果及提出的主張,常不切於實際,並有流爲玄想者。至十九世紀末葉, 始有科學的家庭社會學之興起 。其時受社會達爾文主義 (Social Darwinism)之支配, 最感興趣的基本問題;人類社會最初是亂婚抑是一夫一壽制?人類家庭最初是母權抑是父權?人類家庭之起源與發展問題,必須利用歷史文獻、民俗、神話等資料。當時假定現代最原始社會的家庭體制與早期家庭極爲相似,於是以今推古。其研究結果互相矛盾,各執一詞。例如: 摩爾根(L. H. Morgan)謂原始社會爲「亂婚」和「群婚」, 衛史德麥克(E. Westermarck)力加駁斥, 認爲人類最初的婚姻是一夫一妻制的。梅因(H. Maine)謂父權爲人類家庭之最早方式, 白曉芬 (J.J. Bachofen)和白利福(R. Briffanlt)主張母權先於父權 。各家蒐集豐富的資料以支持其論點,但他們所用的例證顯然經過挑選,爲了支持論點而蒐集資料, 反客爲主, 彼此聚訟紛紜。故其研究觀點和方法以及

所得之結論均難令人滿意。

　　迅速而劇烈的社會變遷，將研究者的注意力引至現代家庭的種種問題。其中以貧窮與苦難最爲突出 。在歐洲工業中心和美國大城市，針對貧窮和家庭費用的研究風起雲湧。其缺點局限於家庭的經濟情況而家外之大社會的結構與過程，或根本略而不論，或僅用普通的和靜態的術語，如種族特質、補助金等，輕微帶過。而且研究的對象集中於陷於困境的下層階級家庭，其觀點與方法不適宜於中層階級，而此階級正在發展之中，家庭之方式變遷頻頻，各種問題接踵而起。

　　至二十世紀之初，家庭所發生的其他問題，引人注意的程度，比貧窮有過之無不及。例如離婚與分居者的繼續增加，出生率的急劇下降，婦女花在家外的時間加長，特別是家庭成員的「個別化」（Individuation），嚴重到令人懷疑家庭是否繼續能以團體的姿態存在於社會。這些問題的研究，常經由離婚、犯罪、私生、家庭人口多少、出生率等的統計資料進行之。所發表之論著雖不能爲問題找出最後答案，但充滿了智慧的思想：家庭可能是走向解組的窮途末路，也可能是正在再組過程中，開闢一個新紀元。這些論著擴大了家庭的視野，缺點是憑藉統計資料，而未直接深入作有系統的研究。

　　「個別化」趨勢有增無已，維持家庭之穩固，已非滿意的經濟情況所能單獨爲力。在物質方面算是很舒服的家庭，卻在人際關係和性調適上發生問題，須向家庭以外的專家請教。家庭研究重點隨之轉至個人調適，其中心概念可用蒲其斯(E. W. Burgess)的家庭定義爲代表，蒲氏謂家庭是「各互動人格之統一」。自後家庭社會學一直被此種探究法所支配。因其研究重點置於家庭各成員的態度上，減低了社會結構的重要性；又由於過分著重個別態度、背景因素或別副體制，而使家庭本是一個團體所應有的有機統一性模糊不清，結果僅從心理層面認

證家庭的統一。

　　經濟不景氣和第二次世界大戰的重大影響，將家庭社會學的觀點予以擴大，注意家庭與外在社會體制之間的直接關係，但是這些研究仍以個別家庭或家庭內個別成員的調適與快樂為出發點。典型的例子是研究特殊家庭如何反應某特殊危機，如經濟蕭條、失業、戰爭所造成之生離死別等，而未將家庭與外在社會體制之關係作有系統的處理。

　　晚近之家庭研究集中家庭生活之詳細描述。家庭社會學家想發展新的有關家庭的一般概念和適當的研究方法。已有不少研究將家庭看作一個社會體制，重視兩類關係：一是家庭之結構及功能與外在體制所發生者，一是家庭與個別成員所發生者。(See N. W. Bell & E. F. Vogel, "Toward a Framework for Functional Analysis of Family Behavior", in N. W. Bell & E. F. Vogel (eds.), A Modern Introduction to the Family, The Free Press of Glencoe, 1960, pp. 3-5.)

　　總而觀之，家庭社會學自十九世紀末注重家庭經濟情況起，至目前重視家庭成員間互動關係為止，中經各時期，其觀點方法有很大的改變，其改變趨勢大致可以說由探究家庭生活的外在因素，進展到內在因素，以迄於目前內外因素之交互關係 。由於社會學家、人類學家和心理學家(其中特別是以研究家庭為己任的社會學家)，前後個別或共同努力，使我們對於家庭此一社會組織有了比較清楚的認識。但家庭現象是非常複雜的，想有更進一步的了解，應作多方面之探究，僅賴上述三類學者之力量恐嫌不夠。(參閱龍冠海著，家庭研究的發展一文，見社會學與社會問題論叢，正中，民國五十三年，第一二九至一四一頁。)

69. 主幹家庭 (Stem family)

主幹家庭一詞爲法國社會學家雷柏來(F. Le Play, 1806-1882)所創。雷氏是頭一位社會學家以科學方法來研究家庭，爲十九世紀的歐洲家庭分爲三大類:(1)父權家庭(Patriarchal family),(2)不穩定家庭(Unstable family),(3)主幹家庭。

父權家庭之特徵是:已婚之子及其所生子女均與父親住在一起,在其至高權力的控制下。全家人由父親指揮工作。凡滿足生活上傳統需要外的一切剩餘者,則儲蓄之,累積之,以成爲家庭共有之財產。

不穩定家庭，非常類似現今所稱的孤立的核心家庭 (Isolated nuclear family),其所以不穩定者,主要是面臨經濟困頓之時,常無應付之能力，搖搖欲墜,岌岌可危。產業工人階級之家庭,爲此類家庭之典型。亦見之於上層階級,主要由於繼承法迫使家庭財產之分散,所有繼承人各得一份，愈分愈少。雖然此種家庭給予有才幹之個人大展所長的機會,但平庸者則要冒失敗的危險。

主幹家庭爲父權家庭之修正,家中僅留繼承人中的一個,餘則接受某種方式之贈與,至他處自圖建樹,但老家保留爲們的儀式中心，並是他們遭遇暴風雨時的安全港。因此,主幹家庭處於父權家庭之中間,兼備兩者之優點，既能適應產業主義之要求，讓年輕有爲的子弟自謀發展,又能維繫父權家庭於不墜,保持家庭之完整,發揮安全的功能。(See "Family", in I. E. S. S., vol. 5, pp. 306,310 and "Leplay, Frederic", Ibid., pp. 86-87.)

70. 試婚 *(Trial marriage)*

　　試婚是實際的或建議的一種婚姻方式，一對男女不結婚而先行同居，以測驗彼此是否真正情投意合，進而決定其關係是繼續或中止，而不遭受社會的譴責或地位的損失 。此與友愛婚姻（Companionate marriage）相類似。(參閱「友愛婚姻」條)